EL TEMPLO

Su Ministerio y Servicios
en
Tiempos de Cristo

EL TEMPLO

Su Ministerio y Servicios en Tiempos de Cristo

Alfred Edersheim

editorial clie

EDITORIAL CLIE
C/ Ferrocarril, 8
08232 VILADECAVALLS
(Barcelona) ESPAÑA
E-mail: libros@clie.es
http://www.clie.es

Alfred Edersheim
EL TEMPLO. Su ministerio y servicios en tiempos de Cristo
ISBN: 978-84-8267-867-2
Depósito Legal: B. 17682-2013
Estudio Bíblico
Historia y Cultura
Referencia: 224815

Impreso en USA / Printed in USA

ÍNDICE

PREFACIO

Ha sido mi deseo en este libro transportar al lector diecinueve siglos en el pasado; mostrarle Jerusalén como era entonces, cuando nuestro Señor pasaba por sus calles y por el santuario, cuando enseñaba por sus porches y atrios; describir no solo la apariencia y la estructura del Templo, sino también sus ordenanzas y adoradores, el ministerio de su sacerdocio y el ritual de sus servicios. Al hacerlo así, tenía la esperanza de no solo ilustrar este tema, en sí mismo de sumo interés para el estudioso de la Biblia, sino también, y principalmente, bosquejar, en su importante aspecto, la vida religiosa del período en el que nuestro bendito Señor vivió sobre la tierra, las circunstancias bajo las que enseñó, y los ritos religiosos de los que estaba rodeado, y cuyo significado, en su más verdadero sentido, vino Él a cumplir.

El Templo y sus servicios constituyen, por así decirlo, parte de la vida y obra de Jesucristo; y también parte de su enseñanza y de la de sus apóstoles. Lo que se relaciona de manera tan estrecha con Él tiene que ser del más grande interés. Queremos poder, por así decirlo, entrar en Jerusalén en su cortejo, junto con aquellos que en aquel Domingo de Ramos clamaban «Hosaná al Hijo de David»; ver sus calles y edificios; conocer de una manera exacta el aspecto del Templo, y encontrar nuestro camino a través de sus puertas, entre sus porches, atrios y cámaras; estar presentes en espíritu en sus servicios; ser testigos del sacrificio matutino y vespertino; mezclarnos con la multitud de adoradores en las grandes fiestas, y permanecer de pie al lado de los que ofrecían sacrificios u ofrendas voluntarias, o que esperaban la solemne purificación que los restauraría a la comunión del santuario. Queremos *ver* estos ritos como si estuvieran delante de nosotros: oír la música del Templo, saber cuáles eran exactamente los salmos que se entonaban, las oraciones que se ofrecían, los deberes del sacerdocio, el culto sacrificial al que se dedicaban y la misma actitud de los adoradores; en resumen, todos aquellos detalles que en su combinación nos permitan contemplar vívidamente las escenas como si estuviéramos nosotros mismos presentes en ellas. Porque en medio de todas ellas vemos siempre a aquella gran y sobresaliente Personalidad, la presencia de quien llenaba aquella casa de gloria.

El Nuevo Testamento nos transporta a casi cada una de las escenas descritas en este libro. También hace frecuente referencia a las mismas como ilustración. Veremos al padre de Juan ministrando en su orden en el acto de quemar el incienso; a la Virgen madre en su purificación, presentando a su Primogénito; al niño Jesús entre los rabinos; al Maestro enseñando en los porches del Templo, sentado en la cámara de las ofrendas, asistiendo a las variadas fiestas, dando su sanción a las purificaciones dirigiendo al leproso sanado al sacerdote, y, por encima de todo, como en la Fiesta de los Tabernáculos, aplicando a sí mismo los significativos ritos del santuario. Y, al ir progresando, somos testigos del nacimiento de la Iglesia en el día de Pentecostés; observamos las frecuentes ilustraciones de realidades espirituales por medio de escenas en el Templo, en los escritos de los apóstoles, pero más especialmente en el libro de Apocalipsis, cuya imaginería es tan frecuentemente tomada de ellas; y seguimos esperando el cumplimiento de un tipo aún pendiente de cumplimiento: la Fiesta de los Tabernáculos, como la gran fiesta de la cosecha de la Iglesia.

Así, he puesto el permanente interés *cristiano* en primer plano, porque en mi mente ocupaba este lugar. Al mismo tiempo, por la naturaleza misma del tema, espero que este volumen pueda cumplir otro propósito relacionado con este. Aunque no pretende ser un manual de antigüedades bíblicas, ni un tratado acerca de los tipos del Antiguo Testamento, estos dos temas han tenido que ser constantemente aludidos. Pero la observación del hermoso ritual del Templo, con todos sus detalles, tiene un interés superior al histórico. Nos vemos de verdad fascinados por ello; volvemos a revivir, si no el período de la gloria temporal de Israel, sí aquel de más profundo interés para nosotros; y podemos representarnos de una forma vívida lo que el Templo había sido antes de que sus servicios se desvanecieran totalmente. Pero más allá de esto, extendiéndonos hacia atrás a través del período de los profetas y de los reyes, y alcanzando la revelación original de Jehová en medio de la terrible grandeza del Sinaí, nuestros recuerdos más sagrados, y el mismo manantial de nuestra vida religiosa, se levantan en medio de estas ordenanzas y de estos tipos, que vemos aquí plenamente desarrollados y cumplidos, y ello bajo la misma luz de la presencia de Aquel a quien todo ello señalaba. No me refiero a si la práctica judía posterior puede haber comprendido mal el sentido original o el significado de las ordenanzas divinas, o en qué extensión. Esto va más allá de mi actual tarea. Pero una familiarización precisa con los servicios sacrificiales en tiempos de Cristo no solo deberá tender a corregir errores, sino que arrojará una renovada y vívida luz sobre todo, e influenciará nuestras opiniones de qué propósito tenían las ordenanzas levíticas y qué querían enseñar.

La misma declaración de mi propósito en este libro implica la indicación de las dificultades que se afrontan. Sin embargo, hay abundantes materiales para esta obra, aunque muy dispersos. Sin hablar de los escritos de la época, como los de Josefo y de Filón, y las referencias en el mismo Nuevo Testamento, tenemos en la Misná un cuerpo de tradiciones autorizadas, que alcanzan no solo a los tiempos del Templo, sino incluso a los días de Jesucristo.[1] He dependido

---

1. Es muy diferente la estimación que debe formarse acerca de la *Gemara* (que, de una

principalmente de esta fuente de información, naturalmente en conjunción con el Antiguo Testamento mismo.

Aunque he derivado así mis materiales de primera mano, también he empleado con gratitud todas las ayudas a mi alcance. Destaco aquí los escritos de Maimónides, no solo porque tiene la mayor autoridad entre los judíos, sino porque su vasto y preciso conocimiento de estas cuestiones, y la claridad y la sutileza de su intelecto, le da título a esta posición. Después de él vienen numerosos escritores sobre antigüedades bíblicas, en latín y alemán; obras sobre tipología —científicas y populares—; tratados sobre la vida y los tiempos de nuestro Señor, historias de la nación judía, o del judaísmo; comentarios sobre aquellos pasajes del Antiguo y del Nuevo Testamento que tengan que ver con estos temas; y numerosos tratados sobre cuestiones relacionadas. En mi estudio de la antigua Jerusalén me he beneficiado de las labores de recientes exploradores, desde Robinson y Barclay hasta los volúmenes publicados bajo los auspicios del Fondo de Explotación de Palestina.

Tengo una gran deuda con las enciclopedias de Winer, Herzog, Ersch y Gruber, del doctor Smith y de Kitto (la tercera edición). La última de estas obras tiene el especial mérito de una serie de artículos sobre temas judíos (como yo los designaría), escritos de una forma muy original, y con un gran conocimiento. Aunque, como se verá en el texto, me he visto frecuentemente obligado a diferir del escritor de los mismos, sin embargo estos artículos tienen que ser, por su extensión y competencia en su tratamiento, de gran utilidad para el estudioso. La obra de Lightfoot *Horae Hebraicae et Talmudicae* es conocida por todos los eruditos. No es así, en cambio, con su pequeño pero erudito tratado *De ministerio templi*. El título y muchos de los temas que trata son similares a los que se tratan en el presente volumen. Pero el lector erudito comprobará en el acto que el plan y su desarrollo son muy diferentes, aunque la obra me ha sido de gran utilidad. Quizá no debiera omitir aquí nombres como los de Relandus, Buxtorf, Otho, Schöttgen, Mesuchen, Goodwin, Hottinger, Bähr, Keil, Kurtz, de Wette, Saalschütz, Zunz, Jost, Geiger, Herzfeld y Grätz, de cuyas obras puedo decir que he hecho un empleo *constante*. Muchos otros han sido consultados, algunos de los cuales son citados en las notas marginales, mientras que otros no han recibido mención expresa, al no añadir nada sustancial a nuestro conocimiento.

Debería mencionar que en general he actuado en base al principio de dar el *mínimo* posible de referencias. Habría sido fácil multiplicarlas casi indefi-

---

manera general, puede ser descrita como un comentario doble —la *Gemara* de Jerusalén y la de Babilonia— sobre la *Misná*), no solo por ser de fecha mucho más tardía, sino debido a las *congeries* extrañas y heterogéneas que se encuentran en los muchos folios del Talmud. El judaísmo ya había quedado, en la época de su recopilación, totalmente fosilizado; y la fidelidad de la tradición había quedado gravemente dañada, no solo debido al largo intervalo de tiempo que había transcurrido, sino por las predilecciones y los prejuicios dogmáticos, y por el deseo en absoluto innatural de intercalar posturas, prácticas y oraciones relativamente recientes como pertenecientes a la época del Templo. En verdad, esta obra carece en su mayor parte incluso del colorido local de la *Misná*, elemento de tanta importancia en las tradiciones orientales, donde, por así decirlo, los colores son tan fijos que, por ejemplo, hasta el día de hoy las modernas designaciones árabes para lugares y localidades han preservado los nombres palestinos originales, y no los más recientes nombres griegos o romanos que les habían dado los sucesivos conquistadores.

nidamente. Pero quería evitar recargar mis páginas con una retahíla de autoridades, cosa que demasiado frecuentemente da una mera apariencia de erudición; y, mientras que no son necesitadas por los eruditos, pueden tener la tendencia a interferir con el empleo más general y popular de esta obra. Por una razón similar, he evitado en toda la obra el empleo de caracteres hebreos y griegos. Imprimir una expresión en letras hebreas no sería necesario para los estudiosos, mientras que el lector general, que se queda demasiado frecuentemente aturdido por una exhibición de conocimiento, tiene necesariamente que pasarla por alto en tal caso, sin poder ni conocerla ni sacar provecho de ella.

En tanto que este libro incorpora los estudios efectuados a lo largo de muchos años, durante su redacción no me he ahorrado ningún trabajo ni esfuerzo en comparar los resultados de mis propias investigaciones con los de todos los que, estando a mi alcance, merecían tal consideración. Hasta ahí en cuanto a la materia del libro. En cuanto a su forma, se pueden tocar algunos temas que no son del mismo interés para todos los lectores;[2] otros pueden parecer haber sido tratados con poco o también con demasiado detalle; puede que se susciten objeciones a la interpretación de los tipos, o incluso a la perspectiva general del Antiguo Testamento que se ha asumido de entrada. Mi objetivo ha sido que la obra fuera tan completa y útil en general como fuera posible, y expresar con claridad mis convicciones acerca del significado del Antiguo Testamento. Pero en especial en un punto querría ser totalmente explícito. Quisiera decir, al final de estos estudios, con una humilde gratitud sentida de corazón, que paso a paso mi fe cristiana ha quedado solo fortalecida por ellos, y que, mientras proseguía, la convicción ha ido profundizándose siempre, acerca de que Cristo es ciertamente «el fin de la ley para justicia», Aquel a quien señalaban todas las ordenanzas del Antiguo Testamento, y en quien solamente encuentran su significado tanto el pueblo como la historia de Israel. Vistos bajo esta luz, los servicios del Templo no constituyen una cantidad de ritos extraños y aislados, para cuyo origen tengamos que investigar entre las naciones colindantes, o en las tendencias naturales del hombre durante la infancia de su historia. Más bien, todo viene a ser un todo relacionado: dando el designio y su ejecución una evidencia aún más clara de su origen divino que cualquiera de las otras obras de Dios, designio en el que cada parte concuerda con la otra, y todas y cada una de ellas señalan constante y firmemente a Aquel en quien se manifestó plenamente el amor de Dios, y se llevaron a cabo enteramente sus propósitos para con el mundo. De principio a final, las dos dispensaciones son sustancialmente una: Jehová, el Dios de Israel, es también el Dios y Padre de nuestro Señor y Salvador Jesucristo. *Novum Testamentum in Vetere latet; Vetus in Novo patet.*

ALFRED EDERSHEIM

---

2. Así, los capítulos I y II, que dan una descripción de la antigua Jerusalén y de la estructura y disposición del Templo, puede que no sean de interés para algunos lectores, pero esta cuestión no podía pasarse por alto ni ser puesta en una sección diferente del libro. Aquellos que no sientan atracción por esta cuestión pueden, así, comenzar por el capítulo III.

ANÁLISIS DEL CONTENIDO

Memorias de Jerusalén—Origen del nombre—Situación de la ciudad—Primeras impresiones de su esplendor—Aproximación desde el monte de los Olivos—Las murallas de Jerusalén—La torre Antonia—Los montes sobre los que había sido construida la ciudad—Las calles—Principales edificios—Sinagogas—Tradición judía acerca de la «puerta de Susa» y de la carretera con arcadas desde el Templo hasta el monte de los Olivos—Estación lunar en el monte de los Olivos—Lavatorios y cabañas—Aproximación al Templo—Extensión de la planicie del Templo—Aspecto general del Templo—Leyendas rabínicas acerca de Jerusalén y del Templo—Ruinas de la antigua Jerusalén; su profundidad por debajo del nivel actual.

Las principales entradas desde el oeste hacia el Templo—El «puente Real» sobre el valle del Tiropeón—Sus proporciones y diseño—«Los porches» del Templo—El «porche Real»—Su nombre y dimensiones—Vista desde arriba de la columnata—Cristo entre los doctores de la Ley—El porche de Salomón—El atrio de los Gentiles—Losa de mármol con tabletas advirtiendo a los gentiles en contra de entrar—El *Chel* o terraza del Templo—Las puertas hacia los atrios interiores—La «puerta Hermosa»—El atrio de las Mujeres—Los trece cepillos de la tesorería, o «trompetas»—Cámaras y atrios laterales—La puerta de Nicanor—Las quince gradas de la «Subida», o de los levitas—El atrio de Israel—El atrio de los Sacerdotes—Las cámaras correspondientes al mismo—El «Beth Moket»—La estancia de las piedras labradas—Descripción del Templo en la *Misná*—El altar del holocausto—Línea roja alrededor del medio del mismo—Disposiciones sacrificiales—La pila—El suministro de agua del Templo—Su drenaje—Las proporciones de la Santa Casa propia—El porche—El lugar santo—El lugar santísimo—El silencio de los rabinos acerca de Herodes—Los discípulos señalan los edificios del Templo al Maestro—¿Podrían existir aún algunos de los despojos del Templo?

correspondientes al oferente, y actos sacerdotales—Modo de ofrendar los sacrificios—Imposición de manos y confesión—Mecimiento—El rociamiento con sangre—Diferentes maneras—Otros ritos sacrificiales—Significado de quemar el sacrificio—Posturas de la antigua sinagoga acerca de los sacrificios—Moderno sacrificio judío en el Día de la Expiación

Conexión interna del Antiguo Testamento—Progresión en sus profecías—Interpretación mesiánica de los antiguos rabinos—El *holocausto*: su significado y carácter—Cómo se ofrecía—El único sacrificio lícito para los no israelitas—La *ofrenda por el pecado*— Diferencias entre esta y la ofrenda por la culpa—Ofrendas por el pecado públicas y privadas, fijas y variables, exteriores e interiores—La ofrenda por el pecado difiriendo en conformidad a la posición teocrática del oferente—Su sangre *rociada*—La comida sacrificial—La *ofrenda por la culpa* por una infracción cierta, y la ofrenda por una dudosa—Su significado—La *ofrenda de paces*: su significado—Cómo y dónde se ofrecía—«Mecimiento» y «Levantamiento»—Qué ofrendas eran «mecidas»—Las varias *oblaciones*—Cómo se ofrecían—Necesidad de una gran cantidad de sacerdotes oficiantes para todos estos servicios.

Las alusiones a *minucias* del Templo en los escritos de san Juan—Referencia al incendio de las ropas de los que se dormían de guardia en el Templo de noche—¿Había servicio en el Templo al caer la noche?—Tiempo y duración del sacrificio matutino—Tiempo y duración del sacrificio vespertino—De noche en el Templo—Salutación de despedida de los sacerdotes en el sábado—Cerrando los portones del Templo—La custodia de las llaves—La comida vespertina—Arreglo de las cuentas por las oblaciones vendidas durante el día—La guardia del Templo por la noche—División de la noche en vigilias—Rondas efectuadas por el «capitán de la guardia»—Convocatorias inesperadas para prepararse para el servicio—El baño—Inspección sacerdotal del Templo—Echando suertes para los servicios de la mañana—«El sol alumbra hasta la misma Hebrón».

¿Se ofrecía oración pública en el Templo?—Opiniones rabínicas acerca de la oración—Eulogías—Oraciones de célebres rabinos—La oración del Señor—El pueblo responde en el Templo con una bendición, no con un *Amén*—Actitud en la oración—Dos elementos en la oración—La *Eulogía* y la *Tephillah*— La oración simbolizada con el acto de encender incienso—Zacarías ofreciendo este servicio en el lugar santo—Servicio matutino de los sacerdotes sobre los que había caído la *primera* suerte—La preparación del altar del holocausto—La *segunda* suerte—El sacrificio diario, y cómo era ofrecido—El altar de incienso es limpiado, y el candelero preparado—El sacrificio es cortado—Se echan las suertes *tercera* y *cuarta*—Oración de los sacerdotes—El servicio de quemar el incienso—«Silencio» en el Templo—Oraciones de los sacerdotes y del pueblo—La libación acompañada por música del Templo—El servicio vespertino—Orden de los salmos para cada día de la semana.

Significado y objeto del sábado—Ordenanzas rabínicas de la observación del sábado, y sus principios subyacentes—Diferencias entre las escuelas de Hillel y de Shammai—«La víspera del sábado»—Comienzo del sábado, cómo se anunciaba—La renovación del pan de la proposición—Cuándo y cómo se preparaba—La mesa del pan de la proposición—Cómo se colocaba el pan sobre ella—Servicio de los sacerdotes quitando el pan de la proposición viejo y poniendo el nuevo—Significado del pan de la proposición—El servicio del sábado en el Templo—Años sabáticos—Ordenanzas rabínicas acerca de esta cuestión—Ordenanzas escriturales—¿Eran las deudas totalmente perdonadas, o solo aplazadas en los años sabáticos?— El *«Prosbul»*—Evasiones rabínicas de la ley divina—Observancia sabática por parte del Salvador.

El número *siete* como determinante de la disposición del año sagrado— Los tres ciclos festivos del año—Diferencia entre el *Moed* y el *Chag*—Tres características generales de las grandes fiestas—Fiestas y ayunos posteriores a Moisés—El deber de comparecer tres veces al año en el Templo— Los «hombres estacionarios», representantes de Israel en el Templo—Sus deberes—El año lunar hebreo—Necesidad de introducir años bisiestos— Cómo se determinaba y anunciaba oficialmente la aparición de la luna nueva—Meses «plenos» e «imperfectos»—El Día de Año Nuevo—Origen de los nombres hebreos de los meses—El año «civil» y el «sagrado»—Era judía—División del día y de la noche—El calendario judío.

Diferencia entre la Pascua y la Fiesta de los Panes sin Levadura—La triple referencia de la Pascua a la naturaleza, a la historia y a la gracia—El tiempo de la Pascua—Significado del término *Pesach*—Diferencia entre la Pascua llamada «egipcia» y la «permanente»—Menciones en la Escritura de tiempos de observancia pascual—Número de adoradores en el Templo durante la Pascua—Preparación para la fiesta—La primera y la segunda *Chagigah*—La «víspera de la Pascua»—La búsqueda y eliminación de toda levadura—Qué era levadura—Comienzo de la fiesta en la primera tarde del 14 de Nisán—A qué hora se hacía obligatorio abstenerse de levadura, y cómo se ordenaba—La selección del cordero pascual—A qué hora era inmolado—División de los oferentes en tres compañías—Modo de sacrificar el cordero pascual—El cántico del «Hallel»—Por qué se llamaba el «Hallel» egipcio—Cómo eran preparados los corderos después de ser sacrificados—Los discípulos preparan la Pascua para el Maestro.

Tradiciones judías acerca de la época pascual—Presentes observancias de la cena pascual—Antiguos usos continuados en nuestros propios días—Cómo era asado el cordero pascual—Razón de esta ordenanza—Cristo uniendo su propia Cena a la fiesta pascual—El cordero pascual, un tipo especial del Salvador—Cómo los invitados se sentaban para la cena—El empleo del vino totalmente obligatorio—Historia rabínica acerca de la copa de bendición—El servicio de la cena pascual—El *cordero de la Pascua,* el *pan sin levadura,* y las *hierbas amargantes*—El *Aphikomen*—La primera copa y la bendición sobre la misma—Lavamiento de manos—Dos clases diferentes de lavamiento ceremonial—Se comen las hierbas amargantes—Preguntas hechas por el más joven a la mesa, e instrucción que le da el cabeza de la casa—Se canta la primera parte del «Hallel»—La segunda copa y el partimiento de las tortas sin levadura—El bocado—La cena pascual propia—La tercera copa, o de bendición—Parte final del «Hallel»—¿Comió nuestro Señor la cena de la Pascua en la noche en que fue entregado?—La institución de la Cena del Señor.

Duración de la Fiesta de los Panes sin Levadura, y origen de su nombre—La Pascua, recuerdo de la liberación de Israel de la esclavitud, más bien que de aquella esclavitud—Observancia del 15 de Nisán—Ofrendas de aquel día—La *Chagigah*—El Señor entregado en manos de los gentiles—Su condena por el sanedrín—La muerte en la cruz alrededor del momento de la ofrenda del incienso vespertino—A la hora de ser bajado de la cruz, una procesión descendía por el Cedrón para prepararse para cortar la gavilla de la Pascua—Quién ejecutaba este acto, dónde, y con qué formalidades—Cómo se preparaba el *omer* para su presentación en el Templo en 16 de Nisán—El último día de la Pascua—Los días intermedios, o *Moed Katon*—La fiesta de Pentecostés—Su referencia histórica—Varios nombres de la fiesta—Su observancia en el Templo—Sacrificios—El «Hallel» cantado con acompañamiento de flauta—La presentación de los dos panes para mecer y de los sacrificios que iban con ellos—Cómo se habían preparado los panes para mecer—Su forma y peso—Por qué estaban leudados estos panes—El mecimiento de los dos corderos vivos—Conclusión de los servicios—Significado de la fiesta de Pentecostés—El derramamiento del Espíritu Santo.

La Fiesta de los Tabernáculos, una fiesta de la cosecha señalando a la final cosecha de la Iglesia—Nombres de la fiesta—Significación de su celebración en el día 15 del mes séptimo, y después del Día de la Expiación—Las tres características de la Fiesta de los Tabernáculos—Esta fiesta peculiarmente conmemorativa de Israel como extraños y peregrinos en la tierra—Morando en cabañas—Ordenanzas rabínicas acerca de su estructura—Los adoradores portando el *Æthrog* y el *Lulav* en el Templo—Sacrificios para la semana de los tabernáculos—El número característico de siete aparece en ellos—Disminución diaria en la cantidad de becerros ofrecidos—Servicios en el Templo—Solemne procesión a Siloé para ir a buscar el agua—Decoración del altar con ramas de sauce—Derramamiento del agua traída desde Siloé—Oposición de los saduceos a esta práctica—Cántico del «Hallel»—El metimiento del *Lulav* mientras se cantaban ciertas porciones del Salmo 118—Referencia a este «Hosaná» a Cristo en el día de su entrada en Jerusalén—Procesión de los sacerdotes en el Templo, y rodeando el altar—Repetición de esto siete veces en el último día de la fiesta, el Día del Gran Hosaná—Cristo en el Templo, clamando: «Si alguno tiene sed, venga a mí y beba»—Las palabras de Cristo: «Yo soy la luz del mundo»—Su probable referencia a la iluminación del Templo en la Fiesta de los Tabernáculos—Descripción de la iluminación del Templo—Orden de los salmos que se cantaban en la Fiesta de los Tabernáculos—Referencia a esta fiesta en el libro de Apocalipsis—La Fiesta de los Tabernáculos, el único tipo aún incumplido del Antiguo Testamento.

Observancia de la luna nueva—Cómo se determinaba su aparición—El toque de las trompetas y su significado—Sacrificios en el Día de la Luna Nueva—Supersticiones rabínicas acerca de estos días—Número de sacerdotes oficiando en el Templo—Si se decían oraciones especiales, y cuáles eran—La luna nueva del mes séptimo, el «día de soplar», o Día de Año Nuevo—Sacrificios especiales de aquel día—Orden de los Salmos que se cantaban—Conceptos rabínicos acerca del juicio que se pronunciaba aquel día—Su interpretación del toque de las trompetas—En el Día de Año Nuevo se soplaba el *cuerno*—Tradiciones rabínicas acerca de ello—Las «bendiciones» en el Día de Año Nuevo—El Día de Año Nuevo en tiempos de Esdras—Posible alusión a este día en Ef 5:8, 14.

Cómo «el mandamiento» da testimonio de su inherente «debilidad y falta de provecho»—Especialmente así en los servicios del Día de la Expiación—Solemnidad peculiar del día—Su nombre—Significación de su asignación al día 10 del mes séptimo, y antes de la Fiesta de los Tabernáculos—El sumo sacerdote oficiando con un peculiar vestido blanco—Significado simbólico de ello—Los tres sacrificios del día—Su orden—Número de sacerdotes empleados—El sumo sacerdote se prepara para el Día de la Expiación siete días antes del mismo, y hace su morada en el Templo—La noche del ayuno—El sumo sacerdote mismo lleva a cabo todos los servicios del día—Frecuencia de cambio de sus vestidos y con qué se lava el cuerpo, o las manos y los pies—El servicio regular de la mañana—El sumo sacerdote se pone los vestidos de lino por primera vez—La ofrenda por el pecado por el sumo sacerdote y su familia—Confesión sobre el mismo—El inefable nombre de *Jehová* es pronunciado diez veces este día—Manera de echar la suerte sobre los dos machos cabríos—Los dos constituyen realmente un solo sacrificio—Se ata un trozo de tejido escarlata en forma de lengua al cuerno del macho cabrío por *Azazel*—Este macho cabrío se queda ante el pueblo, esperando hasta que todos sus pecados sean puestos sobre él— Confesión de pecado por parte del sacerdocio, y sacrificio del becerro—El sumo sacerdote entra en el lugar santísimo por vez primera para quemar incienso—Oración del sumo sacerdote al salir—El sumo sacerdote entra por segunda vez en el lugar santísimo, ahora con la sangre del becerro—Y una tercera vez con la del macho cabrío por Jehová— El rociamiento hacia el velo, del altar de incienso y del holocausto—El sumo sacerdote pone los pecados personales y la culpa del pueblo sobre el segundo macho cabrío— Peculiar modo de confesión sobre el mismo—El macho cabrío es llevado al desierto—Y echado sobre un precipicio—Significado del segundo macho cabrío—Referencia a la venida de Cristo como Aquel que vendría a quitar el pecado—Significado de la expresión *la-Azazel*—Lectura y oraciones del sumo sacerdote en el atrio de las mujeres—El sumo sacerdote se reviste de los vestidos dorados para ofrecer los sacrificios festivos, el holocausto y los demás—Vuelve a ponerse sus vestidos de lino para entrar por cuarta y última vez en el lugar santísimo—Por la tarde del día, danzas y cánticos de las muchachas de Jerusalén en los viñedos—Opiniones de la sinagoga acerca del Día de la Expiación.

Objeto de estas fiestas—La fiesta del Purim—Su origen y época—¿Asistió a ella Jesús alguna vez?— Servicios en la fiesta del Purim—Cuándo y cómo se leía la *Megillah*—Modernas ceremonias—La Fiesta de la Dedicación del Templo—Su origen y duración—El «Hallel» cantado cada día de su duración; el pueblo llevaba ramas de palmera, y se hacía una gran iluminación del Templo y de las casas particulares—Sugerencia de que la fecha de la Navidad se tomó de esta fiesta—Práctica en cuanto a la iluminación—La Fiesta de la ofrenda de la leña en la última de las nueve estaciones del año, cuando estas ofrendas eran traídas al Templo—Relatos rabínicos acerca de su origen—Las mozas danzan en los viñedos en la tarde de aquel día— Ayunos, públicos y privados—Ayunos memoriales—Los cuatro grandes ayunos mencionados en Zac 8—Manera de observar los ayunos públicos.

Significado simbólico de las contaminaciones y purificaciones levíticas—La purificación de la Virgen María en el Templo—Contaminación por contacto con los muertos—*Seis* grados de contaminación—Sacrificio de la vaca alazana—Preservación de sus cenizas, y empleo de las mismas para la purificación—Significado simbólico de esta purificación—Analogía entre la vaca alazana, el macho cabrío alejado, y la avecilla dejada suelta en la purificación del leproso—¿Por qué era la vaca alazana *totalmente* quemada?— Significado del empleo de las cenizas de la vaca alazana—Tradición rabínica acerca del desconocimiento de Salomón sobre el significado de este rito—Selección de la vaca alazana—Ceremonial para su sacrificio y quemado—Selección de una tan libre de sospechas en cuanto a contaminación como para poder administrar esta purificación—Los niños eran guardados en lugares específicos para ello—Ceremonial relacionado con la purificación—Cuántas vacas alazanas se habían ofrecido desde los tiempos de Moisés—Significado simbólico de la lepra—Explicación de Lv 13:12, 13—Rito doble para la restauración del leproso sanado—Primera etapa, social, de la purificación—Segunda etapa después de siete días de encierro—Los ritos que se debían observar en ello—Relato rabínico acerca del servicio—La oblación en la purificación de una casada sospechosa de adulterio—Significado simbólico del mismo—El sacerdote advierte a la mujer del peligro de perjurio—Las palabras de la maldición se escriben sobre el rollo, lavado en agua de la pila—Esta mezcla, con polvo del santuario, es bebida por la mujer—En qué casos específicos permitían los rabinos esta prueba—Cómo la acusada aparecía vestida en el Templo—Cómo debía beber el agua amarga—Juicios divinos sobre las culpables—Cesación de este rito poco después de la muerte de nuestro Señor—Comentario de la *Misná* al registrar este hecho.

La legitimidad de los votos—Diferencia entre el *Neder* y el *Issar*—Características generales del voto de los nazareos—Ordenanzas rabínicas sobre los votos—Su carácter vinculante—Cotos sobre «personas» o «cosas»—Su entrega—Protestas rabínicas contra los votos apresurados—Una historia de Simeón el Justo—Frecuencia de los votos en tiempos posteriores, y tráfico de los mismos—Derivación del término *Nazir*—Significado espiritual del voto del nazareo—Ordenanzas divinas con respecto al mismo—El nazareo comparado con el sacerdote—Duración del voto—Un «nazareo perpetuo» y un «nazareo sansonita»—Ordenanzas rabínicas—Los sacrificios del nazareo, y el ritual del Templo—San Pablo «asumiendo los costes»—La ofrenda de las primicias—*Biccurim* y *Terumoth*—A cargo de quién—Cantidad de los mismos—Lo «primero del vellón» y lo «primero de la masa»—Cantidad general de las contribuciones religiosas esperada de cada israelita—La presentación de las primicias, acto de religión familiar—Su significado—El apartamiento de las primicias en el campo o en la plantación—Solemne procesión a Jerusalén—Recepción en Jerusalén—Servicio en el Templo—Referencias a las «primicias» en el Nuevo Testamento.

APÉNDICE

NOTA DEL TRADUCTOR
A todo lo largo de esta obra, el término *«oblación»* (cf. Lv 2:1, RVR y RVR77) se emplea como término técnico, denotando *exclusivamente* lo que en otras versiones se traduce más extensamente como «oblación de ofrenda vegetal» (cf. el mismo pasaje en V.M.) u «ofrenda de cereal» (cf. BAS, nota al margen).

ABREVIATURAS DE VERSIONES DE LA BIBLIA

RV: Reina-Valera, revisión 1909
RVR: Reina-Valera, revisión 1960
RVR77: Reina-Valera, revisión 1977
V.M.: Versión Moderna, revisión de 1923
BAS: Biblia de las Américas
NVI: Nueva Versión Internacional

I
UNA PRIMERA PERSPECTIVA DE JERUSALÉN Y DEL TEMPLO

«Y cuando llegó cerca, al ver la ciudad, lloró sobre ella»
(Lucas 19:41).

El encanto de Jerusalén

En todos los tiempos, la memoria de Jerusalén ha evocado los más profundos sentimientos. Judíos, cristianos y mahometanos se vuelven hacia ella con reverente afecto. Casi parece como si en algún sentido cada uno de ellos pudiera llamarla su «dichoso hogar», el «nombre siempre entrañable» para él. Porque nuestros más santos pensamientos del pasado y nuestras más dichosas esperanzas para el futuro se conectan con la «ciudad de nuestro Dios». Sabemos por muchos pasajes del Antiguo Testamento, pero especialmente por el libro de los Salmos, con qué ardiente anhelo miraban hacia ella los cautivos de Palestina; y durante los largos siglos de dispersión y de cruel persecución hasta el día de hoy, han ido abrigando las mismas aspiraciones en casi cada uno de los servicios de la sinagoga, y en ninguno de ellos con mayor intensidad que en el de la noche pascual, que para nosotros queda para siempre asociada con la muerte de nuestro Salvador. Es esta singular magna presencia allí de «el Deseado de todas las naciones» que ha arrojado para siempre una luz santa alrededor de Jerusalén y del Templo, y dado cumplimiento a la profecía: «Y vendrán muchos pueblos, y dirán: "Venid, y subamos al monte de Jehová, a la casa del Dios de Jacob; y nos enseñará sus caminos, y caminaremos por sus sendas". Porque de Sión saldrá la ley, y de Jerusalén la palabra de Jehová».[3] Sus pies han pisado las multitudinarias calles de Jerusalén y los rincones sombreados del monte de los Olivos; su figura ha «llenado de gloria» el Templo y sus servicios; su persona ha dado significado a la tierra y al pueblo; y la muerte que Él cumplió en Jerusalén ha sido para la vida de todas las naciones. Estos hechos nunca pueden quedar relegados al pasado: están eternamente pre-

---

3. Isaías 2:3.

sentes; no solo para nuestra fe, sino también para nuestra esperanza; porque Él «vendrá así» como los «varones de Galilea» lo habían «visto ir al cielo» (cf. Hch 1:11).

Antiguas memorias

Pero nuestras memorias de Jerusalén se extienden mucho más atrás de estas escenas. En la distancia de la remota antigüedad leemos de Melquisedec, el tipológico rey-sacerdote de Salem, que salió al encuentro de Abraham, el padre de la raza hebrea, para bendecirlo. Poco tiempo después, este mismo Abraham subía de Hebrón en su triste viaje, para ofrecer a su hijo único. A pocos kilómetros al sur de la ciudad, el camino por el que viajaban asciende hasta la cumbre de un alto promontorio, que se precipita hacia el profundo valle del Cedrón. Desde este lugar, a través de la abertura en los montes que el Cedrón había abierto para su curso, un accidente se levantaba derecho delante de él. Era *Moria,* el monte sobre el que debía ofrecerse el sacrificio de Isaac. Y aquí tiempo después edificó Salomón el Templo. Porque sobre el monte Moria había visto David detenida la mano del ángel destructor, probablemente justo por encima de donde después se levantaría el humo de incontables sacrificios, día a día, desde el gran altar del holocausto. En el monte de enfrente, Sión, separado solo por una barranca de Moria, se levantaban la ciudad y el palacio de David, y cerca del emplazamiento del Templo la torre de David. Después de aquel período pasa delante de nuestra vista un período histórico de continuos cambios, con este solo elemento inmutable: que, en medio de todos los cambiantes acontecimientos, Jerusalén permanece siendo el centro de interés y atracción, hasta que llegamos a aquella presencia que ha hecho de ella, incluso en su desolación, «Hefzi-bá», «buscada», «una ciudad no desamparada».[4]

Origen del nombre

Los rabinos tienen una curiosa fantasía acerca del origen del nombre de Jerusalén, al que frecuentemente se asigna el sentido de «el fundamento», «la morada» o «la herencia de paz». Hacen de él un compuesto de *Jireh* y *Shalem,* y dicen que Abraham la llamó «Jehová-Jireh», mientras que Sem la había llamado *Shalem,* pero que Dios combinó ambos nombres para formar Jireh-Shalem, Jerushalaim, o Jerusalén.[5] Desde luego, había algo peculiar en la elección de Palestina como país del pueblo escogido, así como de Jerusalén como su capital. La importancia política de la tierra se debe juzgar por su situación más que por su tamaño. Yaciendo en medio del este y del oeste, y situada entre las grandes monarquías militares, primero Egipto y Asiria, y luego Roma y Oriente,

---

4. Isaías 62:4.
5. *Ber. R.*

vino a ser, naturalmente, el campo de batalla de las naciones y la carretera del mundo. Situada a una altitud de unos 800 metros sobre el nivel del mar, su clima era más sano, uniforme y templado que el de ninguna otra parte del país. Desde la cumbre del monte de los Olivos se podía ver una perspectiva sin paralelo de las localidades más interesantes de la tierra. Al este, el ojo reseguía las llanuras intermedias hasta Jericó, observaba los meandros del Jordán y el gris plomo del Mar Muerto, reposando finalmente sobre Pisgá y los montes de Moab y Amón. Al sur, se podía ver por encima de «los huertos del rey» hasta alcanzar las grises cumbres de «el país montañoso de Judea». Hacia occidente, la vista quedaba detenida por los montes de *Bether,*[6] mientras que la calina en el distante horizonte marcaba la línea del Gran Mar. Hacia el norte, se podían ver localidades tan bien conocidas como Mizpá, Gabaón, Ajalón, Micmás, Ramá y Anatot. Pero, por encima de todo, justo a los pies, la Santa Ciudad se extendía en toda su magnificencia, como «una novia adornada para su marido».

«Hermoso por su situación, el gozo de toda la tierra, es el monte de Sión, a los lados del norte, la ciudad del gran Rey... Andad alrededor de Sión, y rodeadla; contad sus torres. Considerad atentamente su antemuro, mirad sus palacios». Si esto podía decirse de Jerusalén en los tiempos más humildes de su monarquía nativa,[7] era una cosa enfáticamente cierta en los tiempos en que Jesús «vio la ciudad», después que Herodes el Grande la hubiera adornado con su usual magnificencia. Al «subir» los grupos de peregrinos de todas partes del país a las grandes fiestas, deben haberse detenido arrebatados cuando su hermosura se presentaba por primera vez ante sus miradas.[8] No eran meramente las memorias del pasado, ni las sagradas asociaciones conectadas con el presente, sino que la misma grandeza de la escena debe haber encendido sus corazones de entusiasmo. Porque Jerusalén era una ciudad de palacios, y regiamente entronizada como ninguna otra. Situada en una eminencia más elevada que el territorio vecino inmediato, quedaba aislada por profundos valles en todos los lados menos uno, dándole la apariencia de una inmensa fortaleza natural. A todo alrededor de ella en estos tres lados corrían, como un foso natural, las profundas barrancas del valle de Hinom y del valle Negro, o Cedrón, que se unían al sur de la ciudad, descendiendo con una pendiente tan acusada que el punto donde los dos se encuentran está a 204 metros por debajo del punto en el que cada uno de ellos había comenzado.[9] Solo al noroeste estaba la ciudad conectada directamente con el resto del territorio. Y como para darle más aún el carácter de una serie de islas fortificadas, una profunda grieta natural, el valle de Tiropeón, pasaba justo por medio de la ciudad en dirección norte-sur, luego giraba repentinamente hacia el oeste, separando el monte Sión del monte Acra. De manera similar, el monte Acra estaba separado del monte Moria, y este último a su vez

---

6. Cantar de los Cantares 2:17.

7. Salmo 48:2, 12, 13. Este salmo fue probablemente escrito durante el reinado de Josafat.

8. Véase los «Cánticos Graduales», o más bien los «Salmos del Ascenso» (a las fiestas), especialmente el Salmo 122.

9. De hecho, el valle de Hinom y la cañada del Cedrón eran realmente uno solo. Para este y otros detalles topográficos el lector es remitido a *The Recovery of Jerusalem,* por los capts. Wilson y Warren, R. E.

por un valle artificial de Bezetha, o Ciudad Nueva. Bruscamente desde estas barrancas alrededor se levantaba enhiesta la ciudad de palacios de mármol y recubiertos de cedro. Pendiente arriba de aquella grieta central, abajo en el valle, y por las laderas de los montes se extendía la activa ciudad, con sus calles, mercados y bazares. Pero solo y aislado en su grandeza se levantaba el monte del Templo. Terraza tras terraza se levantaban sus atrios, hasta que, muy alto por encima de la ciudad, dentro del recinto de claustros de mármol, con techumbre de cedro y ricas ornamentaciones, se levantaba el Templo mismo fuera de una masa de níveo mármol y oro, resplandeciendo en la luz del sol contra el trasfondo verde del monte de los Olivos. En todas sus peregrinaciones, el judío no había visto una ciudad como su propia Jerusalén. Ni Antioquía en Asia, y ni aun la misma Roma imperial, la superaban en esplendor arquitectónico. Ni ha habido jamás, ni en tiempos antiguos ni modernos, un edificio sagrado igual al Templo, ni por su situación ni por su magnificencia; ni ha habido multitudes festivas como aquellos gozosos centenares de miles que, con sus himnos de alabanza, se dirigían multitudinariamente hacia la ciudad en la víspera de una Pascua. No es de asombrarse que brotara este cántico de los labios de aquellos peregrinos:

> *«Y ahora ya se posan nuestros pies*
> *dentro de tus puertas, oh Jerusalén.*
> *Jerusalén, que está edificada*
> *como una ciudad de un conjunto perfecto».*[10]

Desde cualquier lado que el peregrino se aproximara a la ciudad, la primera impresión tiene que haber sido solemne y profunda. Pero una sorpresa especial les esperaba a los que vinieran, tanto de Jericó como de Galilea, por la bien conocida ruta que llevaba sobre el monte de los Olivos. Desde el sur, más allá de la regia Belén, desde el oeste descendiendo de las alturas de Bet-horón, o desde el norte viajando por los montes de Efraín, habrían visto la ciudad primero de manera vaga en la gris distancia, hasta que, llegando gradualmente, se habrían familiarizado con su perfil. Pero era muy distinto desde oriente. Una curva en el camino, y la ciudad, hasta entonces enteramente oculta a la vista, se abría ante ellos repentinamente, cerca, y desde una perspectiva de lo más favorable. Fue por este camino que hizo Jesús su entrada triunfal desde Betania en la semana de su pasión.[11] Desde aquella «casa de dátiles», el ancho y accidentado camino iba serpenteando alrededor de la ladera del Olivete. Allí lo siguió la maravillada multitud desde Betania, y allí se encontró con Él la multitud de Jerusalén que lo alababa. Ellos habían subido aquel mismo Olivete, tan conocido por todos ellos. Porque ¿no parecía acaso formar parte de la misma ciudad, ocultándola, como una pantalla, de la desértica tierra que descendía más allá al Jordán y al Mar Muerto?

---

10. Salmo 122:2, 3. La alusión es a las varias colinas que, «como compañeros», se unen para formar «la ciudad».

11. Ver la entusiasmada descripción en la obra de Stanley *Sinai and Palestine*.

El monte de los Olivos

Desde el monte del Templo hasta la base occidental del Olivete no había más de 100 o 200 metros a vuelo de pájaro, aunque, naturalmente, la distancia a la cumbre era mucho mayor, digamos de alrededor de un kilómetro y medio. Por el camino más directo había solo unos 900 metros desde la puerta de la ciudad hasta la cumbre principal.[12] El Olivete era siempre fresco y verde, incluso a principios de primavera y durante el reseco verano: el lugar más fresco, placentero y protegido en Jerusalén. Porque a lo largo de este camino el Templo y su monte arrojaban sus anchurosas sombras, y un lujuriante follaje extendía su bóveda por encima de las cabezas. No había jardines en el sentido occidental normal del término, ni mucho menos arboledas, sino algo peculiar de aquellos climas, en los que la naturaleza por todas partes otorga generosamente sus flores, y dispone sus jardines de manera que estos se unen a la arboleda, y la arboleda se extiende hacia dentro del campo, hasta que, más arriba, olivos e higueras se mezclan con los más oscuros cipreses y pinos. El rocoso camino al Olivete iba serpenteando a lo largo de terrazas cubiertas de olivos, cuyas hojas, plateadas y verdeoscuras, murmuraban en la brisa. Aquí, gigantescas y nudosas higueras salían retorcidas de un terreno rocoso; allá, grupos de palmeras levantaban sus altos troncos coronados de ondulantes palmas, o extendidos, como matojos, desde el suelo, con el ricamente coloreado fruto estallando en racimos de la vaina. Luego había bosquecillos de arrayán, pinos, altos y majestuosos cipreses, y en la misma cumbre dos gigantescos cedros. A estos umbrosos rincones acudía frecuentemente la gente de Jerusalén para disfrutar o para meditar, y ahí solía acudir preferentemente uno de sus más célebres rabinos para enseñar.[13] También allí acudían frecuentemente Cristo y sus discípulos.

Llegando de Betania, la ciudad permanecía durante un tiempo totalmente oculta a la vista por la serranía del Olivete, pero después de seguir una repentina curva del camino, donde comienza «el descenso del monte de los Olivos», se consigue repentinamente la primera vista de Jerusalén, y además muy cercana. Cierto, la configuración del Olivete a la derecha seguiría ocultando todavía el Templo y la mayor parte de la ciudad; pero a través del Ofel, el activo suburbio de los sacerdotes, el ojo podía alcanzar el monte Sión, y ascender rápidamente a su cumbre, donde el palacio de Herodes ocupaba el emplazamiento en que antes se levantaba el de David. Después de unos cuantos pasos en el descenso, donde se había vuelto a perder de vista la ciudad, el peregrino se apresuraba a llegarse a aquella plataforma de piedra. ¡Qué panorama sobre el que deleitarse con hambriento anhelo! De un solo vistazo vería delante de sí toda la ciudad: sus

---

12. «Por un camino más largo la distancia es de 1.197 metros, y por la principal ruta camellera quizá algo más. Josefo calcula la distancia desde la ciudad evidentemente hasta la cumbre del Olivete como de 958 metros, o 5 estadios. Véase *City of the Great King*, pág. 59.

13. Rabí Jochanan ben Saccai, que dirigía el sanedrín inmediatamente antes y después de la destrucción de Jerusalén.

valles y colinas, sus murallas y torres, sus palacios y calles, y su magnífico Templo, casi como una visión de otro mundo. No podría haber ninguna dificultad para señalar las características generales de esta escena. En total, la ciudad tenía solo treinta y tres estadios, o alrededor de 6,5 kilómetros de perímetro. Dentro de su área vivía una población de 600.000 habitantes (según Tácito), pero, según el historiador judío, para la época de la Pascua se acumulaban entre dos y tres millones, o como alrededor de la población de Londres.[14]

El primer rasgo en llamar la atención sería las murallas de la ciudad, que en época de Cristo eran solo dos.[15] La primera, la muralla vieja, comenzaba en la esquina noroccidental de Sión, en la torre de *Hippicus*, y pasaba a lo largo de la cresta de Sión, donde cerraba la grieta, y confluía con la columnata occidental del Templo en la «Casa del Consejo». También encerraba Sión a lo largo del oeste y del sur, y proseguía al este alrededor del Ofel, hasta que se unía al ángulo suroccidental del Templo. Así, la primera muralla defendería Sión, Ofel y, junto con las murallas del Templo, también Moria. La segunda muralla, que comenzaba en una puerta en la primera muralla, llamada «Gennath», se dirigía primero al norte, y luego al este, para cerrar el Acra, y acababa en la torre Antonia. Así tenían suficiente protección la ciudad antigua y el Templo.

La torre Antonia

La torre Antonia estaba situada en la esquina noroccidental del Templo, a mitad de camino entre el castillo del mismo nombre y el Templo. Con el castillo se comunicaba mediante un doble juego de claustros, y con el Templo mediante un paso subterráneo que iba al Templo mismo, y también mediante claustros y escaleras que descendían a los porches norte y oeste del atrio de los Gentiles. Algunas de las más gloriosas tradiciones de la historia judía estaban relacionadas con este castillo, porque ahí había estado la antigua «armería de David», el palacio de Ezequías y de Nehemías, y la fortaleza de los Macabeos. Pero en tiempos de Cristo la fortaleza Antonia estaba ocupada por una odiada guarnición romana, que mantenía su vigilancia sobre Israel, incluso en su

---

14. El señor Ferguson, en el *Dictionary of the Bible* editado por Smith, vol. I, pág. 1025, pone estas cifras en tela de juicio, sobre la base de la población de las modernas ciudades por unidad de área. Pero dos millones no eran la población ordinaria, sino solo las multitudes festivas durante la Pascua. Tomando en consideración los hábitos orientales, como el de dormir en el terrado, y posiblemente la acampada en el exterior, el cálculo no es descabellado. Además, por poco veraz que fuera Josefo, se puede confiar en él, por lo general, cuando se trata de estadísticas oficiales, susceptibles de verificación. De hecho, al tomar en consideración esta extraordinaria cantidad de llegadas, los rabinos afirman que durante las fiestas —excepto durante la primera noche— el pueblo podía acampar en las *afueras* de Jerusalén, pero dentro de los límites de un camino de sábado. Esto, como bien observa Otho (*Lex. Rabb.*, pág. 195), explica asimismo cómo, en tales pasiones, nuestro Señor se retiraba tan frecuentemente al monte de los Olivos.

15. La tercera muralla, la mayor y más fuerte, que encerraba *Bezetha*, o la Ciudad Nueva, fue edificada por Herodes Agripa doce años después de la fecha de la crucifixión.

santuario. De hecho, la torre Antonia se levantaba sobre el Templo, dominándolo, de manera que un destacamento de soldados podía acudir en cualquier momento para acabar con un motín, como en la ocasión en que los judíos casi dieron muerte a Pablo.[16] Las murallas de la ciudad tenían una protección adicional mediante torres; había sesenta de ellas en la primera muralla, y cuarenta en la segunda. Las más importantes entre ellas eran las de Hippicus, Fasaelus y Mariamne, cercanas entre sí, al noroeste de Sión, todas ellas construidas sólidamente con inmensos bloques de mármol, cuadradas, fuertemente fortificadas y coronadas de edificios defendidos con almenas y torreones.[17] Fueron edificadas por Herodes, y nombradas por el amigo y hermano que perdió en batalla, y por la esposa a la que hizo dar muerte en un arrebato de celos.

Las cuatro colinas

Si el peregrino examinaba más estrechamente la ciudad, podía observar que estaba edificada sobre cuatro colinas. De estas, la occidental, o antigua Sión, era la más alta, levantándose unos 67 metros por encima de Moria, pero todavía 34 metros por debajo del monte de los Olivos. Al norte y al este, enfrente de Sión, y separados de él por el profundo valle del Tiropeón, se encontraban el Acra, con su forma de creciente, y el Moria, este último con el Ofel unido a su ladera sur. La Ciudad Baja se extendía por las laderas del Acra. Finalmente, la cuarta colina, Bezetha (de *bezaion*, terreno pantanoso), la Ciudad Nueva, se levantaba al norte del monte del Templo y del Acra, y estaba separada de ambos por un valle artificial. Las calles, que, como en todas las ciudades orientales, eran estrechas, estaban pavimentadas de mármol blanco. Una acera algo elevada servía para uso de los que acababan de ser purificados en el Templo, mientras que el resto caminaba por la calzada. Generalmente, las calles recibían sus nombres de las puertas a las que conducían, o por los varios bazares en ellas. Así, había la «Calle de las Aguas», la «Calle del Pescado», la «Calle del Este», etc. El «Bazar de las maderas» y el de los «sastres» estaban en la Ciudad Nueva; el gran mercado superior estaba en el monte Sión. Luego había los bazares de la «lana» y el de «los latoneros»; la «Calle de los Panaderos», de «los Carniceros» y de «los Forasteros», y muchas otras con nombres similares. Y tampoco hubiera sido difícil identificar los edificios más importantes de la ciudad. En el ángulo noroccidental del monte Sión, sobre el emplazamiento del castillo de David, en la antigua Salem y Jebus, se encontraba el majestuoso palacio de Herodes, generalmente empleado por los procuradores romanos durante sus temporales estancias en Jerusalén. Se encontraba muy alto, justo debajo de la protección de las grandes torres que Herodes había edificado, y era una maravilla esplendorosa, de cuya extensión, fuerza, altura, estancias, torres, tejados, pórticos, atrios y jardines adyacentes habla Josefo con tales términos de admiración.

---

16. Hechos 21:31.
17. Para precisiones acerca de estos fuertes, véase Josefo, *Guerras de los judíos*. V. 4:3.

El palacio del sumo sacerdote

En la esquina opuesta, nororiental, del monte Sión se encontraba el palacio del sumo sacerdote. Edificado en la ladera de la colina, había debajo de los apartamentos principales una planta inferior, con un porche delante, de manera que podemos entender cómo en aquella noche llena de acontecimientos Pedro se encontraba «debajo en el palacio».[18] Más allá, probablemente en la ladera del Acra, se encontraba el depósito de los archivos, y al otro lado de la grieta, adosada al Templo, con el que probablemente estaba conectado con una columnata, estaba la cámara del consejo del sanedrín. Siguiendo la cresta oriental del monte Sión, al sur del palacio del sumo sacerdote, estaba el inmenso Xystus, que probablemente se extendía hasta el Tiropeón. Fuera cual fuera su propósito original,[19] se empleó posteriormente como lugar para reuniones públicas, en las que, en las grandes ocasiones, se arengaba a la muchedumbre. Es probable que fuera aquí que Pedro se dirigió a los tres mil convertidos en el día de Pentecostés, cuando la multitud se encaminaba allí apresuradamente desde el Templo, al oír «un estruendo como de un viento recio». El Xystus estaba rodeado por una columnata cubierta. Detrás de ahí estaba el palacio de Agripa, el antiguo palacio de David y de los Macabeos, y aún más atrás el de Berenice. Sobre el Acra se levantaron después los palacios de ciertos príncipes extranjeros, como los de la reina Elena, el rey Monobasus y otros prosélitos. En este barrio, o más allá de él al noroeste, uno buscaría, naturalmente, el teatro y el anfiteatro, que, siendo tan esencialmente ajenos al judaísmo, deben haber estado situados tan lejos como fuera posible del Templo. Es indudable que el espacio alrededor del Templo era mantenido sin edificar. En la esquina suroriental detrás del Templo se encontraba el gran mercado de ovejas, y al sur del mismo el hipódromo. Originalmente, «la casa del rey» al lado de la puerta de los Caballos, edificada por Salomón, y los establos reales habían ocupado el área del sur del monte del Templo, donde Herodes edificó posteriormente el «porche Real». Porque el Templo de Salomón tenía unos 90 metros menos de norte a sur que el de Herodes. Transversalmente, entre Xystus y la puerta del Pescado, se encontraba el barrio de *Maktesh*,[20] ocupado por varios bazares, principalmente conectado con el Templo. Finalmente, al sur del Templo, pero en la misma colina, estaba *Ofel*, el apiñado suburbio de los sacerdotes.

En este apresurado recorrido por la ciudad no hemos hecho ninguna observación acerca de los magníficos monumentos y pilares erigidos en varios lugares de Jerusalén, ni de sus sinagogas, de las que la tradición nos da su número como entre 460 y 480; ni de muchos edificios públicos; ni tampoco de tales lugares sagrados como el estanque de Siloé, o el de Betesda, en el que la memoria se quiere detener. En acusado contraste con toda esta belleza y

---

18. Marcos 14:66.

19. Barclay sugiere que el Xystus había sido originalmente el gimnasio pagano construido por el infame sumo sacerdote Jasón (*City of the Great King,* pág. 101).

20. Sofonías 1:10, 11.

magnificencia deben haberse distinguido las grandes murallas y las torres, y los fuertes separados, que guardaban bien el Templo, bien la entrada a los varios montes sobre los que se levantaba la ciudad, como el Milo, el Ofel y otros. De estas, la más alta y fuerte era la torre Antonia, en forma de L, que tenía una altura de 32 metros, y edificada además sobre una peña de 23 metros de altura. Las torres y el castillo de Antonia, con sus plazas, edificios adosados y columnatas, deben haber parecido casi una ciudad pequeña sobre su rocosa altura. Más allá de la ciudad se abrían numerosos portones por todas partes hacia el campo, sobre las pendientes y crestas de colinas cubiertas por deliciosos huertos y punteadas con hermosas villas.

La puerta de Susa

Esta debe haber sido la primera impresión de Jerusalén tal como se veía desde el monte de los Olivos, sobre el que se supone que hemos permanecido. Si se puede confiar en la tradición judía acerca de esto, se abría una puerta hacia este monte de los Olivos a través de la muralla oriental del Templo.[21] Recibe el nombre de «la puerta de Susa», por la representación escultórica sobre ella de la ciudad a la que van unidas tantas reminiscencias judías. Desde esta puerta salía un camino con arcadas, por el que los sacerdotes sacaban la «vaca alazana», y se dice que en el Día de la Expiación el segundo macho cabrío era llevado al monte de los Olivos. Cerca del lugar donde era quemada la vaca alazana, había grandes lavatorios y puestos para la venta de los artículos preciosos para varias purificaciones. Encima de una cresta, sobre una de las elevaciones más dominantes, estaba la estación lunar, desde donde, mediante señales con fuego, se telegrafiaba la llegada de cada nueva luna de colina en colina a lejanos países. Si se puede confiar también en esto en la tradición judía, había también una puerta no usada en el Templo que miraba al norte —Tedi o Tere— y dos puertas hacia el sur. Sabemos con seguridad solo acerca de un paso subterráneo que llevaba desde la fortaleza Antonia hacia el «ángulo noroccidental» del Templo, hacia el atrio del Templo, y de los claustros con escaleras que descendían a los porches, por una de las cuales se precipitó el tribuno Lisias a rescatar a Pablo cuando la enfurecida multitud había casi logrado darle muerte. Eliminando todas las cuestiones dudosas, estamos seguros de que, en todo caso, había cinco puertas hacia el recinto exterior del Templo, o atrio de los Gentiles: una desde el sur, y cuatro, las principales, desde el oeste. Aquel portón del sur era doble, y debe haber sido utilizado principalmente para comodidad de los sacerdotes. Viniendo de Ofel, pasarían a través de su gigantesco arco y vestíbulo (unos 12 metros a cada lado), y luego por un túnel doble de casi 70 metros de longitud, de donde salían por unas escaleras que

---

21. En la cámara por encima de esta puerta se guardaban dos medidas patrón, explícitamente para su uso por parte de los obreros empleados en el Templo, (*Chel*. XVII. 9).

llevaban directamente desde el atrio de los Gentiles al de los Sacerdotes, cerca del lugar donde oficiarían.[22]

Pero para unirnos a la gran multitud de adoradores tenemos que entrar en la ciudad misma. Girando la espalda al monte Sión, ahora estamos de frente hacia el este, al monte Moria. Aunque estamos mirando hacia las cuatro entradas principales al Templo, sin embargo lo que vemos dentro de aquellas murallas en las más altas terrazas no es el frente, sino la parte trasera del santuario. Es curioso cómo la tradición cae aquí en el más craso error acerca de dirigirse hacia el este en el culto. El lugar santo mismo miraba hacia el este, y se llegaba allí desde el este; pero lo cierto es que los sacerdotes que ministraban y los adoradores no miraban hacia el este, sino hacia el oeste.

La planicie del Templo

La planicie del Templo había sido allanada artificialmente con una cantidad inmensa de mano de obra y con enormes inversiones, y agrandada mediante gigantescas subestructuras. Estas últimas servían también, en parte, para el propósito de la purificación, ya que en otro caso pudiera haber habido algún cuerpo muerto debajo que, por muy grande que fuera la distancia, habría contaminado, según la tradición, toda el área de encima, a no ser que se interpusiera una cámara de aire. Tal como la había agrandado Herodes el Grande, el área del Templo ocupaba una plaza elongada de entre 280 y 290 metros o más.[23] Calculando de manera aproximada que fuera de 300 metros, nos daría una extensión una mitad mayor que la longitud de San Pedro en Roma, que mide 187 metros, y casi el doble de la basílica de san Pablo en Londres, que tiene una longitud máxima de 158,65 metros. Y entonces tenemos que mantener en mente que la planicie del Templo no tenía solo una longitud de 300 metros, sino que era un cuadrado de casi 300 metros de lado. Pero no era en el centro de este cuadrado, sino hacia el noroeste del mismo, que estaban el Templo propiamente dicho y sus atrios especiales. Y no estaban, como ya se han dado indicaciones, todos ellos a un mismo nivel, sino que se levantaban terraza tras terraza, hasta que se alcanzaba el edificio sagrado mismo, con su porche sobresaliendo como unas «hombreras», a cada lado, quizá levantándose en dos torres en los flancos, y cubriendo el lugar santo y el santísimo. Así, el «dorado santuario» debe haber sido claramente visible desde todos

---

22. La tradición judía menciona las siguientes cinco como las puertas exteriores del Templo: la de *Susa* al este, la de *Tedi* al norte, la de *Copponus* al oeste, y las dos puertas de *Hulda* al sur. Se dice que la puerta de Susa era más baja que las otras, de manera que los sacerdotes al final del «puente de la vaca alazana» pudieran ver el Templo por encima de ella. En una cámara sobre la puerta de Susa se guardaban las medidas patrón del «codo».

23. Muchos escritores modernos han calculado el área del Templo como un cuadrado de solo 185 metros, mientras que autoridades judías la hacen mucho más grande de lo que nosotros indicamos. El cálculo en este texto se basa en las últimas investigaciones más dignas de confianza, y están plenamente apoyadas por las excavaciones de campo efectuadas por los capitanes Wilson y Warren.

lados, levantándose el humo de sus sacrificios lentamente en espiral contra el azul cielo oriental, y cubriendo la música de sus servicios el cielo de la activa ciudad, en tanto que el resplandor del sol hacía brillar sus tejados dorados, o titilaba desde sus pavimentos de mármol teselado, o arrojaba grandes sombras sobre el Olivete detrás de él.

Desde luego, cuando los rabinos pensaban en su ciudad en su gloria, bien podían decir: «El mundo es como un ojo. El océano que rodea el mundo es el blanco del ojo; su negro es el mundo mismo; la pupila es Jerusalén; pero la imagen dentro de la pupila es el santuario». En su dolor y tristeza han escrito muchas fabulosas cosas acerca de Jerusalén, de las que algunas pueden encontrar sitio aquí, para mostrar con qué halo de reverencia rodeaban las amorosas reminiscencias del pasado. Jerusalén, decían ellos, no pertenecía a ninguna tribu en concreto: pertenecía a todo Israel. Y esto es literalmente cierto en gran medida; porque incluso después, cuando la antigua Jebus vino a ser la capital de la Tierra, la línea limítrofe entre Judá y Benjamín pasaba justo por en medio de la ciudad y del Templo, de manera que, según la tradición judía, el porche y el santuario mismo se encontraban en Benjamín, y los atrios del Templo y el altar en Judá. En Jerusalén no se podía alquilar ninguna casa. Las casas pertenecían, por así decirlo, a todos; porque todas ellas debían ser abiertas de par en par, con una hospitalidad cordial, a los hermanos peregrinos que acudían a la fiesta, y nunca ninguno había dejado de encontrar en Jerusalén los medios para celebrar las festividades pascuales, ni nadie había carecido de una cama en la que reposar. Nunca ninguna serpiente ni ningún escorpión hizo daño a nadie en sus recintos; nunca el fuego asoló sus calles ni se derrumbaron casas. Ninguna proscripción afectó jamás a la Santa Ciudad. Era levíticamente más sagrada que otras ciudades, por cuanto solo en ella podían comerse el cordero pascual, las ofrendas de acción de gracias y los segundos diezmos. Por eso ellos se guardaban celosamente en contra de toda posibilidad de contaminación. Ningún cuerpo muerto podía quedarse en la ciudad de noche; no había sepulcros allí, excepto los de la casa de David y el de la profetisa Hulda. Ni siquiera podían guardarse aves domésticas, ni plantarse huertos, para que el olor de la vegetación corrompiéndose no infectara el aire; ni podían construirse hornos, por temor al humo. Nunca ningún accidente adverso había interrumpido los servicios del santuario ni profanado las ofrendas. ¡Nunca la lluvia había apagado el fuego en el altar, ni un viento adverso echado atrás el humo de los sacrificios; ni, por grande que fuera la multitud de adoradores, había ninguno de ellos carecido de sitio para inclinarse y adorar al Dios de Israel!

Hasta aquí por lo que a los rabinos concierne. Pero cuánto más impresionante es la admisión de ellos y su lamento, tan significativo visto a la luz del Evangelio: «Durante tres años y medio moró la Shekiná» (o presencia visible de Dios) «sobre el monte de los Olivos», esperando por si Israel se arrepentía, «y llamándolos: "Buscad al Señor mientras que puede ser hallado, clamad a Él en tanto que está cercano". Y cuando todo fue en vano, entonces la Shekiná se volvió a su propio lugar».

Jerusalén en ruinas

¡Sí, la Shekiná *se ha* apartado a su propio lugar! Tanto la ciudad como el Templo han sido «anivelados con el suelo», cuanto Jerusalén no conoció el tiempo de su visitación.[24] «Redujeron a Jerusalén a escombros».[25] «Las piedras del santuario están esparcidas por las encrucijadas de todas las calles».[26] Esto y mucho más vio el Salvador, el verdadero Rey de Israel, en el futuro inmediato, cuando «al ver la ciudad, lloró sobre ella». Y ahora tenemos que rebuscar muy abajo, abriendo un pozo de entre 20 y 40 metros de profundidad a través de los cascotes de ruinas acumuladas antes de llegar por fin a los antiguos cimientos.[27] Y allí, cerca de donde en el pasado el puente real salvaba el abismo y conducía desde la ciudad de David al porche real del Templo, se encuentra «el Muro de las Lamentaciones», donde los dolidos herederos de toda esta desolación abrazan reverentes las piedras caídas, y lloran lágrimas inútiles, inútiles por cuanto el presente es como el pasado, y porque lo que condujo a aquel juicio y a este dolor prosigue sin ser reconocido, no habiendo arrepentimiento acerca de ello, y por tanto permaneciendo encima. Sin embargo: «"Guarda, ¿qué hay de la noche?" El guarda respondió: "La mañana viene, y después la noche; si queréis preguntar, preguntad; volveos, venid"».

---

24. Lucas 19:44.
25. Salmos 79:1.
26. Lamentaciones 4:1.
27. *Recovery of Jerusalem*, pág. 185.

II
DENTRO DEL SANTUARIO

«No quedará aquí piedra sobre piedra, que no sea derribada»
(Mateo 24:2).

«El puente Real»

De las cuatro principales entradas al Templo, todas ellas desde el oeste, la más al norte descendía, quizá por medio de un tramo de escaleras, a la Ciudad Baja; otras dos llevaban al suburbio, o *Parbar*, como era llamado. Pero, con mucho, la avenida más magnífica era la del ángulo suroccidental del Templo. Probablemente esta era «la subida a la casa del Señor» que tan atónita dejó a la reina de Sabá.[28] Sería, desde luego, difícil exagerar el esplendor de esta vía de acceso. Un colosal puente sobre arcos salvaba el valle del Tiropeón, conectando la antigua ciudad de David con lo que se llama «el porche Real del Templo». Basándonos en sus ruinas podemos reconstruir el puente. Cada arco tenía una luz de 12,5 metros, y las piedras basales medían 7,3 metros de longitud y casi 2 metros de grosor. Es casi imposible imaginar estas proporciones, excepto mediante su comparación con otros edificios. ¡Una sola piedra de más de 7 metros de largo! Y, sin embargo, estas no eran en absoluto las más grandes en la construcción del Templo. Tanto en la esquina suroriental como en la suroccidental se han encontrado piedras que miden entre 20 y 40 pies de longitud, y pesan más de 100 toneladas.

Los porches del Templo

La vista desde este «puente real» tiene que haber sido espléndida. Fue sobre él que condujeron al Salvador, a la vista de toda Jerusalén, a/y desde el

---

28. 1 Reyes 10:5. Según Mr. Lewin, no obstante (*Siege of Jerusalem,* pág. 270), este célebre ascenso a la casa del Señor pasaba por un doble pasaje subterráneo, de 76 metros de longitud y 19 metros de anchura, por un tramo de escalinata desde el nuevo palacio de Salomón, después ocupado por el «porche Real», justo dentro del atrio interior del Templo.

palacio del sumo sacerdote, al de Herodes, a la sala de reuniones del sanedrín, y al tribunal de Pilato. Aquí la ciudad se habría visto extendida delante de nosotros como un mapa. Más allá, la mirada se posaría sobre suburbios dispersos, arboledas y muchos huertos, los más hermosos los jardines reales del sur, el «jardín de rosas», tan elogiado por los rabinos, hasta que el horizonte quedaba encerrado por la borrosa silueta de las montañas en la distancia. Sobre las barandas del puente podríamos haber mirado al valle del Tiropeón abajo, a una profundidad no menor de 70 metros. La vía que salvaba esta cañada tenía una longitud de 110 metros, desde el monte Moria al monte Sión enfrente, y una anchura de 15,25 metros, esto es, una anchura 1,5 metros mayor que la avenida central del porche Real del Templo, que era a donde conducía. Estos «porches», como son llamados en el Nuevo Testamento, o claustros, estaban entre los más logrados rasgos arquitectónicos del Templo. Rodeaban el interior de su muralla, y cerraban los límites exteriores del atrio de los Gentiles. Estaban construidos con dobles hileras de columnas corintias, todas ellas monolitos, totalmente cortadas de un solo bloque de mármol, y cada columna tenía una altura de 11,45 metros. Un techo plano, ricamente ornamentado, descansaba contra la muralla, en la que también estaba insertada la hilera más externa de columnas. Es posible que hubiera torres[29] donde una columnata se unía a la otra. Pero el «Porche Real», por el que se supone que hemos entrado en el Templo, era el más espléndido, consistía no como los otros de una columnata doble, sino *triple*, formada por 162 pilares, dispuestos en cuatro hileras de 40 pilares cada una, sirviendo los dos restantes como una especie de pantalla allí donde el «porche» se abría al puente. En verdad, podemos considerar al porche Real como si consistiera de una nave central de 13,5 metros de anchura, con gigantescas columnas de 30 metros de altura, y con dos corredores de 10 metros de anchura, con columnas de 15 metros de altura.[30] Este porche Real es considerado por autoridades muy competentes que ocupaba el mismo lugar que el antiguo palacio de Salomón, donde instaló a la hija de Faraón. También aquí habían estado los «establos de Salomón». Cuando Herodes el Grande reconstruyó el Templo, le incorporó esta área del antiguo palacio real. Cuáles tienen que haber sido el esplendor y la altura[31] de este porche en el Templo queda bien expresado en las palabras del capitán Wilson:[32] «Es casi imposible imaginarse el efecto que hubiera producido un edificio más largo y alto que la Catedral de York levantándose sobre una masa sólida de piedra con una altura casi igual al más alto de nuestros campanarios». Y este era solo uno de los porches que formaban el límite sur del primer y más exterior atrio del Templo, el de los Gentiles. La vista desde arriba de esta columnata sobre el Cedrón era desde la altura enorme de 137 metros. Aquí es donde algunos sitúan el pináculo del Templo donde el Tentador puso a nuestro Salvador.

---

29. La sugerencia es del doctor Barclay en su obra *The City of the Great King.*
30. Mr. Ferguson, en Smith, *Dictionary of the Bible*, vol. III, pág. 1462.
31. El profesor Porter lo ha calculado en 140 metros.
32. *Recovery of Jerusalem*, pág. 9.

Estos pórticos o porches alrededor del atrio de los Gentiles deben haber sido un lugar de lo más conveniente para la relación amistosa o religiosa, para encuentros o discusiones.[33] Aquí Jesús, cuando era todavía niño, fue encontrado por sus padres discutiendo con los doctores; aquí, después, Él enseñó muy frecuentemente al pueblo; y aquí debieron tener lugar las primeras asambleas de los cristianos cuando, «acudiendo asiduamente unánimes cada día al Templo..., alabando a Dios, y teniendo favor con todo el pueblo..., el Señor añadía cada día a la iglesia a los que iban siendo salvos». Nos volvemos especialmente al pórtico de Salomón, situado a lo largo de la muralla oriental del Templo, delante de su gran entrada. Era el único resto que quedaba del Templo construido por el sabio rey de Israel. En este pórtico «andaba Jesús» en la «Fiesta de la Dedicación»,[34] cuando les dijo «abiertamente» que «yo y el Padre somos uno solo»; y allí fue que «todo el pueblo a una», atónito, corrió cuando tuvo lugar la «manifiesta señal» de la curación del cojo en «la puerta Hermosa del Templo».

El atrio de los Gentiles

Era norma que cuando se entraba en el Templo se hacía por la derecha, y que cuando se salía era por la izquierda. El gran atrio de los Gentiles,[35] que formaba el recinto más inferior o exterior del santuario, estaba pavimentado con el más fino mármol jaspeado. Según la tradición judía, formaba un cuadrado de 230 metros. Su nombre se deriva del hecho de que estaba abierto a todos, judíos y gentiles, siempre que observaran las normas prescritas de decoro y reverencia. En ese atrio sitúa la tradición los apartamentos donde los levitas *comían* y dormían, y una sinagoga. Pero, a pesar de la minuciosidad farisaica, el ruido, especialmente en vísperas de la Pascua, debe haber sido muy perturbador. Porque allí se vendían los bueyes, ovejas y palomas que se habían seleccionado como animales aptos para ser sacrificados, como si fuera un mercado; y allí estaban aquellas mesas de los cambistas, que el Señor volcó cuando expulsó de la casa de su Padre a aquellos que compraban y vendían.[36] A poca distancia, en el atrio, una pared de mármol de 1,40 metros de altura, hermosamente adornada, exhibía inscripciones griegas y latinas, prohibiendo a los gentiles ir más allá, bajo pena de muerte. Una de las tabletas con esta advertencia, casi con las mismas palabras que nos da Josefo, ha sido descubierta en recientes excavaciones. Fue debido a que pensaban que Pablo había infringido esta orden que la enfurecida multitud, alborotada, «apoderándose de Pablo, le arrastró fuera del Templo... procurando matarle».[37] Más allá de este recinto, una escalera de catorce peldaños, cada uno de ellos de 22,5 centímetros de altura, conducía a

---

33. Según *Succ.* IV. 1, allí había bancos o asientos.
34. Juan 10:23.
35. Hemos adoptado este nombre como de uso común, aunque Relandus (*Antiq.* pág. 78) objeta con razón que el único término empleado para él en los escritos judíos es «la montaña de la casa».
36. Mateo 21:12; Juan 2:14. Comparar especialmente *Jer. Chag.* 78 a.
37. Hechos 21:31.

una terraza de 4,6 metros de anchura, llamada el «Chel», que iba alrededor de la muralla *interior* del Templo. Nos aproximamos ahora al santuario mismo, que consistía primero de tres atrios, cada uno más alto que el anterior, y, más allá de ellos, de los lugares santo y santísimo, con sus edificios adosados. Entrando por la puerta principal al *este* pasamos, primero, al atrio de las Mujeres, de este al de Israel, y de este último al de los Sacerdotes. Esta habría sido, por así decirlo, la forma natural de progresar. Pero había un camino más corto para ir al atrio de los Sacerdotes. Porque tanto al norte como al sur, a lo largo de la terraza, unas escaleras llevaban a tres puertas (al norte y al sur), que se abrían al atrio de los Sacerdotes, mientras que una cuarta puerta (al norte y al sur) conducía al centro del atrio de las Mujeres. Así, había nueve puertas que se abrían desde «la terraza» al santuario —la principal desde el este—, y cuatro al norte y al sur, de las que una (al norte y al sur) llevaba también al atrio de las Mujeres, y las otras tres (al norte y al sur) al de los Sacerdotes.

La «puerta Hermosa»

Estas ocho puertas laterales, como podemos llamarlas, eran todas de dos hojas, anchas, con superestructuras y cámaras sustentadas por dos pilares, y cubiertas de láminas de oro y de plata. Pero más magnífica que cualquiera de ellas era la novena puerta, la *oriental,* que constituía la principal entrada al Templo. La subida a la misma se efectuaba desde la terraza mediante doce fáciles peldaños. El portón mismo estaba hecho de resplandeciente bronce corintio, muy ricamente adornado; y tan enormes eran sus dos hojas que se precisaba del esfuerzo unido de veinte personas para abrirlas y cerrarlas. Esta era la «puerta Hermosa»; y en sus peldaños habían estado dejando durante muchos años a aquel cojo, así como hoy día se pueden encontrar mendigos privilegiados a las puertas de las catedrales del Continente. No es de asombrarse que toda Jerusalén lo conociera; y cuando en aquella soleada tarde, Pedro y Juan se unieron a los adoradores en el atrio de las Mujeres, no solos, sino acompañados del bien conocido tullido que, después de haber sido sanado, iba «andando, y saltando, y alabando a Dios», debe haberse suscitado un «asombro y estupor» generales. Luego, cuando aquel tullido, que aún tenía «asidos a Pedro y a Juan», volvió a descender aquellos peldaños, podemos comprender fácilmente que toda la gente se agolpara por el pórtico de Salomón, cercano, hasta que el sermón de Pedro, tan fructífero en resultados espirituales, fue interrumpido por la policía del Templo y por el brusco arresto de los apóstoles.

El atrio de las Mujeres

El atrio de las Mujeres recibía este nombre no porque estuviera dedicado a su exclusivo uso por parte de las mujeres, sino debido a que no se les permitía que siguieran más adentro, excepto cuando se trataba de ofrecer un sacrificio. Este, además, debía ser el lugar usual para la adoración, ocupando las mujeres, según la tradición judía, solo una galería elevada alrededor de tres de los lados del atrio. Este atrio cubría un espacio de más de 68 metros de lado. Todo alrededor del atrio había una columnata simple, y dentro de ella, contra la pared, estaban los trece cepillos o «trompetas» donde se depositaban las contribuciones caritativas.[38] Estos trece cepillos eran estrechos en la boca y anchos abajo, con una forma como de trompeta, de donde les viene su nombre. El objeto específico de cada uno estaba cuidadosamente inscrito sobre los mismos. Nueve de ellos eran para recibir lo que era legalmente debido por los adoradores, y los otros cuatro eran para dones estrictamente voluntarios. Las trompetas I y II servían para la recaudación del tributo de medio siclo para el año corriente y el anterior. En la trompeta III, aquellas mujeres que tenían que traer tórtolas para una ofrenda para holocausto y para ofrenda por el pecado echaban su equivalente en dinero, que era cada día sacado, sacrificándose una cantidad correspondiente de tórtolas. Esto no solo ahorraba el trabajo de tantos sacrificios individuales, sino que guardaba el anonimato de aquellas que no quisieran dar a conocer públicamente la ocasión o las circunstancias de su ofrenda. Fue en esta trompeta que María, la madre de Jesús, debió haber echado el dinero que valía su ofrenda[39] cuando el anciano Simeón tomó al Salvador recién nacido «en brazos, y bendijo a Dios». La trompeta IV recibía similarmente el valor de las ofrendas de jóvenes pichones. En la trompeta V se recogían contribuciones para la leña empleada en el Templo; en la trompeta VI para el incienso, y en la trompeta VII se depositaban dones para los vasos de oro para el ministerio. De manera similar, las trompetas IX, X, XI, XII y XIII estaban destinadas a lo que quedaba de las ofrendas por la culpa, ofrendas de aves, las ofrendas de los nazareos, de los leprosos purificados, y para las ofrendas voluntarias. Con toda probabilidad, este espacio en el que estaban las trece trompetas era la «tesorería», donde Jesús enseñó en aquella memorable Fiesta de los Tabernáculos.[40] Podemos también comprender cómo, por el peculiar y conocido destino de cada una de estas «trompetas», el Señor pudo contribuir entre las contribuciones de los ricos que echaban «de su abundancia», y la de la viuda pobre que de su «pobreza» había dado «todo el sustento» que tenía.[41] Pero había también una especial cámara del tesoro a la que en ciertas ocasiones llevaban el contenido de los trece cepillos; y, además, lo que recibía el nombre de «una cámara de los silenciosos», donde devotas personas depositaban dinero secretamente que después se empleaba de manera reservada para la educación de los hijos de los pobres piadosos.

Es probable que fuera en irónica alusión a la forma y nombre de estos cepillos para las ofrendas que el Señor, empleando la palabra «trompeta», describe la conducta de aquellos que, en su acción de dar limosna, buscaban gloria de

---

38. Fue probablemente en una de estas que la pobre viuda echó sus «dos blancas» (Lc 21:2).
39. Lucas 2:22, 24.
40. Juan 7, 8; véase especialmente 8:20.
41. Marcos 12:41; Lucas 21:1.

parte de los hombres, como «sonando trompeta» delante de ellos,[42] esto es, como llevando delante de ellos, bien visibles, estos cepillos de ofrendas con forma de trompeta (que en el Talmud son llamados literalmente «trompetas») y haciéndolos sonar.[43]

Las cámaras

En cada una de las cuatro esquinas del atrio de las Mujeres había unas cámaras, o más bien atrios sin cubrir, cada uno de ellos, según se dice, de unos 18 metros de lado. En el de la derecha (al noreste), los sacerdotes que no eran aptos para otros servicios que los serviles, debido a taras físicas, entresacaban la leña agusanada de la buena leña, que se destinaba al altar. En el atrio de la esquina más alejada (al noroeste), los leprosos purificados se lavaban antes de presentarse a los sacerdotes en la puerta de Nicanor. A la izquierda (el sureste), los nazareos se cortaban el cabello y cocían sus ofrendas de paces. En un cuarto atrio (al suroeste) se guardaban el aceite y el vino para las ofrendas de libación. Los instrumentos empleados por los levitas eran depositados en dos estancias debajo del atrio de Israel, al que se accedía desde el atrio de las Mujeres.

Naturalmente, la columnata occidental de este atrio estaba abierta. De allí se subía por quince peldaños a través de la llamada «puerta de Nicanor»[44] para acceder al atrio de Israel. Era en estos peldaños que los levitas se situaban en la Fiesta de los Tabernáculos para cantar los quince «Salmos Graduales» o del ascenso,[45] de donde algunos han derivado su nombre. Aquí, o más bien en la puerta de Nicanor, tenía lugar todo lo que estaba ordenado que fuera hecho «delante del Señor». Aquí era donde se presentaban el leproso limpiado y las mujeres que vinieran para la purificación ante los sacerdotes, y aquí también era donde se daba el «agua de los celos» a la esposa sobre la que se abrigaban sospechas.

El atrio de Israel

Quizá será más conveniente para todos los propósitos prácticos considerar los dos atrios de Israel y de los Sacerdotes como si formasen en realidad solo

---

42. Mateo 6:2.

43. La alusión es tanto más al caso cuando recordamos que cada una de estas trompetas tenía una marca para indicar su objeto especial. Parece extraño que esta interpretación no se le haya ocurrido a ninguno de los comentaristas, que siempre han encontrado la alusión tal *crux interpretum*. Un artículo en el *Bible Educator* ha adoptado sustancialmente esta postura últimamente, añadiendo que las trompetas se tocaban cuando se recogían ofrendas. Pero acerca de esta última declaración no hay ninguna autoridad histórica, y contravendría el espíritu religioso de aquellos tiempos.

44. Jost (*Gesch. d. Jud.*, vol. I., pág. 142) llama a la de Nicanor «la puerta de bronce corintio». Acerca del origen del nombre, véase Herzfeld, *Gesch. d. V. Isr.*, vol. I., pág. 344.

45. Salmos 120 a 134.

uno, dividido en dos partes por una baja balaustrada de unos 45 centímetros de alto. Así considerado, este gran atrio doble, incluyendo el mismo santuario, mediría 85,5 metros de longitud por 61,75 metros de anchura. De esto, una estrecha franja de 5 metros de anchura formaba el atrio de Israel. Dos escalones llevaban de él al atrio de los Sacerdotes. Aquí se subía otra vez por tres bajos peldaños semicirculares hasta una especie de púlpito o plataforma, donde, lo mismo que sobre los «quince peldaños», los levitas cantaban y tocaban durante el servicio ordinario. Los *sacerdotes,* por su parte, ocupaban, mientras pronunciaban la bendición, los peldaños al otro extremo del atrio que conducía al porche del Templo. Una disposición similar existía tanto en el gran atrio como en el de las Mujeres. A derecha e izquierda de la puerta de Nicanor había receptáculos para las vestimentas de los sacerdotes (uno para cada una de las cuatro clases, y para los veinticuatro órdenes de sacerdotes: 4 x 24 = 96).

Después venía la cámara de la oblación del sumo sacerdote,[46] donde cada mañana, antes de descender a cumplir sus deberes, el sacerdocio oficiante se reunía procedente del «Beth-ha-Moked», o «casa de las cocinas». Esta estaba construida sobre arcos, y contenía un gran comedor que se comunicaba con otras dos cámaras. Una de estas era un gran apartamento donde se mantenían constantemente encendidos los fuegos para empleo de los sacerdotes que ministraban descalzos. Allí también dormían los cabezas de los órdenes que ministraban, y aquí, en un especial receptáculo debajo del pavimento, se colgaban las llaves del Templo por la noche. De las otras tres cámaras del Beth-Moked, una se empleaba para guardar los recibos que se daban como garantía cuando alguien había pagado por una libación. En otra se preparaba el pan de la proposición, mientras que otra servía para los corderos (al menos seis) que se guardaban siempre listos para el sacrificio regular. Aquí también un pasaje conducía a un buen iluminado baño subterráneo para empleo de los sacerdotes. Además del Beth-Moked había, al norte y al sur del atrio, estancias para guardar la sal para el altar, para salar las pieles de los sacrificios, para lavar «sus entrañas», para guardar la leña «limpia», para la maquinaria con la que se suministraba agua a la pila, y finalmente la cámara «Gazith», o estancia de las piedras labradas, donde se reunía el sanedrín. Por encima de estas cámaras se encontraban otros apartamentos, como aquellos en los que el sumo sacerdote pasaba la semana antes del Día de la Expiación en estudio y meditación.

Las cámaras

El relato que da la tradición judía de estas puertas y cámaras alrededor del atrio de los Sacerdotes es algo conflictivo, quizá debido a que las mismas cámaras y puertas pueden haber tenido diferentes nombres. Puede, sin embargo, sumarizarse de esta manera. Entrando en el gran atrio por la puerta de Nicanor, a mano derecha estaba la cámara de Finées con sus 96 receptáculos para las

---

46. Levítico 6:20.

vestiduras de los sacerdotes, y a la izquierda el lugar en el que se preparaba la oblación diaria del sumo sacerdote, y donde cada mañana, antes de romper el alba, se encontraban todos los sacerdotes ministrantes, después de haber inspeccionado el Templo y antes de ser enviados a sus ocupaciones. Junto al lado meridional del atrio se encontraba la puerta de las Aguas, a través de la que se traía, en la Fiesta de los Tabernáculos, un jarro con agua procedente del estanque de Siloé, y que tenía encima una cámara, llamada Abtinas,[47] donde los sacerdotes montaban guardia de noche; luego estaba la puerta de los Primogénitos de los Animales, por donde entraban de estos los que eran aptos para ser ofrecidos; y la puerta de la Leña, por la que se entraba la leña para el altar. Junto a estas puertas estaba el *Gazith,* la estancia de piedras cuadradas y alisadas donde se reunía el sanedrín; la cámara *Golah,* por el aparato hidráulico que vaciaba y llenaba la pila; y la cámara de la leña. Por encima, y más allá, estaban los apartamentos del sumo sacerdote y la cámara del concilio de los «consejeros honorables», o consejo sacerdotal para cuestiones estrictamente relacionadas con el Templo. Al lado septentrional del atrio de los Sacerdotes estaba la puerta Nitzutz (puerta de la Chispa), con un cuerpo de guardia encima para los sacerdotes, la puerta de los Sacrificios, y la puerta del Beth-Moked. Junto a las puertas estaban la cámara donde se salaban los sacrificios; la del salado de las pieles (que se llamaba *Parvah*, por su constructor), con baños para el sumo sacerdote encima de ella; y finalmente el *Beth-Moked* con sus apartamentos. Los dos mayores de estos edificios, la cámara del concilio del sanedrín en la esquina suroriental del atrio[48] y el Beth-Moked en la esquina noroccidental, estaban en parte edificados dentro del atrio, y en parte fuera, en «la terraza». Esto debido a que nadie más que un príncipe de la casa de David podía sentarse dentro del sagrado recinto del atrio de los Sacerdotes. Es probable que hubiera una disposición semejante para los apartamentos del sumo sacerdote y para la cámara del consejo de los sacerdotes, así como para las cámaras de prevención de los sacerdotes, de manera que en cada una de las cuatro esquinas del atrio los apartamentos sobresaldrían sobre «la terraza».[49] Todo a lo largo de las

---

47. El Talmud *(Yoma 19 a)* expresa dudas acerca de su exacta localización.

48. Es muy singular constatar lo extrañas que son las equivocaciones que se hacen acerca de las estancias y de los atrios conectados con el Templo. Así, el escritor del artículo «Sanedrín» en la Encyplopaedia de Kitto, vol. III, pág. 766, dice que la cámara del sanedrín «estaba situada en el centro del lado sur del atrio del Templo, extendiéndose la parte septentrional al atrio de los Sacerdotes y la parte meridional al atrio de los Israelitas». Pero ¡el atrio de Israel y el de los Sacerdotes no estaban a norte y sur, sino a este y oeste, como lo evidencia una mirada al plano del Templo! La cámara del sanedrín, desde luego, se extendía hacia el sur, aunque lo cierto es que no iba hacia el atrio de Israel, sino hacia el Chel o terraza. Las autoridades citadas en el artículo «Sanedrín» no apoyan las conclusiones de su autor. Se debería señalar que hacia los tiempos de Cristo el sanedrín cambió su lugar de la cámara de las piedras cuadradas a otra al este del atrio del Templo.

49. Sabemos que las dos cámaras sacerdotales de la guardia por encima de la puerta de las Aguas y de Nitzuz también daban sobre la terraza. Esto puede explicar cómo el Talmud hace referencia en ocasiones a seis y en ocasiones a ocho puertas que se abrían sobre la terraza desde el atrio de los Sacerdotes, o bien quizá las puertas 7 y 8 pueden haber sido las que daban desde la terraza al norte y al sur al atrio de las Mujeres.

columnatas, tanto alrededor del atrio de los Gentiles como del de las Mujeres, había asientos y bancos para que se acomodaran allí los adoradores.

El altar

El objeto más prominente en el atrio de los Sacerdotes era el inmenso altar de piedras sin labrar,[50] un cuadrado de no menos de 16 metros de lado, e, incluyendo «los cuernos», de 5 metros de altura. Todo alrededor de él corría «un circuito» para uso de los sacerdotes que ministraban y que, como norma, siempre pasaban alrededor por la derecha, y se retiraban por la izquierda.[51] Como este «circuito» estaba levantado a 2,7 metros del suelo y tenía 45 centímetros de altura, mientras que los «cuernos» medían 45 centímetros de altura, los sacerdotes solo tendrían 90 centímetros para alcanzar la parte superior del altar, y 1,35 metros para la parte superior de cada «cuerno». Un plano inclinado, de 15 metros de largo y 7,5 de ancho, a la mitad del cual se unían dos «descensos» más pequeños, conducía al «circuito» desde el sur. Cerca de allí se encontraba el gran montón de sal, con la que debía salarse todo sacrificio.[52] Sobre el altar, que en la parte superior tenía solo 10,5 metros de anchura, ardían tres fuegos. Uno (al este) para las ofrendas, el segundo (al sur) para el incienso, y el tercero (al norte) como medio para encender los otros dos. Los cuatro «cuernos» del altar eran prominencias rectas, cuadradas y huecas, la del suroeste con dos aberturas, por cuyos embudos de plata se vertían las libaciones y, en la Fiesta de los Tabernáculos, el agua del estanque de Siloé. Una línea roja todo alrededor del medio del altar marcaba que debía rociarse *por encima* de ella la sangre de los sacrificios que se iban a comer, y *por debajo* la de los sacrificios totalmente quemados. El sistema de drenaje a cámaras de debajo y canales, todos los cuales podían ser limpiados a chorro con agua a voluntad, era perfecto. La sangre y los desperdicios eran arrastrados al Cedrón y hacia los huertos reales. Finalmente, al norte del altar se encontraban todas las cosas necesarias para los sacrificios: seis hileras, con cuatro anillas cada una, de ingeniosos mecanismos para inmovilizar los sacrificios; ocho mesas de mármol para la carne, la grasa y las «entrañas» limpiadas; ocho columnas bajas, cada una de ellas con tres ganchos, para colgar las piezas; una mesa de mármol para ponerlas, y una de plata para los vasos de oro y de plata para el servicio.

---

50. Eran «blanqueadas» dos veces al año. Una vez cada siete años el sumo sacerdote debía inspeccionar el lugar santísimo, por medio de una abertura en la cámara encima de él. Si se precisaba de reparaciones, los obreros eran bajados a través del techo en una especie de jaula, a fin de que no vieran nada más que aquello en que tenían que trabajar.

51. Las tres excepciones a esto son especialmente mencionadas en el Talmud. El sumo sacerdote ascendía y descendía siempre por la derecha.

52. También un receptáculo para aquellas ofrendas por el pecado de aves que se hubieran deteriorado. Este plano inclinado era mantenido cubierto con sal, para impedir que los sacerdotes, que iban descalzos, patinaran.

La pila

Entre el altar y el porche del Templo, pero situada hacia el sur, se encontraba la inmensa pila de bronce, sustentada por doce colosales leones, que era drenada cada tarde y llenada cada mañana con maquinaria, y donde doce sacerdotes podían lavarse a la vez. Lo cierto es que el suministro de agua al santuario se encuentra entre las más maravillosas de sus disposiciones. La del Templo es designada por el capitán Wilson como el «suministro de bajo nivel», en contraste con el «acueducto de alto nivel» que recogía el agua en un túnel de 5,6 kilómetros excavado en la roca, en el camino de Hebrón, y que luego serpenteaba hasta llegar a suministrar sus aguas a la parte alta de la ciudad. El acueducto «de bajo nivel» que suministraba al Templo derivaba sus aguas a tres fuentes: de los montes alrededor de Hebrón, de Etán, y de los tres estanques de Salomón. Su longitud total era de más de casi sesenta kilómetros. La cantidad de agua que transportaba puede estimarse basándose en el hecho de que el sobrante de las aguas de Etán se calcula, cuando se drenaba al estanque inferior de Gihón, como si presentase, cuando estaba lleno, «un área de casi cuatro acres de agua [alrededor de 1,5 ha]».[53] Y si no hubiera sido suficiente con esto, «el terreno está suficientemente punteado por una serie de notables cisternas cavadas en la roca, en las que se guardaba el agua traída por un acueducto desde los estanques de Salomón, cerca de Belén. Las cisternas parecen haber estado conectadas por un sistema de canales cortados en la roca, de manera que cuando una estaba llena el sobrante rebosaba a la siguiente, y así sucesivamente, hasta que el rebosamiento final era llevado por un canal al Cedrón. Una de las cisternas, la conocida como el Gran Mar, solía contener nueve millones de litros, y la cantidad total de galones que podían ser guardados excedía probablemente a los cuarenta y cinco millones de litros». Parece haber pocas dudas de que el drenaje de Jerusalén estaba «tan bien trazado como el suministro de agua; la boca de la principal alcantarilla estaba en el valle del Cedrón, donde probablemente se empleaban los vertidos para fertilizar los huertos».

Las grandes piedras

La mente se queda aturdida ante estas cifras, cuya exactitud dudaríamos en aceptar si no hubieran quedado confirmadas por las modernas investigaciones. Y de la misma manera nos sentimos al hablar de las dimensiones de la misma Santa Casa. Esta había sido erigida sobre enormes cimientos de bloques sólidos de mármol blanco recubiertos de oro, midiendo cada bloque, según Josefo, 22,30 por 2,70 metros. Subiendo por una escalera de doce peldaños al «porche», observamos que sobresalía 9 metros a cada lado más allá del Templo mismo. Incluyendo estas proyecciones, los edificios del Templo tenían una longitud de 46 metros, y otros tantos de anchura. Sin ellas, la longi-

---

53. Véase Barclay, *City of the Great King*, págs. 292-336.

tud era de solo 27 metros, y la anchura de 36 metros. De estos pertenecían al lugar santísimo 18 metros de longitud, de este a oeste, y 9 metros de anchura, mientras que el lugar santísimo tenía 9 metros de longitud y otros tantos de anchura. Así, había a cada lado del santuario, y detrás de él, 9 metros sobrantes, que eran ocupados por edificios adosados de tres pisos de altura, que contenían cada uno de ellos cinco estancias, mientras que atrás había ocho. Pero estos edificios laterales eran más bajos que el santuario mismo, sobre el que también se habían erigido superestructuras. Un tejado de cedro con alero y con puntas de oro sobre él, y rodeado por una elegante balaustrada, coronaba todo el conjunto.

El velo

La entrada al «porche», que tenía una elaborada techumbre, estaba cubierta por un espléndido velo. A derecha e izquierda había lugares para los cuchillos sacrificiales. Dentro del «porche» se guardaba una cantidad de dones «votivos», como los candelabros de oro de la prosélita reina de Adiabene, dos coronas de oro presentadas por los Macabeos, etc. También aquí había dos mesas, una de mármol, sobre la que depositaban el nuevo pan de la proposición; la otra de oro, sobre la que ponían el viejo cuando lo sacaban del lugar santo. Unos portones de doble hoja,[54] recubiertos de oro y cubiertos con una rica cortina babilónica con los cuatro colores del Templo («lino fino, azul, escarlata y púrpura»), constituían la entrada al lugar santo. Por encima colgaba aquel símbolo de Israel,[55] una gigantesca vid de oro puro y hecha con ofrendas votivas; cada racimo tenía la altura de un hombre. En el lugar santo había, al sur, el candelero de oro; al norte, la mesa del pan de la proposición; y más allá, el altar del incienso, cerca de la entrada del lugar santísimo. El lugar santísimo, por su parte, estaba ahora totalmente vacío, con una gran piedra, sobre la que el sumo sacerdote rociaba la sangre en el Día de la Expiación, ocupando el lugar donde había estado el arca con el propiciatorio. Un tabique de madera separaba el lugar santísimo del lugar santo; y sobre la puerta colgaba el velo que «se rasgó en dos, de arriba abajo» cuando quedó abierto en el Gólgota el camino al lugar santísimo.[56]

Así era el Templo tal como lo había restaurado Herodes, una obra que se tomó cuarenta y seis años para su culminación. Pero, aunque los rabinos nunca se cansan de alabar su esplendor, ni con una palabra ninguno de los que fueron contemporáneos indica siquiera que su restauración fuera llevada a cabo por Herodes el Grande.[57] Un acontecimiento tan memorable en su histo-

---

54. Había también un portillo por el que entraba el que abría los grandes portones desde dentro.

55. Salmo 80:8; Jeremías 2:21; Ezequiel 19:10; Joel 1:7.

56. Mateo 27:51. Los rabinos hablan de dos velos, y dicen que el sumo sacerdote entraba por el borde del sur del primer velo, y luego caminaba hasta que llegaba al borde del norte del segundo velo, por donde entraba en el lugar santísimo.

57. La primera mención aparece en el Talmud de Babilonia, y ahí ni con gratitud ni con consideración. (*Taan.* 23 *a; Baba B.* 3 *b;* 4 *a.; Succ.* 51 *b.*)

ria es pasado por alto con el más absoluto silencio. ¡Qué respuesta más total nos da esto a la objeción que a veces se presenta basándose en el silencio de Josefo acerca de la persona y de la misión de Jesús!

La predicción de nuestro Señor

La reverencia con la que los rabinos guardaban su Templo será descrita a continuación. Los lectores del Nuevo Testamento saben con cuánta presteza cualquier supuesta violación de su santidad llevaba a una sumaria venganza popular. A los discípulos de Jesús les costaba darse cuenta de que una ruina tan absoluta como la que había predicho su Maestro pudiera abatirse tan pronto sobre aquella hermosa y gloriosa casa. Era la sobretarde del día en que había predicho la total desolación de Jerusalén. Todo aquel día había enseñado en el Templo, y lo que había dicho, no solo allí, sino cuando, al ver la ciudad, lloró sobre ella, parece haber llenado sus mentes tanto de asombro como de dudas. Y ahora Él, con sus discípulos, había salido del Templo. Una vez más se tomaron tiempo en grato reposo «en el monte de los Olivos».[58] «La púrpura luz sobre los montes de Moab estaba desvaneciéndose rápidamente. A través de la ciudad, el sol poniente arrojaba una rica luz sobre los claustros de columnas del Templo y sobre los silenciosos atrios que se levantaban terraza sobre terraza. Desde donde se encontraba ahora podía ver por encima de la puerta Hermosa, y hasta la entrada al lugar santo, que ahora resplandecía de oro; mientras que los muros orientales y el profundo valle abajo estaban sumidos en una solemne sombra que, al ir descendiendo el orbe, se iba extendiendo más y más hacia la cumbre del Olivete, se veía aún un rayo desvaneciente de luz rosada, y después todo se hundía en la oscuridad».[59]

Allí y entonces fue que los discípulos, mirando hacia el Templo que se veía a sus pies, se lo señalaron al Maestro: «Mira qué piedras tan enormes y qué construcciones tan magníficas». La vista desde aquel lugar debe haber hecho más difícil creer la predicción del Maestro, y más triste aún. ¡Pocos años después quedó cumplida literalmente! Puede ser, como dice la tradición judía, que desde el cautiverio en Babilonia el «arca del pacto» esté enterrada y oculta debajo del atrio de la madera en el ángulo nororiental del atrio de las Mujeres. Y puede que algunos al menos de los despojos que Tito se llevó consigo de Jerusalén —el candelero de siete brazos, la mesa de la proposición, las trompetas de los sacerdotes y la mitra de oro idéntica a la que Aarón había llevado en su cabeza— estén ocultos en algún lugar en los subterráneos debajo del área del Templo, después de haber ido sucesivamente a Roma, Cartago, Bizancio, Ravena y de allí a Jerusalén. Pero de «aquellas construcciones tan magníficas» que se habían levantado allí no queda «piedra sobre piedra» que no haya sido «derruida».

---

58. Mateo 24:1, 3.
59. Bartlett, *Jerusalem Revisited*, pág. 115.

III
ORDEN DEL TEMPLO, INGRESOS Y MÚSICA

«Porque los cuerpos de aquellos animales cuya sangre es introducida en el santuario por el sumo sacerdote como ofrenda por el pecado son quemados fuera del campamento. Por lo cual también Jesús, para santificar al pueblo mediante su propia sangre, padeció fuera de la puerta»
(Hebreos 13:11, 12).

El segundo Templo, inferior en gloria

Al judío devoto y fervoroso, el segundo Templo tiene que haberle parecido, en comparación con la «casa en su gloria primera», desde luego, «como nada».[60] Cierto; en esplendor arquitectónico, el segundo Templo, tal como quedó restaurado por Herodes, sobrepasó por mucho al primero.[61] Pero, a no ser que la fe hubiera reconocido en Jesús de Nazaret al «Deseado de todas las naciones» que llenaría «de gloria esta casa»,[62] sería difícil hacer más que tristes comparaciones. Se debe reconocer que ya no existían los verdaderos elementos de la gloria del Templo. El lugar santísimo estaba totalmente vacío; no estaban en el santuario ni el arca del pacto, con los querubines, las tablas de la ley, el libro del pacto y la vara de Aarón que reverdeció, ni el pote de maná. El fuego que había descendido del cielo sobre el altar se había extinguido. Lo que era más solemne: estaba ausente la presencia visible de Dios en la Shekiná.[63] Tampoco podía determinarse la voluntad de Dios por medio del Urim y del Tumim, ni tampoco podía ser el sacerdote ungido con el aceite santo, siendo que su misma composición se desconocía. Pero con más celo aún, los rabinos restablecieron líneas de una santidad ficticia, y las guardaban contra toda infracción.

---

60. Hageo 2:3.
61. El Talmud llama la atención de manera expresa a esto, y menciona otro punto de preeminencia, que mientras que el primer Templo estuvo en pie durante 410 años, el segundo duró 420.
62. Hageo 2:7.
63. Los siguientes cinco objetos son mencionados por los rabinos como ausentes en el último Templo: el arca, el fuego santo, la Shekiná, el espíritu de profecía y el Urim y el Tumim.

Líneas de santidad

Por lo general, como el campamento en el desierto había consistido realmente en tres secciones —el campamento de Israel, el de los levitas y el de Dios—, así ellos contaban tres divisiones correspondientes en la Santa Ciudad. Desde las puertas hasta el monte del Templo se consideraba que se trataba del campamento de Israel; de allí a la puerta de Nicanor representaba el campamento de Leví, mientras que el resto del santuario era «el campamento de Dios». Es en alusión a esto que el escritor de la Epístola a los Hebreos compara el sufrimiento de Cristo «fuera de la puerta» de Jerusalén con el quemado de las ofrendas por el pecado «fuera del campamento». Según otra disposición rabínica, se asignaban diferentes grados de santidad a diferentes localidades. El primer grado, o inferior, pertenecía a la tierra de Israel, de donde únicamente podían proceder la primera gavilla en la Pascua, las primicias y los dos panes para mecer en Pentecostés; el siguiente grado de santidad pertenecía a las ciudades amuralladas de Palestina, al que no podía pertenecer ningún leproso ni ningún cadáver,[64] el tercero, a la misma Jerusalén, porque, además de muchas prohibiciones para preservar su pureza, era solo allí que era lícito participar de las ofrendas de paces, de las primicias y de «los segundos diezmos». A continuación venían, sucesivamente, el monte del Templo, del que eran excluidos todos los que estuvieran en estado de impureza levítica; «la terraza», o «Chel», de donde quedaban excluidos, además de los gentiles, todos aquellos que estuvieran contaminados por contacto con un cuerpo muerto; el atrio de las Mujeres, al que no podían entrar los que se habían polucionado, incluso si «se habían lavado», hasta que fueran también aptos para comer de «cosas sagradas», esto es, después de la puesta de sol del día en el que se habían lavado; el atrio de Israel, al que no podían entrar los que, aunque librados de sus impurezas, no hubieran traído aún la ofrenda para su purificación;[65] el atrio de los Sacerdotes, ordinariamente solo accesible a ellos; el espacio entre el altar y el mismo Templo, del que incluso quedaban excluidos los sacerdotes si su porte mostraba que no eran conscientes de la solemnidad del lugar, el Templo, al que los sacerdotes podían entrar solo tras lavarse las manos y los pies; y, finalmente, el lugar santísimo, donde solo podía entrar el sumo sacerdote, y solo una vez al año.

Reglas rabínicas

En función de estas posturas acerca de la santidad del lugar, se comprenderá fácilmente cómo hubiera sido de esperar una suficiente referencia exterior de parte de todos aquellos que entraban en el monte del Templo. Los

---

64. Lucas 7:12.
65. Esta clase incluiría las siguientes cuatro clases; el leproso purificado, una persona con flujo, una mujer que hubiera estado en su separación, y una que acabara de tener un hijo. En capítulos posteriores se dan explicaciones adicionales de cada caso.

rabinos establecen aquí también ciertas normas, algunas de las cuales ya las sugeriría, naturalmente, el mismo sentido del decoro, mientras que otras nos recuerdan de manera extraña los dichos de nuestro Salvador. Así, no se debía ir allí excepto para propósitos estrictamente religiosos, y tampoco para hacer del monte del Templo un lugar de paso, ni emplearlo como atajo. De ordinario, los adoradores debían entrar por la derecha y salir por la izquierda, evitando tanto la dirección como la puerta por la que habían entrado. Pero los enlutados y los que estaban bajo disciplina eclesiástica debían hacer al contrario, a fin de encontrarse con la corriente de adoradores, que pudieran dirigirles bien palabras de simpatía («¡Que el que mora en esta casa te dé consolación!»), o bien de amonestación («¡El que mora en esta casa ponga en tu mente dar oído a aquellos que quisieran restaurarte!»). Como ya se ha dicho, estaba terminantemente prohibido sentarse en el atrio de los Sacerdotes, haciéndose excepción solo en favor de príncipes de la casa de David, probablemente para vindicar su consistencia, por cuanto tales casos estaban registrados en la historia pasada de Israel. Tanto los sacerdotes que servían como los adoradores debían andar hacia atrás cuando dejaban los alrededores inmediatos donde se llevaba a cabo el santo servicio, y en la puerta de Nicanor se debía estar con la cabeza inclinada. Apenas será necesario decir que se demandaba reverencia en el gesto y en el porte mientras se permanecía en el monte del Templo. Pero incluso a distancia de Jerusalén y del Templo se debía observar su dirección, para evitar en la vida ordinaria todo aquello que pudiera parecer incongruente con la reverencia debida al lugar del que Dios había dicho: «En ella estarán mis ojos y mi corazón todos los días».[66] Fue probablemente por un sentimiento similar de reverencia que se ordenó que cuando el santuario fuera totalmente purificado una vez a la semana, todas las reparaciones que se hallaran necesarias fueran ejecutadas si era posible por sacerdotes, o bien por levitas, o al menos por israelitas, y solo en caso de necesidad extrema por obreros no limpios levíticamente.

Otras ordenanzas rabínicas, sin embargo, no son tan fácilmente explicadas, excepto sobre la base de evitar toda ocupación y empresa que la del culto. Así, «nadie podía ir por el monte del Templo con su bastón», como si de negocios o de placer se tratara; tampoco «con zapatos en sus pies», permitiéndose solo sandalias; tampoco «con polvo en los pies», ni «con alforja» ni «con dinero atado en su bolsa». Todo aquello que quisiera ofrecer bien para el Templo, o para ofrendas, o para los pobres, tenía que ser llevado por cada uno «en su mano», posiblemente para indicar que el dinero que tenía consigo era exclusivamente para un propósito sagrado inmediato. Fue posiblemente por similares razones que Jesús transfirió estas mismas ordenanzas a los discípulos cuando se dedicaban al servicio del verdadero Templo. La instrucción «No os proveáis de oro, ni plata, ni cobre en vuestros cintos; ni de alforja para el camino, ni de dos túnicas, ni de calzado, ni de bastón» debe significar: id en el mismo espíritu y con el mismo porte con que acudiríais a los servicios del Templo, y no temáis,

---

66. 1 Reyes 9:3.

«porque el obrero es digno de su sustento».[67] En otras palabras: que este nuevo servicio del Templo sea vuestro único pensamiento, empresa y solicitud.[68]

Profanaciones insolentes

Pero, por muchas precauciones que se tomaran, era imposible preservar absolutamente el santuario de profanación. Para la profanación voluntariosa, arrogante, consciente, fuera con referencia al Templo o a Dios, la ley no parece haber provisto ninguna expiación ni ofrenda. A esto alude la Epístola a los Hebreos en el bien conocido pasaje, tan frecuentemente mal comprendido: «Porque si continuamos pecando voluntariamente después de haber recibido el conocimiento de la verdad, ya no queda más sacrificio por los pecados, sino una horrenda expectación de juicio, y un fuego airado, que está a punto de consumir a los adversarios».[69] De hecho, estos términos amenazantes se corresponden con dos clases de castigo divino frecuentemente mencionados en el Antiguo Testamento. El primero, al que a menudo se hace referencia en la advertencia «para que no muera», es llamado por los rabinos «muerte a manos del cielo, o de Dios»; el otro es el de ser «cortado». Es difícil distinguir exactamente entre ambos. La tradición enumera treinta y seis ofensas a las que corresponde el castigo del «cortamiento». Por su naturaleza más grave, en comparación con las once ofensas a las que debía seguir «la muerte a manos de Dios», inferimos que el «cortamiento» debe haber sido el más severo de ambos castigos, y puede que se corresponda con el término de «fuego airado» o «hervor de fuego». Algunos rabinos mantienen que «la muerte por la mano de Dios» era un castigo que daba fin a esta vida, mientras que «el cortamiento» se extendía más allá de ella. Pero las mejores autoridades mantienen que en tanto que la muerte por mano del cielo caía solo sobre el individuo culpable, el «cortamiento» se extendía asimismo a los hijos, por lo que la familia aquella quedaba extinguida en Israel. Es a este castigo divino que se hace alusión en 1 Co 16:22, bajo la bien conocida expresión judía «Anathema Maranatha», literalmente «¡Anatema cuando el Señor venga!».

Sus penas

Con estos dos castigos divinos se corresponden otros dos a mano del hombre: los «cuarenta azotes menos uno», y el llamado «apalizamiento de los rebeldes». La distinción entre ambos se explica fácilmente. Lo primero se aplicaba solo tras una investigación judicial regular y el dictado de una sentencia, y por infracción de algún precepto negativo o prohibición; mientras que lo último recaía en manos del pueblo, por así decirlo, que podía aplicarlo sobre el terreno, y

---

67. Mateo 10:9, 10.
68. Acerca de la reverencia debida en la oración, véase un capítulo posterior.
69. Hebreos 10:26, 27.

sin juicio, si alguien era atrapado en supuesta rebeldía contra un precepto positivo, ora de la ley de Moisés, ora de las tradiciones de los ancianos. El lector del Nuevo Testamento recordará estos estallidos populares, como cuando los hombres de Nazaret querían echar a Jesús por el precipicio del monte sobre el que estaba edificada su ciudad,[70] y cuando, al menos en dos ocasiones, el pueblo tomó piedras en el Templo para apedrearlo.[71] Es un hecho notable que cuando el Señor Jesús y cuando su mártir Esteban comparecieron ante el sanedrín,[72] el proceso fue en ambos casos totalmente en contravención directa de todas las normas de la ley criminal rabínica. En ambos casos, la sesión terminó con «el apalizamiento de los rebeldes», tanto cuando ellos «le daban de bofetadas» y «le daban de puñetazos» al Señor, como cuando «arremetieron contra» Esteban «todos a una, y lo echaron fuera de la ciudad, y lo apedrearon». También este mismo castigo era el que iba a ser infligido a Pablo cuando, acusado de haber hecho pasar a un gentil más allá del recinto del atrio que les estaba permitido, «apoderándose de Pablo, le arrastraron fuera del Templo... procurando matarle». Este modo sumario de castigar una supuesta rebelión era probablemente vindicado con referencia al ejemplo de Finées, hijo de Eleazar.[73] Por otra parte, la suavidad de la ley rabínica allí donde no se involucraran los sentimientos religiosos llevó a modificaciones en el castigo prescrito en Dt 25:2, 3. Ello debido a que las palabras eran: «Se podrán dar cuarenta azotes, no más»; en lugar de dar un simple mandato de dar los cuarenta azotes, se interpretaba la ley como si significase una cantidad cercana a cuarenta, o treinta y nueve, que por ello era el más severo castigo que se aplicaba de una vez. Si el número de azotes era menor de treinta y nueve, debía, con todo, ser algún múltiplo de tres, porque el azote estaba hecho de tres tiras separadas (la de en medio de cuero de buey, y las otras dos de cuero de asno, con referencia a Is 1:3), y cada golpe del azote daba en realidad tres azotes. La Ley prescribía asimismo de una manera muy particular y modificaba cada detalle, incluso la postura del delincuente. Sin embargo, este castigo, que san Pablo sufrió no menos de cinco veces a manos de los judíos,[74] debe haber sido muy severo. En general, solo podemos esperar que no fuera administrado con tanta frecuencia como parece implicarse en los escritos rabínicos. Durante la aplicación de los azotes se le leía al culpable el pasaje de Dt 28:58, 59, y al finalizar, el Sal 78:38. Después del castigo, no se le debía lanzar reproche alguno, sino ser recibido como hermano.[75]

Necesidad de disciplina

Pero la necesidad de una estricta disciplina tanto con referencia a los sacerdotes como a los adoradores se puede inferir incluso de la inmensa cantidad

---

70. Lucas 4:29.
71. Juan 8:59; 10:3 1.
72. Mateo 26:58, 68; Hechos 7:57, 58.
73. Números 25:7, 8.
74. 2 Corintios 11:24.
75. Posteriores detalles pertenecen a la jurisprudencia criminal del sanedrín.

de adoradores que se apiñaban en Jerusalén y en el Templo. Según un cálculo posterior, el Templo, «dentro de su colosal perímetro» hubiera podido admitir a «dos anfiteatros del tamaño del Coliseo». Como se calcula que el Coliseo podía acomodar, incluyendo su arena y pasajes, a 109.000 personas, el cálculo de que el Templo pudiera dar cabida a 210.000 personas a la vez no parece en absoluto una exageración.[76] Se podrá aceptar sin dificultades qué inmensas riquezas esta multitud debe haber aportado al gran santuario nacional.

La tesorería del Templo

Lo cierto es que la tesorería del Templo había sido siempre objeto de la codicia de los extranjeros. Fue sucesivamente saqueada por sirios y romanos,[77] aunque en el último sitio las llamas privaron a Tito y a sus soldados del botín. Incluso un estadista tan liberal e ilustrado como Cicerón denunció, quizá sobre la base de informes exagerados, el enorme trasvase de oro de todas las tierras a Jerusalén. Por medio de la historia bíblica sabemos cuán generosas eran las contribuciones voluntarias en tiempos de Moisés, de David, y de nuevo en los de Joás[78] y de Josías.[79] Estas ofrendas a la tesorería del Templo continuaron hasta el final como una gran fuente de ingresos. Podían ser traídos bien en forma de votos, o bien de dones voluntarios. Cualquier objeto, o incluso una persona, podía ser dedicado mediante un voto al altar. Si la cosa que se había dedicado mediante voto era apropiada, se empleaban, y en caso contrario se vendían, y su valor pasaba a la tesorería. Los lectores del Nuevo Testamento saben cuán fatalmente esta falsa generosidad se interfería con los más sagrados deberes de la vida.[80] Por la tradición judía inferimos que debe haberse dado mucha competencia a este respecto. La leña, el incienso, el vino, el aceite y todos los otros artículos necesarios para los servicios sagrados, así como los vasos de oro y plata, eran regalados con generoso celo. Ciertas familias obtenían por su celo especiales privilegios, como que la leña que ellos aportaran se empleara siempre primero para el fuego del altar, y el caso de personas dejando toda su fortuna al Templo se trata tantas veces[81] que no debe haber sido en absoluto una práctica infrecuente. Es a esto que debe haberse referido Cristo

---

76. Véase *Edinburgh Review* para enero, 1873, pág. 18. Podríamos insertar aquí otra comparación arquitectónica procedente del mismo interesante artículo, que, sin embargo, está desafortunadamente mutilado por muchos y serios errores acerca de otras cuestiones. «La longitud de la muralla oriental del santuario», escribe el reseñador, «era más del doble que la del lado de la Gran Pirámide; su altura casi un tercio de la estructura egipcia de los cimientos. Si a esta gran altura de 46 metros de muralla sólida se añade el descenso de 35 metros hasta el lecho del Cedrón, y una posterior elevación de 49 metros a que llegaba el pináculo, tenemos un total de 130 metros, que solo se queda a 18 metros por debajo de la Gran Pirámide».
77. La historia de la tesorería del Tempo constituiría un interesante tema, acerca del cual no podemos tratar ahora.
78. 2 Crónicas 24.
79. 2 Reyes 22.
80. Mateo 15:5.
81. Shek. IV.

al denunciar a los escribas y fariseos que «devoráis las casas de las viudas, y como pretexto hacéis largas oraciones».[82] Porque una buena cantidad de este dinero pasaba al final de la tesorería del Templo a ellos, aunque no hay evidencia de intrigas para conseguir dones personales.

El dinero del tributo

Además de estas ofrendas votivas y de la venta del sobrante del incienso, de la harina, etc., la gente solía traer contribuciones voluntarias «en sus manos» al Templo los sábados y los días festivos.[83] Otra fuente de ingresos, y muy grande, eran los beneficios conseguidos con las oblaciones que eran preparadas por los levitas, y que se vendían cada día a los oferentes. Pero, con mucho, la mayor suma se derivaba del medio siclo del tributo del Templo, que era obligatorio para todo israelita varón mayor de edad, incluyendo prosélitos e incluso esclavos manumitidos. Como el siclo del santuario era el doble del ordinario, el medio siclo que se debía pagar a la tesorería del Templo valía dos denarios o una didracma. Por ello, cuando preguntaron en Capernaum[84] acerca de si Cristo no iba a pagarlo, Él ordenó a Pedro que diera el estatero, o dos didracmas, por los dos. Esta circunstancia nos posibilita también fijar una fecha exacta para ello. Porque anualmente se hacía proclamación en el primero de Adar (el mes antes de la Pascua) por todo el país, por medio de mensajeros enviados desde Jerusalén con vistas al tributo del Templo. En el 15 de Adar los cambistas abrían sus puestos por todo el país, para cambiar las varias monedas que pudieran traer los residentes judíos en el país o en el extranjero a la antigua moneda de Israel. Porque la costumbre establecía que nada sino el regular medio siclo del santuario podía ser recibido en la tesorería. El 25 de Adar solo se efectuaban las transacciones dentro de Jerusalén, y a partir de entonces los que hubieran rehusado pagar el impuesto podían ser perseguidos por la ley, y sus bienes embargados,[85] siendo la única excepción en favor de los sacerdotes, y ello «por causa de la paz», esto es, para que el oficio de ellos no cayera en mala reputación. De paganos y samaritanos no debía recibirse dinero de tributo, siendo esta la regla general en cuanto a todas sus ofrendas: «Una ofrenda votiva y voluntaria la reciben de manos de ellos; pero lo que no sea una ofrenda votiva o voluntaria (que no entra bajo ninguna de ambas categorías) no se recibe de manos de ellos». En apoyo de lo cual se citaba Esd 4:3.[86] La ley fijaba asimismo el porcentaje de descuento que se permitía que los cambistas cargaran a los que iban a ellos para procurarse la moneda del Templo, quizá

---

82. Mateo 23:14. Por otra parte, había no pocos pasajes en la Mishná advirtiendo contra los votos, y mostrando cómo se podía conseguir la absolución de los mismos. Un tratamiento pleno de la cuestión pertenece a las antigüedades judías y a la jurisprudencia rabínica.

83. La cuestión de los «Votos» volverá a ser tratada de nuevo y más plenamente en un capítulo posterior.

84. Mateo 17:24.

85. Shek. I. 3.

86. Shek. I. 5.

para evitar la sospecha de —o tentación a— la usura, pecado este que se consideraba como uno de los más abominables delitos civiles.

Suma anual del tributo

La suma total que se derivaba anualmente del tributo del Templo ha sido calculada como alrededor de 2.280.000 denarios.[87] Como a los banqueros se les permitía cargar un *meah* de plata, o alrededor de un cuarto de denario,[88] sobre cada medio siclo, sus beneficios deben haber llegado a casi 285.000 denarios, o, deduciendo pequeñas sumas para casos excepcionales en los que la *meah* no debía cobrarse,[89] sería de digamos alrededor de 270.000 denarios, una suma muy grande considerando el valor del dinero en un país en el que un trabajador recibía un denario por el trabajo de un día,[90] y en el que el «buen samaritano» dejó solo dos denarios en el mesón para el cuidado del malherido.[91] Por ello, debe haber sido un interés creado muy poderoso el que atacó Jesús cuando en el atrio del Templo «esparció las monedas de los cambistas, y volcó las mesas»,[92] poniéndose al mismo tiempo directamente en contra de las disposiciones aprobadas por el sanedrín, al que virtualmente acusó de profanidad.

El tributo, obligatorio por ley

Era solo desde hacía un siglo, durante el reinado de Salomé-Alejandra (alrededor del 78 a. C.), que el partido farisaico, que entonces estaba en el poder, había promulgado una disposición por la que el tributo del Templo debía tener fuerza de ley. No será necesario decir que para ello no había la menor justificación escritural. En ningún lugar el Antiguo Testamento proveía una base legal para obligar a ningún pago con propósitos religiosos. La ley afirmaba lo que se debía pagar, pero dejaba su observancia a la piedad del pueblo, de manera que tanto la provisión para el Templo como para el sacerdocio debe haber variado en conformidad al estado religioso de la nación.[93] Pero, con independencia de esto, es dudoso que el medio fuera nunca impuesto como una tasa pagadera anualmente.[94] Su primera promulgación fue bajo circunstancias singulares,[95] y la manera en que se nos informa que tuvo lugar una similar

---

87. Véase Winer, *Real-Wörterb*. II. 589.

88. Ersch, *Encycl.* (art «Juden», pág. 31), lo cuenta como en un quinto; Zunz (*Zur Gesch. u. Litt.*, pág. 539) en un tercio de un *denario*. Hemos adoptado la postura de Winer.

89. Se mencionan en Shek. I. 7. Nuestra deducción es muy liberal.

90. Mateo 20:2.

91. Lucas 10:35.

92. Juan 2:15.

93. Malaquías 3:8-10.

94. Véase Michaelis, *Mos. Recht,* vol. III, pág. 150, etc., y Saalschütz, *Das Mos. Recht.,* pág. 292.

95. Éxodo 30:12.

recaudación durante el reinado de Joás sugiere la duda acerca de si la institución de Moisés no fue tratada más bien como si sentase un precedente que como si estableciese una regla vinculante.[96] En tiempos de Nehemías[97] leemos solo de una «ordenanza» autoimpuesta, y por un tercio de siclo, no de medio. Pero mucho antes de la venida de Cristo prevalecían criterios muy diferentes. «Los de la dispersión» consideraban el Templo como el vínculo de su vida nacional y religiosa. El patriotismo y la religión hacían aumentar sus dones, que sobrepasaban con mucho lo legalmente establecido. Gradualmente llegaron a considerar el tributo del Templo, literalmente, como «rescate de sus almas».[98] Tantos eran los donantes y tan grandes sus dones que siempre eran llevados primero a ciertos puntos centrales, desde donde los más honorables entre ellos los llevaban como «embajadores sagrados» a Jerusalén. Las contribuciones más ricas venían de los numerosos establecimientos judíos en Mesopotamia y Babilonia, a donde originalmente habían sido transportados «los de la dispersión». Aquí se habían edificado tesoros especiales para su recepción en las ciudades de Nisibis y de Nehardea, de donde un gran ejército acompañaba anualmente a los «embajadores» a Palestina. De manera similar, Asia Menor, que en un tiempo contribuía casi 240.000 denarios anuales, tenía sus lugares de recaudación central. En el Templo, este dinero era echado en tres grandes cofres, que eran abiertos con ciertas formalidades en cada una de las tres grandes fiestas. Según la tradición, estos tres grandes cofres contenían cada uno tres *seahs* (un *seah* = 12,3 litros), de modo que en las tres ocasiones en que se abrían se tomaban veintisiete *seahs* de monedas (332 litros).

En qué se gastaba el dinero

Los ingresos del Templo se dedicaban en primer lugar a la compra de todos los sacrificios *públicos,* esto es, de los ofrecidos en nombre de *toda la congregación* de Israel, como los sacrificios matutino y vespertino, los sacrificios festivos, etc. Este pago había sido uno de los puntos de controversia entre los fariseos y los saduceos. Tanta importancia se daba a ello —que todo Israel apareciera representado en la compra de los sacrificios públicos— que cuando se vaciaban los tres cofres tomaban expresamente de uno de ellos «por la tierra de Israel», de otro, «por las tierras colindantes» (esto es, para los judíos residentes en ellas), y del tercero, «por las tierras distantes». Además, la tesorería del Templo pagaba todo lo que fuera adicionalmente necesario para los servicios del santuario; todas las reparaciones del Templo, y los salarios de una gran cantidad de oficiales regulares, como aquellos que preparaban el pan de la proposición y el incienso; que se cuidaban de la corrección de las copias de la ley empleadas en las sinagogas y que examinaban la aptitud levítica de los

---

96. 2 Crónicas 24:6-11.
97. Nehemías 10:32-34.
98. Éxodo 30:12.

sacrificios; que instruían a los sacerdotes en sus varios deberes;[99] que hacían las cortinas, etc., sin omitir, según su propio testimonio, las cuotas de los rabinos. Y después de estos grandes gastos, ¡no solo quedaba suficiente para pagar a los que reparaban las murallas de la ciudad, los caminos y los edificios públicos de Jerusalén, sino que había lo suficiente para acumular una inmensa cantidad de riquezas en la tesorería!

La himnodia del Templo

El carácter de los servicios del Templo se correspondía con su riqueza y esplendor. Lo más importante a renglón seguido de los ritos sacrificiales era la himnodia del santuario. Podemos imaginar lo que debe haber sido en tiempos de David y de Salomón. Pero incluso en tiempos del Nuevo Testamento era tal que san Juan no pudo encontrar una mejor imaginería para representar las realidades celestiales y el final triunfo de la Iglesia que la que proviene del servicio de alabanza en el Templo. Así, cuando primero «los veinticuatro ancianos», representando a los cabezas de los veinticuatro órdenes del sacerdocio, y después los 144.000, representando al Israel redimido en su plenitud (12 x 12.000), cantan «el nuevo cántico», los primeros en el cielo, los últimos sobre el monte Sión, aparecen, igual que en los servicios del Templo, «como arpistas, tañendo con sus arpas».[100] Posiblemente haya también una analogía entre el tiempo en que son introducidos estos «tañedores de arpa» y el período en el servicio del Templo cuando comenzaba la música, justo en el momento en que se derramaba la gozosa libación. Hay aún otra referencia en el libro de Apocalipsis a «las arpas de Dios»,[101] con una alusión muy señalada no a los servicios ordinarios del Templo, sino a los sabáticos. En este caso, «los arpistas» son todos aquellos «que han logrado la victoria sobre la bestia». La Iglesia, que ha salido de gran tribulación, se encuentra victoriosa de pie «sobre el mar de vidrio»; y los santos, «teniendo las arpas de Dios», cantan «el cántico de Moisés, el siervo de Dios». Es el sábado de la Iglesia; y como en el sábado, además del Salmo para el día[102] en el sacrificio normal, cantaban en el sacrificio adicional del sábado,[103] por la mañana el cántico de Moisés en Dt 32, y por la tarde el de Ex 15, así la Iglesia triunfante celebra su verdadero sábado de reposo cantando este mismo «Cántico de Moisés y del Cordero», solo que en un lenguaje que expresa el pleno sentido de los cánticos sabáticos en el Templo.

---

99. *Ketuv*. CVI. I.
100. Apocalipsis 5:8; 14:2, 3.
101. Apocalipsis 15:2.
102. Salmo 92.
103. Números 28:9, 10.

Música instrumental

Hablando con propiedad, el verdadero servicio de alabanza en el Templo era solo con la voz. Esto es frecuentemente establecido como principio por los rabinos. La música instrumental que hubiera servía solo para acompañar y sostener el cántico. Por ello, solo los levitas podían actuar como miembros del coro, mientras que otros distinguidos israelitas podían tomar parte en la música instrumental. Los toques de trompetas, tocadas solo por los sacerdotes, no formaban —al menos en el segundo Templo— parte de la música instrumental del servicio, sino que tenían un propósito muy diferente. Incluso la postura de los ejecutantes lo demostraba, porque mientras que los levitas estaban de pie ante sus atriles mirando hacia el santuario, o sea, hacia el oeste, los sacerdotes, con sus trompetas de plata, miraban en la dirección exactamente contraria, al lado occidental de la elevación del altar junto a la «mesa de la grosura», y mirando hacia el este, o sea, en dirección a los atrios. En días ordinarios los sacerdotes tocaban las trompetas siete veces: un toque corto, una alarma, y de nuevo un breve y agudo son *(Thekiah, Theruah* y *Thekiah),*[104] o, como lo expresan los rabinos, «una alarma en medio de una nota llana antes y después de ella». Según la tradición, tenían el objeto simbólico de proclamar el reino de Dios, la divina providencia, y el juicio final. Los tres primeros toques se daban cuando se abrían los grandes portones del Templo, especialmente la puerta de Nicanor. Luego, cuando se derramaba la libación, los levitas cantaban el Salmo del día en tres secciones. Después de cada sección había una pausa, en la que los sacerdotes tocaban la trompeta tres veces, y el pueblo adoraba. Esta era la práctica tanto en el sacrificio vespertino como en el matutino. En la víspera del sábado se convocaba al pueblo con un triple toque de las trompetas de los sacerdotes, hasta allí donde llegaba el sonido sobre la ciudad, para que se preparara para el día santo, mientras que otro triple toque señalaba su comienzo real. En los sábados, cuando se ofrecía un sacrificio adicional además del normal, y se cantaba «el Cántico de Moisés» —no todo cada sábado, sino dividido en seis partes, una para cada sábado—, los sacerdotes tocaban sus trompetas tres veces adicionales en las pausas del salmo sabático.[105]

La influencia de David

La música del Templo debía su origen a David, que fue no solo poeta y compositor musical, sino también inventor de instrumentos musicales,[106] espe-

---

104. Haciendo inferencias en base al actual uso de la sinagoga, Saalschütz *(Gesch. d. Musik bei d. Hebr.)* les ha asignado la siguiente notación:

El *Thekiah:* y la *Theruah:*

105. Todas estas regulaciones están expuestas en la *Misná, Succah,* V. 5. Se dan detalles adicionales acerca de los himnos y de la música del Templo en la descripción del servicio diario, y en el del sábado y de los varios días festivos.

106. Amós 6:5; 1 Crónicas 23:5.

cialmente del *Nevel* o laúd de diez cuerdas.[107] Por el libro de las Crónicas sabemos cuán plenamente se cultivaba esta parte del servicio, aunque la declaración de Josefo[108] de que Salomón había provisto cuarenta mil arpas y laúdes y doscientas mil trompetas de plata es evidentemente una burda exageración. Los rabinos enumeran treinta y seis instrumentos diferentes, de los que solo quince se mencionan en la Biblia, y de estos, cinco en el Pentateuco. Como en la antigua poesía hebrea no había ni metro definido y continuo (en el sentido moderno) ni rima regular y premeditada, tampoco había notación musical ni armonía artificial. La melodía era simple, dulce, y cantada al unísono con el acompañamiento de música instrumental. Solo se permitía el empleo de un par de címbalos.[109] Pero este «bronce que resuena» y «címbalo que retiñe» no formaban parte de la música misma del Templo, y servían solo como señal para comenzar aquella parte del servicio. A esto parece referirse el apóstol cuando, en 1 Co 13:1, compara el don de «lenguas» con el signo o señal mediante la que se introducía la verdadera música del Templo.

El arpa y el laúd

Esta música era principalmente apoyada mediante el arpa *(Kinnor)* y el laúd *(Nevel)*. De los últimos (que probablemente se usaban para solos) se empleaban no menos de dos ni más de seis en la orquesta del Templo; de las primeras, tantas como fueran posibles, pero nunca menos de nueve. Había naturalmente, diversas variedades tanto del Nevel como del Kinnor. La principal diferencia entre ambos residía en que en tanto que en el Nevel (laúd o guitarra) las cuerdas eran tensadas sobre la caja de resonancia, en el Kinnor quedaban libres, como en nuestras arpas.[110] De los instrumentos de viento sabemos que, además de las trompetas de plata, los sacerdotes también tocaban el Shofar o cuerno, notablemente en la luna nueva, en la fiesta de Año Nuevo[111] y para proclamar el año del jubileo,[112] que, además, derivaba su nombre de esto. Originalmente, el Shofar era probablemente un cuerno de carnero,[113] pero posteriormente se hizo también de metal. El Shofar se empleaba principalmente por sus tonos altos y de lejano alcance.[114] En la fiesta de Año Nuevo se situaba un sacerdote con un Shofar entre los que tocaban las trompetas, mientras que en días de ayuno un sacerdote con un Shofar se ponía a cada lado de ellos, prolongándose los toques del Shofar más que los de las trompetas. En las

---

107. Salmos 33:2; 144:9.

108. *Antigüedades*, VIII, 3:8.

109. Para particulares acerca de todos los puntos relacionados con el arte, la poesía y la ciencia judías, debo remitir al lector a mi *History of the Jewish Nation*.

110. La opinión generalmente recibida es la contraria. Pero véase el artículo «Music» por Leyrer, en la *Encyl. De Herzog*.

111. Salmo 81:3.

112. Levítico 25:9.

113. Josefo, *Antigüedades*. V. 5:6.

114. Éxodo 19:16, 19; 20:18; Isaías 58:1.

sinagogas fuera de Jerusalén solo se tocaba el Shofar en Año Nuevo, y en los días de ayuno solo trompetas.

La flauta

La flauta se tocaba en el Templo en doce fiestas especiales.[115] Estas eran: el día de inmolar la primera y el de inmolar la segunda Pascua, el primer día de los panes sin levadura, Pentecostés, y los ocho días de la Fiesta de los Tabernáculos. Muy de acuerdo con el carácter social de estas fiestas, la flauta era también empleada por los grupos festivos de peregrinos que se dirigían a Jerusalén, para acompañar «los Salmos Graduales», o más bien «del Ascenso»,[116] que se cantaban en estas ocasiones. También se solía tocar en las fiestas de bodas y en los funerales;[117] porque, según la ley rabínica, cada judío debía proveer al menos dos flautas y una plañidera para el funeral de su mujer. En el Templo no se permitían menos de dos ni más de doce flautas, y la melodía debía en tales ocasiones terminarse con las notas de una sola flauta. Por último, tenemos suficiente evidencia de que había una especie de órgano que se empleaba en el Templo (el *Magrephah),* pero sea que fuera solo para dar señales o no, no se puede determinar con claridad.

La voz humana

Como ya se ha dicho, el servicio de alabanza era primariamente sostenido por la voz humana. Una buena voz era la única cualificación necesaria para un levita. En el segundo Templo parece que se habían empleado en un tiempo mujeres cantantes.[118] En el Templo de Herodes, su puesto estaba ocupado por niños levitas. Tampoco tomaban parte entonces los adoradores en la alabanza, excepto por el responsivo Amén. Era diferente en el primer Templo, como se puede ver por 1 Cr 16:36, por la alusión en Jer 33:11, y también por Salmos como el 26:12 y 68:26. Al echar los cimientos del segundo Templo, y en la dedicación de la muralla de Jerusalén, el cántico parece haber sido antifonal, o en respuestas,[119] aparentemente combinándose los dos coros posteriormente y al unísono en el mismo Templo. Algo de este mismo tipo era probablemente la práctica en el primer Templo. Desafortunadamente, nos es imposible actualmente determinar cómo eran las melodías con las que cantaban los salmos. Parte de la música que sigue siendo empleada en la sinagoga debe datar de aquellos tiempos, y no hay motivos para dudar que en los llamados *tonos* gregorianos tenemos también

---

115. La flauta se empleaba en Alejandría para acompañar los himnos en los ágapes de los cristianos primitivos, hasta el año 190, en que Clemente de Alejandría introdujo el arpa en su lugar. Véase Lyrer, *u. s.*

116. Isaías 30:29.

117. Mateo 9:23.

118. Esdras 2:65; Nehemías 7:67.

119. Esdras 3:10, 11; Nehemías 12:27, 40.

preservada hasta nosotros una estrecha aproximación a la antigua himnodia del Templo, aunque desde luego no sin considerables alteraciones.

Pero ¡cuán solemne debe haber sido la escena cuando, en la dedicación del Templo de Salomón, durante el servicio de alabanza, «entonces la casa se llenó de una nube, la casa de Jehová. Y no podían los sacerdotes estar allí para ministrar, por causa de la nube; porque la gloria de Jehová había llenado la casa de Dios»![120] Aquella música y aquel cántico responsivo pudieran bien servir, en el libro de Apocalipsis, como imaginería de realidades celestiales,[121] especialmente en aquella descripción del acto final de adoración en Ap 14:1-5, donde al cerrar su antífona los dos coros se combinan, como en la dedicación del segundo Templo, para unirse en este grande unísono: «Aleluya, porque el Señor nuestro Dios Todopoderoso ha establecido su reinado».[122]

---

120. 2 Crónicas 5:13, 14.
121. Apocalipsis 4:8, 11; 5:9, 12; 7:10-12.
122. Apocalipsis 19:6, 7; comparar también Apocalipsis 5:13.

IV
EL SACERDOCIO OFICIANTE

«Y en verdad todo sacerdote está día tras día ministrando y ofreciendo muchas veces los mismos sacrificios, que nunca pueden quitar los pecados» (Hebreos 10:11).

Uno de los más interesantes atisbos de la primera vida de la Iglesia nos lo ofrece un pequeño fragmento de un escenario dado a grandes rasgos que nos presenta ante nuestra vista el hecho de que «muchos de los sacerdotes obedecían a la fe».[123] Nos parece ser devueltos en la imaginación al tiempo en que Leví permaneció fiel en medio de la general deserción espiritual,[124] y luego pasar a través de la larga lista de devotos sacerdotes ministradores hasta llegar al cumplimiento de este dicho de Malaquías —en parte amonestación, y en parte profecía—: «Porque los labios del sacerdote han de guardar la sabiduría, y de su boca el pueblo buscará la ley; porque él es el mensajero de Jehová de los ejércitos».[125] Podemos imaginarnos cómo al caer la noche, cuando el Templo quedaba desierto, habiendo partido los adoradores, los que servían en las cosas santas se reunirían para hablar del sentido espiritual de los servicios y para considerar las cosas maravillosas que habían tenido lugar en Jerusalén, como algunos afirmaban, como cumplimiento de aquellos mismos tipos que constituían la esencia del oficio que tenían y del ministerio que desempeñaban. «Porque esto no se había hecho en un rincón oculto». El juicio de Jesús, su condena por parte del sanedrín, y su entrega a los gentiles, debe haber constituido el tema de frecuentes y ansiosas discusiones en el Templo. ¿No estaban sus mismos principales sacerdotes implicados en la cuestión? ¿No se había precipitado Judas en aquel día fatal al Templo, echado con un arrebato de pasión el «precio de sangre» en la «tesorería»? Por otra parte, ¿no era uno de los principales sacerdotes y miembro del consejo sacerdotal, José de Arimatea, un seguidor de Cristo? ¿Acaso no había adoptado la misma postura el sanedrista Nicodemo, e incluso Gamaliel había aconsejado actuar con prudencia? Además, en los «porches» del Templo, especialmente en el pórtico de Salomón,

---

123. Hechos 6:7.
124. Éxodo 32:26.
125. Malaquías 2:7.

se había hecho «una señal manifiesta» en «aquel Nombre», y también allí se proclamaba a diario su omnipotente poder. Al sacerdocio le competía de manera especial indagar bien en esta cuestión; y el Templo parecía ser el lugar más apropiado para su discusión.

El número de sacerdotes

El número de sacerdotes que se encontraba en todo tiempo en Jerusalén debe haber sido muy grande, y Ofel, un barrio muy densamente poblado. Según la tradición judía, la mitad de cada uno de los veinticuatro órdenes en que había sido dividido el sacerdocio era residente permanente en Jerusalén; el resto estaba disperso por la tierra. Se añade que alrededor de una mitad de estos últimos se había establecido en Jericó, y que tenía la costumbre de dar la necesaria ayuda a sus hermanos mientras oficiaban en Jerusalén. Naturalmente, estas afirmaciones no deben ser tomadas al pie de la letra, aunque sin duda son sustancialmente correctas. Cuando un «orden» estaba de guardia, todos sus miembros debían aparecer en el Templo. Los que permanecían en sus lugares con aquellos representantes del pueblo» (u «hombres estacionarios») que, como ellos, se vieran impedidos de «subir» a Jerusalén, a su vez debían reunirse en las sinagogas de su distrito para orar y ayunar cada día de la semana que tenían de servicio, excepto en el sexto, séptimo y primero: esto es, ni en sábado, ni en los días que lo precedían y seguían, por cuanto el «gozo» que comportaba el sábado hacía que fuera inapropiado ayunar inmediatamente antes o después del mismo.

El simbolismo del sacerdocio

Apenas será necesario decir que todo lo que estaba relacionado con el sacerdocio tenía un propósito simbólico y típico. El mismo oficio, sus funciones, e incluso su vestido y apoyo externo. El designio fundamental del mismo Israel era ser para Jehová «un reino de sacerdotes, y gente santa».[126] Esto, sin embargo, solo podría quedar cumplido en la plenitud del tiempo. Ya de entrada existía la barrera del pecado; y a fin de conseguir admisión a las filas de Israel, cuando «se tomó el número de los hijos de Israel conforme a la cuenta de ellos», cada hombre tuvo que dar el medio siclo, que, en tiempos posteriores, vino a ser la contribución regular al Templo, como «rescate (cubierta) por su alma a Jehová».[127] Pero aun así Israel era pecador, y solo podía acercarse a Jehová por el camino que Él mismo abriera, y en la forma que Él hubiera señalado. La elección directa y la designación por parte de Dios eran las condiciones tanto del sacerdocio como de los sacrificios, de las fiestas y de cada detalle del servicio. Las ideas fundamentales que subyacen en todo y que lo unían en

126. Éxodo 19:5, 6.
127. Éxodo 30:12, 13.

un todo armonioso eran la *reconciliación* y la *mediación*: lo primero quedaba expresado por sacrificios típicos de expiación, lo otro por un sacerdocio mediador típico. Incluso el término hebreo para un sacerdote *(Cohen)* denota en su sentido raíz «uno que está por otro, y que media en su causa».[128] Con este propósito, Dios escogió a la *tribu de Leví,* y de entre ella a *la familia de Aarón,* a la que otorgó «en don el servicio de [su] sacerdocio».[129] Pero todas las características y funciones del sacerdocio se centraban en la *persona del sumo sacerdote.* En conformidad con su «llamamiento»[130] divino existía la especial y excepcional provisión dada para el sustento del sacerdocio. Su principio se expresaba de esta manera: «Yo soy tu parte y herencia entre los hijos de Israel»; y el gran gozo de ello, cuando se veía en todo su pleno significado y aplicación, que encuentra expresión en palabras como las del Sal 16:5, 6: «Jehová es la porción de mi herencia y de mi copa; tú garantizas mi suerte. Las cuerdas me cayeron en lugares deleitosos, y es hermosa la heredad que me ha tocado».

Santidad

Pero había otra idea aún que debía ser expresada por el sacerdocio. El objeto de la reconciliación era la santidad. Israel debía ser «una nación santa» —reconciliada mediante el «rociamiento de la sangre», traída cercana a, y guardada en comunión con, Dios por este medio. El sacerdocio, como oferente representativo de aquella sangre y mediador del pueblo debía también exhibir la «santidad» de Israel. Todos sabemos cómo esto se simbolizaba mediante la lámina de oro que el sumo sacerdote llevaba sobre su frente, y que llevaba las palabras «Santidad a Jehová». Pero aunque el sumo sacerdote fuera, en esto como en todos los otros respectos, la plena representación de las funciones y del objeto del sacerdocio, la misma verdad se presentaba asimismo de otra manera. Las cualificaciones corporales exigidas en el sacerdocio, la clase de contaminaciones que interrumpirían temporal o totalmente sus funciones, su modo de ordenación, e incluso cada parte, material y color de su vestido distintivo, tenían la intención de expresar de una manera simbólica esta característica de la santidad. En todos estos respectos había una diferencia entre Israel y la tribu de Leví, entre la tribu de Leví y la familia de Aarón y, finalmente, entre un sacerdote ordinario y el sumo sacerdote, que tipificaba con la mayor plenitud a nuestro Gran Sumo Sacerdote, en quien todos estos símbolos han hallado su realidad.

---

128. Este significado radical (a través del arábigo) de la palabra hebrea para «sacerdote» como uno interpuesto explica su ocasional aunque muy infrecuente aplicación a otros que a los sacerdotes, como, por ejemplo, a los hijos de David (2 Sm 8:18), modo este de expresión que queda así correctamente parafraseado en 1 Crónicas 18:17:«Y los hijos de David estaban a mano del rey».

129. Números 18:7.

130. Hebreos 5:4.

Los veinticuatro órdenes

Todo lo anterior era lo que parecía necesario explicar para un conocimiento general del tema. Los detalles plenos pertenecen a la exposición del significado y objeto del sacerdocio levítico como ha sido instituido por Dios, mientras que nuestra tarea presente es más bien la de proseguir su pleno desarrollo a lo que era en la época en que Jesús estaba en el Templo. La primera peculiaridad de los tiempos postmosaicos con que aquí nos encontramos es la disposición del sacerdocio en «veinticuatro órdenes», lo que indudablemente se remonta a los tiempos de David. Pero la tradición judía lo haría aún mucho más antiguo. Porque, según el Talmud, debería remontarse a Moisés, que se supone variamente que ordenó a los hijos de Aarón en ocho o dieciséis órdenes (cuatro, o bien ocho, de Eleazar, y los otros cuatro, o bien ocho, de Itamar), a los que, según una suposición, Samuel y David añadieron cada uno otros ocho «órdenes», o, según otra, que Samuel y David, conjuntamente, designaron los ocho que se necesitaban para llegar a los veinticuatro mencionados en 1 Cr 24. No será necesario decir que, como muchas afirmaciones similares, esto es también simplemente un intento de remontar toda disposición al manantial original de la historia judía, a fin de establecer su autoridad absoluta.[131]

La institución de David y de Salomón prosiguió hasta el cautiverio babilónico. Pero de allí solo volvieron cuatro de los veinticuatro «órdenes»: los de Jedayá, Imer, Pasur y Harim,[132] poniéndose primero el orden de «Jedayá» porque era de la familia del sumo sacerdote, «de la casa de Jesúa», «hijo de Josadac».[133] Para restaurar el número original, se ordenó a cada una de estas cuatro familias que sacaran cinco suertes por las que no habían regresado, para constituir de nuevo los veinticuatro órdenes, que llevaran los antiguos nombres. Así, por ejemplo, Zacarías, el padre de Juan el Bautista, no pertenecía realmente a la familia de Abías,[134] ya que su orden se había formado procedente de otra familia, y llevaba solo el antiguo nombre.[135] Como los sacerdotes, los levitas habían sido también repartidos en tiempos del rey David en veinticuatro «órdenes», que debían actuar como asistentes de los sacerdotes,[136] como cantantes y músicos,[137] como porteros y guardas,[138] y como oficiales y jueces. De estas varias clases, la de los asistentes de los sacerdotes era con mucho la más numerosa,[139] y les había sido encomendado el cuidado del Templo en subordinación a los sacerdotes. Era el deber de ellos cuidar de las vestiduras sagradas

---

131. Cosa curiosa, aquí también aparece la analogía entre el rabinismo y el catolicismo romano. ¡Ambos pretenden para su enseñanza y prácticas el llamado principio de la catolicidad: «Semper, ubique, ab omnibus» («Siempre, en todas partes, por todos»), y ambos inventan las más curiosas fábulas históricas para apoyarlo!

132. Esdras 2:36, 37, 38, 39.

133. Esdras 3:2; Hageo 1:1 ; 1 Crónicas 6:15.

134. 1 Crónicas 24:10.

135. Lucas 1:5.

136. 1 Crónicas 23:4, 28.

137. 1 Crónicas 25:6.

138. 1 Crónicas 26:6 y siguientes.

139. Aparentemente contaba con 24.000, de un total de 38.000 levitas.

y de los vasos sagrados; de los almacenes y del contenido de los mismos; y de la preparación del pan de la proposición, de las oblaciones, de las especias, etc. También debían ayudar en general a los sacerdotes en sus labores, cuidarse de la limpieza del santuario y encargarse de las tesorerías.[140]

En el Templo de Herodes

Naturalmente, estos servicios, así como los de los cantores y músicos, además de los de porteros y guardas, fueron preservados en el Templo de Herodes. Pero ya no había lugar para el empleo de los levitas como «oficiales y jueces», no solo porque las funciones judiciales que todavía les quedaban a los judíos estuvieran en manos del sanedrín y de sus autoridades subordinadas, sino también porque en general las filas de los levitas habían quedado muy disminuidas. De hecho, en tanto que no menos de 4.289 sacerdotes habían vuelto de Babilonia, el número de levitas estaba por debajo de 400,[141] de los que solo 74 eran asistentes de los sacerdotes. A estos, la siguiente emigración, bajo Esdras, añadió solo 38 más, y ello a pesar de que se había hecho una especial búsqueda de levitas.[142] Según la tradición, Esdras los castigó privándolos de sus diezmos. El vacío en sus filas fue llenado por 220 «Nethinim» o netineos,[143] literalmente «dados», con toda probabilidad originariamente extranjeros y cautivos,[144] así como los gabaonitas habían sido los primeros «Nethinim».[145] Aunque los netineos, como los levitas y sacerdotes, estaban libres de todo tributo,[146] y quizá también del servicio militar,[147] los rabinistas los tenían en una ínfima consideración —por debajo de un bastardo, aunque por encima de un prosélito—, y estaba prohibido que se casaran con israelitas, y los declaraban incapaces de una membresía apropiada en la congregación.[148]

Los deberes de los sacerdotes y de los levitas

Los deberes de los sacerdotes y de los levitas en el Templo se pueden inferir de las Escrituras, y serán adicionalmente explicados en el curso de nuestras indagaciones. Por lo general, se puede decir aquí que a los levitas les competía la función de policía del Templo, la guardia de las puertas, y el deber de

---

140. 1 Crónicas 23:28-32.
141. Esdras 2:40-42; Nehemías 7:43-45.
142. Esdras 8:15, 18, 19.
143. Esdras 8:20.
144. Esto queda también confirmado por el hecho de sus nombres extranjeros (Esd 43:48). El número total de netineos que volvieron de Babilonia fue de 612: 392 con Zorobabel (Esd 2:58; Neh 7:60), y 220 con Esdras (Esd 8:20).
145. Josué 9:21, 23. 27.
146. Esdras 7:24.
147. Josefo, *Antigüedades*, III, 12; IV, 4:3.
148. Así en muchos pasajes del Talmud.

mantener el santuario limpio y resplandeciente. Pero así como por la noche los sacerdotes montaban guardia alrededor de los lugares más interiores del Templo, así también abrían y cerraban todas las puertas interiores, mientras que los levitas cumplían estas funciones con respecto a las puertas exteriores, que llevaban al monte del Templo (o atrio de los Gentiles), y a la «puerta Hermosa», que constituía la principal entrada al atrio de las Mujeres. Las leyes de pureza levítica, como las explicaban los rabinos, eran estrictamente aplicadas a los adoradores y a los sacerdotes. Si un leproso, o cualquier otro que estuviera «contaminado», se aventuraba a entrar en el santuario mismo en estado de «impureza», sería, si era descubierto, arrastrado fuera y muerto, sin forma de proceso alguno, mediante «el apalizamiento de los rebeldes». Castigos menores eran aplicados a los culpables de ofensas menores del mismo tipo. El reposo sabático era estrictamente observado hasta allí donde fuera congruente con los necesarios deberes del servicio del Templo. Pero estos últimos estaban por encima de la ley sabática[149] y de la contaminación por causa de muerte.[150] Si el tiempo para una ofrenda no estaba fijado, de modo que pudiera ser traído un día u otro de manera indiferente, entonces el servicio no anulaba ni el reposo sabático ni la contaminación por causa de muerte. Pero cuando el tiempo estuviera inalterablemente fijado, entonces el deber más elevado de la obediencia a un mandamiento directo entraba para anular tanto el reposo sabático como esta causa (pero solo esta) de contaminación. El mismo principio era válido para los adoradores y para los levitas.

El servicio semanal

Cada «orden» de sacerdotes y de levitas (como ya se ha dicho) entraba de guardia por una semana, de uno a otro sábado. El servicio de la semana se subdividía entre las varias familias que constituían un «orden»; si consistía de cinco «casas de los padres», tres servían cada una un día, y dos cada una dos días; si era de ocho familias, seis servían cada una de ellas durante un día, y las otras dos juntas un día; o, finalmente, si se trataba de nueve familias, cinco servían cada una un día, y las otras cuatro ministraban conjuntamente durante los otros dos días.[151] Estas divisiones y disposiciones eran llevadas a cabo por «los principales» o «cabezas de las casas de sus padres». En los sábados todo el «orden» estaba de guardia; en los días festivos cualquier sacerdote podía acudir y unirse al ministerio del santuario; y en la Fiesta de los Tabernáculos los veinticuatro órdenes debían acudir y oficiar. Mientras estaban dedicados al servicio del Templo, los sacerdotes no podían beber vino ni de día ni de noche. Las otras «familias» o «casas» también pertenecientes al orden que

---

149. Mateo 12:5.
150. Véase Maimónides, *Yad ha Chas. Biath. Mikd.*, IV, 9, etc.
151. Algunos han imaginado que cada «orden» estaba dividido en seis, o quizá siete «familias», pero la postura que se adopta en el texto expresa con mayor aproximación la tradición correcta.

estaba presente en Jerusalén, aunque no estuvieran personalmente de guardia, tenían prohibido beber vino durante su semana de ministerio, excepto por la noche, porque podían ser llamados a ayudar a sus hermanos de la «familia» oficiante, lo que no podrían hacer si habían tomado una bebida fuerte. La ley incluso tenía una (algo curiosa) estipulación para asegurar que los sacerdotes acudieran a Jerusalén apropiadamente arreglados de cabello, lavados y vestidos, a fin de asegurar el decoro del servicio.[152]

Sería difícil concebir unas disposiciones más total o consistentemente opuestas a lo que se llama comúnmente «las pretensiones sacerdotales» que las del Antiguo Testamento. El principio fundamental, establecido ya al comienzo, de que todo Israel era «un reino de sacerdotes»,[153] hacía del sacerdocio solo una representación del pueblo. Sus ingresos, que incluso bajo las más favorables circunstancias deben haber sido moderados, dependían, como hemos visto, del cambiante estado religioso de la nación, por cuanto no existía ley alguna por la que pudiera obligarse al pago de los diezmos o de ninguna de las otras ofrendas. Cuán poco era el poder y la influencia que ejercía el sacerdocio, relativamente hablando, es cosa suficientemente sabida examinando la historia judía. Cuando no estaban en su servicio en el Templo, ni los sacerdotes, ni siquiera el sumo sacerdote, no llevaban ningún vestido distintivo,[154] y aunque había unas ciertas restricciones civiles que afectaban a los sacerdotes, había pocas ventajas que sirvieran de contrapeso. Es cierto, desde luego, que se buscaban anhelantemente alianzas con familias sacerdotales distinguidas, y que durante el agitado tiempo de la dominación siria el sumo sacerdote ejerció durante un período tanto el poder civil como el religioso. Pero esta última ventaja se pagó con creces, tanto por lo que atañía a los sacerdotes como a la nación.

Tampoco debemos olvidar la poderosa influencia controladora que ejercía el rabinismo. Su tendencia, que nunca debe perderse de vista en el estudio del estado de Palestina en tiempos de nuestro Señor, estaba constantemente en contra de todo tipo de privilegios, excepto los que se consiguieran mediante la erudición en la tradición y por el ingenio teológico. El fariseo, o más bien el erudito en la ley tradicional, era todo tanto ante Dios como ante los hombres; «pero este pueblo que no conoce la ley» estaba formado por «malditos», plebeyos, gente del campo, indignos de ninguna consideración o atención. El rabinismo aplicaba estos principios incluso con referencia al sacerdocio. Dividía a los sacerdotes en «entendidos» y «sin letras», y excluía a los últimos de algunos de los privilegios de su propio orden. Así, había ciertos dones sacerdotales que el pueblo podía dar a voluntad a cualquier sacerdote que quisiera. Pero de algunos de ellos quedaban excluidos los sacerdotes «sin letras», ostensiblemente debido a que en su ignorancia pudieran participar de ellos en estado de impureza levítica, y cometiendo por ello pecado mortal.

---

152. Comp. Relandus, *Antiq.*, pág. 60.
153. Éxodo 19:5, 6.
154. Comp. Hechos 23:5; véase también cap. 7.

La instrucción de los sacerdotes

Por lo general, los sacerdotes tenían que pasar por una etapa de instrucción, y eran examinados antes de que se les permitiera oficiar. De manera similar, estaban sujetos a los tribunales ordinarios, compuestos de hombres entendidos en la ley, con independencia de cuál fuera su ascendencia, de una u otra tribu. Los «gobernantes» ordenados de las sinagogas, los maestros del pueblo, los líderes de sus devociones, y todos los otros oficiales, no eran necesariamente «sacerdotes», sino simplemente escogidos por su conocimiento y aptitud. Cualquiera que fuera considerado por los «ancianos» o «gobernantes» como apto para ello podía, a petición de los mismos, dirigirse al pueblo en el sábado con una «palabra de exhortación». Incluso el mismo sumo sacerdote era responsable ante el sanedrín. Se dice de manera clara que «si cometía una ofensa por la que según la ley merecía azotes, el gran sanedrín lo azotaba, y luego lo restauraba de nuevo a su oficio». Cada año se designaba una especie de consejo eclesiástico para instruirle en sus deberes para el Día de la Expiación, «en caso de que no tuviera conocimiento», o, en todo caso, para asegurar que los conocía y recordaba. Y estaba establecido en general el principio de que «un erudito, aunque sea bastardo, era de mayor valor que un sumo sacerdote ignorante». Si, además de todo esto, se recuerda cómo había descendido la influencia política del sumo sacerdote en los tiempos de Herodes, y cuán frecuentemente los que ostentaban este cargo cambiaban a capricho de los gobernantes, o mediante soborno, se comprenderá fácilmente el estado de los sentimientos del público.

Al mismo tiempo, y generalmente hablando, se tiene que admitir que el sumo sacerdote tendría necesariamente una influencia considerable, y que generalmente aquellos que ostentaban el sagrado cargo no eran solo «entendidos», sino además miembros del sanedrín. Según la tradición judía, el sumo sacerdote debía, en todos los respectos, descollar sobre todos los otros sacerdotes, y si era pobre, el resto debía contribuir, a fin de asegurarle una fortuna independiente. También debían de mostrársele ciertas señales de respeto. Cuando entraba en el Templo iba acompañado de tres personas, una caminando a cada lado de él, y la tercera detrás. Podía, sin habérsele designado para ello, oficiar en cualquier parte de los servicios del Templo; desde luego, tenía deberes excepcionales; y poseía una casa en el Templo, donde vivía de día, retirándose solo por la noche a su propia casa, que debía estar dentro de Jerusalén, y a la que era escoltado por el pueblo tras las solemnidades del Día de la Expiación, que le correspondían casi exclusivamente a él.

El oficio, hereditario

Originalmente, se consideraba el oficio del sumo sacerdote como de por vida y hereditario;[155] pero las turbulencias de tiempos posteriores hicieron de

---

155. Según los rabinos, era designado por el sanedrín.

él asunto de conspiraciones, crímenes o sobornos. Sin entrar aquí en la complicada cuestión de la sucesión al sumo sacerdocio, se puede citar lo siguiente del Talmud,[156] naturalmente sin dar garantías de su exactitud: «En el primer Templo,[157] los sumos sacerdotes servían, sucediendo el hijo al padre, y fueron dieciocho en total. Pero en el segundo Templo conseguían el sumo sacerdocio por dinero; y los hay que dicen que se destruían unos a otros mediante hechicerías, de manera que algunos cuentan 80 sumos sacerdotes durante aquel período, otros 81, otros 82, 83, 84 e incluso 85». Los rabinos enumeran 18 sumos sacerdotes durante el primer Templo; Lightfoot cuenta 53 desde el regreso de Babilonia hasta Matías, cuando comenzó la última guerra de los judíos; mientras que Relandus cuenta 57. Pero hay tanto dificultades como confusión entre los constantes cambios hacia el final.

No había ninguna edad determinada para oficiar como sumo sacerdote, ni tampoco como sacerdote. Los talmudistas la sitúan en veinte años. Pero el infeliz descendiente de los Macabeos, Aristóbulo, tenía solo dieciséis años de edad cuando su hermosura, mientras oficiaba como sumo sacerdote en el Templo, provocó los celos de Herodes, que le hizo matar. La entrada de los levitas queda fijada, en el texto sagrado, como de treinta años durante el período del desierto, y después de esto, cuando el trabajo demandaría menos energía física, pero más cantidad de ministros, a los veinticinco años.[158]

Descalificaciones para el sacerdocio

No existían descalificaciones especiales para el oficio de levita, aunque los rabinos insisten en que era absolutamente necesario tener una buena voz. Era muy distinto en el caso de los sacerdotes. La primera indagación instituida por el sanedrín, que para este propósito se sentaba a diario en «la Cámara de las Piedras Pulidas», era en la genealogía del candidato. Ciertas genealogías eran consideradas autoritativas. Así, «si el nombre de su padre estaba inscrito en los archivos de Jeshana en Zipporim, no se hacían más indagaciones». Si no daba satisfacción al tribunal acerca de su perfecta legitimidad, el candidato era vestido y velado de negro, y quedaba permanentemente excluido. Si pasaba la prueba, se indagaba a continuación acerca de cualquier defecto físico, de los que Maimónides enumera ciento cuarenta que descalificaban permanentemente, y veintidós temporalmente, para el ejercicio del oficio sacerdotal. Pero las personas por ello descalificadas quedaban admitidas para oficios inferiores como los de la cámara de la leña, y tenían derecho al sustento del Templo. Los que habían pasado las dos pruebas eran vestidos de blanco, y sus nombres eran inscritos en debida forma. A esto se hace una clara alusión en Ap 3:5: «El

---

156. Talmud de Jerusalén, *Yoma*, I.

157. Esto, naturalmente, no incluye el período antes de la construcción del primer Templo.

158. Es así que reconciliamos Números 4:3 con 8:24, 25. De hecho, estas dos razones son expresamente mencionadas en 1 Crónicas 23:24-27 como si influenciasen a David para rebajar aún más la edad de entrada a los veinte años.

que venza será vestido de vestiduras blancas: y no borraré su nombre del libro de la vida».

La investidura

Así recibidos, y después instruidos en sus deberes, la admisión formal tanto del sacerdote como del sumo sacerdote no era como en tiempos antiguos, por unción, sino simplemente por investidura. Porque incluso la composición del aceite sagrado ya no era conocida en el segundo Templo. Eran llamados «sumos sacerdotes por investidura», y considerados como de rango inferior a los que lo eran «por unción». En cuanto a los sacerdotes comunes, los rabinos mantenían que no eran ungidos ni en el primer Templo, siendo el rito que había sido aplicado a los hijos de Aarón válido también para sus descendientes. Era diferente en el caso del sumo sacerdote. Su investidura se prolongaba por siete días. En los días antiguos, cuando era ungido, el aceite sagrado no solo era «derramado sobre él», sino que le era aplicado sobre la frente, sobre los ojos, según lo dice la tradición, con la forma de la letra griega X. La coincidencia es ciertamente curiosa. Este aceite sagrado era además empleado solo para ungir a aquellos reyes que fueran de la familia de David, no para otros monarcas judíos, y si su sucesión hubiera sido puesta en tela de juicio. Por otra parte, la dignidad regia pasaba, de manera natural, por herencia de Padre a hijo.

El vestido del sumo sacerdote

Los sumos sacerdotes «por investidura» ya no tenían más el verdadero Urim y Tumim (incluso su significado se desconocía), aunque se hacía y llevaba un pectoral, con doce piedras, a fin de completar las ocho vestiduras sagradas. Era precisamente el doble de las que llevaba un sacerdote ordinario, o sea, los calzones de lino, la túnica, el cinto y el turbante. A estos, el sumo sacerdote añadía otros cuatro artículos de vestir, distintivos, llamados «vestiduras doradas», porque, a diferencia de los ropajes de los sacerdotes ordinarios, aparecía en ellos el *oro,* el símbolo del esplendor. Eran el *Meil,* o ropaje del efod, totalmente de «obra tejida», de color azul oscuro, que iba hasta las rodillas, y adornado en los bordes con flores alternadas del granado en azul, púrpura y escarlata, y campanillas de oro; estas últimas, según la tradición, en número de setenta y dos; el *Efod* con el pectoral, exhibiendo el primero los cuatro colores del santuario (blanco, azul, púrpura y escarlata), y bordado con hilos de oro; la *Mitra*; y, por fin, el *Ziz*, o frontal de oro. Si un sacerdote o sumo sacerdote oficiaba sin llevar todas sus prendas de vestir, su servicio sería totalmente inválido, como también si cualquier cosa, por banal que fuera (p. e., un emplasto), se interponía entre el cuerpo y el vestido del sacerdote. El material del que estaban hechas las cuatro prendas del sacerdote ordinario era «lino», o, más exactamente, *byssus,* el blanco y brillante algodón de Egipto. Estas dos cualidades del *byssus* están especialmente marcadas como características,[159] y de ellas dependía parte del significado simbólico. Por esto es que leemos en Ap 19:8: «Y a ella» —a la esposa del Cordero, dispuesta— «le fue dado que se vistiera de vestimentas de *byssus,* brillantes y puros, porque la vestimenta de *byssus* es la rectitud de los santos».[160]

Alusiones a la vestimenta en el Nuevo Testamento

Añadimos algunos puntos particulares, principalmente como ilustración de alusiones en el Nuevo Testamento. La «túnica» del sacerdote estaba tejida de una sola pieza, como la túnica sin costuras del Salvador.[161] Como era ajustada, el cinto hubiera podido no ser necesario, estrictamente hablando. Además, aunque el relato de los rabinos de que el cinto de los sacerdotes tenía una anchura de tres dedos y una longitud de 15 metros (¡!) está exagerado, es indudable que realmente llegaba más allá de los pies, y tenía que ser echado encima del hombro durante el desempeño del ministerio. Por ello, su objeto debe haber sido principalmente simbólico. De hecho, se puede considerar como la más distintiva prenda sacerdotal, por cuanto se ponía solo durante el ministerio propio, y se quitaba inmediatamente después. Así, en Ap 1:13, cuando el Salvador es visto «en medio de los candeleros», «ceñido por el pecho con una cinta de oro», debemos entender por ello que nuestro celestial Sumo Sacerdote está ahí dedicado a un activo ministerio por nosotros. De manera similar, el cinto es descrito «alrededor del pecho», como también el cinto del sacerdote ordinario y aquel sobre el efod que el sumo sacerdote llevaba ceñido, y no alrededor de los lomos.[162] Finalmente, la expresión «cinto de oro» puede hacer referencia a la circunstancia de que el vestido peculiar del sumo sacerdote era llamado «sus vestiduras doradas», en contraste con las «vestiduras de lino» que llevaba en el Día de la Expiación.

El pectoral y la mitra

Acerca de los cuatro artículos distintivos en la vestimenta del sumo sacerdote, el pectoral, tanto por su forma cuadrada como por las doce joyas sobre él, que llevaban los nombres de las tribus, nos sugiere «la ciudad... establecida en cuadro», cuyos «cimientos» son doce piedras preciosas.[163] La «mitra» del sumo sacerdote difería del turbante del sacerdote ordinario en que tenía la forma del cáliz invertido de una flor, en tamaño y probablemente también algo en forma. Según los rabinos, tenía una altura de 7,5 metros (!). Atado a ella con

---

159. Apocalipsis 15:6: «Vestidos de lino puro y brillante».
160. Así literalmente.
161. Juan 19:23.
162. Comparar Ezequiel 44:18.
163. Apocalipsis 21:16, 19, 20.

dos (o, según los rabinos, por tres) lazadas de «cinta azul», aparecía el símbolo de la realeza, la «lámina de oro» (o Ziz), sobre el que estaban grabadas las palabras «Santidad a Jehová».[164] Esta lámina tenía una anchura de solo dos dedos, e iba de sien a sien. Entre esta lámina y la mitra algunos suponen que el sumo sacerdote llevaba sus filacterias. Pero esto no puede considerarse en absoluto como establecido.

Las filacterias

Según la ceremonia descrita en el Talmud, ni los sacerdotes, ni los levitas, ni los «varones estacionarios» llevaban filacterias durante su servicio en el mismo Templo. Este es un punto fuerte que apremian los modernos judíos caraítas en contra de las tradiciones de los rabinos. ¿Podría ser que la práctica de llevar filacterias en tiempos de Cristo *no* fuera una obligación universalmente aceptada, sino la bandera de un partido? Esto daría fuerza adicional a las palabras en las que Cristo denunciaba a los que ensanchaban sus filacterias.

El Ziz

Según Josefo, el Ziz original de Aarón seguía existiendo en su tiempo, y fue llevado con otros despojos a Roma. Allí lo vio el rabí Eliezer durante el reinado de Adriano. De allí podemos seguirlo, con una gran probabilidad, a través de muchas vicisitudes, a los tiempos de Belisario, y a Bizancio. De allí fue llevado por orden del emperador a Jerusalén. Se desconoce lo que sucedió con él después de esto. Es posible que exista aún.[165] Solo se tiene que añadir que las vestiduras de los sacerdotes, cuando se ensuciaban, no se lavaban, sino que se empleaban como mechas para las lámparas del Templo; las del sumo sacerdote eran «escondidas». El sumo sacerdote llevaba «un juego nuevo de vestiduras de lino» cada vez en el Día de la Expiación.

Los catorce oficiales

El sacerdocio que ministraba en el Templo era ordenado en sacerdotes «ordinarios» y varios oficiales. De los últimos había, además del sumo sacerdote,[166] el «Sagán», o sacerdote sufragáneo; dos «Katholikin», o tesoreros principales

---

164. Zebach, XIX, 6, a. Véase Jost, *Gesch. d. Judenth.*, vol. II., pág. 309.

165. Cuando Josefo habla de una triple corona llevada por el sumo sacerdote, puede que fuera introducida por los Asmoneos cuando unieron la monarquía temporal con el sacerdocio. Compárese Smith, *Dictionary of the Bible,* I. 807a.

166. Los rabinos hablan de un sumo sacerdote ordenado «para la guerra», que acompañaba al pueblo a la batalla, pero no se puede descubrir ni una traza histórica de un oficio concreto de esta clase.

y supervisores; siete «Ammarcalin», que estaban subordinados a los Katho-likin, y que estaban principalmente encargados de todas las puertas; y tres «Gizbarin», o subtesoreros. Estos catorce oficiales, con el orden de subordina-ción mencionado, constituían el «consejo del Templo» en sesión, que regulaba todo lo relacionado con los asuntos y servicios del santuario. Sus miembros eran también llamados «los ancianos de los sacerdotes», o «los consejeros». Este judicatorio, que generalmente no se ocupaba de cuestiones criminales, tuvo aparentemente una parte principal en la condenación de Jesús. Pero, por otra parte, se debe recordar que no estaban todos de acuerdo, por cuanto José de Arimatea pertenecía a ellos, siendo el título por el cual se le designa en Mc 15:43 exactamente la misma palabra que se aplica en el Talmud a los miem-bros de este consejo sacerdotal.

Sus deberes

Es difícil especificar los deberes exactos de cada una de estas clases de ofi-ciales. El «Sagan» (o «Segen», o «Segan») oficiaría en lugar del sumo sacer-dote cuando este, por la causa que fuere, se viera incapacitado; actuaría gene-ralmente como su asistente, y asumiría la supervisión de todos los sacerdotes, por lo que se le llama en la Escritura «segundo sacerdote»,[167] y en los escritos talmúdicos «el Sagán de los sacerdotes».[168] Un «Chananjah» es mencionado en el Talmud como Sagán, pero se tiene que dejar sin decidir si se trataba del «Anás» del Nuevo Testamento. Los dos Katholikin eran al Sagán lo que él era al sumo sacerdote, aunque el principal deber de ellos parece haber tenido que ver con los tesoros del Templo.[169] De manera semejante, los siete Ammarcalin eran asistentes de los Katholikin, aunque estaban especialmente encargados de las puertas, de los vasos santos y de las vestiduras santas; y luego había los tres (o también siete) «Gizbarin», ayudantes de los Ammarcalin. El título «Gizbar» aparece en época tan temprana como Es 1:8, pero su sentido exacto parece haberse olvidado ya cuando se efectuó la traducción de los LXX. Pare-cen haber estado encargados de todas las cosas consagradas y dedicadas, del tributo del Templo, del dinero de la redención, etc., y haber decidido todas las cuestiones relacionadas con tales cosas.

Oficiales inferiores

A continuación en el escalafón venían los «cabezas de cada orden» de guardia por una semana, y luego los «cabezas de familias» de cada orden.

---

167. 2 Reyes 25:18; Jeremías 52:24.

168. Aquí podemos despachar de entrada la teoría de que el Sagán era el sucesor elegido del sumo sacerdote.

169. Así, en *Badmidbar Rabba* (sect. 14, fil. 271 *a*), Coré es descrito como Katholicus del rey de Egipto, que «tenía las llaves de sus tesoros». Comparar *Buxtorff in vocem*.

Después de ellos venían quince supervisores, esto es, «el supervisor acerca de los tiempos», que convocaba a los sacerdotes y al pueblo a sus respectivos deberes; el supervisor para el cierre de las puertas (bajo la dirección del Ammarcalin, naturalmente); el supervisor de los guardas, o capitán del Templo; el supervisor de los cantantes y de los que tocaban las trompetas; el supervisor de los címbalos; el supervisor de las suertes, que se echaban cada mañana; el supervisor de las aves, que tenían que proveer las tórtolas y los pichones para los que traían estas ofrendas; el supervisor de los sellos, que dispensaba los justificantes para las varias oblaciones apropiadas para diferentes sacrificios; el supervisor de las libaciones, para un propósito similar al anterior, el supervisor de los enfermos, o médico del Templo; el supervisor del agua, que estaba encargado del suministro de agua y del drenaje; el supervisor de la preparación del pan de la proposición; para la preparación del incienso; para hacer los velos y para proveer los vestidos sacerdotales. Naturalmente, todos estos oficiales tenían subordinados, que ellos escogían y empleaban, bien para el día, bien permanentemente; y era su deber cuidarse de todas las disposiciones relacionadas con sus respectivos departamentos. Así, para no hablar de instructores, examinadores de sacrificios y una gran variedad de artífices, tiene que haber habido empleo en el Templo para una cantidad muy grande de personas.

Procedencia del sustento de los sacerdotes

No podemos cerrar sin enumerar las veinticuatro procedencias de las que, según el Talmud, los sacerdotes derivaban su sustento.[170] De estas, diez solo estaban disponibles mientras estaban en el Templo mismo, cuatro en Jerusalén, y las restantes diez en toda la Tierra Santa. Las que solo podían emplearse en el Templo mismo eran la parte de los sacerdotes de la ofrenda por el pecado; la de la ofrenda por la culpa por una infracción conocida, y por una infracción dudosa; ofrendas de paces públicas; el log de aceite del leproso; los dos panes de Pentecostés, el pan de la proposición; lo que quedaba de las oblaciones, y el omer en la Pascua. Las cuatro que podían usarse solo en Jerusalén eran los primogénitos de los animales, el Biccurim,[171] la porción de la ofrenda de acción de gracias[172] y de la cabra del azareo, y las pieles de los santos sacrificios. De las diez que podían emplearse por toda la tierra, cinco podían ser dadas a voluntad a cualquier sacerdote, como el diezmo del diezmo, la ofrenda alzada de la masa,[173] las primicias de los vellones y la parte de alimento del sacer-

---

170. Los rabinos también enumeran quince funciones que eran peculiares del servicio del sacerdote. Pero como cada una de ellas será examinada en capítulos posteriores, no las trataremos aquí. El lector curioso es remitido a Relandus, *Antiq.* (ed. Buddeus), págs. 176, 177.

171. Para impedir errores, podemos señalar aquí que el término «Therumoth» se emplea, por lo general, para designar el producto preparado, como el aceite, la harina, el vino, etc.; y «Biccurim» al producto natural de la tierra, como el trigo, los frutos, etc.

172. Levítico 7:12; 22:29, 30.

173. Números 15:20; Romanos 11:16.

dote.[174] Las otras cinco, se pensaba, debían ser dadas a los sacerdotes del orden especial de guardia para la semana, esto es, el dinero de redención por un hijo primogénito, el de un asno, el «campo santificado de posesión»,[175] lo que hubiera sido «dedicado», y aquella posesión de «un extranjero» o prosélito que, habiendo sido robada, fuera restaurada a los sacerdotes tras la muerte de la persona robada, con un quinto adicional. Finalmente, a un sacerdote sin letras solo era lícito darle lo siguiente de entre los varios dones debidos: las cosas «dedicadas», el primer nacido de los ganados, la redención de un hijo, la de un asno, lo debido al sacerdote,[176] la primicia de la lana, el «aceite de quemar»,[177] las diez cosas que debían ser empleadas en el Templo mismo, y el Biccurim. Por otra parte, el sumo sacerdote tenía derecho a tomar la porción de las ofrendas que él escogiera, y una mitad del pan de la proposición cada sábado también le pertenecía a él.

Así de elaborado era en cada particular el sistema que regulaba la admisión, los servicios y los privilegios del sacerdocio oficiante. Pero todo ello se ha desvanecido, no dejando tras de sí en la sinagoga ni la más mínima traza de sus complicadas y perfectas disposiciones. Estas «cosas viejas han pasado», por cuanto eran solo «sombra de los bienes venideros», pero «la realidad es Cristo», y «Él permanece sumo sacerdote para siempre».

174. Deuteronomio 18:3.
175. Levítico 27:16.
176. Deuteronomio 18:3.
177. Un término que significa «*Therumoth* contaminado».

V
LOS SACRIFICIOS: SU ORDEN Y SU SIGNIFICADO

«Habiendo aún sacerdotes que presentan las ofrendas según la ley;
los cuales sirven a lo que es figura y sombra de las cosas celestiales»
(Hebreos 8:4, 5).

Es un hecho curioso, pero tristemente significativo, que el moderno judaísmo declare que ni los sacrificios en el sacerdocio levítico pertenecen a la esencia del Antiguo Testamento; que, de hecho, habían sido elementos extraños incorporados al mismo; tolerados, desde luego, por Moisés, pero en contra de los cuales los profetas habían protestado fervientemente y trabajado incesantemente.[178] Los únicos argumentos en que se apoya esta extraña declaración son: 1) que el libro de Deuteronomio contiene meramente un breve sumario —no una detallada repetición— de las ordenanzas sacrificiales, y 2) que pasajes como Is 1:11, etc.; Mi 6:6, etc., protestan en contra de sacrificios ofrecidos sin un verdadero arrepentimiento o cambio de mente. Pero esta tendencia antisacrificial, o, como pudiéramos llamarla, antiespiritual, se remonta realmente a una fecha más temprana. Porque los sacrificios del Antiguo Testamento no eran meras observancias externas —una especie de justicia por obras que justificara al oferente por el mero hecho de su obediencia—, por cuanto «la sangre de los toros y de los machos cabríos no puede quitar los pecados».[179]

El simbolismo de los sacrificios

Los sacrificios del Antiguo Testamento eran simbólicos y típicos. Una observancia externa sin ningún verdadero significado interior es solo una ceremonia. Pero un rito que tenga un significado espiritual presente es un símbolo; y si, además, señala también una realidad futura, comunicando al mismo tiempo, por anticipación, la bendición que debe aún aparecer, es un tipo. Así, los sacrifi-

---

178. Nos referimos al doctor A. Geiger, uno de los más capaces escritores rabínicos de Alemania, que hace de este argumento la sustancia de la Conferencia V en su *Judenth. u. s. Gesch. (El judaísmo y su historia).*
179. Hebreos 10:4.

cios del Antiguo Testamento eran no solo símbolos, ni tampoco meramente predicciones por medio de actos (así como la profecía es una predicción mediante palabras), sino que ya comunicaban al israelita creyente la bendición que iba a venir de la futura realidad a la que señalaban. Por ello, el servicio de la letra y la justicia por obras de los escribas y fariseos se enfrentaba directamente a esta esperanza de fe y a esta concepción espiritual de los sacrificios, que ponían a todos sobre el terreno de pecadores que debían ser salvados mediante la sustitución con otro, al cual señalaban. Después de esto, cuando la destrucción del Templo hizo imposibles sus servicios, se añadió otra razón más convincente para intentar poner otras cosas, como oraciones, ayunos, etc., en lugar de los sacrificios. Por ello, aunque ninguno de los antiguos rabinos se aventuró a una declaración como la del moderno judaísmo, la tendencia tiene que haber sido más y más en tal dirección. De hecho, se había convertido en una necesidad, por cuanto declarar que los sacrificios constituían la esencia del judaísmo habría equivalido a declarar la imposibilidad del moderno judaísmo. Pero por ello mismo la sinagoga ha pronunciado sentencia contra sí misma, y al rechazar los sacrificios se ha puesto fuera del terreno del Antiguo Testamento.

Los sacrificios, el centro del Antiguo Testamento

Todo lector de la Biblia carente de prejuicios tiene que darse cuenta de que los sacrificios constituyen el centro del Antiguo Testamento. En verdad, si fuera este el lugar adecuado para ello, podríamos argüir basándonos en su universalidad que, junto con el reconocimiento de un poder divino, el oscuro recuerdo de un feliz pasado, y la esperanza de un futuro más dichoso, los sacrificios pertenecían a las tradiciones primordiales que la humanidad heredó desde la pérdida del paraíso. Sacrificar le parecía al hombre tan «natural» como orar, lo primero indica lo que el hombre siente acerca de sí mismo, lo otro lo que siente con respecto a Dios. Lo primero significa la necesidad que se siente de propiciación; lo otro, el sentimiento que se tiene de dependencia de Él.

La idea de la sustitución

La idea fundamental del sacrificio en el Antiguo Testamento es la de la sustitución, que a su vez parece implicar todo lo demás: expiación y redención, castigo vicario y perdón. Las primicias se entregan por todos los productos; los primogénitos del rebaño por todo el rebaño; el dinero de rescate por aquello que no puede ser ofrecido; y la vida del sacrificio, que está en su sangre,[180] por la vida del sacrificado. Incluso en el «Corbán», don u ofrenda voluntaria, sigue tratándose del don en lugar del dador.[181] Esta idea de sustitución, tal como es introducida, adoptada y sancionada por el mismo Dios, es expresada por me-

---

180. Levítico 17:11.
181. Marcos 7:11.

dio del término sacrificial traducido en nuestra versión como «expiación», pero que realmente significa «cubierta», tomando el sustituto, al ser aceptado por Dios, el lugar de la persona del oferente, y así cubriéndola, por así decirlo. De ahí la experiencia escritural: «Bienaventurado aquel a quien es perdonada su transgresión, y cubierto su pecado…, a quien Jehová no imputa iniquidad»;[182] y quizá también la oración escritural: «Mira, oh Dios, escudo nuestro, y pon los ojos en el rostro de tu ungido».[183] Pero estos sacrificios señalaban necesariamente a un sacerdocio mediador, por medio del cual tanto ellos como los adoradores purificados serían llevados cerca de Dios y guardados en comunión con Él. Pero estos mismos sacerdotes cambian de continuo; sus propias personas y servicios precisaban de purificación, y sus sacrificios exigían una constante renovación, por cuanto, por su misma naturaleza, esta sustitución no podía ser perfecta. En resumen, todo esto era simbólico (de la necesidad del hombre, de la misericordia de Dios, y de su pacto), y típico, hasta que llegara Aquel a quien todo ello señalaba, y que durante todo este tiempo le había dado realidad; Aquel cuyo Sacerdocio era perfecto, y que sobre un perfecto altar trajo un sacrificio perfecto, una vez por todas: un Sustituto perfecto y un Mediador perfecto.[184]

El cordero pascual

En el mismo umbral de la dispensación mosaica está el sacrificio del cordero pascual conectado con la redención de Israel, y que puede ser considerado en muchos respectos como típico, o más bien anticipante, de todos los demás. Pero hubo un sacrificio que, incluso en el Antiguo Testamento, no precisó de renovación. Fue cuando Dios había entrado en relación de pacto con Israel, e Israel vino a ser el «pueblo de Dios». Entonces Moisés roció «la sangre del pacto» sobre el altar y sobre el pueblo.[185] Todos los otros sacrificios reposaban sobre la base de este sacrificio del pacto.[186] Estos eran, así, o bien sacrificios de comunión con Dios, o bien con el propósito de restaurar la comunión cuando esta se había visto perturbada o apagada por el pecado y la transgresión: sacrificios *en* comunión o *para* la comunión con Dios. A la primera clase pertenecen el holocausto y las ofrendas de paces; a la última, las ofrendas por el pecado y por la culpa. Pero, como sin derramamiento de sangre no hay remisión de pecado, cada servicio y cada adorador tenían que ser, por así decirlo, purificados con sangre, y se debía acudir a la agencia mediadora del sacerdocio para acercarse a Dios, y para que comunicara la certidumbre de la aceptación.

---

182. Salmo 32:1, 2.
183. Salmo 84:9.
184. Hebreos 10:1-24.
185. Éxodo 24.
186. Salmo 50:5.

Ofrendas cruentas y no cruentas

La clasificación más rápida de los sacrificios, pero quizá la más superficial, es entre cruentos e incruentos. Estos últimos, o «Minchah», incluían, además de la oblación y de la libación, la primera gavilla de la Pascua, los dos panes en Pentecostés, y el pan de la proposición. La oblación se traía sola únicamente en dos casos: en el de la ofrenda del sacerdote[187] y en el de los celos,[188] a los que la tradición judía añade las oblaciones mencionadas en Lv 2. Si en Lv 5:11 se admite una oblación de harina en casos de extrema pobreza como sustituto por una ofrenda por el pecado, esto solo demuestra adicionalmente el carácter sustitutivo de los sacrificios. Por todo esto se hará evidente que, como norma general, la oblación no puede ser considerada como separada de los otros sacrificios, los cruentos. Como prueba de esta, siempre variaba en cantidad, en relación con el sacrificio al que acompañaba.[189]

Los requisitos sacrificiales

Los requisitos generales de todos los sacrificios eran que debían ser traídos de tales cosas, en tal lugar y forma, y por medio de aquella agencia mediadora, que Dios hubiera en cada caso designado. Así, la elección y la designación del modo de allegarse a Él debían ser todos ellos de Dios. Luego estaba el primer principio de que cada sacrificio debía ser de aquellas cosas que hubieran pertenecido al oferente. Nadie más podía representarlo ni tomar su lugar delante de Dios. Por esto, los fariseos tenían razón cuando, en oposición a los saduceos, ordenaban que todos los sacrificios públicos (que eran ofrecidos por la nación como un todo) debían ser comprados, no mediante contribuciones voluntarias, sino con los ingresos regulares del Templo. A continuación, todos los animales sacrificiales debían estar exentos de defectos (de los que los rabinos enumeran setenta y tres), y todas las ofrendas incruentas debían estar exentas de levadura o de miel; esta última debido a que, por su tendencia a la fermentación o a la corrupción, se parecía a la levadura. Por una razón similar se debía añadir sal como símbolo de incorrupción, a todos los sacrificios.[190] Por esto leemos en Mc 9:49: «Porque todos serán salados con fuego, y todo sacrificio será salado con sal»; esto es, así como la sal se añade simbólicamente al sacrificio para señalar su incorrupción, así la realidad y permanencia de nuestras vidas cristianas serán probadas con el fuego del gran día, cuando lo que es madera, heno y hojarasca será consumido, mientras que lo que es real se demostrará incorruptible, al serle aplicado el fuego.

---

187. Levítico 7:12.
188. Números 5:15.
189. Números 15:1-12; 28:1-12; 29:1, etc.
190. Los rabinos hablan de la llamada «sal de Sodoma», probablemente sal del extremo meridional del Mar Muerto, que se empleaba en los sacrificios.

Los animales designados

En la Escritura se designan tres clases de cuadrúpedos para el sacrificio: los bueyes, las ovejas y las cabras; y dos de aves, las tórtolas y los pichones.[191] Estas últimas, excepto en ciertas purificaciones, solo son admitidas como sustitutas de otros sacrificios en caso de pobreza. Por ello tampoco se da instrucción alguna acerca de su edad o sexo, aunque los rabinos mantienen que las tórtolas (que eran las aves comunes de paso) debían ser totalmente crecidas, en tanto que los pichones domésticos debían ser aves jóvenes. Pero, como en los varios sacrificios de bueyes, ovejas y cabras había diferencias de edad y de sexo, los judíos enumeran doce sacrificios a los que se corresponden igual número de términos en las Escrituras. El cordero pascual y el de las ofrendas por la culpa tenían que ser machos, así como todos los holocaustos y todos los sacrificios públicos. Estos últimos «invalidaban el sábado y la contaminación», esto es, anulaban la ley del reposo sabático,[192] y podían ser continuados, y ello a pesar de una clase de contaminación levítica: la debida a la muerte.

Los once sacrificios de los rabinos

Los rabinos, a los que les encanta establecer sutiles distinciones, hablan también de sacrificios públicos que se asemejaban a los privados,[193] y de sacrificios privados que se asemejaban a los públicos, en que también «invalidaban el sábado y la contaminación».[194] En total enumeran *once* sacrificios *públicos,* esto es, los sacrificios públicos; los adicionales para el sábado; para la luna nueva; los sacrificios de la Pascua; el cordero cuando se mecía la gavilla; los sacrificios de Pentecostés; los ofrecidos con los dos primeros panes; el de Año Nuevo; los sacrificios del Día de la Expiación; los del primer día y los del octavo de los «Tabernáculos». Los sacrificios *privados* los clasifican como los debidos a pecados por palabra o hecho; los relativos, a los que concernían al cuerpo (como las varias contaminaciones); los relativos a la propiedad (primogénitos de los rebaños, diezmos); los relativos a las épocas festivas, y los relativos a los votos o promesas. Pero había otra división de sacrificios, entre los *debidos* o prescritos, y los *voluntarios*. Para estos no se podía emplear nada que hubiera sido ofrecido con anterioridad en voto, por cuanto ya pertenecía a Dios.

Santos y menos santos

Pero de mucha mayor importancia era la clasificación de los sacrificios entre los santísimos y los menos santos, que se encuentra en la Escritu-

---

191. «Las avecillas» empleadas en la purificación del leproso (Lv 14:4) no pueden ser consideradas como sacrificios.
192. Mateo 12:5.
193. Cuando la congregación había pecado por ignorancia (Lv 13; Nm 15:24-26).
194. El cordero de la Pascua, y el becerro del sumo sacerdote como ofrenda por el pecado, y el carnero para holocausto en el Día de la Expiación.

ra.[195] Ciertas oblaciones[196] y todos los holocaustos, sacrificios por el pecado y por la culpa, así como todas las ofrendas públicas de paces, eran santísimos. Los tales debían ser ofrecidos o sacrificados en uno de los lugares santos; debían ser inmolados al lado norte del altar[197] (las menos santas al lado del este o al del sur); y o bien no se participaba de ellas en absoluto, o bien solo participaban de ellas los sacerdotes oficiantes, y ello dentro del atrio del Templo. Las pieles de los sacrificios santísimos, excepto la de los holocaustos, que se quemaban integralmente, pertenecían a los sacerdotes; las de los menos santos pertenecían a los oferentes. En este último caso, también los oferentes participaban de la carne, con la única excepción de las primicias de los rebaños, que eran comidas solo por los sacerdotes. Los rabinos asignan diez grados relativos de santidad a los sacrificios; y es interesante marcar que de estos el primero pertenecía a la sangre de la ofrenda por el pecado; el segundo, al holocausto; el tercero, a la misma ofrenda por el pecado, y el cuarto, a la ofrenda por la culpa. Finalmente, todos los sacrificios tenían que ser traídos antes de la puesta del sol, aunque la carne sin consumir pudiera estar quemándose en el altar hasta la siguiente madrugada.

Los actos del sacrificio

Los rabinos mencionan los siguientes cinco actos como pertenecientes al oferente de un sacrificio: la imposición de manos, la inmolación, el desollamiento, el descuartizamiento y el lavado de las entrañas. Estos otros cinco son estrictamente funciones sacerdotales: recoger la sangre, rociarla, encender el fuego del altar, disponer la leña, subir a él las piezas para quemar, y todas las otras funciones a ejecutar en el mismo altar.

Todo el servicio debe haber sido sumamente solemne. Habiéndose primero purificado debidamente, el oferente traía su sacrificio por sí mismo «delante del Señor» —antiguamente «a la puerta del Tabernáculo»,[198] donde se encontraba el altar del holocausto,[199] y en el Templo al Gran Atrio—. Si el sacrificio era santísimo, entraba por la puerta del norte; si era menos santo, por la puerta del sur. A continuación lo colocaba de manera que mirara hacia el oeste, o hacia el lugar santísimo, a fin de traerlo así literalmente delante del Señor. A esto se refiere el apóstol cuando, en Rm 12:1, nos exhorta a que presentemos nuestros «cuerpos como sacrificio vivo, santo, agradable a Dios».

---

195. Levítico 6:17; 7:1; 14:13.
196. Levítico 2:3, 10; 6:17; 10:12.
197. La razón de esto es oscura. ¿Sería que el norte era considerado como la región simbólica del frío y de la tiniebla? ¿O que durante la peregrinación por el desierto el lugar santísimo probablemente miraba hacia el norte, hacia Palestina?
198. Levítico 1:3; 4:4.
199. Éxodo 40:6.

La imposición de manos

Pero este era solo el comienzo del servicio. Las mujeres podían traer sus sacrificios al Gran Atrio; pero no podían ejecutar el segundo rito,[200] el de la imposición de manos. Esto significaba transmisión y delegación, e implicaba representación; por lo que realmente señalaba a la sustitución que el sacrificio asumía en lugar del sacrificador. Por ello iba siempre acompañado de confesión de pecado y de oración. Y se hacía así: el sacrificio se giraba de tal manera que la persona que confesaba miraba hacia el oeste, mientras ponía las manos entre los cuernos del sacrificio,[201] y si el sacrificio era traído por más de una persona, cada una tenía que imponer las manos. No está del todo establecido si se ponía una o ambas manos; pero todos concuerdan en que debía ser hecho «con toda la fuerza de uno» —como si fuera descargando todo el peso de uno sobre el sustituto—.[202] Si una persona bajo un voto había muerto, su heredero legal tomaba su lugar. Los únicos sacrificios públicos en los que se imponían las manos eran aquellos por los pecados de ignorancia pública,[203] en los que los «ancianos» actuaban en representación del pueblo —y a los que algunas autoridades rabínicas añaden los sacrificios públicos por el pecado en general— ,[204] y el segundo macho cabrío del Día de la Expiación, sobre el que el sumo sacerdote imponía las manos. En todos los sacrificios privados, excepto las primicias, diezmos y el cordero pascual, se imponían las manos, y, al hacerlo, se pronunciaba la siguiente oración: «Te ruego, oh Jehová: He pecado, he hecho perversamente, me he rebelado, he cometido (nombrando el pecado, transgresión o, en el caso de un holocausto, la infracción de un mandamiento positivo o negativo); pero vuelvo arrepentido, y sea esto para mi expiación (cubierta)». Según Maimónides, en las ofrendas de paces se pronunciaba una acción de alabanza a Dios, en lugar de una confesión de pecados. Pero, como prevalecía el principio de que la confesión frecuente, incluso sin sacrificio, era meritoria, se registra también otra fórmula en la que se omite la alusión a los sacrificios.

Estrechamente relacionado con esto estaba «el levantamiento y el mecimiento» de ciertos sacrificios. El sacerdote ponía sus manos debajo de los oferentes, y movía el sacrificio hacia arriba y hacia abajo, a derecha y a izquierda; según Abarbanel, también «hacia adelante y hacia atrás». El cordero de la ofrenda por la culpa del leproso era mecido antes de ser inmolado;[205] las ofrendas de paces privadas solo cuando ya habían sido inmoladas, mientras que en el caso de las ofrendas públicas de paces la práctica variaba.

---

200. Hay, no obstante, una opinión discrepante en cuanto a esto. Véase Relandus, *Ant.*, pág. 277.

201. Si el oferente estaba fuera del atrio de los Sacerdotes, en el más alto de los quince peldaños levíticos, o dentro de la puena de Nicanor, *sus manos* al menos debían estar dentro del Gran Atrio, o el rito no era válido.

202. Los niños, los ciegos, los sordos, los perturbados mentales y los no israelitas no podían «imponer las manos».

203. Levítico 4:15; 16:21.

204. Sobre la base de 2 Crónicas 29:23.

205. Levítico 14:24.

Sacrificios inmolados solo por los sacerdotes

Bajo circunstancias ordinarias, todos los sacrificios públicos, así como siempre el del leproso, eran inmolados por los sacerdotes.[206] El Talmud declara que la ofrenda de las aves, en la parte de conseguir su sangre,[207] había sido la parte más difícil de la obra de un sacerdote. Porque la muerte del sacrificio era solo un medio para un fin, siendo el fin el derramamiento y el rociamiento de la sangre, con la que se hacía realmente la expiación. Los rabinos mencionan una variedad de reglas observadas por el sacerdote que recogía la sangre —todas ellas con la intención de conseguir la mejor provisión para su apropiado rociamiento—.[208] Así, el sacerdote debía recoger la sangre en un vaso de plata con un fondo en punta, para que no pudiera dejarse sobre ninguna superficie, y para mantenerlo constantemente agitado, a fin de preservar la fluidez de la sangre. Pero en el sacrificio de la vaca alazana, el sacerdote recogía la sangre directamente con la mano izquierda, y la rociaba con la derecha hacia el lugar santo; en cambio, en el del leproso uno de los dos sacerdotes recibía la sangre en el vaso; el otro, en su mano, ungiendo con ella al leproso purificado.[209]

La aplicación de la sangre

Según la diferencia de sacrificios, la sangre se aplicaba de manera diferente y en lugares diferentes. En todas las ofrendas de holocausto, por la culpa y de pacíficos, la sangre se echaba directamente fuera del vaso o de los vasos en los que hubiera sido recogida, yendo primero el sacerdote a la esquina del altar, y luego a la otra, y echándola en la forma de la letra griega Γ, de forma que cada vez se cubrían dos lados del altar. Toda la sangre que quedara después de estos dos «dones», como se llamaban (y que valían por cuatro), era arrojada a la base del altar, de donde iba hacia el Cedrón. En todas las ofrendas por el pecado la sangre no se arrojaba, sino que se rociaba, mojando el sacerdote el índice de la derecha en la sangre, y luego rociándola con el dedo mediante un movimiento del pulgar. Según la importancia de la ofrenda por el pecado, la sangre se aplicaba así bien a los cuatro cuernos del altar del holocausto, o bien era introducida al mismo lugar santo, y rociada primero siete veces hacia el velo del lugar santísimo,[210] y luego sobre los cuatro cuernos del altar de oro del incienso, comenzando por el noreste. Finalmente, en el Día de la Expiación la sangre era rociada dentro del lugar santísimo. Ciertas porciones de todas las ofrendas por el pecado cuya sangre había sido rociada sobre los cuernos del altar del holocausto debían ser comidas, mientras que aquellas cuya sangre

---

206. El término hebreo empleado para la inmolación sacrificial nunca se aplica al degüello normal de un animal.

207. En el caso de las aves no se efectuaba la imposición de manos.

208. Los rabinos mencionan cinco errores que podían invalidar un sacrificio, ninguno de los cuales es en absoluto de interés, excepto quizá que el cuello no se debía cortar del todo.

209. Levítico 4:25.

210. Levítico 4:6, 17.

había sido introducida en el lugar santo mismo eran quemadas del todo. Pero en los sacrificios de las primicias de los rebaños, de diezmos de animales y del cordero pascual, la sangre no era ni echada ni rociada, sino solo derramada en la base del altar.

El desollamiento

Después del derramamiento de la sangre, que era de la mayor importancia —ya que, según el Talmud, «siempre que la sangre toca el altar, el oferente recibe la expiación»—, venía el «desollamiento» y «el descuartizamiento». Todo esto debía hacerse de una forma ordenada, y siguiendo ciertas normas, adoptando el apóstol el término sacrificial cuando habla de «rectamente dividiendo la palabra de verdad».[211] Una vez lavadas las «entrañas» y las «piernas»,[212] y secadas con esponjas, las piezas separadas del sacrificio eran traídas por varios sacerdotes, calculando los rabinos que en el caso de una oveja o de una cabra eran seis sacerdotes los que llevaban el sacrificio, otro la oblación, y otro la libación (en total, ocho), mientras que en el caso del carnero lo hacían seis, y en el de un buey se precisaba de veinticuatro sacerdotes para el servicio. A continuación, se aplicaba la sal sacrificial, y después se echaban las piezas sobre el fuego desordenadamente, y luego se disponían bien sobre el fuego.[213] Esta última parte del servicio precisa de explicación.

El quemado

La común idea de que el quemado bien de parte o de la totalidad del sacrificio señalaba a su destrucción, simbolizando la ira de Dios y el castigo debido al pecado, no parece estar de acuerdo con las declaraciones de la Escritura. El término usado no es el que se emplea comúnmente para «quemar», sino que significa «hacer humear», y el rito simboliza en parte la total entrega del sacrificio, pero principalmente su aceptación por parte de Dios. Así, el sacrificio consumido por un fuego que había descendido originalmente del mismo Dios —no con fuego extraño— ascendería como «olor grato para Jehová».[214] Incluso la circunstancia de que el fuego para el altar del incienso fuera siempre tomado del altar del holocausto muestra que, en tanto que aquel fuego pudiera simbolizar presencia del Santo Jehová en su casa, no podía tener referencia con el fuego de la ira o del casti-

---

211. 2 Timoteo 2:15.
212. Levítico 1:9. Véanse las menciones en la *Misná*, Maimónides, y los artículos en la *Encycl.*, especialmente los de Herzog y Winer.
213. Todo lo que era puesto sobre el altar era considerado como «santificado» por él, y no podía volver a ser quitado, aunque se hubiera contaminado. Esto explica las palabras de Cristo en Mateo 23:19.
214. Levítico 1:9; 4:31.

go.[215] Como ya se ha dicho, aquellas partes de las ofrendas por el pecado, por la culpa,[216] y de las ofrendas públicas de paces que se podían comer, podían ser solo comidas por los sacerdotes (no por sus familias) durante su ministerio activo, y dentro de las paredes del Templo. La carne de estas ofrendas tenía que ser comida también en el mismo día del sacrificio, o en la noche que seguía al mismo, mientras que en otras ofrendas la permisión se extendía hasta el segundo día. Pero los rabinos restringen la comida del cordero pascual hasta la medianoche. Lo que quedara más allá del tiempo lícito tenía que ser quemado.

La concepción del Nuevo Testamento acerca del sacrificio concuerda con la de la sinagoga

Es de profundo interés saber que la concepción que aparece en el Nuevo Testamento acerca de los sacrificios está totalmente de acuerdo con la de la antigua sinagoga. Ya de entrada nos encontramos aquí con el principio de que «No hay expiación excepto por la sangre». De acuerdo con esto citamos lo siguiente de intérpretes judíos. Rashi dice:[217] «El alma de cada criatura está ligada en su sangre; por ello yo la di como expiación por el alma del hombre —para que un alma viniera y obrara expiación por la otra—». Y Moses ben Nachmann: «Di el alma por vosotros en el altar para que el alma del animal fuera una expiación por el alma del hombre». Estas citas pudieran multiplicarse de manera casi indefinida. Otra fase de verdad escritural aparece en declaraciones rabínicas, como que por medio de la imposición de manos «el oferente, por así decirlo, quita sus pecados de sí mismo y los transfiere sobre el animal vivo»; y que, «tantas veces como uno peque con su alma, sea por arrebato o por malicia, quita su pecado de sí, y lo pone sobre la cabeza de su sacrificio, y es una expiación para él». De ahí también el principio establecido por Abarbanel de que «después de la oración de confesión [relacionada con la imposición de manos], los pecados de los hijos de Israel quedaban sobre el sacrificio [del Día de la Expiación]». Esto, según Maimónides, explica por qué cada uno que tuviera algo que ver con el sacrificio de la vaca alazana o con el macho cabrío en el Día de la Expiación, o con ofrendas similares, quedaba impuro, por cuanto estos animales eran considerados como realmente portadores de pecado. De hecho, según la expresión rabínica, el animal portador de pecado es sobre esta base designado expresamente como algo a ser rechazado y abominable. Al lector cristiano, esto le traerá a la mente la declaración de la Escritura: «Al que no conoció pecado, por nosotros lo hizo pecado, para que nosotros fuésemos hechos justicia de Dios en él».

---

215. Compara el artículo en la *Encyclopedia* de Herzog, vol. X, pág. 633. Algunos de los sacrificios eran quemados sobre el altar del holocausto, y algunos fuera de la puerta, mientras que en ciertos sacrificios menos santos se permitía quemar lo que quedara en cualquier lugar dentro de la ciudad.

216. Esto en el caso de las ofrendas de holocausto, por el pecado y por la culpa. Las pieles de las otras ofrendas pertenecían a los mismos oferentes.

217. Sobre Levítico 17:11.

Hay todavía otra fase sobre la que pone énfasis la sinagoga. Y tiene su mejor expresión en la siguiente cita, a la que se podrían añadir muchas similares: «Propiamente hablando, debiera haberse derramado la sangre del pecador, y su cuerpo quemado, como los de los sacrificios. Pero el Santo —¡bendito sea Él!— aceptó nuestro sacrificio de nuestra mano como redención y expiación. He aquí la plena gracia que Jehová —¡bendito sea Él!— ha mostrado al hombre. En su compasión y en la plenitud de su gracia aceptó el alma del animal en lugar de su alma, para que por medio de ella pudiera haber expiación». De ahí también el principio tan importante como respuesta a la pregunta de si los israelitas de la antigüedad habían comprendido el significado de los sacrificios: «El que traía un sacrificio precisaba del conocimiento de que aquel Sacrificio era su redención».[218]

Liturgias judías

A la vista de todo esto, la necesidad profundamente sentida y tan frecuentemente expresada por la sinagoga es de lo más conmovedora. En la liturgia para el Día de la Expiación leemos: «Mientras que el altar y el santuario seguían en sus lugares, teníamos la expiación mediante los machos cabríos, designados por suerte. Pero ahora por nuestra culpa, si a Jehová le place destruirnos, no toma de nuestra mano ni holocausto ni sacrificio.» Añadimos solo otro de los muchos pasajes similares en el libro judío de oraciones: «Hemos hablado violencia y rebelión; hemos andado en un camino que no es recto... He aquí, nuestras transgresiones han aumentado sobre nosotros; nos apremian como una carga; han ido sobre nuestras cabezas; hemos olvidado tus mandamientos, que son excelentes. ¿Y con qué apareceremos delante de Ti, el Dios poderoso, para hacer expiación por nuestras transgresiones, y para quitar nuestras culpas, y para eliminar el pecado y para magnificar tu gracia? Los sacrificios y las ofrendas ya no son más; cesado han los sacrificios por el pecado y por la culpa; la sangre de los sacrificios ya no es más rociada; destruida ha quedado tu santa casa, y caídas son las puertas de tu santuario; tu santa ciudad yace desolada; Tú has dado muerte, expulsado de tu presencia; ¡se han ido, expulsado de delante de tu rostro, los sacerdotes que traían tus sacrificios!». Por ello, también aparece con frecuencia esta petición: «Suscita para nosotros un recto Intercesor (que pueda ser verdad que): He hallado una redención (una expiación, o cubierta)». Y en el Día de la Expiación, como en sustancia frecuentemente en otras ocasiones, oran: «¡Vuélvenos en jubileo a Sión, tu ciudad, y en gozo como en la antigüedad a Jerusalén, la casa de tu santidad! Entonces traeremos delante de tu rostro los sacrificios que te son debidos».

---

218. David de Pomis. Sobre toda esta cuestión, véase el interesante tratado de Wünsche, *Die Leiden des Messias,* donde las citas se dan en su totalidad.

La víspera del Día de la Expiación

¿Quién dará respuesta a esta profunda lamentación de la cautiva Judá? ¿Dónde se encontrará un rescate que tome el puesto de sus sacrificios? En su desesperación, algunos apelan a los méritos de los padres o de los piadosos; otros, a sus propios sufrimientos o a los de Israel, o a la muerte, que es considerada como la última expiación. Pero el más patético espectáculo, quizá, es el de un intento de sacrificio de cada piadoso israelita en vísperas del Día de la Expiación. Tomando por los varones un gallo blanco,[219] y por las hembras una gallina, el cabeza de familia ora así: «Los hijos de los hombres que moran en tinieblas y en sombra de muerte, atados en miseria y hierro: a ellos los sacará de las tinieblas y de la sombra de muerte, y romperá sus cadenas. Los insensatos, debido a sus transgresiones y debido a sus iniquidades, son afligidos; su alma aborrece todo alimento, y se acercan a las puertas de la muerte. Luego claman al Señor, en sus angustias, que los salve de sus angustias. Él envía su palabra y los sana, y los libra de su destrucción. Luego ellos alaban al Señor por su bondad, y por sus maravillosas obras por los hijos de los hombres. Si hay un ángel con Él, un intercesor, uno entre mil, para mostrarles a los hombres su justicia, entonces Él tiene gracia para con él, y dice: "Que vaya, para que no descienda al hoyo; he hallado expiación (una cubierta)"». A continuación, el cabeza de familia blande el sacrificio alrededor de la cabeza, diciendo: «Este es mi sustituto; esto es en mi lugar, esta es mi expiación. Este gallo va a la muerte, pero ¡pueda yo entrar en una larga y dichosa vida, y en la paz!». Entonces repite esta oración tres veces, e impone las manos sobre el sacrificio, que es ahora inmolado.

Esta ofrenda de un animal no sancionado por la ley, en un lugar, forma y por manos no autorizadas por Dios, ¿no constituye un terrible fantasma de la tenebrosa y lúgubre noche de Israel? ¿Y no nos recuerda esto de manera extraña aquella otra noche terrible en la que el doble canto del gallo hizo consciente a Pedro del hecho de su negación de «el Cordero de Dios que quita el pecado del mundo»?

Y, sin embargo, sigue llegándonos el clamor de la sinagoga a través de estos muchos siglos de pasada incredulidad e ignorancia: «¡Que un inocente venga y haga expiación por el culpable!». A lo que no se puede dar otra respuesta que la del apóstol: «Porque tal sumo sacerdote nos convenía: santo, inocente, sin mancha, apartado de los pecadores, y encumbrado por encima de los cielos».

---

219. Debido a que la palabra hebrea para «hombre» (Geber) se usa en el Talmud para «un gallo» y «blanco», con referencia a Isaías 1:18.

VI

EL HOLOCAUSTO,
LA OFRENDA POR EL PECADO
Y POR LA CULPA,
Y LA OFRENDA DE PACES

«Y en verdad todo sacerdote está día tras día ministrando y ofreciendo muchas veces los mismos sacrificios, que nunca pueden quitar los pecados; pero él, habiendo ofrecido un solo sacrificio por los pecados, para siempre se ha sentado a la diestra de Dios» (Hebreos 10:11, 12).

La idea de la sustitución

La cuestión de si los sacrificios debían cesar o no después de la venida del Mesías tiene diferente respuesta en la sinagoga judía, algunos argumentaron que solo se darían entonces ofrendas de acción de gracias y de paces, mientras que la mayoría esperaba un avivamiento del culto sacrificial regular.[220] Pero en un punto sí concuerdan las autoridades de la antigua sinagoga, antes de su controversia con el cristianismo. Así como el Antiguo Testamento y la tradición judías enseñaban que el objeto de un sacrificio era ser *sustituto* del ofensor, así la Escritura y los padres judíos también enseñan que el sustituto al que todos estos tipos señalaban no era otro que el Mesías.

Se ha observado con razón[221] que las dificultades de los modernos intérpretes de las profecías mesiánicas surgen principalmente de no percibir la unidad del Antiguo Testamento en su progresivo desarrollo del plan de la salvación. Moisés no debe ser leído independientemente de los Salmos, ni

---

220. Véase Wünsche, *op. cit.* pág. 28. Ha sido asunto de controversia si durante los primeros años después de la destrucción del Templo hubo algunos intentos solitarios de ofrecer sacrificios por parte de algunos entusiastas. Mi propia convicción es que no se puede establecer históricamente ningún caso de ello. Véase Derenbourg, *Essai sur l'Hist. de la Palestine*, págs. 480-482.

221. Wünsche, pág. 35.

los Salmos independientemente de los profetas. Sus escritos no son tantos escritos desconectados de diferente paternidad y época, solo unidos por las tapas de un volumen que los encuaderna juntos. Constituyen partes integrales de un todo, cuyo objeto es señalar la meta de toda revelación en la aparición del Cristo. Por ello, reconocemos en la palabra profética no un cambio ni una diferencia, sino tres etapas progresivas bien marcadas, que conducen a los sufrimientos y a la gloria del Mesías. En el protoevangelio, como ha sido denominado Gn 3:15, y en lo que le sigue, tenemos todavía solo los grandes rasgos de la figura. Así, vemos una *Persona* en la simiente de la mujer; *sufriente*, en la predicción de que su talón sería herido, y *victoria*, en que Él aplastaría la cabeza de la serpiente. Estos bosquejos meramente generales quedan maravillosamente completados en el libro de los Salmos. La «Persona» es ahora «el Hijo de David», mientras que tanto los «sufrimientos» como la «victoria» quedan bosquejados con vívidos detalles en Salmos como el 2, 72, 89, 110, 118, por no hablar de otras alusiones casi innumerables.

Cristo, nuestro sustituto

Solo quedaba un elemento aún: que este hijo de David, este Sufriente y Vencedor, fuera presentado como nuestro *Sustituto,* a quien también habían estado señalando los tipos sacrificiales. Esto se añade en los escritos de los profetas, especialmente en los de Isaías, que venían a culminar en Is 53, alrededor de cuyo pasaje se agrupan, naturalmente, los detalles dados por otros profetas. La imagen queda ahora completada, y tan fiel al original que, cuando se compara con la realidad en la Persona y Obra del Señor Jesús, no podemos encontrar dificultad alguna en reconocerla; y esto no tanto por uno u otro rasgo en las profecías o en los tipos como por su combinación y desarrollo progresivo por todas las Escrituras del Antiguo Testamento, consideradas como un todo conectado.

Como ya se ha dicho antes, las obras antiguas como el *Targum de Jonathan* y el *Targum de Jerusalén*[222] adoptan con franqueza la interpretación mesiánica de estas profecías. Los rabinos posteriores admiten asimismo que esta había sido la opinión común de los padres judíos, pero, por causa de «los sabios de los nazarenos, que lo aplican al hombre a quien ellos colgaron en Jerusalén hacia fines del segundo Templo, y que, según su opinión, era el Hijo del Bendito, y que había tomado naturaleza humana en el vientre de la Virgen», rechazan tal interpretación, y refieren el período de sufrimiento bien a algún individuo, o mayormente a Israel como nación. Pero es tan difícil debilitar el lenguaje con el que se describen los sufrimientos vicarios del Mesías

---

222. Sea cual sea la fecha que se asigne a estos *Targumin*, en su *actual* recensión, no pueden abrigarse dudas al respecto de que incorporan elementos de la más antigua interpretación bíblica judía. Para particulares debo remitir al lector a mi obra *History of the Jewish Nation*, cap. XI: «Theological Science and Religious Belief in Palestine», pág. 407, etc.

—no menos de doce veces en Is 52 y 53— que algunos de sus comentaristas se han visto obligados a admitirlo, a veces casi inconscientemente. El lenguaje de Isaías incluso ha entrado en la siguiente oración hímnica mesiánica para la Pascua:[223]

> «Apresúrate, mi Amado; ven, antes que tenga fin el día de la visión; ¡Apresúrate, y haz Tú huir todas las sombras! "Despreciado" es Él, pero "exaltado" y "enaltecido" será; "Con prudencia obrará", "naciones rociará" y "juicio" hará».

Así, si por acuerdo universal de todos los que carecen de prejuicios los sacrificios indican sustitución, la sustitución a su vez señala a la Persona y a la Obra del Mesías.

Ya se ha explicado que todos los sacrificios eran o bien de los que se ofrecían sobre el terreno de la comunión con Dios: el holocausto y la ofrenda de paces, o bien aquellos que se ofrecían con el propósito de restaurar la comunión cuando había quedado oscurecida o perturbada: las ofrendas por el pecado y por la culpa. Ahora se examinarán por separado cada una de estas cuatro clases de sacrificio.

Simbolismo del holocausto

I. El *holocausto* —*Olah*, o también *Chalil*[224]—. La derivación del término *Olah*, como totalmente «ascendente» a Dios, indica por un igual el modo de sacrificio y su significado. Simbolizaba la total rendición a Dios, fuera del individuo, fuera de la congregación, y la aceptación de lo mismo por parte de Dios. Por ello, también, no podía ofrecer «sin derramamiento de sangre». Cuando se traían otros sacrificios, este seguía a la ofrenda por el pecado, pero precedía a la de paces. De hecho, significaba la aceptación general sobre la base de la anterior aceptación especial, y ha sido correctamente llamado el *sacrificium latreuticum,* o sacrificio de devoción y servicio.[225] Así, día tras día, era el servicio regular de mañana y de tarde en el Templo, mientras que en los sábados, lunas nuevas y fiestas se ofrecían holocaustos adicionales después de la adoración habitual. Allí el pueblo del pacto traía el sacrificio del pacto, y la multitud de las ofrendas venía a indicar la plenitud, riqueza y gozo de la entrega de ellos. Por ello, aunque podemos comprender cómo se podía decir de este sacrificio que «hacía expiación» por una persona en el sentido de darle la certeza de su aceptación, no podemos estar de acuerdo con los rabinos en que tenía el

---

223. Según la edición inglesa de David Levi, esta oración se aplica «al verdadero Mesías». Véase Wünsche, pág. 28, etc.

224. Deuteronomio 33:10. En Salmo 51:19 se traduce literalmente «holocausto entero».

225. En los libros históricos, el término *Olah* se emplea, sin embargo, en un sentido más general para referirse también a otros sacrificios.

propósito de hacer expiación por malos pensamientos y propósitos, y por quebrantamientos de mandamientos prescriptivos, o de aquellos prohibitivos que involucraran asimismo un mandamiento prescriptivo.

El holocausto debía ser siempre un animal macho, como el más noble, e indicando fuerza y energía. La sangre era echada sobre los rincones del altar por debajo de la línea roja que iba a su alrededor. Luego, habiéndose quitado «el tendón del muslo»,[226] el estómago y las entrañas, etc. (y en el caso de las aves, también el plumaje y las alas), y habiéndose salado debidamente el sacrificio, era quemado enteramente. Las pieles pertenecían al sacerdote ministrante, que derivaba unos considerables ingresos de esta procedencia.[227] El holocausto era el único sacrificio que se les permitía ofrecer a los no israelitas.[228] El emperador Augusto hacía traer un holocausto diario por él de dos corderos y un buey; y desde entonces este sacrificio representaba que la nación judía reconocía al emperador romano como su príncipe. Por ello, al comienzo de la guerra judía, Eleazar llevó su rechazo, y esto vino a ser la señal de la revuelta abierta.

El simbolismo de la ofrenda por el pecado

II. *La ofrenda por el pecado*. Este es el más importante de todos los sacrificios. Hacía expiación por la *persona* del ofensor, mientras que la ofrenda por la culpa solo expiaba una ofensa especial. Por ello, las ofrendas por el pecado eran ofrecidas en ocasiones festivas por todo el pueblo, pero nunca las ofrendas por la culpa.[229] De hecho, la ofrenda por la culpa puede ser considerada como si representase el rescate por un mal específico, mientras que la ofrenda por el pecado simbolizaba la redención general. Ambos sacrificios se aplicaban solo a pecados «de ignorancia», en contraste con los hechos «presuntuosamente» (o «con mano alzada»). Para estos últimos, la ley no proveía expiación, sino que ofrecía «una expectativa cierta de juicio y hervor de fuego». Pero por pecados «de ignorancia» no debemos comprender, según los rabinos, solo los cometidos estrictamente por falta de conocimiento, sino también aquellos que hubieran sido inintencionados, o por debilidad, o donde el ofensor no se hubiera dado cuenta de su culpa en aquel momento. La diferencia fundamental entre ambos sacrificios se evidencia asimismo en esto: que las ofrendas por el pecado, al tener un efecto retroactivo sobre los adoradores, eran traídas en los varios festejos, y también para la purificación de aquellas contaminaciones del cuerpo que señalaran simbólicamente a la pecaminosidad de nuestra naturaleza (contaminación sexual, las conectadas

---

226. Génesis 32:32. El «tendón del muslo» no se podía ni comer ni sacrificar.

227. Filón, *De Sacerd. Honor.*, pág. 833.

228. Si traían una «ofrenda de paces», debía ser tratada como un holocausto, por la evidente razón de que no había nadie para consumir la comida sacrificial. Naturalmente, no había en este caso imposición de manos.

229. Comp. Números 28; 29.

con la lepra y con la muerte).[230] Por otra parte, el animal traído para una ofrenda por la culpa debía ser siempre un macho (generalmente un carnero, que nunca se empleaba como ofrenda por el pecado); tampoco era lícito, como sí lo era en el caso de la ofrenda por el pecado, sustituir por algo distinto en caso de pobreza. Estos dos particulares indican que la ofrenda por la culpa contemplaba principalmente una maldad, para la que se debía obtener una satisfacción decidida mediante la ofrenda de un animal *macho*, y por lo que se debía dar un rescate definido e invariable.[231]

Necesidad del arrepentimiento en todos los casos

Sin embargo, se debe tener presente el principio rabínico, tanto con respecto a las ofrendas por el pecado como por la culpa, de que solo expiaban en caso de un verdadero arrepentimiento. En verdad, su primer efecto sería «memoria de los pecados» delante de Dios.[232] Todas las ofrendas por el pecado eran bien *públicas* o bien *privadas* (congregacionales o individuales). Las primeras eran siempre de machos; las segundas siempre de hembras, excepto el becerro para el pecado de ignorancia del sumo sacerdote,[233] y el macho cabrío por la misma ofensa de un «jefe».[234] Además se subdividían entre *fijas*, que eran idénticas en el caso de ricos y de pobres, y *variantes,* que «ascendían y descendían» según las circunstancias del oferente. Los sacrificios «fijos eran» todos aquellos por pecados «por ignorancia» contra cualquiera de los mandamientos prohibitivos (de los que los rabinos enumeraban 365);[235] por pecados de acción, no de palabra; o bien por aquellos que, si hubieran sido con presunción, habrían conllevado el castigo divino de ser «cortado» (de los que los rabinos enumeran 36). Los sacrificios «variantes» eran los de los leprosos;[236] por mujeres tras dar nacimiento (de la cual concesión a la pobreza se valió María, la madre de Jesús);[237] por haber ocultado una «cosa conocida»;[238] por haber jurado en falso sin saberlo; y por haber comido sin saberlo de algo que hubiera sido consagrado, o ido al Templo en estado de contaminación. Por último, había ofrendas por el pecado «exteriores» e «interiores», dependiendo de si la sangre era aplicada al altar del holocausto o si era traída al santuario interior. En el primer caso, la carne debía ser comida solo por los sacerdotes oficiantes y dentro del santua-

---

230. Oehler (en Herzog, *Encycl.* X, pág. 643) aplica la sección de Levítico 5:1-13 a las *ofrendas por el pecado,* tomándose la palabra «culpa» en un sentido general. La distinción entre ellas y las ofrendas por la culpa ordinarias aparece en base al v. 14, etc.

231. Acerca de la ofrenda por la culpa del leproso (Lv 14:12) y del nazareo cuyo voto se hubiera visto interrumpido (Nm 6:12), véase más adelante.

232. Hebreos 10:3.

233. Levítico 4:3.

234. Levítico 4:22

235. También mencionan 248 preceptos afirmativos, o 613 en total, según la supuesta cantidad de miembros en el cuerpo humano.

236. Levítico 14:21.

237. Lucas 2:24; Levítico 12:8.

238. Levítico 5:1.

rio; en el segundo, debía ser quemada del todo fuera del campamento o de la ciudad.[239] Pero en ambos casos las «entrañas», como se establece en Lv 4:8, eran primero quemadas en el altar del holocausto. No se debía traer ni aceite ni incienso con una ofrenda por el pecado. No había nada gozoso acerca de ello. Representaba una terrible necesidad para la que Dios, en su maravillosa gracia, había dado provisión.

Variación de la ofrenda por el pecado con el rango del oferente

Solo quedan por explicar de manera detallada dos peculiaridades relacionadas con la ofrenda por el pecado. *Primero,* difería según la posición teocrática de aquel que traía el sacrificio. Se debía ofrecer un becerro por el sumo sacerdote en el Día de la Expiación,[240] o cuando hubiera pecado, «para hacer culpable al pueblo»,[241] esto es, en su capacidad oficial como representante del pueblo; o si toda la congregación había pecado por ignorancia;[242] y en la consagración de los sacerdotes y levitas. Esta era la más elevada clase de ofrenda por el pecado. A continuación venían «los machos cabríos» que se ofrecían por el pueblo en el Día de la Expiación,[243] y en las otras fiestas y en las lunas nuevas;[244] también por el gobernante que hubiera pecado por ignorancia;[245] por la congregación si algo había sido cometido por alguien «sin conocimiento de la congregación»;[246] y, finalmente, en la consagración del tabernáculo.[247] La tercera clase de ofrenda por el pecado consistía en una cabra hembra[248] por los israelitas individualmente,[249] y de una oveja para un nazareo[250] y un leproso.[251] El grado más bajo de la ofrenda por el pecado era el de las tórtolas o pichones que se ofrecían en ciertas purificaciones;[252] o bien como sustitución de otros sacrificios en casos de pobreza —permitiéndose en casos extremos algo que se parecía a una oblación de harina—.[253]

---

239. Según el Talmud, si se traían tórtolas como ofrenda por el pecado, sus cadáveres no eran quemados, sino que quedaban para los sacerdotes
240. Levítico 16:3. .
241. Levítico 4:3.
242. Levítico 4:13. Los rabinos aplican esto a decisiones erróneas por parte del sanedrín.
243. Levítico 16:5.
244. Números 28:15, etc.; 29:5. etc.
245. Levítico 4:23.
246. Números 15:24.
247. Levítico 9:3, 15.
248. No es muy fácil comprender por qué se escogieron machos cabríos preferentemente para la ofrenda por el pecado, a no ser que fuera porque su carne era la más poco sabrosa.
249. Levítico 4:28, etc.; 5:6.
250. Números 6:14.
251. Levítico 14:10.
252. Levítico 12:6; 15:14, 29; Números 6:10.
253. Levítico 5:11-13.

La sangre debía ser rociada

Segundo, la sangre de la ofrenda por el pecado era *rociada,* no arrojada. En el caso de un israelita individual, era rociada, esto es, sacudida o echada sucesivamente sobre cada uno de los cuatro cuernos[254] del altar del holocausto, comenzando por el sudeste, y pasando de allí al nordeste, luego al noroeste, y acabando por el sudoeste, donde el resto de la sangre se derramaba al fondo del altar por medio de dos embudos que la conducían al Cedrón. Por otra parte, cuando se ofrecían becerros y machos cabríos, cuyos cadáveres debían ser quemados fuera del real, el sacerdote oficiante se ponía en el lugar santo, entre el altar de oro y el candelero, y rociaba la sangre siete veces[255] hacia el lugar santísimo, para indicar que la relación misma del pacto había sido puesta en peligro y que debía ser restablecida, y luego tocaba con ella los cuernos del altar del incienso. Los más solemnes de todos los sacrificios eran los del Día de la Expiación, cuando el sumo sacerdote, revestido de sus vestidos de lino, entraba ante la presencia del mismo Señor dentro del lugar santísimo para hacer expiación. Cada gota de sangre de una ofrenda por el pecado sobre un vestido comunicaba contaminación, al estar cargada de pecado, y todos los vasos empleados para tales sacrificios tenían que ser rotos o ser lavados.

Había otra fase muy distinta de significado simbólico que quería comunicarse mediante la comida sacrificial que los sacerdotes debían hacer de la carne de aquellas ofrendas por el pecado que no fueran totalmente quemadas fuera del campamento. No hay duda de que Filón[256] estaba en lo cierto al sugerir que uno de los principales objetos de esta comida era dar certidumbre al oferente de su aceptación, «por cuanto Dios nunca habría permitido a sus siervos que participaran de ella, si no hubiera habido una total eliminación y olvido del pecado» expiado. Esta postura concuerda completamente con la declaración de Lv 10:17, donde se dice que el propósito de esta comida por parte de los sacerdotes es «llevar la iniquidad de la congregación». Por ello también se tenía que quemar la carne de todos los sacrificios que fueran ofrecidos bien por el sumo sacerdote, como representante del sacerdocio, o bien por todo el pueblo; porque aquellos que eran los únicos a los que, como representantes de Dios, se les permitía comer de la comida sacrificial, se encontraban entre los oferentes del sacrificio.

III. La *ofrenda por la culpa* se proveía por ciertas transgresiones cometidas por ignorancia, o bien, según la tradición judía, cuando un hombre confesaba después voluntariamente su culpabilidad. Los rabinos clasifican esta clase entre *infracciones dudosas* e *infracciones ciertas.* Las primeras eran ofrecidas por los más escrupulosos, cuando estaban inseguros acerca de si pudieran haber cometido una ofensa que, si hubiera sido hecha con presunción, habría implicado ser «cortados», o, si en ignorancia, habría precisado de una ofrenda por el pecado. Por ello, el partido extremista, o Chasidim, ¡ofrecía este sacrificio

---

254. Los «cuernos» venían a simbolizar la enorme altura y fuerza del altar.
255. Siete era el número simbólico del pacto.
256. *De Vict.*

cada día! Por otra parte, la ofrenda por ciertas infracciones cubría cinco casos distintos,[257] teniendo todos ellos esto en común: que representaban un mal por el que se debía ofrecer un rescate específico. No es excepción a este principio el hecho de que también se prescribiera una ofrenda por la culpa en el caso de un leproso sanado,[258] y en el de un nazareo cuyo voto se hubiera interrumpido por un repentino contacto con un muerto,[259] por cuanto la lepra era también considerada como un mal a la congregación como un todo,[260] mientras que la interrupción del voto era una especie de mal que se hacía al Señor. Pero el hecho de que esta última era también considerada como la infracción más ligera se ve también en esto: que mientras que por lo general la carne de la ofrenda por la culpa solo podía ser comida por los sacerdotes oficiantes dentro del lugar santo, después de hacer arder las entrañas en el altar del holocausto,[261] el cordero ofrecido por el nazareo en tal caso podía ser comido también por otros, y en cualquier lugar en Jerusalén. La sangre de la ofrenda por la culpa (al igual que la del holocausto) era echada sobre las esquinas del altar por debajo de la línea roja.

La ofrenda de paces

IV. El más gozoso de todos los sacrificios era la *ofrenda de paces*, o, como se podría también traducir de su derivación, la ofrenda de consumación.[262] Era en verdad un tiempo de feliz comunión con el Dios del pacto, en el que Él condescendía a ser el invitado de Israel a la mesa sacrificial, así como Él era siempre el anfitrión de ellos. Así se simbolizaba la verdad espiritual expresada en Ap 3:20: «He aquí yo estoy a la puerta y llamo; si alguno oye mi voz, y abre la puerta, entraré a él, y cenaré con él, y él conmigo». En las ofrendas de paces, la comida sacrificial era un punto de la máxima importancia. De ahí el nombre «Sevach» con el que se designa en el Pentateuco, y que significa «degüello», en referencia a una comida. Es este sacrificio al que se hace tan frecuente referencia en el libro de los Salmos como el homenaje lleno de gratitud de un alma justificada y aceptada delante de Dios.[263] Entonces, si por una parte la «ofrenda de consumación» indicaba que había paz completa para con Dios, por la otra era también literalmente la ofrenda de totalidad. Las ofrendas de paces eran bien públicas, bien privadas. Los dos corderos que se ofrecían

---

257. Levítico 5:15; 6:12; 19:20 (en estos tres casos la ofrenda era un carnero); y Levítico 14:12 y Números 6:12 (donde la ofrenda era un cordero macho). La Palabra de Dios considera cada mal hecho a otro como también un mal hecho contra el Señor (Sal 51:4). De ahí la necesidad de una ofrenda por la culpa.
258. Levítico 14:12.
259. Números 6:10-12.
260. Por ello el leproso era echado de la congregación.
261. Levítico 7:3.
262. Siempre seguía a todos los otros sacrificios.
263. Salmo 51:17; 54:6; 56:12; 116:17, 18.

cada año por Pentecostés[264] eran una ofrenda de paces pública, y la única que era considerada como «santísima». Como tales, eran sacrificados en el lado norte del altar, y su carne era comida solo por los sacerdotes oficiantes, y dentro del lugar santo. Las otras ofrendas de paces públicas eran inmoladas en el lado sur, y sus «entrañas» quemadas en el altar.[265] Luego, después que los sacerdotes hubieran recibido su parte, el resto lo comían los mismos oferentes, bien en los atrios del Templo, bien en Jerusalén.[266] En una ocasión (1 Re 8:63) se ofrecieron no menos de 22.000 bueyes y 120.000 corderos. Las ofrendas de paces privadas eran de un tipo triple:[267] «sacrificios de acción de gracias»,[268] «votos» y ofrendas estrictamente «voluntarias».[269] Las primeras eran en reconocimiento general de las misericordias recibidas; las últimas, el don libre de corazones amantes, como se implica incluso con el empleo del mismo término en Ex 25:2; 35:29. Excepcionalmente, en este último caso se podía ofrecer un animal que tuviera algo que fuera bien «defectuoso», bien «superfluo».[270]

Las ofrendas de paces eran traídas bien de animales machos, bien de hembras (principalmente de los primeros), pero no de pichones, estando el servicio, naturalmente, siempre acompañado de una oblación y de una libación.[271] Como con todo otro sacrificio, se precisaba de la imposición de manos, de confesión y del rociamiento de la sangre, haciéndose esto último como en el caso del holocausto. Entonces se quitaban las «entrañas» y se «mecían» delante del Señor, junto con «el pecho» y «la espaldilla derecha» (o, quizá, más correctamente, la pierna derecha). Observamos, con referencia a estas dos ofrendas mecidas, que el pecho pertenecía propiamente al Señor, y que Él lo daba a sus sacerdotes,[272] mientras que Israel entregaba directamente «la espaldilla derecha» a los sacerdotes.[273] El ritual del mecimiento ya ha sido descrito,[274] siendo el significado del movimiento el de presentar el sacrificio al Señor, recibiéndolo de vuelta de Él. La sugerencia rabínica de que había un rito distinto de «alzar» además del de «mecer» parece descansar solo en un mal entendimiento de pasajes como Lv 2:2,9; 7:32; 10:15, etc.[275] Lo siguiente debía ser «mecido» delante del Señor: el pecho de la ofrenda de paces;[276] las partes mencionadas

---

264. Levítico 23:19.
265. Levítico 3:4, 5.
266. Deuteronomio 27:7.
267. Levítico 7:11.
268. Levítico 7:12.
269. Levítico 7:16.
270. Levítico 22:23.
271. Levítico 7:11, etc.
272. Levítico 7:30.
273. Levítico 7:32.
274. Las piezas eran puestas en la mano de la siguiente manera: los pies y luego el pecho, la espaldilla derecha, los riñones, el redaño del hígado y, en caso de una ofrenda de acción de gracias, el pan sobre todo ello.
275. El «alzamiento» es, en realidad, solo el término técnico para el acto del sacerdote de «tomar» su porción.
276. Levítico 7:30.

en la consagración de los sacerdotes;[277] el primer *omer* en la Pascua;[278] ofrenda de celos;[279] la ofrenda al final de un voto de nazareato;[280] la ofrenda de un leproso purificado,[281] y los dos corderos que se presentaban «con el pan de las primicias» en la Fiesta de los Tabernáculos.[282] Estas dos ofrendas acabadas de mencionar eran «mecidas» antes de ser sacrificadas. Después de «mecer», las «entrañas»[283] eran quemadas sobre el altar del holocausto, y el resto comido por los sacerdotes o por los oferentes, siendo en todo caso el mayor tiempo permitido para ello de dos días y una noche desde el momento del sacrificio. Naturalmente, los invitados, entre los cuales debían contarse los levitas y los pobres, debían estar todos en estado de pureza levítica, símbolo del «vestido de bodas» necesario en la mejor fiesta del evangelio.

Las oblaciones

Terminamos con unos pocos comentarios acerca de las *oblaciones*. Estas eran traídas bien junto con el holocausto y la ofrenda de paces (pero nunca con ofrendas por el pecado o por la culpa) o bien por sí solas. Estas últimas eran bien oblaciones *públicas,* o bien *privadas.* Las tres oblaciones públicas eran: los doce panes de la proposición, renovados cada sábado, y que eran después consumidos por los sacerdotes; el *omer,* o gavilla de la cosecha, en el segundo día de la Pascua; y los dos panes mecidos de Pentecostés. Cuatro de las oblaciones privadas eran ordenadas por la ley: 1) La oblación diaria del sumo sacerdote, según la interpretación tradicional judía de Lv 6:20; 2) la de la consagración de los sacerdotes;[284] 3) la ofrecida en sustitución de una ofrenda por el pecado, en caso de pobreza[285] y 4) la de celos.[286] Las siguientes cinco eran puramente voluntarias, esto es, la de flor de harina con aceite, sin cocer;[287] la «cocida en sartén»; en «cazuela»; en «horno», y los «hojaldres».[288] Todas estas ofrendas tenían que consistir de al menos un *omer* de trigo (la décima de un efa).[289] Pero se podía ofrecer cualquier cantidad mayor hasta 61 *omers,* siendo la razón de la limitación que como las oblaciones públicas ordenadas en la Fiesta de los Tabernáculos eran 61,[290] todas las ofrendas privadas debían estar por debajo de este número. En todas las oblaciones cocidas en el horno, un

---

277. Levítico 8:25-29.
278. Levítico 23:11.
279. Números 5:25.
280. Números 6:20.
281. Levítico 14:12.
282. Levítico 23:20.
283. Levítico 3:3-5, etc.
284. Levítico 6:20.
285. Levítico 5:11, 12.
286. Números 5:15.
287. Levítico 2:1.
288. Levítico 2:4-7.
289. Éxodo 16:36.
290. Véase Relandus, pág. 353. Esto, sin embargo, solo cuando el ayuno caía en sábado.

«omer» siempre se dividía en diez tortas, el número simbólico de plenitud, excepto en el caso de la oblación diaria del sumo sacerdote, de la que se horneaban doce tortas, como representante de Israel. Finalmente, como lo expresan los rabinos, cada oblación preparada en un vaso tenía «tres derramamientos de aceite» —primero el vaso, luego para mezclarlo con la harina y finalmente, después de que estaba lista, poniéndose a continuación el incienso sobre ella—. Los «hojaldres» eran «untados» con el incienso de la letra hebrea *caf*, o la griega *k*, como explican ellos «para que corriera en dos partes».[291]

Al presentar una oblación, el sacerdote primero la traía en el plato de oro o de plata en el que hubiera sido preparada, y luego la transfería a un vaso santo, derramando sobre ella aceite e incienso. Situándose luego ante la esquina suroriental del altar, a continuación tomaba el «puñado» que iba a ser quemado, lo ponía en otro vaso, ponía algo del incienso sobre él, lo llevaba a la parte superior del altar, lo salaba y luego lo ponía sobre el fuego. El resto de la oblación pertenecía a los sacerdotes.[292] Cada oblación iba acompañada de una libación de vino, que era derramado en la base del altar.

Necesidad de un gran número de sacerdotes

Un servicio tan complejo, y que ordenaba sacrificios tan frecuentes, debe haber mantenido siempre a una gran cantidad de sacerdotes activos en los atrios del Templo. Y así sucedía especialmente en las grandes fiestas; y si aquel magnífico Templo podía dar cabida a sus 210.000 adoradores, si la liturgia, la música y el ritual eran igualmente magníficos, no podemos asombrarnos de que se necesitara de multitudes de sacerdotes de blanco para el apropiado desempeño de su ministerio. La tradición dice que en el Día de la Expiación solían asistir no menos de quinientos sacerdotes en los servicios. En otras fiestas incluso más sacerdotes deben haber estado dedicados al ministerio, por cuanto era un principio rabínico «que cada uno debía traer todas sus ofrendas, que fueran bien debidas por él, o que hubiera dedicado voluntariamente, a la siguiente fiesta solemne». En otras palabras, si alguien debía presentar un sacrificio, o si había prometido uno de su voluntad, debía llevarlo cuando acudiera a Jerusalén la próxima vez. Pero incluso esta provisión mostraba «la

---

291. La tabla rabínica que reproducimos a continuación puede ser de utilidad:

OBLACIONES

Demandando la adición de aceite y de incienso: De flor de harina sin cocer; cocida en una sartén; cocida en una cazuela; cocida en el horno; los «hojaldres»; la ofrenda diaria del sumo sacerdote y la de consagración del sacerdote; la harina de la «gavilla» ofrecida en el segundo día de la Pascua. *Precisan de aceite sin incienso:* Todas las oblaciones que acompañen un holocausto o una ofrenda de paces. *No precisan ni de aceite ni de incienso:* Los panes de Pentecostés; la ofrenda de celos; y la ofrecida en lugar de una ofrenda de pecado.

292. Excepto en la oblación del sumo sacerdote y de los sacerdotes al ser consagrados; la excepción en ambos casos es por la evidente razón ya dada al explicar las comidas sacrificiales. De manera similar, las oblaciones relacionadas con los holocaustos eran totalmente consumidas en el altar.

debilidad e inutilidad de ello», por cuanto en todos los casos ordinarios debe haber transcurrido un largo tiempo antes que la mancha de culpa pudiera ser conscientemente eliminada mediante un sacrificio expiatorio, o ejecutarse un voto. ¡Bendito sea Dios, que la realidad en Jesucristo en esto, como en todo lo demás, sobrepasa los tipos con creces! Porque tenemos siempre «libertad para entrar en el santísimo por la sangre de Jesucristo»; y «si la sangre de los toros y de los machos cabríos, y las cenizas de la becerra rociadas a los contaminados, santifican para la purificación de la carne, ¿cuánto más la sangre de Cristo, el cual mediante el Espíritu eterno se ofreció a sí mismo sin mancha a Dios, purificará vuestras conciencias de obras muertas para que sirváis al Dios vivo?».

VII
DE NOCHE EN EL TEMPLO

«Dichoso el que vela, y guarda sus ropas» (Apocalipsis 16:15).

Alusiones al Templo en el Nuevo Testamento

Aparece una marcada peculiaridad y también un especial atractivo en las alusiones que el «discípulo amado» hace del «Templo y sus servicios». Los otros escritores del Nuevo Testamento se refieren a ellos en sus narraciones, o bien explican sus tipos en un lenguaje que podría haber empleado cualquier adorador bien informado en Jerusalén. Pero Juan no escribe como un israelita ordinario. Tiene ojos y oídos para detalles que otros habrían dejado sin observar. Así como, según la tradición judía, el sumo sacerdote leía la respuesta divina del Urim y del Tumim mediante una luz celestial que caía sobre letras especiales en los nombres de las tribus grabados sobre su pectoral, de la misma manera para Juan la presencia y las palabras de Jesús parecen volverle luminosos los bien recordados servicios del Templo. Esto, como tendremos frecuente ocasión de ver, aparece en su Evangelio, pero mucho más en el libro de Apocalipsis. En verdad, el Apocalipsis, como todo, puede ser asemejado a los servicios del Templo en su mezcla de símbolos proféticos con el culto y la alabanza. Pero es especialmente notable que las referencias al Templo con que abunda el libro de Apocalipsis lo son generalmente a *detalles* que difícilmente habría observado — ni desde luego habría incorporado como parte de su imaginería— un escritor que no hubiera tenido aquella compenetración con los mismos que solo puede venir del contacto y de la dedicación personal a ellos. Aparecen con naturalidad, espontaneidad y de manera tan inesperada que el lector se ve ocasionalmente en peligro de pasarlos totalmente por alto; y en un lenguaje como el que emplearía un profesional, y que le provendría del anterior ejercicio de su vocación. En realidad, algunas de las más notables de estas referencias no podrían haber sido entendidas en absoluto sin los tratados profesionales de los rabinos acerca del Templo y de sus servicios. Solo que la minuciosidad deliberada de las descripciones rabínicas, derivadas de la tradición de los testigos oculares, no da la misma impresión que las ilustraciones espontáneas de san Juan.

El cuarto Evangelio y Apocalipsis, escritos antes de la cesación de los servicios del Templo

Las ilustraciones de san Juan sugieren con naturalidad la doble inferencia de que el libro de Apocalipsis y el cuarto Evangelio tuvieron que ser escritos antes de que cesaran los servicios del Templo, y ello por parte de uno que no solo hubiera estado muy estrechamente familiarizado con los mismos, sino que probablemente hubiera tenido en alguna ocasión parte activa en los mismos.[293] El argumento puede ser ilustrado mediante un caso análogo. Muy recientemente, excavando bajo las ruinas del Templo, se descubrió una de aquellas tabletas en el atrio del Templo que prohibían a los gentiles, bajo pena de muerte, entrar más adentro del santuario. La tableta se corresponde con una exactitud casi total con la descripción de Josefo, y su inscripción es casi literalmente como él la da.[294] Esta tableta parece como un testigo aparecido de repente, después de dieciocho siglos, para dar fe de la narración de Josefo como la de un escritor coetáneo a los hechos. Y es una convicción instantánea idéntica, solo que mucho más intensa, la que tenemos cuando, en medio de algún seco relato de lo que tenía lugar en el Templo, llegamos de repente a las mismas palabras que san Juan empleó para referirse a realidades celestiales. Quizá uno de los más notables ejemplos de esto sea el que dan las palabras que se citan en el encabezamiento de este capítulo: «Dichoso el que vela, y guarda sus ropas». Con ellas se describe literalmente, como aprendemos de los rabinos, el castigo que recibían los guardas del Templo si eran hallados dormidos en sus puestos de guardia; y el relato rabínico queda curiosamente confirmado por la ingenua confesión de uno de ellos:[295] que en cierta ocasión su propio tío materno había sufrido este castigo de que sus ropas fueran incendiadas por el capitán del Templo en su ronda nocturna.

---

293. No es este el lugar para adicionales discusiones críticas. Aunque los argumentos en apoyo de nuestra postura sean solo por vía de inferencia, no por ello nos parecen menos concluyentes. No se trata solo de que el nombre de Juan (dado también al hijo del sacerdote Zacarías) reaparezca en la familia del sumo sacerdote (Hch 4:6), ni de que su linaje sacerdotal diera cuenta del hecho de que conociera al sumo sacerdote (Jn 18:15, 16). lo que aparentemente le dio entrada a la misma cámara del consejo, mientras que Pedro, para el que había conseguido entrada en el palacio, estaba en «el zaguán», ni tampoco que, aunque residiendo en Galilea, «su casa» a la que llevó a la madre de Jesús (Jn 19:27) estaba probablemente en Jerusalén, como la de otros sacerdotes, de manera notable la de la familia levita de Bernabé (Hch 12:12), suposición que queda confirmada por su evidente hospitalidad con Pedro, cuando María Magdalena los encontró juntos en la mañana de la resurrección (Jn 20:2). Pero parece muy improbable que un libro tan lleno de alusiones litúrgicas como el libro de Apocalipsis, y muchas de estas no a grandes puntos centrales, sino a *minucias*, pudiera haber sido escrito por uno que no fuera un sacerdote, y que no hubiera estado alguna vez en el verdadero servicio del Templo, llegando así a estar tan estrechamente relacionado con sus detalles que le venían con naturalidad como parte de la imaginería que empleaba.

294. Véase el relato de este notable descubrimiento por M. Clermont-Ganneau en su carta al *Athenaeum*, reproducida en la revista *Quarterly Statement of the Palestine Exploration Fund*, agosto de 1871, págs. 132, 133.

295. Rabí Elieser ben Jacob. Véase *Middoth*, I. 2.

De noche en el Templo

Porque el servicio de los ministros oficiantes no tenía lugar solo de día, sino también «de noche en el Templo». Por las Escrituras sabemos que los servicios ordinarios del santuario consistían en los sacrificios matutinos y vespertinos. A estos los rabinos añadían otro servicio vespertino, quizá para explicar su propia transferencia del servicio vespertino a una hora mucho más tardía que la del sacrificio.[296] Sin embargo, hay dificultades acerca de la hora exacta en la que se ofrecía cada uno de los sacrificios. Por acuerdo común, el sacrificio de la mañana era traído a la *«tercera* hora», que se correspondía con las nueve de la mañana. Pero los preparativos para ello debían haber comenzado más de dos horas antes. Pocos adoradores, o ninguno, habrían observado la inmolación del cordero, que tenía lugar inmediatamente después de abrirse el gran portón del Templo. Es posible que se reunieran principalmente para unirse a la oración «en el tiempo del incienso».[297] En su sentido modificado, por tanto, de entender por el sacrificio matutino *todo el servicio,* indudablemente que coincidía con la hora tercia del día, o 9 de la mañana. Esto puede explicar cómo en el día de Pentecostés pudo «reunirse» una gran multitud para oír en sus varios idiomas «las maravillas de Dios», siendo que era la hora tercia,[298] cuando ya todos estarían en el Templo. El sacrificio vespertino estaba fijado por la Ley[299] «entre las dos tardes», es decir, entre el oscurecer de la sobretarde y la oscuridad de la noche.[300]

Estas amonestaciones en cuanto a «anunciar por la mañana tu misericordia, y tu fidelidad cada noche, al son del decacordio y del salterio»,[301] y a llamar a «los que en la casa de Jehová estáis por las noches» a alzar «vuestras manos al santuario y behdecir a Jehová»,[302] parecen ciertamente implicar un servicio vespertino, impresión que queda confirmada por la designación de cantores levitas para el servicio de noche en 1 Cr 9:33; 23:30. Pero en tiempos de nuestro Señor es cierto que el sacrificio vespertino comenzaba mucho antes. Josefo lo sitúa[303] en la hora novena. Según los rabinos, el cordero era inmolado a la hora octava y media, o alrededor de las 2.30 de la tarde, y las piezas puestas sobre el altar una hora más tarde, alrededor de las 3.30 de la tarde. Por esto, cuando «Pedro y Juan subían

---

296. La declaración rabínica acerca de una correspondencia entre aquel servicio y «la combustión de la grosura y de la carne aún sin consumir» de los sacrificios (que debe haber durado toda la noche) es tan extremada que nos asombramos de verla en la Cyclopaedia, tercera edición (art. «Sinagoga»), mientras que la declaración de Grätz de que se correspondía con el cierre de los portones del Templo (Gesch., vol. III, pág. 97) carece totalmente de justificación.

297. Lucas 1:10.

298. Hechos 2:15.

299. Números 28:4, 8.

300. La puesta del sol se calculaba como promedio a las 6 de la tarde. Para una plena consideración y muchas especulaciones acerca de toda esta cuestión, véase Herzfeld, *Gesh. d. V. Is.*, vol III. *Excurs.* XXIV, pág. 2.

301. Salmos 92:2, 3.

302. Salmos 134.

303. *Antigüedades,* XIV. 4:3.

juntos al Templo a la hora novena, la de la oración»,[304] debe haber sido para el sacrificio vespertino, o más bien media hora después, y, como lo indican las palabras, para «la oración» que acompañaba al ofrecimiento del incienso. El servicio vespertino era algo más breve que el matutino, y duraría, en todo caso, alrededor de una hora y media, digamos que hasta las cuatro de la tarde, conformándose así bien a la demanda original de Nm 28:4. Después de este no se podía traer ningún otro sacrificio, excepto en la víspera de la Pascua, cuando el sacrificio vespertino ordinario tenía lugar dos horas antes, a las 12.30 del mediodía.[305]

El relevo de los sacerdotes

Podemos concebir que ya ha terminado el laborioso trabajo del día, y que ha comenzado el reposo y la solemnidad de «la noche en el Templo». Las últimas notas de la música del Templo se han desvanecido, y los adoradores se han retirado lentamente, algunos después de haberse quedado un tiempo más para la oración privada, o bien quedándose un tiempo en alguno de los pórticos de mármol. Ya está desvaneciéndose el corto día oriental en poniente. En la lejanía más allá de los montes de Gabaón, el sol se hunde en aquel mar a través del cual pronto habrá de resplandecer la mejor luz. La nueva compañía de sacerdotes y de levitas que deben efectuar los servicios de la mañana viene del Ofel bajo la dirección de sus cabezas de familias, sus ancianos. Los que han oficiado durante el día se están preparando para salir por otra puerta. Se han quitado las vestiduras sacerdotales, depositándolas en las cámaras designadas para ello, y han adoptado de nuevo las de ordinario, y sus sandalias. Porque las sandalias se podían llevar en el Templo, aunque no zapatos, yendo los sacerdotes descalzos solo durante la ejecución de su ministerio. Y tampoco llevaban ningún vestido distintivo, ni siquiera el sumo sacerdote, ni tampoco los que en el Templo ejecutaban funciones distintivas de las estrictamente sacerdotales[306]. En cuanto a los sacerdotes, no tenían ninguna vestimenta clerical, sino que solo vestían el lino blanco,[307] hasta que recibieron autorización de Agripa II para llevar vestiduras sacerdotales, y ello, como comenta Josefo con razón, «contrariamente a las leyes de nuestro país».[308]

---

304. Hechos 3:1.

305. Por ello, los rabinos establecieron el principio de que las oraciones de la tarde (naturalmente fuera del Templo) podían ser pronunciadas en cualquier hora después de las 12.30 de la tarde. Esto explica cómo «Pedio subió a la azotea para orar, cerca de la hora sexta», o sea, alrededor de mediodía (Hch 10:9) —lo que era realmente «la oración de la tarde»—. Comp. Kitto, Cyclopaedia, III, pág. 904.

306. Los que por haber sido declarados físicamente no aptos ejecutaban solo funciones serviles no llevaban vestiduras sacerdotales. Aquellos en los que no había recaído suerte para el ministerio diario se quitaban las vestiduras sacerdotales, excepto los calzones de lino, y también llevaban a cabo tareas subordinadas. Pero, según algunos, les era lícito a los sacerdotes mientras estaban en el Templo llevar su vestido peculiar, todo menos el cinto, que se llevaba siempre y únicamente cuando se estaba actuando como sacrificador.

307. 2 Crónicas 5:12.

308. *Antigüedades*, XX, 9:6.

Sabemos que al menos los sábados, cuando una compañía era relevada por otra, o, más bien, cuando el orden que dejaba el ministerio abandonaba el recinto del Templo, se despedían entre sí con las mismas palabras que nos recuerdan la frase de san Pablo a los corintios: «El que ha hecho que su nombre more en esta casa, haga que moren entre vosotros el amor, la hermandad, la paz y la amistad».[309] Cada uno de los veinticuatro «órdenes» en los que estaban divididos no solo los sacerdotes y levitas, sino también todo Israel, por medio de representantes, servía durante una semana, de sábado a sábado, distribuyéndose el servicio *diario* entre sus respectivas «familias» o «casas». Para el sábado los nuevos ministros llegaban más temprano que en los días laborables.[310] Al dejar el Templo la «familia» cuyo «ministerio diario había sido cumplido», los enormes portones eran cerrados por sacerdotes o levitas, algunos de ellos precisando del esfuerzo unido de veinte hombres. Luego las llaves del Templo se colgaban en un cuadrado vacío, debajo de una losa de mármol en la «estancia del fuego» (Beth-ha-Moked), que también podía ser designada como el principal cuerpo de guardia de los sacerdotes. Ahora, al brillar las estrellas en el oscuro cielo azul de Oriente, los sacerdotes se reunían para conversar[311] o para la comida vespertina.[312] Piezas de los sacrificios y las primicias «preparadas» (los Therumoth) suplían el necesario refrigerio.[313] Aunque el trabajo del día había terminado, quedaban ciertas cosas aún por hacer. Porque los levitas encargados de recoger los diezmos y otros detalles de administración debían comprar en grandes cantidades lo que todo el que trajera algún sacrificio necesitaba para las oblaciones y las libaciones, y venderlo a los oferentes. Esto era una gran comodidad para el adorador, y una fuente de beneficios diarios para el Templo. Pagando una cuota, fijada en unas tarifas cada mes, el oferente recibía su justificante,[314] a cambio del cual un oficial del Templo le daba lo que necesitaba para su sacrificio. Luego, las cuentas de estas transacciones debían mantenerse al día y ser comprobadas cada noche.

Los guardias de noche

Pero las guardias nocturnas ya habían quedado montadas en el Templo. De día y de noche era deber de los levitas montar guardia en las puertas, para

---

309. 2 Crónicas 13:11.

310. Es probable que esta hubiera sido también la práctica en el primer Templo. Véanse 2 Reyes 11:9; 2 Crónicas 23:8. Herzfeld, op. cit., pág. 185.

311. La cuestión de las oraciones vespertinas en el Templo está rodeada de cierta dificultad. El lector curioso la encontrará tratada por Herzfeld con una minuciosidad casi conducente a la confusión.

312. La participación en las cosas sagradas por los sacerdotes que habían sido ceremonialmente impuros es expresamente especificada por los rabinos como si tuviesen lugar «cuando las estrellas brillaban».

313. El Therumoth, como aceite, harina, etc., en oposición a los productos en estado natural, como el trigo, los frutos, etc., que se llamaba Biccurim.

314. De estos había cuatro clases, que respectivamente llevaban las palabras «macho», si el sacrificio era de un carnero; «pecador», cuando se trataba de una ofrenda por el pecado; y para otras ofrendas, «becerro» o «macho cabrío».

mpedir, en lo posible, que entrara lo impuro. También les estaba encomendada la función de policía del Templo, bajo el mando de un oficial que nos es conocido en el Nuevo Testamento como el «capitán del Templo»,[315] pero en escritos judíos principalmente como «el hombre del monte del Templo». Este cargo debe haber sido de una gran responsabilidad, considerando la multitud que se congregaba en días festivos, sus enconadas susceptibilidades nacionales y la estrecha proximidad de los odiados romanos en la fortaleza Antonia. Por la noche se ponían centinelas en veinticuatro puestos de guardia por las puertas y los atrios. De estos, veintiuno eran ocupados solo por levitas; los tres puestos más interiores, conjuntamente por sacerdotes y levitas.[316] Cada guardia consistía de diez hombres, por lo que en total había doscientos cuarenta levitas y treinta sacerdotes de guardia cada noche. Los centinelas del Templo eran relevados de día, pero no durante la noche, que los romanos dividían en cuatro guardias, pero los judíos realmente en tres, siendo en realidad la cuarta guardia la de la mañana.[317] Por ello, cuando el Señor dijo: «Si los halla así [vigilantes], dichosos son aquellos siervos», hizo expresa referencia a la segunda y a la tercera guardia como las de mayor apremio de sueño.[318]

Las rondas del capitán

Durante la noche, el «capitán del Templo» hacía sus rondas. Al acercarse, los centinelas tenían que levantarse y saludarlo de una manera particular. Cualquier centinela descubierto durmiendo en su puesto era azotado o sus vestidos eran incendiados, castigo este que, como sabemos, era realmente aplicado. Por ello la amonestación que se hace a los que están como de guardia en el Templo: «Dichoso el que vela, y guarda sus ropas».[319] Pero, desde luego, habría habido poca inclinación a dormirse dentro del Templo, incluso si lo hubiera permitido la profunda emoción natural en estas circunstancias. Cierto, el jefe del orden y los «cabezas de las familias» se reclinaban en sofás en aquella parte del Beth-Moked en la que era lícito sentarse,[320] y los sacerdotes más ancianos podían yacer sobre el suelo, envolviéndose en sus vestiduras sacerdotales, mientras que los más jóvenes montaban guardia. Pero los preparativos para el servicio de la mañana exigían que todos se levantaran temprano. El sacerdote que tenía el deber de supervisar los preparativos podía llamar a la puerta en cualquier momento y pedir que se le abriese. Llegaba repentina e inesperadamente, y nadie sabía cuándo. Los rabinos emplean casi las mismas

---

315. Hechos 4:1, etc.

316. La guardia en algunas de las puerta parece que en cierto tiempo había sido hereditaria de algunas familias. Para esto véase Herzfeld, vol. I, pág. 419; II, pág. 57.

317. Comparar Mateo 14:25. Véase, no obstante, la discusión en Jer. *Ber.* I, 1.

318. Lucas 12:38.

319. Apocalipsis 16:15.

320. La parte construida sobre el Chel; porque no era lícito que nadie sino el rey se sentara en ningún lugar dentro del recinto del «atrio de los Sacerdotes».

palabras con que la Escritura describe la inesperada llegada del Maestro,[321] cuando dicen: «Algunas veces venía al canto del gallo, a veces algo más temprano, a veces algo más tarde. Llegaba y llamaba, y le abrían. Entonces les decía: "Todos los que os habéis lavado, venid y echad suertes"».[322] Porque el baño de rigor tenía que haber sido tomado antes de que el sacerdote supervisor llegara, por cuanto era un principio que nadie podía ir al atrio a servir, aunque estuviera limpio, si no se había bañado. Un pasaje subterráneo, alumbrado por ambos lados, conducía a las bien indicadas salas de baño donde los sacerdotes se sumergían. Después de aquello no necesitaban[323] volverse a bañar en todo aquel día, sino solo las manos y los pies, lo que tenían que hacer cada vez que entraran para servir en el Templo, por muy frecuentemente que lo hicieran. Es indudablemente a esto a lo que hacía referencia nuestro Señor en su contestación a Pedro: «El que está lavado, no necesita sino lavarse los pies, pues está todo limpio».[324]

Las suertes por los servicios

Los que estaban preparados seguían ahora al sacerdote supervisor a través de un portillo y al atrio. Aquí se dividían en dos grupos, llevando cada uno de ellos una antorcha, excepto en sábado, cuando el mismo Templo estaba alumbrado. Una compañía se dirigía hacia el este, y la otra al oeste, hasta que, habiendo hecho su ronda de inspección, se reunían en la cámara en la que se preparaba[325] la oblación diaria del sumo sacerdote, e informaban: «¡Todo está bien! ¡Todo está bien!». Con ello, los que debían preparar la ofrenda del sumo sacerdote se ponían a ello, y los sacerdotes pasaban a la «Cámara de las Piedras Pulidas»,[326] para echar suertes para los servicios del día. Esto se había hecho necesario por ciertas penosas escenas que habían sido causadas por el deseo de los sacerdotes por lograr los servicios. En total se echaban cuatro suertes, aunque en diferentes períodos del servicio. Se hacía de esta manera: los sacerdotes se ponían de pie en círculo alrededor del presidente, que por un momento le quitaba el turbante a uno de ellos, para mostrar que comenzaría a contar por él. Luego todos levantaban la mano enseñando uno, dos o más dedos —porque en Israel no era lícito contar a las personas—, cuando el presidente decía un número, digamos que el setenta, y comenzaba a contar dedos hasta que llegaba al número citado, señalando que la suerte había recaído sobre aquel sacerdote. La primera suerte era para limpiar el altar y prepararlo; la segunda, para los que iban a ofrecer el sacrificio y para los que iban a limpiar

---

321. Marcos 13:35.

322. Misná, *Tamid.* I. 1, 2.

323. Excepto bajo una circunstancia.

324. Juan 13:10. Las peculiaridades del lavamiento de pies de los discípulos por parte de nuestro Señor son señaladas en Lightfoot, *Hor. Heb.*, pág. 1094.

325. Levítico 6:12, 16, según la interpretación rabínica de la ley.

326. O Gazith, donde se reunía el sanedrín. Los asientos estaban, en aquella parte, construidos sobre el Chel.

el candelero y el altar del incienso en el lugar santo. La *tercera* suerte era la más importante. Determinaba quién iba a ofrecer el incienso. Si era posible, nadie debía tomar parte en ello que ya hubiera oficiado antes en esta misma función. La cuarta suerte, que seguía de cerca a la tercera, determinaba quiénes iban a quemar las piezas del sacrificio en el altar, y a llevar a cabo las porciones finales del servicio. La suerte de la mañana era válida también para los mismos ministerios en el sacrificio vespertino, excepto que para quemar el incienso volvía a echarse otra suerte.

La primera suerte

Cuando los sacerdotes se habían reunido para «la primera suerte» en la «Cámara de las Piedras Pulidas», solo el más temprano resplandor matutino asomaba a lo largo del cielo oriental. Mucho se tenía que hacer antes de inmolar el cordero mismo. Era ley que ningún sacrificio podía ser traído después del vespertino, ni después de que el sol se hubiera puesto, y del mismo modo el sacrificio matutino solo podía ser inmolado después de que la luz del amanecer hubiera iluminado «todo el cielo hasta llegar a Hebrón», pero antes de que el sol se hubiera levantado sobre el horizonte.[327] La única excepción era en las grandes fiestas, en las que el altar era limpiado mucho antes,[328] para dar tiempo a examinar antes de la salida del sol los muy numerosos sacrificios que iban a ser traídos durante el día. Quizá era por esta razón que la mañana de la Pascua los que llevaron a Jesús de Caifás fueron tan «temprano» «al tribunal de Pilato». Así, mientras algunos de ellos estarían preparándose en el Templo para ofrecer el sacrificio matutino, otros estaban en aquel mismo momento cumpliendo ignorantemente el significado de aquel mismo tipo, cuando Aquel a quien «Jehová cargó... la iniquidad de todos nosotros» fue traído «como cordero que es llevado al matadero».[329]

---

327. Maimónides, *Yad ha Chazakah,* el tratado de los sacrificios diarios, cap. I, parte 2.

328. Para las tres grandes fiestas, en la primera guardia o vigilia; para el Día de la Expiación, a medianoche. Véase asimismo Lighfoot, *Hor. Heb.* pág. 1135.

329. Isaías 53:7.

VIII
EL SACRIFICIO[330] MATUTINO Y EL VESPERTINO

«Sucedió que mientras estaba él ejerciendo su ministerio sacerdotal delante de Dios, en el turno de su grupo, le tocó en suerte, conforme a la costumbre del sacerdocio, entrar en el santuario del Señor a quemar incienso. Y toda la multitud del pueblo estaba orando afuera, a la hora del incienso» (Lucas 1:8-10).

La oración pública

Antes de pasar a describir el «sacrificio matutino» es necesario considerar una cuestión de transcendental interés e importancia. No puede abrigarse ninguna duda de que en la época de Cristo la oración pública tenía una gran importancia en los servicios diarios ordinarios del Templo. Pero la institución original en la Ley de Moisés no contiene ninguna mención de ello; y los casos posteriores de la oración de Ana, o la de Salomón con ocasión de la dedicación del Templo, no constituyen ni indicación ni precedente con respecto a los servicios públicos ordinarios. La confesión del sumo sacerdote sobre el segundo macho cabrío[331] no puede ser considerada como una oración pública. Quizá lo que más se aproximara a ello fuera la ocasión de la ofrenda de las primicias, especialmente en aquel ruego con que concluía:[332] «Mira desde tu morada santa, desde el cielo, y bendice a tu pueblo Israel, y a la tierra que nos has dado, como juraste a nuestros padres, tierra que fluye leche y miel». Pero, después de todo, esto volvía a ser de carácter privado, y se ofrecía en una ocasión privada, bien diferente de los sacrificios matutinos y vespertinos. La fraseología de la oración del rey Salomón[333] implica, desde luego, un acto de culto unido y congregacional, pero, hablando estrictamente, no comunica nada más que el hecho de que se ofrecerían súplicas públicas en tiempos de

---

330. En hebreo, *Tamid*, el sacrificio *costante, sacrificium juge*.
331. Levítico 16:21.
332. Deuteronomio 26:15.
333. 1 Reyes 8.

necesidad pública.[334] Tampoco se puede inferir nada concreto de las alusiones de Isaías a la hipocresía de sus contemporáneos[335] al extender sus manos y hacer muchas oraciones.[336]

Las normas de los rabinos

La situación cambió tras el regreso de Babilonia. Con la institución y expansión de las sinagogas, que tenían el doble propósito de que en todo lugar fuera leído Moisés cada sábado, y de proveer un lugar «para hacer oración», la práctica del culto público pronto se generalizó. En Neh 11:17 encontramos ya una designación para empezar las alabanzas y acción de gracias al tiempo de la oración. Después de esto, el progreso en esta dirección fue rápido. En los Apócrifos encontramos una dolorosa evidencia de cuán pronto todo degeneró en una mera forma, y de cómo la oración devino en una obra de justicia propia, por medio de la que se podían conseguir méritos. Ello nos lleva a los fariseos del Nuevo Testamento con sus ostentosas exhibiciones de devoción, y a la hipocresía de sus oraciones sin fin, llenas de innecesarias repeticiones y de una odiosa autoafirmación. De entrada nos encontramos aquí, como generalmente, con al menos contradicciones aparentes. Por una parte, los rabinos definen cada actitud y gesto en la oración, fijan las más rígidas fórmulas, siguen cada una de ellas a los patriarcas,[337] y quisieran hacernos creer que los piadosos tienen nueve horas de devoción, estableciendo este curioso principio, apropiado para ambos mundos, de que «la oración prolija prolonga la vida». Por otra parte, nos dicen también que la oración puede ser contraída a los más estrechos límites, y que es suficiente con un mero sumario de las fórmulas prescritas, mientras que algunos de ellos van al extremo de contender esforzadamente en favor de la oración libre. De hecho, la oración libre, las fórmulas litúrgicas y oraciones especiales enseñadas por célebres rabinos eran todas empleadas por un igual. La oración libre encontraba su lugar en aquellas devociones privadas que se describen en la parábola del publicano y del fariseo. También se mezclaba con las fórmulas litúrgicas prescritas. Se puede poner en duda si incluso con referencia a las últimas siempre se seguían estrictamente las palabras, o si siquiera se recordaban con exactitud. Por ello, el Talmud establece (en el tratado *Berachoth*) que en tales casos era suficiente decir la sustancia de las oraciones prescritas.

---

334. 1 Reyes 8:30-52.

335. Isaías 1:15.

336. El lenguaje del Salmo 27:4 parece también señalar la ausencia de toda liturgia: «*Contemplar* la hermosura de Jehová».

337. Los rabinos adscriben el origen de las oraciones matutinas a Abraham, el de las oraciones de la tarde a Isaac, y el de las oraciones vespertinas a Jacob. En cada caso se arranca una evidencia escritural en favor de ello mediante algún modo artificial de interpretación.

Las formas litúrgicas

No se puede dudar que las fórmulas litúrgicas eran empleadas no solo en el Templo, sino asimismo en las devociones privadas diarias. La primera señal de ello aparece en época tan temprana como la división del Salterio, terminando cada uno de sus primeros cuatro libros con una «eulogía» o «bendición»,[338] y el quinto libro con un salmo que puede ser designado como una gran doxología.[339] Aunque el intento de separar las antiguas oraciones de los tiempos del Templo de las adiciones posteriores es una tarea de no poca dificultad, tratándose de unas adiciones que han ido expandiéndose hasta constituir el actual libro judío de oraciones, se ha conseguido con una buena medida de éxito.[340] Además de estas fórmulas litúrgicas, se han preservado algunas oraciones enseñadas por célebres rabinos. Fue en seguimiento de esta práctica que parece que Juan el Bautista dio formas de oración a sus seguidores, y que los discípulos le pidieron al Salvador que les enseñara a orar.[341]

La oración del Señor

La oración pronunciada por el Señor transciende, de lejos, a cualquiera que jamás concibieran los rabinos judíos, incluso cuando su fraseología se acerca más a la de ellos.[342] Es característico que dos de sus peticiones no hallen una verdadera correspondencia en las oraciones de los rabinos. Y estas son: «Perdónanos nuestros pecados», y «No nos metas en tentación». En el Templo, el pueblo jamás respondía con un *Amén*, sino siempre con esta bendición: «¡Bendito sea el nombre de la gloria de su reino para siempre!».[343] Esta fórmula era montada y atribuida al patriarca Jacob en su lecho de muerte. Con respecto al «reino», fuera lo que fuera que los rabinos entendieran por ello, el sentimiento era tan intenso que se decía: «Toda oración que no haga mención del reino no es oración en absoluto».

---

338. Salmos 41; 72; 89; 106.

339. Salmo 150.

340. Aquí remitimos al lector especialmente a la obra clásica de Zunz, *Die Gottesd. Vortr.: d. Juden*, Berlín.

341. Lucas 11:1.

342. Se debe tener siempre presente que expresiones como «Padre nuestro», «Venga a nos tu reino», y otras semejantes, significaban en boca de los rabinos el predominio del más estrecho judaísmo; de hecho, el sometimiento de todo el mundo a ordenanzas rabínicas, y la gloria carnal de Israel.

343. Así, las palabras en nuestra versión Reina-Valera, Mateo 6:13: «Porque tuyo es el reino, el poder y la gloria, por todos los siglos. Amén», que no aparecen en los MSS. más antiguos, son solo la fórmula de respuesta del Templo, y como tal puede haber encontrado su entrada en el texto. La palabra «Amén» era en realidad una solemne aseveración, o un modo de juramento.

La actitud durante la oración

La actitud a observar durante la oración es definida muy detalladamente por los rabinos. El adorador debía estar de pie, dirigiéndose hacia el lugar santo; debía componer su cuerpo y sus vestidos, poner juntos los pies, bajar la mirada, al menos al comienzo de la oración, cruzar las manos sobre el pecho, y «estar de pie como un siervo ante su amo, con toda reverencia y temor». Incluso los sacerdotes, al pronunciar la bendición sacerdotal, debían mirar al suelo. Con respecto a la forma especial de inclinarse delante del Señor, se hacía distinción entre doblar las rodillas, inclinar la cabeza y caer postrado al suelo. Esto último no era considerado «propio para todos los hombres, sino solo para los que se sabían justos, como Josué».[344]

Los dos elementos de la oración

Por lo general, los rabinos distinguían dos elementos en la oración, sobre la base de los dos términos empleados por Salomón:[345] la acción de gracias y el ruego. Con estos se corresponden las dos clases de primitiva oración judía: las Eulogías y los Tephillah.[346] Y hasta ahí correctamente, por cuanto las dos palabras hebreas para «oración» indican «adoración» la primera, y «ruego», o más bien «intercesión», la segunda.[347] Ambas clases de oración hallaban expresión en los servicios del Templo. Pero fue solo después de la manifestación de Aquel que en su persona unía la naturaleza divina con la humana que pudieron expresarse plenamente la adoración y el ruego. En verdad, la idea de ruego solo podría llegar a cumplirse verdaderamente después del derramamiento del Espíritu de adopción, por medio de lo cual el pueblo de Dios devino además los hijos de Dios. Por ello, no es correcto designar los sacrificios como «oraciones sin palabras».[348] Los sacrificios no eran oraciones en sentido alguno, sino más bien la preparación para la oración. El tabernáculo era, como lo muestra su designación hebrea, el lugar «de reunión»[349] entre Dios e Israel. El servicio sacrificial, aquello que hacía posible tal reunión; y el sacerdote (como lo implica su designación hebrea), el que acercaba Israel a Dios. Por ello, la oración solo podía venir a continuación del sacrificio; y su símbolo y momento adecua-

---

344. Véase Lightfoot, *De Minist. Templi*, cap. X, sec. 10.

345. 1 Reyes 8:28.

346. Lamentamos no entrar más de lleno en la cuestión de la oración entre los hebreos ni en un análisis de los restos de las oraciones de los tiempos del Templo que nos han sido preservadas. Pero no es este el lugar para el examen de tales cuestiones. Véase, sin embargo, en una nota más adelante en este mismo capítulo.

347. Delitzsch, *Bibl. Com. Über Is.*, pág. 45, nota.

348. Pressel, en Herzog, *Encycl*, vol. IV, pág. 680.

349. El *Ohel Moed*, «Tabernáculo de reunión» *no* «de la congregación, como en algunas versiones»—. Véase Bähr's, *Symbol*, vol. I, y Keil, *Arch.*, vol. I, en esta y otras cuestiones relacionadas.

dos eran la combustión del incienso. Esta perspectiva queda expresada con las palabras: «Suba mi oración delante de ti como el incienso»,[350] y queda autorizadamente confirmada en Ap 5:8, donde leemos de «copas de oro llenas de incienso, que son las oraciones de los santos».

Es a esta combustión de incienso a la que se alude en el Evangelio en relación con el nacimiento de Juan el Bautista.[351] Zacarías había llegado del país montañoso de Judea, desde las cercanías de la sacerdotal ciudad de Hebrón, para servir en el Templo.[352] Su orden, el de Abías, estaba aquella semana de turno, y la «casa de sus padres» en aquel día especial. Más que esto, había recaído en Zacarías la suerte para el servicio más honroso en el ministerio diario: el de quemar el incienso en el altar de oro dentro del lugar santo. Era por primera y última vez en su vida que este servicio le tocaría a él. Y mientras el piadoso anciano sacerdote ministraba dentro del lugar santo, vio con tanta claridad que luego pudo describir el lugar exacto, a Gabriel de pie, como si acabara de salir del lugar santísimo, entre el altar y la mesa del pan de la proposición, «a la derecha del altar». Hasta allí donde sepamos, esta es la primera y única aparición angélica en el Templo. Porque no podemos darle ninguna verdadera importancia a la tradición de que, durante los cuarenta años de su pontificado, un ángel acompañaba siempre a Simeón el Justo cuando en el Día de la Expiación entraba y salía del lugar santísimo, excepto en su último año, cuando el ángel lo dejó en el santuario, para mostrarle que este iba a ser el final de su ministerio. Lo que sucedió entre Gabriel y Zacarías no es este el lugar para considerarlo. Será suficiente observar varios detalles incidentalmente mencionados en la narración, como que se echaba una suerte especial para este ministerio; que el sacerdote estaba a solas en el lugar santo mientras que quemaba el incienso; y que «toda la multitud del pueblo estaba orando afuera, a la hora del incienso».

La suerte para quemar el incienso era, como hemos visto, la tercera por la que se determinaba el orden del ministerio para el día. La *primera* suerte, que en realidad había sido echada antes de que rompiera el alba, era para designar a los sacerdotes que debían limpiar el altar y preparar sus fuegos. El *primero* de los sacerdotes sobre quien había recaído esta suerte salía de inmediato. Sus hermanos le recordaban dónde estaba depositado el plato de plata para las ascuas, y que no debía tocar ningún vaso sagrado antes de lavarse las manos y los pies. No tomaba luz consigo; el fuego del altar era suficiente para su función. Las manos y los pies eran lavados poniendo la mano derecha sobre el pie derecho y la mano izquierda sobre el pie izquierdo.[353]

---

350. Salmo 141:2.

351. Sin embargo, se ha sugerido que la lectura correcta de Lucas 1:39 no es «una ciudad de Judá», sino «la ciudad de Juttah». Comparar Josué 21:16.

352. Lucas 1:9.

353. Quizá esto podría ser por ello descrito más propiamente como el lavado de «solamente los pies», Juan 13:10.

El llenado de la pila

El ruido de la maquinaria, al llenar la pila de agua, advertía a los otros a prepararse. Esta maquinaria había sido hecha por *Ben Catin,* que también alteró la pila a fin de que doce sacerdotes pudieran hacer sus abluciones simultáneamente. Por lo demás, la pila se parecía a la del Templo de Salomón. Era de bronce. Todos los utensilios del santuario eran de metal, con la sola excepción del altar del holocausto, que era sólido, y hecho totalmente de piedras sacadas de tierra virgen, no contaminado con herramientas de hierro. Las piedras habían sido unidas con mortero, brea y plomo fundido. Las medidas del altar son diferentes en Josefo y los rabinos. Parece que había consistido en tres secciones, cada una de ellas más estrecha que la anterior, siendo la base de treinta y dos codos de anchura, el centro de veintiocho, y la parte superior, en la que se encendía el fuego (no incluyendo, naturalmente, los cuernos del altar ni el espacio donde se movían los sacerdotes), solo de veinticuatro codos. Con la excepción de algunas partes del altar en las que el codo se contaba como de cinco palmos cortos, el codo sagrado del Templo siempre se contaba como de seis palmos cortos. Finalmente, como ya saben los lectores del Nuevo Testamento, todo lo que tocara el altar, o cualquier vaso sagrado, era considerado como «santificado»,[354] pero no se podía dedicar ningún utensilio para uso del Templo que no hubiera sido originalmente destinado para ello.[355]

Preparación del altar

Volviendo a la cuestión que estamos considerando, mientras los sacerdotes asistentes esperaban, el primer sacerdote había tomado el plato de plata para las ascuas, y escarbaba el fuego del altar, quitando los carbones quemados y depositándolos a poca distancia al norte del altar. Al descender, los otros sacerdotes se lavaban rápidamente las manos y los pies, y tomaban palas y ganchos, con los que rápidamente echaban a un lado lo que había quedado sin quemar de los sacrificios del anterior atardecer, luego sacaban las cenizas, poniendo una parte de ellas en el gran montón en medio del altar, y el resto en un lugar desde donde se sacaban después del Templo. Lo siguiente era poner leña nueva en el altar, que sin embargo no debía ser ni de olivo ni de vid. Para el fuego destinado a alimentar el altar del incienso se empleaba exclusivamente leña de higuera, para asegurar un carbón vegetal bueno y abundante. Las piezas aún sin consumir del sacrificio eran ahora puestas otra vez sobre el fuego.

---

354. Mateo 23:19.

355. Es imposible entrar en este lugar en todos los detalles bien acerca de la pila de las abluciones, o bien del altar del holocausto, o de cualquiera de los utensilios del ministerio. Esta cuestión y similares pertenecen a la arqueología bíblica.

La segunda suerte

Habiendo terminado estos preparativos preliminares, los sacerdotes se reunían una vez más para la *segunda* suerte. El sacerdote sobre quien cayera quedaba designado, junto con los doce que estuvieran más cerca de él, para ofrecer el sacrificio y limpiar el candelero y el altar del incienso. Inmediatamente después de echar esta segunda suerte, el presidente ordenaba a uno que subiera a algún «pináculo» y viera si era ya el momento de inmolar el sacrificio diario. Si el sacerdote contestaba: «La mañana ya resplandece», se le preguntaba de nuevo: «¿Está el cielo encendido hasta Hebrón?». Si era así, el presidente ordenaba que fuera traído el cordero desde la cámara al lado del Beth-Moked, donde había estado guardado listo durante cuatro días. Otros iban a buscar los vasos de oro y plata del servicio, de los que los rabinos enumeran noventa y tres. El cordero sacrificial era ahora abrevado desde un cuenco de oro, y de nuevo examinado a la luz de la antorcha, aunque su idoneidad levítica había quedado determinada la víspera anterior. Luego el sacerdote sacrificador rodeado de sus ayudantes ataba el cordero al segundo anillo en el lado norte del altar —en la mañana en la esquina occidental, en la tarde en la oriental—.[356] El sacrificio era sostenido[357] por los pies, atados juntos los pies delantero y trasero de cada lado; la cabeza era puesta hacia el sur y fijada a través de una anilla, con la cara vuelta hacia el oeste, mientras que el sacerdote sacrificador se situaba al lado del este. Los ancianos que llevaban las llaves daban ahora la orden de que fueran abiertos los portones del Templo. Mientras la última gran puerta giraba lentamente sobre sus quicios, los sacerdotes, dada la señal, tocaban tres veces las trompetas de plata, convocando a los levitas y a los «representantes» del pueblo (los llamados «hombres estacionarios») a sus deberes, y anunciando a la ciudad que el sacrificio estaba a punto de ser ofrecido. Acto seguido, los grandes portones que conducían al mismo lugar santo se abrían para admitir a los sacerdotes que debían limpiar el candelero y el altar del incienso.

La inmolación del cordero

La apertura de estas puertas era la señal para la inmolación del cordero sacrificial. El sacrificio era ofrecido de esta manera: un sacerdote empujaba hacia adelante la tráquea y garganta del sacrificio, y rápidamente empujaba el cuchillo para arriba, mientras que otro recogía la sangre en un cuenco de oro. Situado de pie al lado oriental del altar, lo rociaba, primero hacia la esquina nororiental, y luego hacia la suroccidental, por debajo de la línea roja que corría por medio del altar, en todo caso de tal manera para cubrir dos lados del altar, o, como se describe, en forma de la letra griega Γ (gamma). El resto de

---

356. El sacrificio era siempre ofrecido *contra* el sol.
357. Esta cuestión era motivo de disputa entre los ortodoxos y los heterodoxos. Véase Maimónides, Yod ha Chaz., Tr. On the Daily Sacr., cap. I, 9.

la sangre era derramado en la base del altar. De ordinario, todo este servicio sería, naturalmente, efectuado por los sacerdotes. Pero era válido incluso si el sacrificio había sido inmolado por un laico, o incluso con un cuchillo ordinario. No así si la sangre era recogida en un vaso que no fuera consagrado, o rociado por otras manos que las de un sacerdote que en aquel momento fuera levíticamente idóneo para el servicio.

El altar del incienso y el candelero

Pasamos a describir el servicio de aquellos que tenían el deber de limpiar el altar del incienso y de preparar el candelero de oro en el lugar santo. No estaría fuera de lugar dar algunos particulares en cuanto a cada uno de estos. El Arco Triunfal de Tito en Roma tiene una representación de los morteros de oro en los que se machacaba el incienso, y del candelero de oro, pero no del altar del incienso. Sin embargo, podemos hacernos una idea suficientemente precisa de su apariencia.[358] Era cuadrado, de un codo de longitud y lo mismo de anchura, y dos codos de altura, esto es, medio codo más alto que la mesa de la proposición, pero un codo menos que el candelero, y tenía «cuernos» en cada una de sus cuatro esquinas. Era probablemente hueco, y su parte superior cubierta de lámina de oro, y como un terrado oriental, rodeado de lo que parecía una balaustrada, para impedir que cayeran los carbones y el incienso. Por debajo de esta balaustrada había una maciza corona de oro. El incienso quemado sobre este altar se preparaba con los cuatro ingredientes mencionados en Ex 30:34, con los que, a decir de los rabinos, se mezclaban otros siete, además de una pequeña cantidad de «Ambra», y de una hierba que daba un denso humo. Naturalmente, a estas trece sustancias[359] se añadía sal. El modo de preparar el incienso había sido preservado en la familia de *Abtinas*. Se tenía el mayor cuidado en la acción de machacar y mezclar bien el incienso. En total se precisaba de 368 libras para el consumo anual, empleándose alrededor de media libra cada mañana y tarde en el servicio. El incensario del Día de la Expiación era diferente de tamaño y forma al empleado en los días ordinarios.[360] El candelero de oro era como el descrito en Ex 25:31, etc., y es suficientemente conocido por su representación en el Arco de Tito.

Ahora, mientras que un grupo de sacerdotes estaba ocupado en el atrio de los Sacerdotes ofreciendo el sacrificio, los dos a los que les correspondía preparar las lámparas del candelero y disponer el altar del incienso habían entrado en lugar santo. Tan al mismo tiempo como fuera posible mientras el

---

358. Véanse las menciones en la *Misná*, Maimónides, y los artículos en la *Encycl.*, especialmente los de Herzog y Winer.

359. Josefo, *Guerras de los judíos*, V. 5 ss.

360. Aquí también todos los detalles van más allá de nuestro presente objeto. Pero se puede señalar que la expresión en Hebreos 9:4 que dice «el cual tenía un incensario de oro» no implica nada más que el hecho de que el incensario *correspondía* al «lugar santísimo», no que el incensario estuviera ordinariamente en el lugar santísimo.

cordero era inmolado fuera, el primero de estos Sacerdotes tomaba con las manos los carbones consumidos y las cenizas del altar de oro, y los ponía en un recipiente de oro, llamado «teni», y se retiraba, dejándolo en el santuario. De manera similar, mientras se estaba rociando la sangre del cordero sobre el altar del holocausto, el segundo sacerdote subía los tres escalones, tallados en piedra, que llevaban al candelero. Despabilaba y rellenaba las lámparas aún ardiendo, quitaba las mechas y el aceite viejo de las que se hubieran apagado, ponía aceite y mechas nuevas, y volvía a encenderlas con el fuego de una de las otras lámparas. Pero la gran lámpara central, hacia la que se inclinaban todas las otras, y que era llamada la occidental, porque se inclinaba al oeste hacia el lugar santísimo, podía solo ser vuelta a alumbrar con fuego del mismo altar. Pero solo se despabilaban entonces cinco de las lámparas; las otras dos se dejaban para un período posterior del servicio.

El salado del sacrificio

En el atrio de los Sacerdotes, mientras tanto, el sacrificio había sido colgado de uno de los ganchos, desollado, despiezado según las reglas,[361] limpiado y entregado a los seis sacerdotes que debían llevar sucesivamente las piezas a la pendiente del altar, donde eran saladas y depositadas. Porque «todo sacrificio será salado con sal», todo lo que era puesto en el altar, excepto la libación.[362] Al mismo tiempo, otros tres sacerdotes llevaban a la pendiente del altar la oblación diaria, la del sumo sacerdote, y la libación. Las pieles de los sacrificios eran saladas, y en la víspera de cada sábado se distribuían entre el «orden» de sacerdotes que habían tenido el turno del ministerio.[363]

La oración antes de la tercera suerte

Y ahora iba a comenzar la parte más solemne del servicio. Por tercera vez se reunían los sacerdotes en la «Cámara de las Piedras Pulidas», para echar la tercera y la cuarta suertes. Pero antes de hacerlo, el presidente los convocaba a que se unieran a las oraciones prescritas. La tradición nos las ha preservado. Sujetándolas a la más severa crítica,[364] a fin de eliminar todos los detalles añadidos con posterioridad, las palabras empleadas por los sacerdotes antes de la tercera y de la cuarta suertes eran como sigue:

---

361. Estas normas son tan detalladas que los sacerdotes sobre los que en cualquier ocasión recayera la suerte para este servicio debían haber recibido una instrucción muy cuidadosa antes de llevarlo a cabo.

362. A esto los rabinos añadían, innecesariamente: ¡la sangre del rociamiento y la leña para el fuego!

363. Esto en el caso de las ofrendas de holocausto, por el pecado y por la culpa. Las pieles de las otras ofrendas pertenecían a los mismos oferentes.

364. Comparar la completa discusión de esta cuestión en Zunz, *Gottesd. Vortr.*, pág. 369 y siguiente. Con todo, el asunto no está del todo libre de dificultades críticas.

«Con gran amor nos has amado Tú, oh Señor nuestro Dios, y con mucha piedad rebosante nos has compadecido. Nuestro Padre y nuestro Rey, por causa de nuestros padres que confiaron en Ti, y Tú les enseñaste los estatutos de vida, ten misericordia de nosotros, y alumbra nuestros ojos[365] [en tu ley; haz que nuestros corazones se adhieran a tus mandamientos; une nuestros corazones para amar y temer tu nombre, y no seremos avergonzados por los siglos de los siglos. Porque Tú eres un Dios que preparas salvación, y a nosotros nos has escogido de entre todas las naciones y lenguas, y en verdad nos has traído cerca de tu gran nombre, Selah], a fin de que en amor podamos alabarte a Ti y tu Unicidad. Bendito sea el Señor, que en amor escogió a su pueblo Israel».

Después de esta oración se solían repetir (en cierto tiempo) los diez mandamientos, práctica que fue interrumpida posteriormente para que no fueran los saduceos a decir que eran la única parte esencial de la ley. Luego todos los reunidos recitaban el llamado «Shema»[366] (Oye, Israel, etc., Dt 6:4), que puede ser designado como una especie de «credo» o «fe». Consistía de estos tres pasajes: Dt 6:4-9; 11:13-21 y Nm 15:37-41.

La suerte para el incienso

Después de esto se echaba la suerte para quemar el incienso. No podía tomar parte nadie que ya hubiera ejercido este servicio, excepto en el caso muy infrecuente de que todos los presentes ya hubieran oficiado en ello. Por ello, mientras que las otras tres suertes se mantenían para el oficio vespertino, la del incienso era repetida. Aquel en quien recaía la suerte escogía entre sus amigos a sus dos ayudantes. Finalmente, se echaba la cuarta suerte, que designaba a los que debían disponer el sacrificio y las oblaciones sobre el altar y derramar la libación.

El sacerdote del incienso y sus dos ayudantes se acercaban ahora primero al altar del holocausto. Uno llenaba de incienso un incensario sostenido en un recipiente de plata, mientras que otro ponía en un cuenco de oro carbones encendidos del altar. Al pasar desde el atrio al lugar santo, tañían un gran instrumento (llamado el «Magrephah»), a cuyo son los sacerdotes se apresuraban a llegar de todas partes para el culto, y los levitas a ocupar sus puestos en el servicio del cántico, mientras el jefe de los «hombres estacionarios» situaba en la puerta de Nicanor a los del pueblo que debieran purificarse aquel día.[367] Lentamente, el sacerdote del incienso y sus ayudantes ascendían los peldaños hasta el lugar santo, precedidos por los dos sacerdotes que habían antes dispuesto el altar y el candelero, y que ahora quitaban los recipientes que habían

---

365. Las palabras que aquí y después van dentro de corchetes son consideradas por Jost (*Gesch. d. Jud.*) como una adición posterior.

366. Así llamado por la primera palabra, Shema, «Oye», dirigido a Israel, «oh Israel», etc. Por una extrañísima equivocación, Lightfoot confunde el contenido del «Shema» con el de las filacterias.

367. La descripción del sacrificio diario se da extensamente en el tratado místico *Tamid*. Véase especialmente la sec. V.

dejado antes, y, adorando, se retiraban. A continuación, uno de los asistentes extendía reverentemente los carbones sobre el altar de oro; el otro preparaba el incienso; y entonces el principal sacerdote oficiante se quedaba a solas en el lugar santo, esperando la señal del presidente antes de quemar el incienso. Fue probablemente mientras que estaba así esperando que el ángel Gabriel se apareció a Zacarías. Al dar el presidente la orden, que señalaba que «había llegado el momento del incienso», «toda la multitud del pueblo fuera» se retiraba del atrio interior y se postraba delante del Señor, extendiendo sus manos[368] en silenciosa oración.

Es este momento de gran solemnidad, cuando por todos los inmensos edificios del Templo caía un profundo silencio sobre la multitud adorante, mientras que dentro del santuario mismo el sacerdote ponía el incienso sobre el altar de oro, y la nube de «perfumes»[369] se levantaba delante del Señor, lo que sirve como imagen de las cosas celestiales en la siguiente descripción:[370] «Cuando abrió el séptimo sello, se hizo silencio en el cielo como por media hora... Otro ángel vino entonces y se paró ante el altar, con un incensario de oro; y se le dio mucho incienso para añadirlo a las oraciones de todos los santos sobre el altar de oro que estaba delante del trono. Y de la mano del ángel subió a la presencia de Dios el humo del incienso con las oraciones de los santos».

Oraciones con el incienso

Las oraciones ofrecidas por los sacerdotes y por el pueblo en esta parte del servicio quedan registradas por la tradición de la siguiente manera:[371] «Cierto es que Tú eres Jehová nuestro Dios, y el Dios de nuestros padres: nuestro Rey y el Rey de nuestros padres; nuestro Salvador y el Salvador de nuestros

---

368. La práctica de juntar las manos en oración data del siglo cinco de nuestra era, y es puramente de origen sajón. Véase Hölemann, *Bibel St.*, I., pág. 150, citado por Delitzsch, *op. cit.*

369. Apocalipsis 5:8. Es una curiosa incongruencia por parte de Maimónides asignar el propósito racionalista para el empleo del incienso en el Templo ¡de que contrarrestaba los efluvios de los sacrificios!

370. Apocalipsis 8:1, 3, 4. Según *Tamid*, VI. 3, el sacerdote del incienso «se inclinaba» u oraba al retirarse del lugar santo, lo que hacía caminando hacia atrás.

371. Unos pocos detalles para los que deseen más información. La tradición nos ha preservado dos clases de fragmentos provenientes de la antigua liturgia judía en los tiempos del Templo. La primera recibe el nombre de «Tephillah», u Oración, y la otra es las «Eulogías» o Bendiciones. De las últimas hay dieciocho, de las que las más antiguas son las tres primeras y las tres últimas, aunque la cuatro, cinco, seis, ocho y nueve son también de una antigüedad considerable. De las antiguas Tephillah se han preservado cuatro: dos empleadas antes del Shema, y dos (por la mañana, una) después del Shema. La primera Tephillah de la mañana y la última de la tarde son estrictamente oraciones de la mañana y de la tarde, respectivamente. No se empleaban en el servicio del Templo. La segunda Tephillah antes del Shema era dicha por los sacerdotes en la «Cámara de Piedras Pulidas», y la primera Tephillah después del Shema por los sacerdotes y el pueblo durante la combustión del incienso. A esto seguían las tres últimas de las dieciocho Eulogías. ¿No es una buena deducción que mientras los sacerdotes recitaban sus oraciones en «la cámara», el pueblo repetía las tres primeras Eulogías, que son de la misma antigüedad que las tres últimas, que sabemos que eran repetidas durante la combustión del incienso?

padres; nuestro Hacedor y nuestro Libertador. Tu nombre es eterno, y no hay Dios delante de Ti. Un nuevo cántico cantaron a tu nombre al lado del mar los que fueron librados; juntos todos ellos te alabaron y reconocieron como Rey, y dicen: Jehová reinará, el que salva a Israel.[372]

»En tu gracia agrádate, Jehová nuestro Dios, con tu pueblo Israel, y con la oración de ellos. Restaura el servicio al oráculo de tu casa; y acepta en gracia y amor los holocaustos de Israel y sus oraciones; y que el servicio de tu pueblo Israel te sea siempre placentero.

»¡Te alabamos a Ti, que eres Jehová nuestro Dios, y el Dios de nuestros padres, el Dios de toda carne, nuestro Creador, y el Creador desde el principio! Bendición y alabanza sean a tu grande y santo nombre, porque nos has preservado con vida y nos has guardado. Así presérvanos y guárdanos, y congrega a los esparcidos en tus santos atrios, para guardar tus estatutos, y para hacer tu buena voluntad, y para servirte con todos nuestros corazones, así como este día te confesamos. Bendito sea el Señor, de quien es la alabanza.

»Dispón paz, bondad y bendición; gracia, misericordia y compasión para nosotros, y para todo Israel tu pueblo. Bendícenos, oh nuestro Padre, a todos nosotros como uno, con la luz de tu rostro. Porque en la luz de tu rostro nos has dado Tú, Jehová, nuestro Dios, la ley de vida, y amante misericordia, y justicia, y bendición, y compasión, y vida, y paz. Y que te plazca bendecir a tu pueblo Israel en todo tiempo, y en cada hora con tu paz. [Que nosotros y todo tu pueblo Israel seamos recordados y escritos delante de Ti en el libro de vida, con bendición y paz y sustento.] Bendito seas Tú, Jehová, que bendices a tu pueblo Israel con paz».

Con estas oraciones acabadas, el que había despabilado las lámparas del candelero volvía a entrar en el lugar santo, para encender las dos lámparas que habían quedado apagadas; y luego, en compañía del sacerdote del incienso, tomaba su lugar en la parte alta de los peldaños que descendían al atrio de los Sacerdotes.[373] Los otros tres que también habían ministrado dentro del lugar santo se reunieron a su lado, llevando aún los recipientes de su ministerio; mientras, el resto de los sacerdotes se agrupaban sobre los peldaños abajo. En esto, el sacerdote sobre quien había recaído la cuarta suerte había ascendido al altar. Los que tenían este deber le daban, una por una, las piezas del sacrificio. Él apretaba las manos sobre cada una de ellas, y luego las iba echando desordenadamente sobre el fuego, para que la carne del sacrificio fuera desparramada así como su sangre era rociada. Después de ello las ordenaba, tratando de imitar en lo posible la forma natural del animal. Esta parte del servicio era ejecutada no pocas veces por el mismo sumo sacerdote.

---

372. Ahora siguen en el texto las tres últimas «eulogías».

373. Según Maimónides, era en esta parte del servicio, y no antes, que el sonido del Magrephah convocaba a los sacerdotes a adorar, a los levitas a su canto y a los «hombres estacionarios» a sus deberes.

La bendición

Los sacerdotes, que estaban dispuestos sobre los peldaños que llevaban al lugar santo, levantaban ahora las manos por encima de las cabezas, extendiendo y uniendo sus dedos de una manera peculiar y mística.[374] Uno de ellos, probablemente el sacerdote del incienso, repetía en voz alta, seguido por los otros, la bendición de Nm 6:24-26: «Jehová te bendiga, y te guarde; Jehová haga resplandecer su rostro sobre ti, y tenga de ti misericordia; Jehová alce sobre ti su rostro, y ponga en ti paz». A esto respondía el pueblo: «Bendito sea el Señor Dios, el Dios de Israel, de eternidad a eternidad». En las modernas sinagogas, la bendición sacerdotal es dividida en tres partes; se pronuncia con una voz disfrazada y con rostros velados, mientras que la palabra «Señor» toma el puesto de «Jehová».[375] Naturalmente, todo esto no era así en el Templo. Pero si hubiera sido el deber de Zacarías, como sacerdote del incienso para el día, conducir en la bendición sacerdotal, todos podemos tanto mejor comprender el asombro del pueblo cuando «él estaba haciéndoles señas, y permanecía mudo»,[376] mientras ellos esperaban su bendición.

Después de la bendición sacerdotal venía la oblación, y, como lo prescribía la ley, se añadía aceite a la misma. Una vez salada, se ponía en el fuego. A continuación se presentaba la oblación diaria del sumo sacerdote, consistiendo en doce tortas rotas en mitades: doce medias tortas que se presentaban por la mañana, y las otras doce mitades por la tarde. Finalmente, se derramaba la correspondiente libación sobre la base del altar.[377]

La música del Templo

Con esto comenzaba la música del Templo. Era deber de los sacerdotes, que estaban de pie a la derecha y a la izquierda de la mesa de mármol sobre la que se ponía la grosura de los sacrificios, soplar las trompetas de plata en los momentos apropiados. No podía haber ni menos de dos ni más de 120 en este servicio; la primera cifra, en seguimiento de la institución original;[378] la última, para no exceder la cantidad presente en la dedicación del primer Templo.[379] Los sacerdotes estaban de cara al pueblo, mirando hacia el este, mientras que

---

374. El sumo sacerdote levantaba las manos no más allá de la lámina de oro en su mitra. Es cosa bien sabida que al pronunciar la bendición sacerdotal en la sinagoga, los sacerdotes unen sus dos manos extendidas, haciendo tocar entre sí las yemas de sus índices. Al mismo tiempo, el primero y segundo, y el tercero y cuarto dedos de cada mano quedan entrelazados, haciéndose una separación entre ellos extendiéndolos. En los cementerios judíos se pueden ver representaciones aproximadas de esto en las lápidas de los sacerdotes.

375. El doctor Geiger presenta un interesante argumento para mostrar que en tiempos antiguos la pronunciación del llamado nombre inefable, «Jehová», que ahora nunca se pronuncia, se permitía incluso en la vida ordinaria. Véase *Urschrift u. Uebers d. Bibel,* pág. 259, etc.

376. Lucas 1:22.

377. Quizá haya una alusión a ello en Apocalipsis 6:9, 10.

378. Números 10:2.

379. 2 Crónicas 5:12.

los levitas, que se agolpaban en los quince peldaños que llevaban desde el atrio de Israel al de los Sacerdotes, miraban hacia el oeste, al santuario. A una señal dada por el presidente, los sacerdotes se movían adelante poniéndose a ambos lados del que golpeaba los címbalos. De inmediato, el coro de levitas, acompañado de música instrumental, iniciaba el salmo del día. Era sostenido por no menos de doce voces, con las que se mezclaba el delicioso soprano de hijos jóvenes de levitas que, al lado de sus padres, podían tomar solo parte en este servicio. El número de ejecutantes instrumentales no estaba limitado ni circunscrito a los levitas, admitiéndose a este servicio a algunas de las familias distinguidas que se habían unido matrimonialmente con familias sacerdotales.[380] El salmo del día era siempre cantado en tres secciones. Al final de cada una, los sacerdotes tocaban tres veces sus trompetas de plata, y el pueblo se inclinaba y adoraba. Esto cerraba el servicio matutino. Iba inmediatamente seguido por los sacrificios y por las ofrendas que los israelitas pudieran traer privadamente, y que ocasionalmente seguirían hasta el momento del sacrificio de la tarde. Este era totalmente semejante al de la mañana, excepto que la suerte se echaba solo para el incienso; que el incienso era quemado *no* como a la mañana, *antes,* sino *después* que las piezas del sacrificio hubieran sido puestas en el fuego del altar, y que la bendición sacerdotal generalmente se omitía.

El orden de los salmos

Lo que sigue era el orden de los salmos en el servicio diario del Templo.[381] El primer día de la semana cantaban el Salmo 24: «De Jehová es la tierra», etc., en conmemoración del primer día de la creación, cuando «Dios poseyó el mundo y gobernó sobre él». El segundo día cantaban el Salmo 48: «Grande es Jehová, y digno de ser en gran manera alabado», etc., porque en el segundo día de la creación «el Señor dividió sus obras, y reinó sobre ellas». En el tercer día cantaban el Salmo 82: «Dios se levanta en la reunión de los jueces», etc., «porque aquel día apareció la tierra, sobre la que se encuentran tanto el Juez como los que son juzgados». En el cuarto día se cantaba el Salmo 94: «Jehová, Dios de las venganzas», porque «en el cuarto día Dios hizo el sol, la luna y las estrellas, y se vengará de los que las adoran». En el quinto día cantaban el Salmo 81: «Cantad con gozo a Dios, fortaleza nuestra», etc., «por la variedad de criaturas que hizo aquel día para alabar su nombre». En el sexto día se cantaba el Salmo 93: «Jehová reina», etc., «porque aquel día Dios terminó sus obras e hizo al hombre, y el Señor rigió sobre todas sus obras». Finalmente, en sábado se cantaba el Salmo 92: «Bueno es alabarte, oh Jehová», etc., «porque el sábado era símbolo del reino milenial al final de la dispensación de los seis mil años, cuando el Señor reinará sobre todo, y su gloria y servicio llenarán la tierra con acción de gracias».

---

380. Es una curiosa coincidencia que de las dos familias nombradas en el Talmud como admitidas a este servicio, una —la de Tsippariah— fuera «de Emaús» (Lc 24:13).

381. *Tamid,* sec. VII, y Maimónides en *Tamid.*

IX
EL SÁBADO EN EL TEMPLO

«El sábado fue instituido para el hombre, y no el hombre para el sábado. Por tanto, el Hijo del Hombre es también señor del sábado»
(Marcos 2:27, 28).

La Ley, no una carga, sino un don

Es hermosamente significativa la práctica de los judíos modernos de que, antes de llevar a cabo ninguna observancia especial que se les ordena en su Ley, siempre bendicen a Dios primero por haberlo dado. Uno acaso podría comparar la idea subyacente en esto, y en mucho de carácter similar en la presente vida religiosa de Israel, a los buenos frutos que daba el suelo de Palestina incluso durante los años sabáticos, cuando estaba sin cultivar. Porque tiene el objeto de expresar que la Ley no es sentida como una carga, sino como un don de Dios en el que gozarse. Y esto resulta especialmente cierto del sábado en su institución divina, de la que se dijo de manera distintiva: «Y les di también mis sábados, para que fuesen señal entre mí y ellos, para que supiesen que yo soy Jehová, que los santifico».[382] En el mismo sentido, el sábado es llamado «delicia..., día santo de Jehová, honorable»;[383] y la gran carga del salmo sabático[384] es la de la gozosa acción de gracias a Dios.

El término *sabbath* o sábado, «reposo», señala al origen y significado de la fiesta semanal. Los rabinos mantienen que no se dirigía a los gentiles, y la mayor parte de ellos remontan la obligación de su observancia solo a la legislación del monte Sinaí. Y tampoco es inconsistente con ello otro dicho rabínico de que

---

382. Ezequiel 20:12.
383. Isaías 58:13.
384. Salmo 92. El Talmud trata de la cuestión de si el Salmo 92 se refiere al sábado de la creación o al final sábado mesiánico del reino, según el rabí Akiva «el día que es totalmente sábado». (Ver Delitzsch acerca del salmo). Es una observación curiosamente acrítica de algunos rabinos la adscripción de este salmo a Adán, y su composición al comienzo del primer sábado, habiendo caído Adán antes de su comienzo, y expulsado del paraíso, pero no muerto, porque Dios no quería ejecutar el castigo de muerte en el sábado.

«la circuncisión y el sábado precedieron a la ley», porque incluso si el deber de la observancia sabática comenzó solo con la promulgación de la ley en el monte Sinaí, sin embargo la ley sabática misma reposaba en la original «santificación» del séptimo día, en que Dios reposó de todas sus obras.[385] Pero este no fue el único reposo al que señalaba el sábado. Había también un reposo de redención, y el sábado estaba expresamente relacionado con la liberación de Israel de Egipto. «Acuérdate de que fuiste siervo en tierra de Egipto, y que Jehová tu Dios te sacó de allí con mano fuerte y brazo extendido; por lo cual Jehová tu Dios te ha mandado que guardes el día del sábado».[386] Al final del trabajo semanal, reposo santo en el Señor, al final de la labor y dolor de Egipto, redención y reposo; y ambos señalando adelante al mejor reposo,[387] y en último término al eterno sábado de la obra cumplida, de redención consumada, y de «santificación»[388] consumada. Este era el significado del sábado semanal. Era debido a que esta idea de reposo festivo y santificación estaba tan estrechamente conectada con la fiesta semanal que el término sábado se aplicó también a las grandes fiestas.[389] Por una razón similar, el número siete, que era el del sábado semanal (el primer siete que había aparecido en el tiempo), vino a ser en el simbolismo de la Escritura el número sagrado o del pacto.[390]

Posteriores perversiones del sábado

Es necesario tener todo esto presente cuando se piensa en lo que transformó el sábado el pervertido ingenio de los rabinos en tiempos de Cristo, y probablemente aún más en las generaciones que siguieron. Porque hay evidencia de que la ley del sábado ha venido a ser más estricta de lo que había sido anteriormente, porque, por ejemplo, la práctica de sacar un buey o un asno de un hoyo, a la que alude nuestro Salvador como aceptada,[391] ya no sería considerada lícita, a no ser que el animal estuviera en verdadero peligro de su vida; si no era así, debía recibir comida y agua en el hoyo. Este «verdadero peligro de su vida», sea para animales u hombres (en todo caso, para los israelitas), determinaba los únicos casos en que se permitía una infracción de la observancia del sábado. De entrada, se debe admitir que toda la legislación social rabínica acerca del tema parece descansar sobre dos sanos principios subyacentes: en lo negativo, la evitación de todo lo que pudiera venir a ser trabajo; y positiva-

---

385. Génesis 2:3.
386. Deuteronomio 2:3.
387. Hebreos 4:9.
388. Apocalipsis 11.
389. Como Levítico 23:15, 24, 32, 39.
390. El término «sábado» se aplica también a «una semana», como el Levítico 23:15; 25:8; y, por ejemplo, en Mateo 28:1; Marcos 16:2; Lucas 24:1; Juan 20:1. Esto parece indicar que el sábado no debía ser separado como separado de, sino dando un carácter al resto de la semana, y a sus dedicaciones seculares. Por así decirlo, la semana termina con/y queda consumada en el sábado.
391. Lucas 14:5.

mente, efectuar todo aquello que, en opinión de los rabinos, tendiera a hacer del sábado «un deleite». Por ello, no solo estaban estrictamente prohibidos el ayuno y el duelo, sino que se ordenaban la comida, el vestido y todo tipo de goces no incompatibles con la abstinencia de trabajo, a fin de hacer el día placentero. «Todos los días de la semana», dicen los rabinos, «los ha emparejado Dios, menos el *sabbath,* que está solo, para que pueda celebrar sus bodas con Israel». Israel debía dar la bienvenida al sábado como a una novia; su venida como la de un rey. Pero en la práctica todo esto degeneró terriblemente. Los lectores del Nuevo Testamento saben cuán enteramente, e incluso cruelmente, quedaron pervertidos el espíritu y objeto del sábado por las tradiciones de «los ancianos». Pero solo los que han estudiado la ley judía acerca de este tema pueden formarse una concepción adecuada del estado de la cuestión.

Para no hablar de la insensatez de intentar producir gozo ordenando medios para ello, ni de la inconsecuencia de estos medios, considerando el carácter sagrado del día, las instrucciones casi incontables acerca de evitar trabajo deben haber hecho de la debida observancia del sábado el más intenso de todos los trabajos.

Todo trabajo era clasificado bajo treinta y nueve divisiones principales, o «padres», teniendo cada uno de ellos una gran cantidad de «descendientes» o divisiones subordinadas. Así, «segar» era uno de los «padres» o clases principales, y «arrancar espigas» uno de sus descendientes. Esta puntillosidad llegó hasta tales extremos que se hizo necesario inventar ingeniosos medios para posibilitar las relaciones normales de la vida y para evadirse al inconveniente rigor de la ley que regulaba «el camino de un día de sábado».[392]

Las escuelas de Shammai y de Hillel

La escuela de Shammai, la secta de los esenios y, por extraño que parezca, los samaritanos eran los más rigurosos en su observancia del sábado. La escuela de Shammai mantenía que el deber del reposo sabático se extendía no solo a hombres y animales, sino también a objetos inanimados, de manera que no se podía iniciar en viernes un proceso que fuera a continuar por sí mismo en sábado, como poner lino a secar o poner lana a teñir.[393] La escuela de Hillel excluía las cosas inanimadas del reposo sabático, y permitía asimismo que se encomendara trabajo a los gentiles en un viernes, con indiferencia de la cuestión de si podrían finalizarlo antes de que comenzara el sábado. Las dos escuelas permitían la preparación de la comida de la Pascua en sábado, y también que

---

392. Depositando una comida al final de un camino de sábado para hacer de aquel lugar, por ficción legal, el domicilio de uno, desde el que pudiera emprender otro viaje de día de sábado. El tratado místico *Eruvin* trata de la conexión de casas, patios, etc., para que fuera lícito el transporte de alimentos, etc. Por otra parte, aparece esta expresión aislada (*Mechilta,* ed. *Weiss,* pág. 110 *a):* «El sábado os ha sido dado a vosotros, no vosotros al sábado». Si pudiéramos considerar esto como un dicho teológico corriente, daría un renovado sentido a las palabras de nuestro Señor, Marcos 2:27.

393. *Shabb.* I. 5, 6.

los sacerdotes, durante su ministerio en el Templo, mantuvieran el fuego en el «Beth-Moked». Pero esta puntillosa imposición del reposo del sábado vino a ser ocasionalmente un peligro para la nación. En alguna ocasión, los judíos ni se defendían en sábado contra los ataques de sus enemigos, hasta que los Macabeos establecieron el principio —que a partir de entonces siempre se mantuvo—[394] de que la guerra defensiva, aunque no la ofensiva, era lícita en el día santo. Aun así modificado, el principio involucraba peligro, y durante el último sitio de Jerusalén no fue practicado uniformemente.[395] Y tampoco estaba sancionado por ningún precedente de la Escritura, hasta allí donde podemos juzgar por las analogías.[396] Pero no es este el lugar apropiado para explicar ni la ley escritural ni la rabínica de la observancia del sábado[397] en lo que afectaba al individuo, al hogar y a la vida social, ni describir tampoco el culto sabático en las antiguas sinagogas de Palestina. Dedicamos nuestra atención a lo que sucedía en el Templo mismo.

Normas escriturales para el sábado

Las únicas instrucciones dadas en la Escritura para la celebración del sábado en el santuario son las que ordenan «una santa convocación» o una asamblea sagrada;[398] la renovación semanal del pan de la proposición;[399] y un holocausto adicional de dos corderos, con las apropiadas oblaciones y libaciones, «además del holocausto continuo» (esto es, el ofrecido a diario) «y su libación».[400] Pero los antiguos registros de la tradición nos posibilitan para formarnos una concepción muy vívida del culto sabático en el Templo en tiempos de Cristo. Formalmente, el sábado comenzaba a la puesta del sol del viernes, contando los hebreos el día de puesta de sol a puesta de sol. Como no había para ello ninguna hora fija, tiene que haber variado no solo en diferentes estaciones, sino también en diferentes localidades. Así, los rabinos mencionan que los habitantes de una ciudad a baja altitud, como Tiberias, comenzaban la observancia del sábado media hora antes, mientras que los que vivían en una altura, como Séforis,[401] tardaban media hora más que sus hermanos para ello. Si el sol no era visible, se contaba la puesta del sol como la hora en la que las aves se posaban para dormir. Pero mucho antes de esto habían comenzado los preparativos para el sábado. Así, el viernes es llamado por los rabinos «la

---

394. Josefo, *Antigüedades*, XII, 6:2; XIV, 4:2.
395. Comparar *Guerras de los judíos*, II, 19:2, pero, por otra parte. *Antigüedades*, XIV, 4:2.
396. Josué 6:15, etc.
397. Hay un tratado específico de la Misná acerca de esto.
398. Levítico 23:3.
399. Levítico 24:8; Números 4:7.
400. Números 28:9, 10.
401. Séforis, la Dio-Cesarea de los romanos, estaba cerca de Nazaret. Es frecuentemente mencionada por Josefo, y, después de la destrucción de Jerusalén, vino a ser por un tiempo la sede del sanedrín. (Véase Robinson, *Researches in Palestine*, vol. II, pág. 345).

víspera del sábado», y en los Evangelios «la preparación».[402] No se emprendían entonces nuevas actividades, ni se comenzaba ningún viaje a distancia, sino que se compraban todas las provisiones necesarias para la fiesta, poniéndose la comida en un horno calentado, y rodeada de sustancias secas para mantenerla caliente.[403] A primera hora de la tarde del viernes, el nuevo «turno» de sacerdotes, de levitas y de los «hombres estacionarios», que debían representar a todo Israel, llegaba a Jerusalén, y habiéndose preparado para el tiempo festivo, subía al Templo. La llegada del sábado y luego su comienzo real eran anunciados con un triple toque de las trompetas de los sacerdotes.[404] Los tres primeros toques se daban cuando «había terminado una tercera parte del sacrificio de la tarde», o, como colegimos del decreto por el que el emperador Augusto liberó a los judíos de la asistencia a los tribunales,[405] alrededor de la hora novena, esto es, alrededor de las tres de la tarde los viernes. Esta, como recordamos, fue la hora en la que Jesús dio el espíritu.[406] Cuando los sacerdotes tocaban por primera vez las trompetas, debía cesar toda actividad y abandonarse toda clase de trabajo. A continuación, se encendía la lámpara del sábado, conocida incluso por escritores paganos,[407] y se ponían los vestidos de fiesta. La segunda vez que los sacerdotes daban un triple toque de trompeta era para indicar que el sábado había ya comenzado. Pero el servicio del nuevo «turno» de sacerdotes había comenzado antes de esto. Después del servicio de la tarde del viernes, el altar del holocausto era limpiado de sus manchas de sangre.[408] Luego, el «turno» saliente entregaba al entrante las llaves del santuario, los santos utensilios y todo lo demás de lo que habían estado encargados. A continuación, los cabezas de las «casas» o familias del «turno» entrante determinaban por suerte cuáles de las familias debían servir en cada día especial de su semana de ministerio, y también cuáles debían ejercer las varias funciones sacerdotales del sábado.

El pan de la proposición

La primera de estas funciones, a renglón seguido del comienzo del sábado, era la renovación del «pan de la proposición». Había sido preparado por

---

402. Marcos 15:42; Juan 19:31. La expresión que aparece en Lucas 6:1, traducida en la revisión 1909 de la Reina-Valera «un sábado segundo del primero», significa realmente «el primer sábado después del segundo» día de la Pascua, en cuyo día se presentaba la primera gavilla madura, calculando los judíos desde aquel día las semanas hasta Pentecostés.

403. Véase la disquisición en la Misná, *Shab.* IV, en cuanto a cuáles sustancias son lícitas para este propósito, y cuáles no.

404. Quizá del llamado «tectum Sabbathi» o «tejado del sábado», que Rhenferdius (*Op. Phil.*, pág. 770) identifica con el «pórtico para los sábados», 2 Re 16:18. Véase Geodwin, *Moses et Aarón* (ed. Hotlinger), págs. 518, 519.

405. Josefo, *Antigüedades,* XVI, 6:2.

406. Mateo 27:45; Marcos 15:34; Lucas 23:44.

407. Séneca, ep. 95.

408. El altar era blanqueado dos veces al año, antes de la Pascua y de la Fiesta de los Tabernáculos. Pero no se empleaba para ello ninguna herramienta de hierro.

el turno entrante antes del mismo sábado y, casi invariablemente, podríamos decir, en una de las cámaras del Templo, aunque, en teoría, se consideraba legítimo prepararlo también en Betfagé.[409] Porque, aunque era un principio que «no hay sábado en el santuario», sin embargo no se permitía ningún trabajo que pudiera ser hecho en cualquier otro día. Incluso la circuncisión, que, lo mismo que los servicios del Templo, según los rabinos, estaba por encima del sábado, era retrasada por algunos hasta el fin del día festivo.[410] Por allí, también, si el viernes, en la tarde de cuyo día se preparaban generalmente el pan de la proposición, caía en día de fiesta que precisara de reposo sabático, el pan de la proposición se preparaba el jueves por la tarde.[411] Los rabinos se esfuerzan en explicar el cuidado particular con que se hacía y cocía, a fin de que, en su apariencia y color, su parte inferior fuera exactamente igual a la superior.

Pero este tema es demasiado importante para tratarlo con tanta brevedad.[412] Nuestro término «pan de la proposición» es una traducción que proviene de la Vulgata *(panes praepositionis)*. El nombre escritural es «Pan de la Faz»,[413] esto es, «de la presencia de Dios», lo mismo que la similar expresión «Ángel de la Faz»[414] significa el «Ángel de su Presencia».[415] Por su constante presencia y disposición en el santuario, se llama también «pan continuo»[416] y «pan de poner» (colocar en orden), lo cual se corresponde más aproximadamente con el término más empleado en el Nuevo Testamento.[417] La colocación y renovación semanal del «Pan de la Presencia» se encontraba evidentemente entre los principales servicios del Templo.[418] La «mesa de los panes de la proposición» se encontraba en el lado norte, el más sagrado lado del lugar santo, paralela a la longitud del Templo, como lo estaba todo el mobiliario, excepto el arca del pacto, que estaba de través.

La mesa en el arco de Tito

Tal como lo describen los rabinos, y tal como está representado en el triunfal arco de Tito en Roma, la mesa del pan de la proposición tenía dos codos de

---

409. *Mish. Men.* XI. 2.

410. Véase Oehler en Herzog, *Real-Encycl.*, XIII, pág. 202.

411. Este debe haber sido el caso en el jueves de la entrega de Cristo.

412. Los artículos en la *Cyclopaedia* de Kitto y en el *Dictionary* de Smith son parcos e insatisfactorios. Incluso Winer (*Real-Wörterb.* II., pág. 401, etc.) no manifiesta aquí su normal precisión.

413. Éxodo 25:30; 35:13; 39:36.

414. Isaías 63:9.

415. La curiosa explicación de los rabinos (Mis. Men. XI. 4) de que era llamado «Pan de las Faces» porque estaba igualmente cocido por todo alrededor, como por así decirlo todo «caras», no precisa de refutación.

416. Números 4:7.

417. Mateo 12:4; Lucas 6:4; Hebreos 9:2.

418. 2 Crónicas 13:10, 11.

longitud (dos codos = 90 centímetros), y uno y medio de altura.[419] Era de oro puro, y los pies estaban girados para fuera y con forma de pies de animales; las patas estaban unidas, hacia la mitad de su altura, con una plancha de oro, que estaba rodeada de una «corona» o guirnalda, mientras que otra guirnalda iba alrededor de la parte superior de la mesa. Hasta ahí su forma era la misma que la hecha al principio para el tabernáculo,[420] que era de madera de acacia, recubierta de oro. La «mesa» originalmente presente en el segundo Templo había sido tomada por Antíoco Epifanes (alrededor del 170 a. C.), pero los Macabeos dieron otra. Josefo cuenta una historia[421] acerca de un presente de otra aún más espléndida hecho por Ptolomeo Filadelfo.

Pero como su descripción no concuerda con la representación que aparece en el arco de Tito, deducimos que hacia la época de Cristo la «mesa» de los Macabeos era la que se encontraba en el lugar santo.[422]

Hay enormes dudas acerca de cuál es el significado preciso de los términos empleados en la Escritura para describir los utensilios de oro relacionados con la «mesa de los panes de la proposición».[423] Los «platos» son generalmente considerados como aquellos sobre los que o bien se ponían o bien se llevaban los «panes de la proposición»; se piensa asimismo generalmente que las «cucharas» estaban destinadas al incienso, y las «cubiertas», o más bien «redomas», y los «tazones», para el vino de la libación. En el arco de Tito se ven también dos urnas. Pero todo esto no demuestra, en el silencio de la Escritura, y contra el testimonio unánime de la tradición, que se pusieran ni redomas ni tazones ni urnas sobre la mesa de los panes de la proposición, ni que jamás se introdujeran libaciones en el «lugar santo».[424] Por otra parte, los rabinos consideran los términos hebreos, traducidos «cubiertas» y «tazones», como si se refirieran a tubos huecos de oro puestos entre los panes de la proposición para dejar que el aire circulara entre ellos. Se ponían siempre tres de estos tubos debajo de cada pan, excepto el más alto, debajo del cual había solo dos, mientras que el más inferior descansaba sobre la mesa misma, o, más bien, sobre un plato de oro sobre la misma. Así, calculan que había en total veintiocho de estos tubos para sostener los doce panes. Los «tubos» eran sacados fuera cada viernes, y se volvían a poner entre los nuevos panes de la proposición cada domingo, por cuanto la tarea de quitarlos y volverlos a poner no se encontraba entre aquellos trabajos que «invalidaban el sábado». Los rabinos mencionan también platos de oro en los que se llevaba el pan de la proposición, y platos de oro laterales, para darles protección adicional sobre la mesa.

---

419. La mesa en el arco de Tito parece tener solo un codo de altura. Sabemos que el victorioso general la puso en el Templo de la paz; a mediados del siglo quinto fue llevada a África por los vándalos bajo Genserico, y que Belisario la devolvió en el 520 a Constantinopla, de donde fue enviada a Jerusalén.

420. Éxodo 25:23, etc.

421. *Antigüedades*, XII. 2, 8.

422. Winer ha planteado dudas, por otras razones, acerca del relato de Josefo.

423. Éxodo 25:29.

424. No podemos entrar aquí en esta discusión, que el lector encontrará en Relandus, *Antiq.*, págs. 39, 41.

El pan de la proposición

El «pan de la proposición» se hacía con flor de harina de la más fina, pasada a través de once cedazos. Había doce de estas tortas, según el número de las tribus de Israel, dispuestas en dos pilas, con seis tortas cada una de ellas. Cada torta estaba hecha con dos omers de trigo (un omer = alrededor de 3,7 litros). Entre ambas pilas, y no sobre ellas (según los rabinos),[425] se ponían dos tazones con incienso puro, y, según una tradición egipcia,[426] también sal. Las tortas se untaban en el centro con aceite, en forma de una cruz. Tal como las describe la tradición judía, tenía cada una de ellas una anchura de cinco palmos menores, y una longitud de diez, pero vueltas hacia arriba en cada extremo, dos palmos menores a cada lado, para asemejarse en perfil al arca del pacto. Así, cada torta, después de ser «vuelta», tenía una anchura de seis palmos menores, y era puesta a lo largo sobre la anchura de la mesa, cubriéndola exactamente (el codo de la mesa se contaba como de seis palmos menores), mientras que al estar las dos pilas de seis tortas una delante de la otra (2x5 palmos menores) quedarían libres entre ambas dos palmos menores a lo largo de la mesa (2 codos = 12 palmos menores), espacio en el que se ponían los dos tazones con el incienso.[427] La preparación del pan de la proposición parece haber sido preservado hereditariamente como tradición secreta de familia en «la casa de Garmu», una familia de los coatitas.[428] Las tortas frescas de pan de la proposición eran depositadas en un plato de oro sobre la mesa de mármol en el pórtico del santuario, donde quedaban hasta que comenzaba el sábado.

La forma de cambiarlo

La forma de cambiar el pan de la proposición puede darse en las palabras de la Misná:[429] «Entran cuatro sacerdotes (en el lugar santo), dos de ellos llevando cada uno una de las pilas (de seis panes), los otros dos los dos platos (de incienso). Cuatro sacerdotes los habían precedido: dos para quitar las dos pilas (viejas) de pan de la proposición, y dos los dos platos de incienso (viejo). Los que traían (el pan y el incienso) que quedaban en el lado del norte (de la mesa), de cara al sur; los que quitaban, en el lado del sur, de cara al norte; estos retiraban la mesa, y aquellos volvían a disponerla; estando las manos de estos justo por encima de las manos de aquellos (a fin de retirar y poner exactamente en el mismo momento), como está escrito: "Y pondrás sobre la

---

425. *Menach.* XI. 5.
426. LXX: Levítico 24:7; Filón, II, 151.
427. Hemos sido tan detallados debido a las inexactitudes en tantos artículos acerca de esta cuestión. Se debería añadir que otra autoridad mística que la que hemos seguido parece haber calculado el codo como de diez palmos menores, y por ello da unas medidas diferentes para el «pan de la proposición»; pero el resultado es sustancialmente el mismo.
428. 1 Crónicas 9:32; *Mish. Shekal.* V, 1.
429. *Men.* XI, 7.

mesa el pan de la proposición delante de mí continuamente"». El pan de la proposición que habían retirado era entonces puesto sobre la mesa de oro en el pórtico del santuario, siendo quemado el incienso de aquel montón sobre el altar del holocausto, del que se tomaban ascuas encendidas para el altar del incienso, después de lo cual el pan de la proposición era distribuido entre los sacerdotes del turno entrante y los del turno saliente.[430] Los sacerdotes entrantes se ponían en el lado norte, y los salientes en el lado sur, y cada turno daba al sumo sacerdote la mitad de su porción. El pan de la proposición era comido durante el sábado y en el mismo Templo, pero solo por aquellos sacerdotes que estuvieran limpios levíticamente.

El simbolismo del pan de la proposición

La importancia del servicio que se acaba de describir dependía, naturalmente, de su significado. El antiguo simbolismo, tanto judío como cristiano, consideraba «el pan de la Presencia» como emblema del Mesías. Esta postura es sustancialmente, aunque no literalmente, correcta. Jehová, que moraba en el lugar *santísimo* entre los querubines, era el Dios manifestado y adorado en el lugar santo. En este lugar, el ministerio mediador, en nombre y representación de Israel, «ponía delante» de Él el pan de la presencia, encendía el candelero de siete brazos y quemaba incienso en el altar de oro. El «pan» «puesto delante de él» en el lado del norte, o más sagrado, del lugar santo, era el de su Presencia, y significaba que el pueblo del pacto reconocía «su Presencia» como pan y vida de ellos; el candelero, que Él era el dador de la luz y la misma Luz de ellos, mientras que entre la mesa de los panes de la proposición y el candelero ardía el incienso sobre el altar de oro, para mostrar que la vida y la luz se unen y nos vienen en comunión con Dios y la oración. Por una razón similar se ponía incienso puro entre los panes de la proposición, porque la vida que es en su Presencia es una vida de alabanza, mientras que el incienso era quemado antes de que el pan de la proposición fuera comido por los sacerdotes, para indicar la aceptación de Dios y la ratificación de la dependencia de Israel en Él, como también para denotar la alabanza a Dios en tanto que se vivía gracias a su Presencia. No será necesario desarrollar aquí con extensión el hecho de que esta «Presencia» significaba la especial manifestación de Dios, como después se dio de manera plena en Cristo, «el Ángel de su Presencia».

Los turnos en el sábado

Pero aunque el servicio del «turno» entrante de los sacerdotes había comenzado con la renovación del «pan de la proposición», el del turno saliente

---

430. Sin embargo, según otras autoridades, el incienso del pan de la proposición era quemado junto con el sacrificio matutino el sábado.

aún no había cesado por completo. De hecho, el «turno» saliente de sacerdotes ofrecía el sacrificio matutino del sábado, y el entrante el sacrificio vespertino, pasando ambos turnos el sábado en el santuario. La inspección del Templo antes del servicio matutino del sábado difería de la de los días ordinarios, porque el Templo mismo era iluminado, para hacer innecesario que los sacerdotes llevaran antorchas en el día santo. El altar del holocausto era limpiado antes de la hora acostumbrada; pero el servicio matutino comenzaba más tarde, para dar oportunidad a su asistencia a tantos fieles como fuera posible. Todos aparecían con sus vestidos de fiesta, y cada uno llevaba en su mano alguna contribución para fines religiosos. Es indudable que de esto se derivó la práctica de «poner aparte algo cada primer día de la semana», que san Pablo recomendó a los corintios.[431] De manera similar, la práctica apostólica de participar de la Cena del Señor cada día del Señor puede haber sido en imitación de los sacerdotes comiendo el pan de la proposición cada sábado. El servicio del sábado era a todos los respectos idéntico al de los otros días, con la salvedad de que al terminar en sacrificio matutino ordinario se hacía la ofrenda adicional de dos corderos, con sus apropiadas oblaciones y libaciones.[432] Cuando se derramaba la libación del ordinario sacrificio de la mañana, los levitas cantaban el Salmo 92 en tres secciones, dando los sacerdotes tres toques de sus trompetas al acabar cada una de ellas, mientras el pueblo adoraba. Al terminar el adicional sacrificio del sábado, cuando se traía la libación, los levitas cantaban el «cántico de Moisés» en D 32. Este «himno» estaba dividido en seis porciones, para otros tantos sábados (vv. 1-6; 7-12; 13-18; 19-28; 29-39; 40-final). Cada porción era cantada en tres secciones con toques triples de las trompetas de los sacerdotes, adorando el pueblo a cada pausa. Si un sábado y una «luna nueva» caían en el mismo día, se cantaba el himno del sábado en preferencia al de la luna nueva; si un día de fiesta caía en sábado, se ofrecía el sacrificio del sábado antes del prescrito para el día. En el servicio de la tarde del sábado se cantaba el cántico de Moisés en Ex 15.

El año sabático

Aunque no estaba estrictamente conectado con los servicios del Templo, puede ser deseable referirse brevemente a la observancia del año sabático, tal como estaba estrictamente ordenado en los tiempos de Cristo. Era diferente con respecto al año del jubileo. Cosa extraña, hay trazas de esta última celebración durante el período antes del regreso de Babilonia,[433] mientras que el año sabático parece haber sido sistemáticamente descuidado. Por ello, la tradición judía explica, en conformidad a 2 Cr 36:21, que los setenta años de cautiverio tuvieron lugar con el propósito de compensar los descuidados años sabáticos, con lo que se comienza el cómputo, si se toma literalmente, desde

---

431. 1 Corintios 16:1, 2.
432. Números 28:9, 10.
433. 1 Reyes 21:3; Isaías 5:8; 37:30; 61:1-3; Ezequiel 1:1; 7:12; Miqueas 2:2.

alrededor de la accesión del rey Salomón. Pero en tanto que despúes del regreso de Babilonia el año del jubileo ya no se observó, al menos como ordenanza religiosa, el año sabático fue observado del modo más estricto, no solo por los judíos,[434] sino también por los samaritanos.[435] La tradición judía dice que debido a que se precisó de siete años para la primera conquista, y de otros siete para la apropiada división de la Tierra Santa, no se pagaron diezmos por primera vez hasta catorce años después de la entrada de Israel en Canaán; y el primer año sabático vino siete años después, en el año vigesimoprimero de su posesión de Palestina. La ley sabática se extendía solo al territorio de la misma Palestina, que, sin embargo, incluía ciertos distritos adyacentes. Los rabinos añaden esta curiosa estipulación: que era legítimo emplear (aunque no almacenar ni vender) el producto que la tierra diera de sí en todo el territorio que anteriormente hubiera pertenecido a Israel, pero que incluso el empleo de estos productos quedaba prohibido en aquellos distritos que, habiéndoles pertenecido originalmente, hubieran sido de nuevo ocupados por Israel después de su regreso de Babilonia. Pero esta regla, como otras muchas de las establecidas por los rabinos, tenía muchas excepciones.[436]

Referencias escriturales

Como había sido ordenado por Dios, la tierra debía quedar sin cultivar al final de cada período de seis años, comenzando, según arguyen los judíos, después de la Pascua para la cebada, después de Pentecostés para el trigo y después de la Fiesta de los Tabernáculos para todos los árboles frutales. El año sabático mismo comenzaba, como la mayor parte de ellos sostenían, en el Día de Año Nuevo, que caía en la luna nueva del mes décimo, o Tisrí.[437] Lo que creciera de sí durante aquel año debía quedar en poder de los pobres,[438] lo que sin embargo, como se ve en Lv 25:6, no excluía su empleo como «alimento» por parte de la familia a la que perteneciera la tierra, sino solo su almacenamiento y venta. Pero una tercera ordenanza escritural constituye el año sabático en el de «remisión de Jehová», en el que no se podía reclamar deuda alguna a ningún israelita,[439] mientras que una cuarta ordenanza estipula que «en el año de la remisión, en la Fiesta de los Tabernáculos» se debía leer la ley «delante de todo Israel a oídos de ellos».[440]

---

434. Nehemías 10:31; 1 Macabeos 6:49, 53; Josefo, *Antigüedades,* XIII, 8:1; XIV, 10:6; XV, 1:2; *Guerras de los judíos,* I, 2-4.
435. *Antigüedades,* XI, 8:6.
436. *Mish. Shev.* VI, I.
437. El año del jubileo comenzaba el 10 de Tisrí, el Día de la Expiación.
438. Éxodo 23:10, 11.
439. Deuteronomio 15:1-6.
440. Deuteronomio 31:10, 11.

El «Prosbul»

Se ha pasado por alto, extrañamente, que estas cuatro ordenanzas, en lugar de estar separadas y de ser distintas, están en realidad estrechamente relacionadas. Así como la asignación de lo que crecía de sí a los pobres no excluía de su usufructo a los propietarios, así también seguía necesariamente que en un año en el que cesaba toda labor agrícola no se demandaran deudas a una nación agrícola. De manera similar, estaba muy en consonancia con la idea del sábado y del año sabático que la ley fuera leída públicamente, para indicar que «el reposo» no era señal de ocio, sino de meditación en la Palabra de Dios.[441] Se colegirá que en esta perspectiva la ley divina no había ordenado la absoluta remisión de las deudas, sino solo su «remisión» durante el año sabático.[442] La tradición judía, desde luego, mantiene la postura opuesta; pero por sus ordenanzas vaciaba la misma ley de contenido. Porque, tal como lo explican los rabinos, la redención de la deuda no incluía deudas por artículos comprados en una tienda, ni multas judiciales, ni tampoco dinero prestado contra una garantía. Pero como el gran rabí Hillel descubrió que ni estas excepciones eran suficientes para asegurar el préstamo de dinero en vistas al año sabático, ideó una fórmula llamada «Prosbul» (probablemente «adición», de una palabra griega en el mismo sentido), mediante la que se aseguraban plenamente los derechos de un acreedor. El «Prosbul» decía así: «Yo, A. B., doy a vosotros los jueces de C. D. (una declaración), a fin de poder reclamar cualquier deuda que me sea debida en cualquier momento que me plazca».

Su efecto

Este «Prosbul», firmado por los jueces o por testigos, le posibilitaba a un acreedor demandar dinero que le fuera debido incluso en el año sabático; y aunque exprofeso se aplicaba solo a deudas sobre propiedades reales, estaba escrito de tal manera que cubriera todos los casos.[443] Pero ni siquiera esto no era todo, y se sugirió la siguiente ficción legal como muy meritoria para todos los involucrados. El deudor debía ofrecer el pago, y el acreedor replicar: «Remito la deuda», ante lo cual el deudor debía insistir que «ello no obstante» el acreedor debía aceptar el reintegro. Por lo general, el dinero debido a prosélitos judíos les debía ser reintegrado a ellos, pero no a sus herederos, aunque ellos también se hubieran hecho judíos, porque al hacerse prosélito un hombre se separaba de su familia, la cual ya no era, hablando estrictamente, su heredera natural. Sin embargo, pagar en tal caso era considerado especialmente meritorio. Las evasiones rabínicas a la ley, que prohibía el uso de aquello que

---

441. La ociosidad era tan contraria a la ley del sábado como la misma labor: «No andando en tus propios caminos, ni buscando tu negocio, ni hablando de él» (Is 58:13).

442. La manumisión de los esclavos judíos tenía lugar en el año séptimo de su esclavitud, cualquiera que este fuera, y no tiene referencia al año sabático, con el cual, desde luego, algunas de sus estipulaciones no habrían sido fácilmente compatibles (Dt 15:14).

443. *Mish. Shev.*, sec. X.

hubiera crecido de sí de la tierra, no son tan numerosas ni irracionales. Se estipulaba que parte de aquellos productos podían ser guardados en la casa, siempre que se dejaran suficientes de la misma clase en el campo para que se alimentaran de ellos el ganado y los animales. También se podía labrar toda la tierra que fuera necesaria para poder pagar los tributos o los impuestos. El omer (o «gavilla mecida») de Pentecostés y las dos hogazas mecidas de Pentecostés debían hacerse también de la cebada y del trigo crecidos aquel año en el campo. Finalmente, las ordenanzas rabínicas fijaban las siguientes porciones como si fuera «la ley» que debía ser públicamente leída en el Templo por el rey o por el sumo sacerdote en la Fiesta de los Tabernáculos en el año sabático, esto es: Dt 1:1-6; 6:4-8; 11:13-22; 14:22; 15:23; 17:14; 26:12-19; 27; 28.[444] Este servicio concluía con una bendición, que se asemejaba a la del sumo sacerdote en el Día de la Expiación, excepto en que no se refería a la remisión de los pecados.[445]

Perversión rabínica del año sabático

El relato acabado de dar demuestra que apenas sí había una ordenanza divina que los rabinos, con sus tradiciones, hubieran desvirtuado más, y convertido en «un yugo que ni nuestros padres ni nosotros hemos podido llevar», que la ley del sábado. Por otra parte, los Evangelios nos presentan a Cristo más frecuentemente en sábado que en cualquier otra ocasión festiva. Parecía ser su día especial para llevar a cabo la obra de su Padre. En sábado predicaba en las sinagogas; enseñaba en el Templo; sanaba a los enfermos; iba a la gozosa comida con la que los judíos solían terminar el día.[446] Pero la oposición de ellos se desencadenó con toda violencia en aquella proporción en que exhibía el verdadero sentido y objeto del sábado. Nunca apareció con mayor claridad el antagonismo entre el espíritu y la letra. Y si en su culto de la letra aplastaban el espíritu de la ley sabática, difícilmente podremos asombrarnos de que cubrieran hasta tal punto con sus ordenanzas la ley del año sabático que llegaran casi a destruir su significado.[447] Y este era evidentemente su significado: que la tierra, y todo lo que en ella hay, pertenece al Señor; que los ojos de todos se posan expectantes sobre Él, para que Él «les dé su comida a su tiempo»;[448] que la tierra de Israel era su posesión especial; que el hombre no vive solo de pan, sino de toda palabra que procede de la boca del Señor, y que Él nos da nuestro pan diario, por lo que en vano es levantarse temprano, e ir a

---

444. *Mish. Sotah,* VII. 8, donde se cuenta también una curiosa historia, para mostrar cuán profundamente quedó afectado el rey Agripa al llevar a cabo este servicio.

445. Relandus sugiere que la expresión en Mateo 24:20, «orad que vuestra huida no sea en sábado», puede aplicarse al año sabático, tiempo en que a los fugitivos les sería difícil encontrar el necesario mantenimiento.

446. Lucas 14:1.

447. Comparar también las observaciones de Oehler en Herzog, *Encyclopaedia,* XII, pág. 211.

448. Salmos 104:27; 145:16.

dormir tarde, y comer el pan de dolores.[449] Más allá de esto, señalaba el hecho del pecado y de la redención: toda la creación que «gime a una, y a una está con dolores de parto hasta ahora», esperando y expectante por aquel bendito sábado, en el que «la creación misma será liberada de la servidumbre de la corrupción, a la gloriosa libertad de los hijos de Dios».[450] Así, como el mismo sábado, así el año sabático preanunciaba el «reposo que queda para el pueblo de Dios», cuando, acabada la lucha y el afán, cantan «al otro lado del mar» el cántico de Moisés y del Cordero:[451] «Grandes y maravillosas son tus obras, Señor Dios Todopoderoso; justos y verdaderos son tus caminos, Rey de los santos. ¿Quién no te temerá, oh Señor, y glorificará tu nombre?, pues solo Tú eres santo; por lo cual todas las naciones vendrán y te adorarán, porque tus juicios se han manifestado».[452]

---

449. Salmo 127:2.
450. Romanos 8:21, 22.
451. Apocalipsis 15:3, 4.
452. Para un relato de los años sabáticos, mencionados por la tradición, véase Wieseler, *Chron. Synopse*, pág. 204.

X
CICLOS FESTIVOS Y DISPOSICIÓN
DEL CALENDARIO

«Y buscaban a Jesús, y estando ellos en el Templo, se preguntaban unos a otros: "¿Qué os parece? ¿No vendrá a la fiesta?"» (Juan 11:56).

El número siete

El carácter simbólico que se encuentra en todas las instituciones del Antiguo Testamento aparece también en la disposición de su calendario festivo. Sea cual sea la clasificación de las fiestas que se proponga, hay una característica general que lo impregna todo. Es indudable que el número *siete* señala en la Escritura la medición sagrada del tiempo. El sábado es el día séptimo; siete semanas tras el comienzo del año eclesiástico tenemos la fiesta de Pentecostés; el mes séptimo es más sagrado que el resto, siendo que su «primogénito», o «luna nueva», no solo está dedicado al Señor, como las de los otros meses, sino que se celebra de manera especial como la «Fiesta de las Trompetas», mientras que otras tres fiestas tienen lugar dentro de él: el Día de la Expiación, la Fiesta de los Tabernáculos y su Octavo.[453] De manera similar, cada año séptimo es sabático, y después de siete veces siete años viene el del jubileo. Y no es esto todo tampoco. Se pueden designar *siete* días en el año como los más festivos, por cuanto solo en ellos no podía llevarse a cabo «ninguna labor servil»,[454] mientras que en las fiestas llamadas menores *(Moed Katon)*, esto es, en los días que seguían al primero de la semana de la Pascua y el de los tabernáculos, la disminución de las observancias festivas y de las restricciones en el trabajo indican su carácter menos sagrado.

---

453. Se dan detalles adicionales en el capítulo acerca de la Fiesta de los Tabernáculos.

454. Son: los días primero y séptimo de la Fiesta de los Panes sin Levadura, Pentecostés, Día de Año Nuevo, el Día de la Expiación, el primer día de la Fiesta de los Tabernáculos y su Octavo.

Los tres ciclos

Además de esta división general del tiempo por el número sagrado de siete, es probable que haya unas ciertas ideas generales subyaciendo en los ciclos festivos. Así, podemos marcar dos o hasta tres de estos ciclos festivos; el primero comenzaría con el sacrificio de la Pascua y terminaría en el día de Pentecostés, para perpetuar la memoria del llamamiento de Israel y de la vida en el desierto; el otro, que ocurre en el mes séptimo (de reposo), señalando la posesión por parte de Israel de la tierra y su homenaje reconocido a Jehová. Puede que deba distinguirse el Día de la Expiación de estos dos ciclos, como intermedio entre ambos, aplicándose a ambos, pero poseyendo un carácter peculiar, tal como lo llama la Escritura, «un Sabbath de Sabatismo»,[455] en el que no solo estaba prohibido hacer «obra servil», sino que, como en el sábado semanal, estaba prohibido el trabajo de todo tipo. En hebreo se emplean dos términos: el primero, *Moed, o* reunión señalada, que se aplica a todas las ocasiones festivas, incluyendo los sábados y las lunas nuevas; el otro, *Chag,* de una raíz que significa «danzar» o «estar gozoso», que se aplica exclusivamente a las tres fiestas de la Pascua, de Pentecostés y de los Tabernáculos, en las que todos los varones debían comparecer ante el Señor en su santuario. Si pudiéramos aventurarnos a traducir el término general *Moadim* como «las citas» de Jehová con su pueblo, el otro tendría la intención de expresar el gozo que debía ser una característica capital de las «fiestas de peregrinaje». Y es así que los rabinos mencionan expresamente estas tres como características de las grandes fiestas: *Reiyah, Chagigah* y *Simchah;* esto es, *presencia* o *comparecencia* en Jerusalén; las ofrendas *festivas* ordenadas a los adoradores, que no deben ser confundidas con los sacrificios públicos en estas ocasiones en nombre de toda la congregación; y el *gozo,* con el que conectan las ofrendas voluntarias que cada uno de ellos aportaba, conforme el Señor les hubiera bendecido, y que después eran compartidas con los pobres, los desolados y los levitas en la gozosa comida que seguía a los servicios públicos del Templo. A estas características generales de las tres grandes fiestas deberíamos, quizás, añadir, con respecto a todas las ocasiones festivas, que cada una de ellas debía ser una «santa convocación», o reunión con propósitos sagrados; la orden de «reposar» de obras «serviles», o bien de todas ellas; y, por último, ciertos sacrificios específicos que debían ser ofrecidos en nombre de toda la congregación. Además de las fiestas mosaicas, los judíos, en tiempos de Cristo, celebraban otras dos fiestas: la de Ester, o *Purim,* y la de la *Dedicación del Templo,* conmemorando su restauración por Judas Macabeo. En la secuela se tratará acerca de ciertas observancias de menor entidad y de los ayunos públicos en memoria de las grandes calamidades nacionales. Los ayunos privados, naturalmente, dependían de las

---

455. Este término se traduce en la RV como «sábado de reposo»; la V. M. traduce «descanso solemnísimo»; véase Levítico 16:31; 23:32.

personas individuales, pero los fariseos estrictos ayunaban cada lunes y jueves[456] durante las semanas entre la Pascua y Pentecostés, y de nuevo entre la Fiesta de los Tabernáculos y la de la Dedicación del Templo. Es a esta práctica que alude el fariseo en la parábola[457] cuando se vanagloria de que «ayuno dos veces a la semana».

Tres visitas anuales al Templo

El deber de comparecer tres veces al año en el Templo se aplicaba a todos los israelitas varones, quedando exentos de ello los sordos, mudos y tullidos, aquellos a los que la enfermedad, debilidad o ancianidad les imposibilitara subir a pie al monte de la casa, y, naturalmente, todos los que estuvieran en estado de impureza levítica. En general, el deber de comparecer ante el Señor en los servicios de su casa era considerado como de la mayor importancia. Aquí se introducía un importante principio rabínico, que, aunque no aparece en la Escritura, parece claramente fundamentado sobre ella, de que «no se podía ofrecer un sacrificio por alguien excepto que este mismo alguien estuviera presente», para presentarlo e imponer sus manos sobre él.[458] De ello seguía que como los sacrificios matutino y vespertino y los de los días festivos eran comprados con dinero contribuido por todos, y ofrecidos en favor de toda la congregación, todo Israel debiera haber estado presente en estos servicios. Esto era manifiestamente imposible, pero para representar al pueblo se designaban veinticuatro turnos de asistentes laicos que se correspondían con los de los sacerdotes y levitas. Estos eran los «varones estacionarios» u «hombres de la estación», u «hombres de pie», por cuanto «estaban de pie en el Templo como representantes de Israel». Repetiremos, para precisar, que cada uno de estos «turnos» tenía su «cabeza», y servía durante una semana; los de la estación que estuvieran de servicio, y que no comparecieran en Jerusalén, se reunían en una sinagoga central en su distrito, pasando el tiempo en ayuno y oración por sus hermanos. En el día antes del sábado, o en el mismo sábado, y en el día siguiente, no ayunaban, debido al gozo del sábado. Cada día leían una porción de la Escritura, disponiéndose a este efecto los capítulos primero y segundo de Génesis en secciones para la semana. Esta práctica, que la tradición remontaba a Samuel y a David,[459] era antigua. Pero los «hombres de la estación» *no* imponían las manos ni sobre el sacrificio matutino ni sobre el vespertino ni sobre ninguna otra ofrenda pública.[460] Su deber era doble: representar a todo Israel en los servicios del santuario y actuar como una especie de guía para los que tuvieran algo que hacer en el Templo. Así, en cierta parte del servicio,

456. Debido a que fue en jueves que Moisés subió al monte Sinaí, y descendió en lunes, cuando recibió por *segunda* vez las tablas de la Ley.

457. Lucas 18:12.

458. Levítico 1:3; 3:2, 8.

459. *Taan.* IV. 2.

460. Las únicas ofrendas *públicas,* con «imposición de manos», eran el macho cabrío de escape en el Día de la Expiación y el becerro cuando la congregación había pecado por ignorancia.

el cabeza del turno conducía a los que habían venido a hacer una expiación por su purificación de cualquier contaminación, y los alineaba junto a la «puerta de Nicanor», preparados para el ministerio de los sacerdotes oficiantes. Los «hombres de la estación» eran dispensados de asistir al Templo en todas las ocasiones en las que se cantaba el *Hallel*,[461] posiblemente debido a que las respuestas del pueblo cuando se cantaba el himno mostraban que no precisaba de representantes oficiales.

Dificultades del calendario

Hasta aquí no hemos examinado las dificultades que experimentarían los que tuvieran la intención de presentarse en Jerusalén debido a la inexistencia de un calendario fijo. Como el año de los hebreos era *lunar*, no solar, consistía solo de 354 días, 8 horas, 48 minutos y 38 segundos. Estos, distribuidos entre doce meses, habrían desordenado totalmente los meses, de modo que el primer mes, o *Nisán* (que se corresponde con el final de marzo o comienzos de abril), en medio del cual debía presentarse al Señor la primera cebada madura, podría haber caído en medio del invierno. Por ello, el sanedrín designó a un comité de tres, del que era siempre presidente el principal del sanedrín, y que, si no era unánime, podía ser aumentado hasta siete, en el que era suficiente con una mayoría de voces, para decidir qué año debía ser hecho bisiesto mediante la introducción de un mes decimotercero. Su resolución[462] era generalmente adoptada en el mes duodécimo (Adar), insertándose el mes adicional (Ve-Adar), o decimotercero, entre el duodécimo y el primero. Un año sabático no podía ser bisiesto, pero el anterior a él siempre lo era. A veces se sucedían dos años bisiestos, pero nunca tres. Generalmente, cada tercer año precisaba de la adición de un mes. Siendo que la duración media del mes judío era de 29 días, 12 horas, 44 minutos y 33,3 segundos, se precisaba, durante un período de diecinueve años, de la inserción de siete meses para hacer que el calendario lunar concordara con el juliano.

La luna nueva

Y esto nos lleva a otra dificultad. Los judíos calculaban el mes siguiendo las fases de la luna, consistiendo cada mes de veintinueve o treinta días, a partir de la aparición de la luna nueva. Pero esto abría un nuevo campo de incertidumbres. Es bien cierto que todos podrían observar por sí mismos la aparición

---

461. Esto tenía lugar, por tanto, en dieciocho días del año. Estos quedarán especificados en un capítulo posterior.

462. La tradición dice que ni el sumo sacerdote ni el rey tomaban parte nunca en estas deliberaciones, el primero porque podía objetar a un año bisiesto porque podría situar el Día de la Expiación en un tiempo más frío; el rey, porque podría desear trece meses, ¡a fin de conseguir trece meses de ingresos por impuestos en un año!

de la luna nueva. Pero también es cierto que dependería en parte de cómo estuviera el clima. Además, no existiría una declaración autorizada de cuál era el comienzo del mes. Y es que no solo debía ser observado el primero de cada mes como «Día de Luna Nueva», sino que las fiestas tenían lugar en el 10 o 15 u otro día del mes, lo que no podía ser determinado con precisión sin un conocimiento cierto de su comienzo. Para suplir esta carencia, el sanedrín se mantenía en sesión en la «Estancia de las Piedras Pulidas» para recibir el testimonio de testigos creíbles que hubieran visto la luna nueva. Para alentar a todos los que se pudiera a que fueran a dar este testimonio de tanta importancia, estos testigos eran agasajados espléndidamente a cargo del erario público. Si la luna nueva aparecía al comienzo del día 30, que se correspondería con nuestro atardecer del 29, ya que los judíos contaban el día de atardecer a atardecer, el sanedrín declaraba que el mes anterior había sido de veintinueve días, o «imperfecto».[463] De inmediato se enviaban hombres a una estación de señales al monte de los Olivos, donde se encendían fuegos y agitaban antorchas, hasta que una llama encendida en un monte en la distancia indicaba que la señal había sido recibida. Así era como las nuevas de que era la luna nueva se transmitían de monte a monte, muy lejos de los límites de Palestina, hasta los de la dispersión, «más allá del río». Si no habían aparecido testigos creíbles para dar testimonio de la aparición de la luna nueva en el atardecer del 29, se tomaba el siguiente atardecer, el del día 30, según *nuestra* cuenta, como comienzo del nuevo mes, en cuyo caso se declaraba que el mes anterior había sido de treinta días, o *«pleno»*. Estaba dispuesto que un año no debía tener menos de cuatro ni más de ocho de estos meses plenos de treinta días.

Los siete mensajeros de la luna nueva

Pero estas tempranas señales con fuego eran susceptibles de un serio inconveniente. Los enemigos de los judíos encendían fuegos para engañar a los que estaban lejos, y se hizo necesario enviar mensajeros especiales para anunciar la luna nueva. Pero estos eran enviados solo siete veces al año, justo a tiempo para las variadas fiestas: en *Nisán,* para la Pascua en el 15, y en el mes siguiente, *Iyar,* para los que habían estado privados de participar en la primera;[464] en *Ab* (el mes quinto), para el ayuno del mes día 9, conmemorando la destrucción de Jerusalén; en *Elul* (el mes sexto), debido a las solemnidades que se avecinaban en el mes de Tisrí. En *Tisrí* (el mes séptimo), por sus festividades; en *Quisleu* (el mes noveno), para la Fiesta de la Dedicación del Templo; y en *Adar,* para el *Purim.* Así quedaban prácticamente eliminadas todas las dificultades, excepto con referencia al mes de *Elul,* por cuanto al ser la luna nueva del mes siguiente, o Tisrí, la «Fiesta de las Trompetas», sería sumamente importante saber a tiempo si *Elul* tenía veintinueve o treinta días. Pero aquí los rabinos decidieron que *Elul* fuera considerado como mes de veintinueve días, a

---

463. La fórmula empleada por el sanedrín al declarar la nueva luna era: «¡Es sagrada!».
464. Números 9:9-11.

no ser que se recibiera orden en contra, y que desde los días de Esdras siempre había sido así, y que por ello el Día de Año Nuevo sería el día después del 29 de *Elul*. Sin embargo, para tener una seguridad completa, pronto se adoptó la práctica de guardar el Día de Año Nuevo en *dos* días sucesivos, y desde entonces ello ha sido extendido a una duplicación de todos los grandes días de fiesta (naturalmente, con la excepción de los ayunos), y ello aunque el calendario quedó fijado desde hace mucho tiempo, y que ya no son posible los errores.

Los nombres de los meses hebreos

Los actuales nombres hebreos de los meses se supone diversamente que se derivan del caldeo o del persa. Desde luego, no aparecen antes del regreso de Babilonia. Antes de esto, los meses se nombraban solo por sus números, o bien por el fenómeno natural característico de las estaciones, como *Abib*, «brotes», «espigas verdes», para el primero;[465] *Zif*, «esplendor», «florecimiento», para el segundo;[466] *Bul*, «lluvia», para el octavo,[467] y *Etanim*, «ríos caudalosos», para el séptimo.[468] Había distinción entre el año *eclesiástico*, que comenzaba con el mes de *Nisán* (el final de marzo o comienzo de abril), o hacia el equinoccio de primavera, y el *civil*, que comenzaba con el mes séptimo, o *Tisrí*, y que se corresponde con el equinoccio de otoño. También muchos suponen que este último solo se originó después del regreso de Babilonia. Pero la analogía de la doble disposición de los pesos y medidas y del dinero en civil y sagrado, y otras observaciones, parecen militar contra esta postura, y es más probable que desde el principio los judíos distinguieran el año civil, que comenzaba en *Tisrí*, del eclesiástico, que comenzaba en *Nisán*, mes desde el que, como primero, se contaban todos los demás. A esta distinción doble añaden los rabinos que para el diezmo de las manadas y de los rebaños el año se contaba de *Elul* a *Elul*, y para el diezmo de los frutos frecuentemente de *Shebat* a *Shebat*.

Las eras empleadas por los judíos

La era más antigua adoptada por los judíos era la que se contaba comenzando desde su liberación de Egipto. Durante los reinados de los reyes judíos, el tiempo se contaba desde el año de su accesión al trono. Después de regresar del exilio, los judíos computaban sus años siguiendo la era seléucida, que comenzó el 312 a. C., o 3.450 desde la creación del mundo. Durante un breve tiempo después de la guerra de independencia, se hizo usual contar las fechas desde el año de la liberación de Palestina. Sin embargo, por un período muy largo desde la destrucción de Jerusalén (probablemente hasta el

---

465. Éxodo 13:4; 23:15; Deuteronomio 16:1.
466. 1 Reyes 6:1.
467. 1 Reyes 6:38.
468. 1 Reyes 8:2.

siglo XII d. C.), siguió usándose comúnmente la era seléucida, hasta ceder el puesto al presente modo de computación entre los judíos, que comienza con la creación del mundo. Para cambiar el año judío en el de nuestra era común tenemos que añadir 3.761 a la misma, pero teniendo siempre en cuenta que el año judío común o civil comienza en el mes de Tisrí, esto es, en otoño.

La semana

La semana se dividía en siete días, de los que sin embargo solo el siete —el sábado— tenía nombre propio, designándose el resto con números. El día se contaba de puesta de sol a puesta de sol, o, más bien, el nuevo día comenzaba a partir de la aparición de las tres primeras estrellas. Antes del cautiverio babilónico se dividía en mañana, mediodía, atardecer y noche; pero durante el cautiverio en Babilonia los hebreos adoptaron la división del día en doce horas, cuya duración variaba con la duración del día. El día más largo era de catorce horas y doce minutos; el más corto, de nueve horas y cuarenta y ocho minutos; la diferencia entre ambos era así de más de cuatro horas. Como promedio, la primera hora del día se correspondía de cerca con las 6 de la mañana de nuestro cómputo; la tercera hora (cuando, según Mt 20:3, estaba llena la plaza del mercado), con las 9 de la mañana; el final de la hora sexta, con nuestro mediodía, mientras que hacia las once el día iba a su ocaso. Los romanos contaban las horas desde la medianoche, hecho que explica la aparente discrepancia en Juan 19:14, donde, a la hora sexta (de cómputo romano), Pilato saca a Jesús ante los judíos, mientras que a la hora tercera, y por ello la novena romana y de nuestro cómputo,[469] fue llevado para ser crucificado. La noche era dividida por los romanos en cuatro guardias, en tres por los judíos. Los judíos subdividían la hora en 1.080 partes *(chlakim)*, y cada parte en setenta y seis momentos.

Para comodidad del lector, adjuntamos un calendario mostrando las fechas de los días festivos:

I. NISÁN

Equinoccio de primavera, fines de marzo o comienzo de abril

DÍAS
1. Luna nueva.
14. La preparación para la Pascua y el sacrificio pascual.
15. Primer día de la Fiesta de los Panes sin Levadura.
16. Mecido del primer Omer maduro.
21. Fin de la Pascua.

---

469. Marcos 15:25.

II. IYAR

DÍAS
1. Luna nueva.
12. «Segunda» o «pequeña» Pascua.
18. Lag-le-Omer, o 33.ᵉʳ día en Omer, esto es, desde la presentación de la primera gavilla ofrecida en el 2.º día de la Pascua, el 15 de Nisán.

III. SIVÁN

DÍAS
1. Luna nueva.
6. Fiesta de Pentecostés, o de las Semanas —7 semanas, o 50 días después del comienzo de la Pascua, cuando se «mecían» las dos hogazas del primer trigo maduro, y conmemoración también de la promulgación de la Ley en el monte Sinaí.

IV. TAMMUZ

DÍAS
1. Luna nueva.
17. Ayuno —toma de Jerusalén en el 9 por Nabucodonosor (y en el 17, por Tito). Si el 17 cae en sábado, el ayuno es observado al día siguiente.

V. AB

DÍAS
1. Luna nueva.
9. Ayuno — (Triple) destrucción del Templo.

VI. ELUL

DÍAS
1. Luna nueva.

VII. TISRÍ

Comienzo del año civil
DÍAS
1 y 2. Fiesta de Año Nuevo.
3. Ayuno por el asesinato de Gedalías.
10. Día de la Expiación; gran ayuno.
15. Fiesta de los Tabernáculos.
21. Clausura de la anterior.
22. Octavo de la Fiesta de los Tabernáculos. (En las sinagogas, en el 23, fiesta al término anual de la lectura de la Ley).

VIII. MARCHESVÁN O CHESHVÁN

Días
1. Luna nueva.

IX. QUISLEU

Días
1. Luna nueva.
25. Fiesta de la Dedicación del Templo, o de las Luces, de ocho días de duración, en recuerdo de la restauración del Templo después de la victoria conseguida por Judas Macabeo (148 a. C.) sobre los sirios.

X. TEBETH

Días
1. Luna nueva.
10. Ayuno debido al sitio de Jerusalén.

XI. SHEBAT

Días
1. Luna nueva.

XII. ADAR[470]

Días
1. Luna nueva.
13. Ayuno de Ester. Si caía en sábado, se observaba el jueves anterior.
14. Purim, o Fiesta de Amán.
15. El Purim propio.

---

470. El *Megillath Taanith* («rollo de ayunos»), probablemente el más antiguo registro post-bíblico arameo preservado (aunque contiene interpolaciones posteriores), enumera treinta y cinco días al año en los que *no* se permite el ayuno, y principalmente tampoco el duelo público. ¡Uno de estos es el día de la muerte de Herodes! Esta interesante reliquia histórica ha sido críticamente examinada últimamente por escritores como Derenbourg y Grätz. Después de su exilio parece que las diez tribus, o al menos sus descendientes, parecen haber fechado los acontecimientos a partir de aquella fecha (696 a. C.). Ello es evidente por las inscripciones en las lápidas de los judíos de Crimea, que se ha demostrado que descendían de las diez tribus. (Comp. Davidson en Kitto, *Cyclopaedia*, III., 1173).

XI
LA PASCUA

«Purificaos, pues, de la vieja levadura, para que seáis nueva masa, sin levadura como sois; porque nuestra pascua, que es Cristo, ya fue sacrificada por nosotros» (1 Corintios 5:7).

La Pascua

El ciclo de las festividades del Templo se abre propiamente con «la Pascua» y la «Fiesta de los Panes sin Levadura». Porque, hablando con propiedad, estas dos fiestas son del todo distintas,[471] teniendo lugar la «Pascua» el 14 de Nisán y comenzando la «Fiesta de los Panes sin Levadura» el 15, durando siete días, hasta el 21 del mismo mes.[472] Pero por su estrecha relación se las trata generalmente como una sola, tanto en el Antiguo como en el Nuevo Testamento;[473] y Josefo, en una ocasión, incluso lo describe como «una fiesta de ocho días».[474]

Sus peculiaridades

Hay peculiaridades acerca de la Pascua que la señalan como la fiesta más importante, y que desde luego la hacen salir de la línea de las otras fiestas. Era la primera de las tres fiestas en las que todos los varones israelitas debían comparecer ante el Señor en el lugar que Él eligiera (siendo las otras dos la fiesta de las Semanas y la de los Tabernáculos).[475] Las tres grandes fiestas tenían todas una referencia triple. Señalaban, primero, la estación del año, o más bien el goce de los frutos de la buena tierra que el Señor le había dado a su pueblo como posesión, pero de la que Él vindicaba para sí mismo ser el

---

471. Levítico 23:5, 6; Números 28:16, 17; 2 Crónicas 30:15, 21; Esdras 6:19, 22; Marcos 14:1.
472. Éxodo 12:15.
473. Mateo 26:17; Marcos 14:12; Lucas 22:1.
474. *Antigüedades,* II, 15:1; pero comparar III, 10:5; IX, 13:3.
475. Éxodo 23:14; 34:18-23; Levítico 23:4-22; Deuteronomio 26:16.

verdadero dueño.[476] Esta referencia a la naturaleza queda expresamente declarada con respecto a la fiesta de las Semanas y a la de los Tabernáculos,[477] pero, aunque no es menos distintiva, se omite en relación con la Fiesta de los Panes sin Levadura. Por otra parte, se da gran prominencia al sentido histórico de la Pascua, mientras que este no es mencionado en las otras dos fiestas, aunque no podía estar totalmente ausente. Pero la Fiesta de los Panes sin Levadura celebraba el gran acontecimiento que subyacía en toda la historia de Israel, marcando a la vez su liberación milagrosa de la destrucción y del cautiverio, y el comienzo de su existencia como nación. Porque fue en la noche de la Pascua que los hijos de Israel, milagrosamente preservados y liberados, vinieron a ser pueblo por primera vez, y ello por medio de la interposición directa de Dios. El tercer sentido de todas las fiestas, pero especialmente el de la Pascua, es el tipológico. Cada lector del Nuevo Testamento sabe lo frecuentes que son las alusiones al éxodo, al cordero pascual y a la Fiesta de los Panes sin Levadura. Y el hecho de que este significado lo tenía desde el principio, y no solo con referencia a la Pascua, sino a todas las fiestas, aparece de todo el designio del Antiguo Testamento, y de la exacta correspondencia entre los tipos y los antitipos. Y en verdad, por así decirlo, está impuesto sobre el Antiguo Testamento por una ley de necesidad interna. Porque cuando Dios ligó el futuro de todas las naciones en la historia de Abraham y de su simiente,[478] hizo profética aquella historia; y cada acontecimiento y cada rito devinieron, por así decirlo, como un brote, destinado a abrirse en flor y a madurar en fruto en aquel árbol bajo cuya sombra debían ser reunidas todas las naciones.

Naturaleza especial de la Pascua

Así, la *naturaleza, historia y gracia* se combinan para dar un sentido especial a las fiestas, pero principalmente a la de la Pascua. Era la fiesta de la primavera; la primavera de la naturaleza, cuando, después de la muerte del invierno, las semillas esparcidas nacían a una nueva cosecha, y podía presentarse la primera gavilla madura al Señor, la primavera también de la historia de Israel, cuando cada año la nación celebraba su cumpleaños nacional; y la primavera de la gracia, señalando su gran liberación nacional al nacimiento del verdadero Israel, y el sacrificio de la pascua a aquel «Cordero de Dios que quita el pecado del mundo». Por ello, el mes de la Pascua, Abib, o, como fue llamado en tiempos posteriores, Nisán,[479] debía ser para ellos «comienzo de meses», el mes natal del año sagrado, y al mismo tiempo el séptimo del civil. Aquí volvemos a observar la significación del *siete* como el número sagrado o del pacto. Por otra parte, la Fiesta de los Tabernáculos, que cerraba el ciclo festivo, tenía lugar en el 15 del mes séptimo del año sagrado, que era también

---

476. Levítico 25:23; Salmo 85:1; Isaías 8:8; 14:2; Oseas 9:3.
477. Éxodo 23:14-16; 34:22.
478. Génesis 12:3.
479. Abib es el mes de «brotes» o de «espigas verdes». Ester 3:7; Nehemías 2:1.

el primero del civil. Y tampoco es menos significativo que tanto la Pascua como la Fiesta de los Tabernáculos cayeran en el día 15 del mes; esto es, en luna llena, o cuando el mes había alcanzado, por así decirlo, toda su fuerza.

Origen del nombre

El nombre de la Pascua, en hebreo *Pesach,* y en arameo y griego *Pascha,* deriva de una raíz que denota «pasar por alto» o «saltarse», y señala así el origen histórico de la festividad.[480] Pero las circunstancias en las que la gente se encontraba hicieron necesariamente que su primera celebración difiriera, en algunos detalles, de su posterior observancia, que, hasta allí donde fue posible, fue armonizada con la práctica general del Templo. Por ello, las autoridades judías distinguen correctamente entre «la Pascua Egipcia» y «la Permanente». En su primera institución, se ordenó que el cabeza de cada casa seleccionara, el 10 de Nisán, bien un cordero, bien un cabrito del primer año y sin defecto. Las posteriores ordenanzas judías, que datan de después del regreso de Babilonia, lo limitan a un cordero; y se explica que los cuatro días antes de la inmolación del cordero hacían referencia a las cuatro generaciones transcurridas después que los hijos de Israel descendieran a Egipto. El cordero debía ser inmolado en la víspera del 14, o, más bien, tal como es la frase, «entre las dos tardes».[481] Según los samaritanos, los judíos caraítas y muchos intérpretes modernos, esto significa entre la puesta del sol y la oscuridad total (digamos que entre las seis y las siete de la tarde); pero según el testimonio coetáneo de Josefo,[482] y de las autoridades talmúdicas, no puede abrigarse duda alguna acerca de que, en tiempos de nuestro Señor, se consideraba como el intervalo entre el comienzo del declinar del sol y su total desaparición. Esto permite un tiempo suficiente para los numerosos corderos que debían ser inmolados, y concuerda con el relato tradicional de que en la víspera de la Pascua el sacrificio vespertino diario se ofrecía una hora antes del tiempo usual, o dos si caía en viernes.

La institución de la Pascua

En la institución original, la sangre del sacrificio debía ser rociada con hisopo sobre el dintel y los dos postes de la puerta de la casa, probablemente al ser el lugar de entrada más destacado. Luego se debía asar el animal entero, sin romper ningún hueso del mismo, y debía comer de él cada familia, o, si la familia era muy pequeña, dos familias vecinas, junto con pan sin levadura y hierbas amargas, para simbolizar la amargura de su servidumbre y la urgencia de su liberación, y también para señalar al futuro a la manera en que el verdadero Israel debía tener

---

480. Éxodo 12.
481. Éxodo 12:6; Levítico 23:5; Números 9:3, 5.
482. *Guerras de los judíos,* VI, 9:3.

en todo tiempo comunión en el Cordero pascual.[483] Todos los circuncidados debían participar de esta comida, y ello dispuestos como para un viaje; y todo lo que no se consumiera debía ser quemado allí mismo. Estas instrucciones con respecto a la Pascua fueron posteriormente modificadas durante la peregrinación por el desierto en el sentido de que todos los varones debían comparecer «en el lugar que Jehová escogiere», y allí a la vez sacrificar y comer el cordero o cabrito, llevando al mismo tiempo también otra ofrenda con ellos.[484] Por último, se ordenaba que si alguien estaba contaminado para el tiempo de la Pascua, o «de viaje lejos», que la celebrara un mes más tarde.[485]

La *Misná*[486] contiene las siguientes como las distinciones entre la pascua «egipcia» y la «permanente»: «La pascua egipcia fue seleccionada en el día 10, y la sangre se esparció con un manojo de hisopo sobre el dintel y los dos postes de la puerta, y se tuvo que comer apresuradamente en la primera noche; pero la pascua permanente se observa los siete días, esto es, el uso de los panes sin levadura fue ordenado, en aquella primera observancia, solo en la primera noche, aunque, debido al apresuramiento de Israel, debe haber sido para Israel el único pan disponible; mientras que después su uso exclusivo fue ordenado para toda la semana. De manera similar, el viaje de los hijos de Israel comenzó el 15 de Nisán, mientras que en tiempos posteriores este día era observado como una fiesta con el carácter de un sábado».[487] A estas distinciones se añaden también las siguientes:[488] en Egipto, la Pascua se seleccionó en el 10, y se inmoló en el 14, y no incurrieron en la pena del «cortamiento» debido a la Pascua, como en generaciones posteriores; de la pascua egipcia se dijo: «Él y su vecino inmediato a su casa tomarán», mientras que después la compañía en la Pascua podía ser escogida indiscriminadamente; en Egipto no se ordenó que la sangre fuera rociada y la grasa quemada en el altar, como después; en la primera Pascua se ordenó: «Ninguno de vosotros salga de las puertas de su casa hasta la mañana», lo que no se aplicaba a tiempos posteriores; en Egipto, la pascua fue inmolada por cada uno de ellos en su propia casa, mientras que posteriormente era inmolada por todo Israel en un lugar, finalmente, en el primer caso se quedaban allí donde comían la pascua, mientras que después podían comerla en un lugar y alojarse en otro.

Registros de la fiesta en la Escritura

La Escritura registra que la Pascua fue observada el segundo año después del éxodo,[489] y ya no más hasta que los israelitas llegaron a la tierra prometida;[490] pero, como observan correctamente los comentaristas judíos, esta interrupción

---

483. 1 Corintios 5:7, 8.
484. Éxodo 34:18-20; Deuteronomio 16:2, 16, 17.
485. Números 9:9-11.
486. *Pes.* IX, 5.
487. Éxodo 12:16; Levítico 23:7; Números 28:18.
488. *Tos. Pes.* VIII.
489. Números 9:1-5.
490. Josué 5:10.

fue dirigida por el mismo Dios.[491] Después de esto, las celebraciones públicas de la Pascua se mencionan solo una vez durante el reinado de Salomón,[492] otra vez bajo el de Ezequías,[493] en tiempos de Josías,[494] y una vez más tras el regreso de Babilonia bajo Esdras.[495] Por otra parte, aparece en las profecías de Ezequiel[496] una alusión sumamente expresiva del significado de la sangre de la Pascua, como si asegurase inmunidad a la destrucción, donde «el varón vestido de lino» recibe la orden de «poner una marca sobre las frentes» de los piadosos (como la marca de la primera Pascua), para que los que debían «matar a viejos, jóvenes y doncellas» ni se «acercaran» a ellos. La misma orden simbólica aparece en el libro de Apocalipsis,[497] con respecto a aquellos que han sido «sellados en sus frentes» como «siervos de nuestro Dios».

Celebraciones posteriores

Pero la inferencia de que la Pascua se celebró solo en las ocasiones mencionadas en la Escritura parece poco justificada ante el hecho de que en tiempos posteriores fuera observada tan puntillosa y universalmente. Podemos hacernos una idea suficientemente precisa de todas las circunstancias que la acompañaban en tiempos de nuestro Señor. En el 14 de Nisán, todo israelita físicamente capaz y que no estuviera en estado de impureza levítica, y que no viviera a más de 24 kilómetros (15 millas) de la ciudad, debía comparecer en Jerusalén. Aunque las mujeres no estaban legalmente obligadas a acudir, sabemos por la Escritura,[498] y por las normas establecidas por las autoridades judías,[499] que esta era la práctica común. Y en verdad era un tiempo gozoso para todo Israel. De todas partes de la tierra y de países extranjeros llegaban los grupos de peregrinos festivos, cantando sus salmos de peregrinaje, y llevando consigo holocausto y ofrendas de paces, según el Señor les hubiera bendecido; porque nadie podía comparecer ante Él con las manos vacías.[500] Lo grande que era el número de adoradores puede colegirse de Josefo, que dice que cuando Cestius pidió al sumo sacerdote que hiciera un censo, a fin de convencer a Nerón de la importancia de Jerusalén y de la nación judía, se descubrió que el número de corderos inmolados había sido de 256.500, lo que, contando un mínimo de 10 personas por cada cordero pascual, daría una población de 2.565.000 personas, o, como Josefo dice, de 2.700.200 personas, mientras que en una ocasión anterior (65 d. C.) calcula el número

491. Éxodo 12:25; 13:5.
492. 2 Crónicas 8:13.
493. 2 Crónicas 30:15.
494. 2 Reyes 23:21.
495. Esdras 6:19.
496. Ezequiel 9:4-6.
497. Apocalipsis 7:2, 3; 9:4.
498. 1 Samuel 1:3-7; Lucas 2:41, 42.
499. Josefo, *Guerras,* VI, 9:3; y *Misná Pes.* IX, 4, por ejemplo.
500. Éxodo 23:15; Deuteronomio 16:16, 17.

presente como no inferior a tres millones.[501] Naturalmente, muchos de estos peregrinos deben haber acampado fuera de las murallas de la ciudad.[502] Los que se alojaban dentro de sus murallas eran hospedados gratuitamente, y a cambio dejaban a sus anfitriones las pieles de los corderos de la Pascua y las vasijas que habían empleado en sus servicios sagrados. En una «compañía» festiva así iban a esta fiesta y volvían de ella los padres de Jesús «cada año», llevando consigo a su santo hijo con ellos, después que él hubiera llegado a los doce años de edad —en estricta observancia de la ley rabínica (*Yoma*, 82 a)—, ocasión en la que se quedó atrás, «sentado en medio de los maestros, no solo escuchándoles, sino también haciéndoles preguntas».[503] Sabemos que el mismo Señor asistió después a la fiesta de la Pascua, y que en la última ocasión fue agasajado hospitalariamente en Jerusalén, aparentemente por un discípulo,[504] aunque parece haber tenido la intención de pasar la noche fuera de las murallas de la ciudad.[505]

Los preparativos para la Pascua

Pero los preparativos de la Pascua habían comenzado mucho antes del 14 de Nisán. Ya un mes antes (el 15 de Adar) se había emprendido la reparación de puentes y caminos para uso de los peregrinos. Este era también el tiempo de administrar la bebida de prueba a la mujer sospechosa de adulterio, para quemar la vaca alazana y para horadar los oídos de los que quisieran permanecer en servidumbre. En resumen, para hacer toda clase de preparativos preliminares antes del comienzo de la estación festiva. Uno de estos preparativos es especialmente interesante por cuanto recuerda las palabras del Salvador. Por lo general, los cementerios se encontraban fuera de las ciudades; pero todo cuerpo encontrado en el campo debía ser sepultado (según una ordenanza que la tradición remonta a Josué) en el mismo lugar en el que hubiera sido descubierto. Pero como los peregrinos festivos corrían el riesgo de contraer «contaminación» por un contacto involuntario con estos sepulcros, se ordenaba que todos los «sepulcros» fueran «blanqueados» un mes antes de la Pascua. Fue por ello, evidentemente con referencia a lo que vio que estaba sucediendo a su alrededor en el momento en que habló, que Jesús acusó a los fariseos de ser semejantes a «sepulcros blanqueados, que por fuera, a la verdad, aparecen hermosos, mas por dentro están llenos de huesos de muertos y de toda inmundicia».[506] Luego, dos semanas antes de la Pesach, y en el tiempo

---

501. *Guerras,* VI, 9:3; II, 14:3. Estos cálculos, al provenir de documentos oficiales, difícilmente pueden haber sido exagerados. Además, Josefo se previene expresamente contra esta acusación.

502. Es de sumo interés que el Talmud *(Pes.* 35) mencione de manera expresa Betfagé y Betania como célebres por la hospitalidad con la que acogían a los peregrinos festivos.

503. Lucas 2:41-49.

504. Mateo 26:18; Marcos 14:12-16; Lucas 22:7-13.

505. Mateo 26:30, 36; Marcos 14:26, 32; Lucas 22:39; Juan 18:1.

506. Mateo 23:27.

correspondiente antes de los otros dos grandes festivales, se debían diezmar los rebaños y las manadas, y también abrirse y vaciarse públicamente los cepillos de la tesorería del Templo. Finalmente, sabemos que «muchos subían de aquella región a Jerusalén antes de la Pascua para purificarse».[507] Es esta práctica que encuentra su aplicación espiritual con respecto a la mejor Pascua, cuando, en palabras de san Pablo,[508] «cualquiera que coma este pan o beba esta copa del Señor indignamente será culpable del cuerpo y de la sangre del Señor. Por tanto, examínese cada uno a sí mismo, y coma entonces del pan, y beba de la copa».

La moderna sinagoga designa el sábado antes de la Pascua como «el Gran Sabbath», prescribiendo oraciones particulares y una instrucción especial con vistas a la fiesta que se avecina. Porque, según la tradición judía, en la institución original de la Pascua,[509] el 10 de Nisán, el día en que debía seleccionarse el sacrificio, había caído en sábado. Pero no hay evidencias de que ni el nombre ni la observancia de este «Gran Sabbath» estuviera en vigor en tiempos de nuestro Señor, aunque se ordenaba enseñar a la gente en las sinagogas acerca de la Pascua durante el mes que precedía a la festividad. Existe también una significativa tradición de que algunos seleccionaban su cordero sacrificial cuatro días antes de la Pascua, y que lo guardaban atado en un lugar visible, para que les recordara constantemente el servicio que se avecinaba.

Las tres cosas

Ya hemos explicado que según los rabinos[510] se implicaban tres cosas en el mandamiento festivo de «comparecer ante el Señor»: «Presencia», la «Chagigah» y «gozo». En su especial aplicación a la Pascua, el primero de estos términos significaba que cada uno de ellos debía subir a Jerusalén y ofrecer un holocausto, si fuera posible en el primer día de la fiesta, o en todo caso en uno de los otros seis. Este holocausto debía ser tomado solo de «Cholin» (o cosas profanas), esto es, de las que ya no pertenecieran al Señor, bien como diezmos, primicias o cosas dedicadas, etc. La Chagigah, que era estrictamente una ofrenda de paces, podía ser doble. La primera Chagigah se ofrecía el 14 de Nisán, el día del sacrificio de la Pascua, y constituía después parte de la cena pascual. La segunda Chagigah se ofrendaba el 15 de Nisán, el primer día de la Fiesta de los Panes sin Levadura. Es en esta segunda Chagigah en la que los judíos tenían temor de no poder comer si se contaminaban en el atrio de Pilato.[511] Con referencia a la primera Chagigah, la *Misná* establece la norma de que solo debía ofrecerse si el día de la Pascua caía en día de entre semana, no en sábado, y si el cordero de la Pascua solo no pudiera ser suficiente para dar

---

507. Juan 11:55.
508. 1 Corintios 11:27, 28.
509. Éxodo 12:3.
510. *Chag.* II. 1; VI, 2.
511. Juan 18:28.

una cena satisfactoria a la compañía que se reunía a su alrededor.[512] Como en el caso de todas las otras ofrendas de paces, parte de esta Chagigah podía ser guardada, aunque no por más de una noche y dos días desde su sacrificio. Al ser una ofrenda voluntaria, era legítimo presentarla de cosas sagradas (como diezmos de los rebaños). Pero la Chagigah para el 15 de Nisán era obligatoria, y por ello tenía que ser traída como «Cholin». El tercer deber que correspondía a los que comparecían a la fiesta era «el gozo». Esta expresión, como hemos visto, se refería simplemente al hecho de que, según sus medios, todo Israel debía ofrecer con corazón gozoso, a lo largo de esta festividad, ofrendas de paces, que podían ser escogidas de las cosas sagradas.[513] Así, los sacrificios que cada israelita debía ofrecer en la Pascua eran, además de su parte en el cordero de la Pascua, un holocausto, la Chagigah (una o dos) y ofrendas de gozo: todo tal como Dios hubiera bendecido a cada casa. Como se ha dicho en el anterior capítulo, los veinticuatro turnos en los que estaban ordenados los sacerdotes ministraban en el Templo en esta y las otras grandes fiestas, y se distribuían entre ellos lo que les tocara de los sacrificios festivos y del pan de la proposición. Pero el turno que estuviera de guardia en su propio orden aquella semana era el único en ofrecer todos los sacrificios votivos, voluntarios y los públicos para toda la congregación, como los de la mañana y los de la tarde.[514]

Preparativos especiales

Los preparativos especiales para la Pascua se iniciaban en el atardecer del 13 de Nisán, con el que comenzaba, según el cómputo judío, el 14, contándose siempre el día de ocaso a ocaso.[515] Entonces el cabeza de familia debía buscar con una lámpara encendida por todos los lugares donde generalmente se guardaba la levadura, y poner la que hubiera encontrado en la casa a buen recaudo, de donde no se pudiera tomar ninguna porción de ella por accidente. Antes de hacer esto, oraba: «Bendito seas Tú, Jehová, nuestro Dios, Rey del Universo, que nos has santificado por tus mandamientos, y nos has mandado que eliminemos la levadura». Y después de ello decía: «Toda la levadura que está en mi

---

512. *Pes.* VI. 4.
513. Deuteronomio 27:7.
514. *Succah*, V, 7.
515. El artículo en la *Cyclopaedia* de Kitto (3a. edición), vol. III, pág. 425, llama a este día «la preparación para la Pascua», confundiéndolo con Juan 19:14. Pero desde la sobretarde del 14 al 15 nunca recibe en los escritos judíos «la preparación para», sino «la víspera de la Pascua». Además, el período descrito en Juan 19:14 fue después, no antes, de la Pascua. Las notas del deán Alford acerca de este pasaje, y sobre Mateo 26:17, sugieren un número de dificultades innecesarias, y contienen inexactitudes, todo ello debido a un insuficiente conocimiento de las autoridades hebreas. Al tratar de llegar a una cronología exacta de estos días, se debe recordar siempre que la Pascua se sacrificaba entre las tardes del 14 y del 15 de Nisán; esto es, antes del final del 14 y del comienzo del 15 mismo (esto es, según el cómputo judío: el día comenzaba cuando se hacían visibles las primeras estrellas). «La preparación» en Juan 19:14 significa, como en el versículo 31, el día de preparación para el sábado, y la «Pascua», como en 18:39, la semana de la Pascua.

posesión, la que he visto y la que no he visto, sea anulada, sea contada como el polvo de la tierra». La búsqueda misma debía ser llevada a cabo en perfecto silencio y con una luz encendida. Es a esta búsqueda que puede haberse referido el apóstol con su amonestación a purificarse «de la vieja levadura».[516] La tradición judía ve ahí una referencia a esta búsqueda con candelas en Sof 1:12: «Acontecerá en aquel tiempo que yo escudriñaré a Jerusalén con linterna». Si la levadura no hubiera sido eliminada en el anochecer del 13, podía hacerse aún por la mañana del 14 de Nisán. La cuestión de qué era lo que constituía levadura se solucionó de esta manera. Las tortas sin levadura, que debían ser el único pan empleado durante la fiesta, podían ser hechas con cuatro clases de grano: trigo, cebada, escanda, avena y centeno, preparándose las tortas antes que comenzara la fermentación. Todo lo que estuviera preparado con estas cinco clases de grano —pero solo de estos— entraría dentro de la categoría de «levadura», esto es, si se amasaba con agua, pero no si se hacía con cualquier otro fluido, como licor de fruta, etc.

Se puede decir que temprano por la mañana del 14 de Nisán había comenzado la fiesta de la Pascua. En Galilea no se hacía ningún trabajo en todo el día; en Judea se continuaba hasta mediodía, pero con la norma de que no se podía dar comienzo a ningún trabajo, aunque el que estuviera ya iniciado podía ser continuado. La única excepción de ello era en caso de los sastres, barberos y los dedicados a la lavandería. Ya no era lícito comer levadura ni antes del mediodía del 14. La opinión más estricta fija las 10 de la mañana como la última hora en que se podía comer levadura, y la más laxa a las once. Desde esta hora hasta las doce entraba en vigor la abstinencia de la levadura, mientras que a las doce se destruía solemnemente, bien quemándola, bien sumergiéndola en agua, bien esparciéndola en el viento. Para asegurar una estricta obediencia y uniformidad, se daba a conocer de esta manera el tiempo exacto para la abstinencia y para la destrucción de la levadura: «Ponían dos tortas profanas de una ofrenda de acción de gracias sobre el banco en el porche (del Templo). Mientras estuvieran allí, todos podían comer (leudado); cuando una de ellas era quitada, se abstenían de comer, pero no quemaban (la levadura); cuando ambas habían desaparecido, todos quemaban (la levadura)».[517]

Selección del cordero

El siguiente acto era la selección de un cordero pascual adecuado, el cual, naturalmente, debía estar exento de defectos, y ni menor de ocho días ni mayor de exactamente un año. Cada cordero pascual debía servir para una «compañía», que debía consistir de no menos de diez ni más de veinte personas. La compañía en «la cena pascual del Señor» estaba constituida por Él mismo y sus discípulos. Dos de ellos, Pedro y Juan, habían sido enviados temprano para «preparar la Pascua», esto es, para que se cuidaran de todo lo necesa-

516. 1 Corintios 5:7.
517. *Pes.* I. 5.

rio para la debida observancia de la cena de la Pascua, especialmente de la compra y sacrificio del cordero pascual. Es probable que lo compraran en la Ciudad Santa, aunque no, como sucedía en la mayor parte de los casos, dentro del mismo atrio del Templo, donde los sacerdotes efectuaban un comercio sustancioso y provechoso. Porque el Señor Jesús se había enfrentado con esta práctica hacía solo pocos días, cuando «echó fuera a todos los que vendían y compraban en el Templo, y volcó las mesas de los cambistas»,[518] ante el asombro e indignación de los que se resentían intensamente de su interferencia con la autoridad que ellos ostentaban y las ganancias que conseguían.[519]

La inmolación del cordero

Mientras que el Salvador seguía esperando con los otros discípulos fuera de la ciudad, Pedro y Juan estaban llevando a cabo los preparativos. Siguieron a la abigarrada muchedumbre, todos llevando sus corderos para el sacrificio al monte del Templo. Aquí quedaron agrupados en tres secciones. El sacrificio de la tarde ya había sido ofrecido. Por lo general, era inmolado a las 2.30 de la tarde y ofrecido alrededor de las 3.30. Pero en la víspera de la Pascua, como hemos visto, era inmolado una hora antes; y si el 14 de Nisán caía en viernes —o más bien desde la puesta del sol del jueves hasta la puesta del sol del viernes—, se hacía dos horas antes, para evitar cualquier violación innecesaria del sábado. En la ocasión a la que hacemos referencia, el sacrificio de la tarde habría sido inmolado a la 1.30 y ofrecido a las 2.30. Pero antes de quemar el incienso o de despabilar las lámparas, se tenía que ofrecer el sacrificio de la Pascua.[520] Se hacía de esta manera: la primera de las secciones de festejantes, con sus corderos pascuales, era admitida dentro del atrio de los Sacerdotes. Cada división debía consistir de no menos de treinta personas (3 x 10, el número simbólico de lo divino y de lo completo). De inmediato se cerraban las enormes puertas detrás de ellos. Los sacerdotes daban un triple toque con sus trompetas de plata cuando la pascua era inmolada. En conjunto, la escena era de lo más impresionante. Todo a lo largo del atrio hasta el altar del holocausto los sacerdotes esperaban en dos filas, la primera sosteniendo cuencos de oro, y la segunda, de plata. En estos cuencos era recogida por un sacerdote la sangre de los corderos pascuales, que cada israelita sacrificaba por sí mismo (como representante de su compañía en la cena pascual), y el sacerdote pasaba el cuenco a un colega suyo, recibiendo luego otro cuenco vacío, y así iban siendo pasados los cuencos con la sangre al sacerdote en el altar, que la echaba en un chorro a la base del altar.

---

518. Mateo 21:13, 21.
519. Juan 2:13-18.
520. Según el Talmud, «el sacrificio diario (de la tarde) precede al del cordero de la Pascua; el cordero pascual a la ofrenda de incienso, el incienso a la despabilación de las lámparas (para la noche)».

Mientras esto iba así, se levantaba un solemne «himno» de alabanza, conduciendo los levitas en el cántico, mientras que los oferentes o bien lo repetían tras ellos, o bien respondían. Cada primera línea de un salmo era repetida por el pueblo, mientras que a cada una de las otras respondían con un «Aleluya» o «Alabad a Jehová». Este servicio de cántico consistía en el llamado «Hallel», que comprendía los Salmos 113 a 118. Así:

Los levitas comenzaban: *«Hallelu Jah»* (Alabad a Jah).
El pueblo repetía: *«Hallelu Jah»*.
Los levitas: «Alabad *(Hallelu)*, siervos de Jehová».
El pueblo respondía: *«Hallelu Jah»*.
Los levitas: «Alabad *(Hallelu)* el nombre de Jehová».[521]
El pueblo respondía: *«Hallelu Jah»*.

De manera similar, cuando se concluían los Salmos 113-114:

Los levitas: «Cuando Israel salió de Egipto».
El pueblo repetía: «Cuando Israel salió de Egipto».
Los levitas: «La casa de Jacob de un pueblo de lengua extraña».
El pueblo respondía: «Hallelu Jah».

Y de la misma manera, repitiendo cada primera línea y respondiendo al resto, hasta que llegaban al Salmo 118, en el que, además de la primera, el pueblo también repetía estas tres líneas (vv. 25, 26):

«Oh Jehová, sálvanos ahora, te ruego».
«Te ruego, oh Jehová, que nos hagas prosperar ahora»; y:
«Bendito el que viene en el nombre de Jehová».

¿No podría ser que fuese con este solemne e impresionante «himno» que se corresponde el cántico del Aleluya de la Iglesia redimida en el cielo, como se describe en Ap 19:1, 3, 4, 6?

El «Hallel»

El cántico del «Hallel» en la Pascua se remonta a una antigüedad muy remota. El Talmud se dedica a la cuestión de su peculiar idoneidad para este objeto, por cuanto no solo registra la bondad de Dios para con Israel, sino especialmente su liberación de Egipto, y por ello se abría apropiadamente con la frase «Alabad, siervos de Jehová» —y ya no más siervos de Faraón—. Por esto también este «Hallel» es llamado el «Egipcio» o «Común», para distinguirlo del gran «Hallel», que se cantaba en raras ocasiones, y que comprendía

---

521. Salmo 113.

los Salmos 120 a 136. Según el Talmud, el Hallel registraba cinco cosas: «La salida de Egipto, la división del mar, la promulgación de la ley, la resurrección de los muertos y la parte del Mesías». El «Hallel» egipcio, puede añadirse aquí, era cantado en total en dieciocho días y en una noche a lo largo del año. Estos dieciocho días eran el del sacrificio de la Pascua, la fiesta de Pentecostés y cada uno de los ocho días de la Fiesta de los Tabernáculos y de la dedicación del Templo. La única noche en que era recitado era la de la cena pascual, cuando era cantado por cada compañía pascual en sus casas, de una manera que se explicará más adelante.

La finalización del servicio

Si el «Hallel» había concluido antes de terminar el servicio de una división, se repetía una segunda, y en caso necesario, incluso una tercera vez. La *Misná* señala que como el Gran Atrio estaba abarrotado con las primeras dos secciones, raras veces sucedía que fueran más allá del Salmo 116 antes de terminar los servicios de la tercera sección. Luego, los sacrificios eran colgados en ganchos por todo el atrio, o tendidos sobre estacas que reposaban sobre los hombros de dos hombres (en sábado no eran puestos sobre estas estacas), y luego desollados, quitándoseles las entrañas, y la grosura de dentro se separaba, se ponía en un plato, se salaba y se ponía en el fuego del altar del holocausto. Esto completaba el sacrificio. Despedida la primera sección de los oferentes, entraba la segunda, y finalmente la tercera, llevándose a cabo el servicio exactamente de la misma manera. Luego todo el servicio finalizaba quemando el incienso y despabilando las lámparas para la noche.

Cuando todo había terminado en el Templo, los sacerdotes fregaban el Gran Atrio, en el que se había derramado tanta sangre sacrificial. Pero esto no se hacía si la pascua había sido inmolada en sábado. En tal caso, también, las tres divisiones esperaban, la primera en el atrio de los Gentiles, la segunda en el Chel y la tercera en el Gran Atrio, a fin de no llevar innecesariamente sus cargas en el sábado.

Pero como norma general los servicios religiosos de la Pascua, como todas las normas religiosas positivas, «invalidaban el sábado». En otros respectos, la Pascua, o más bien el 15 de Nisán, debía ser observado como un sábado, sin permitirse ninguna clase de trabajo. Había, sin embargo, una excepción de gran importancia para esta regla. Se permitía la preparación de los artículos necesarios para la comida en el 15 de Nisán. Esto explica cómo las palabras de Jesús a Judas durante la cena pascual (no la del Señor) pudieron ser mal entendidas por los discípulos como si implicase que Judas, «que tenía la bolsa», debía comprar «lo que necesitamos para la fiesta».[522]

---

522. Juan 13:29.

La celebración de la Pascua por el Señor

Fue probablemente al comenzar el sol a declinar en el horizonte que Jesús y los otros diez discípulos descendieron otra vez al monte de los Olivos hacia la Santa Ciudad. Delante de ellos yacía Jerusalén en su atavío de fiesta. Todo a su alrededor había peregrinos que se apresuraban hacia ella. Blancas tiendas salpicaban la hierba, adornada con las coloridas flores de comienzos de primavera, o se entreveían en los huertos y entre el más oscuro follaje de las plantaciones de olivares. Desde los hermosos edificios del Templo, resplandecientes con su blanco mármol y rico oro, sobre los que se reflejaban los oblicuos rayos del sol, subía el humo del altar de los holocaustos. Estos atrios estaban ahora cubiertos de anhelantes adoradores, ofreciendo por última vez, en su verdadero sentido, sus corderos pascuales. Las calles deben haber estado rebosantes de extraños, y los terrados planos cubiertos de mirones ansiosos, que o bien festejaban sus ojos con una primera mirada de la sagrada ciudad que tanto habían deseado ver, o bien se regocijaban con la renovada visión de tan familiares lugares. Fue la última vista diurna que el Señor tuvo de la Santa Ciudad ¡hasta su resurrección! Solo una vez más, en la cercana hora de su entrega a traición, volvería a verla bajo la pálida luz de la luna llena. Iba a «cumplir su muerte» en Jerusalén; a cumplir tipo y profecía, y a ofrecerse como el verdadero Cordero pascual: «El Cordero de Dios que quita el pecado del mundo». Los que lo seguían tenían sus mentes ocupadas con muchos pensamientos. Sabían que les esperaban acontecimientos terribles, y solo pocos días antes les había sido dicho que aquellos gloriosos edificios del Templo, a los que con un orgullo nacional bien natural habían dirigido la atención de su Maestro, iban a ser asolados, no quedando de ellos piedra sobre piedra. Y entre ellos, meditando sus tenebrosos planes e impulsado por el gran Adversario, se movía el traidor. Y ahora se encontraban dentro de la ciudad. Su Templo, su regio puente, sus espléndidos palacios, sus activos mercados, sus calles llenas de festivos peregrinos, les eran cosa bien familiar y conocida, mientras se dirigían a la casa donde les había sido preparada la cámara de los invitados. Mientras tanto, la multitud descendía del monte del Templo, cada uno llevando sobre sus hombros el cordero sacrificial, para preparar la cena pascual.

XII
LA FIESTA PASCUAL Y LA CENA DEL SEÑOR

«Y mientras comían, tomó Jesús el pan y, tras pronunciar la bendición, lo partió, lo dio a sus discípulos, y dijo: "Tomad, comed; esto es mi cuerpo". Y tomando la copa, y habiendo dado gracias, se la dio, diciendo: "Bebed de ella todos; porque esto es mi sangre del nuevo pacto, que va a ser derramada por muchos, para remisión de los pecados"»
(Mateo 26:26-28).

Tradiciones judías acerca de la Pascua

La tradición judía tiene esta curiosa pretensión: que los acontecimientos más importantes en la historia de Israel estuvieron relacionados con la época de la Pascua. Así, se dice que fue en noche de la Pascua que, después del sacrificio, cayó sobre Abraham «el temor de una gran oscuridad» cuando Dios le reveló el futuro de su raza.[523] De manera similar se supone que fue en tiempo de la Pascua que el patriarca agasajó a sus celestiales huéspedes, que Sodoma fue destruida y Lot escapó, y que cayeron los muros de Jericó delante del Señor. Más que esto: el «pan de cebada» visto en sueños, y que llevó a la destrucción de las huestes madianitas, había sido preparado con el omer presentado en el segundo día de la Fiesta de los Panes sin Levadura; lo mismo que en períodos posteriores, tanto los capitanes de Senaquerib como el rey de Asiria, que se quedaron en Nob, fueron alcanzados por la mano de Dios en la época de la Pascua. Fue en la noche de la Pascua también que apareció la misteriosa escritura con una mano en la pared para declarar la sentencia divina sobre Babilonia, y de nuevo en la Pascua que ayunaron Ester y los judíos, y que murió el malvado Amán. Y también en los últimos días sería en la noche pascual que sobrevendría el juicio sobre «Edom» y que tendría lugar la gloriosa liberación de Israel. Por ello y hasta el día de hoy, en cada hogar judío, en cierto momento del servicio de la Pascua, justo después de haber sido bebida la «tercera copa» o «copa de bendición», se abre la puerta para dar entrada al profeta Elías como

---

523. Génesis 15.

precursor del Mesías, mientras que se leen pasajes apropiados que predicen la destrucción de todas las naciones gentiles.[524] Es una coincidencia a destacar que, al instituir su propia Cena, el Señor Jesús conectara con esta tercera copa no el símbolo de juicio, sino el de su amor hasta la muerte. Pero en general puede ser interesante saber que ningún otro servicio contiene dentro del mismo espacio las mismas y ardientes aspiraciones por el regreso a Jerusalén y por la reconstrucción del Templo, ni tantas alusiones a la esperanza mesiánica, como la liturgia para la noche de la Pascua actualmente empleada entre los judíos.

Si pudiéramos solo creer que las oraciones y ceremonias que incorpora eran las mismas que las de los tiempos de nuestro Señor, tendríamos a mano el poder imaginarnos en sus más pequeños detalles todo lo que tuvo lugar cuando instituyó su propia Cena. Veríamos al Maestro presidiendo entre la compañía festiva de sus discípulos, sabríamos qué oraciones pronunció y en qué partes especiales del servicio, y podríamos reproducir la mesa pascual en torno a la que se sentaron, y su disposición.

Actualmente, y durante muchos siglos, la cena pascual se ha servido de la siguiente manera: se ponen en una bandeja tres grandes tortas sin leudar, cubiertas con los pliegues de una servilleta, y sobre ellas se ponen los siete artículos necesarios para la «cena de la Pascua» de la siguiente manera:

Un huevo asado	H	*Hueso asado de pierna*
	I	*de cordero*
(En lugar de la Chagi-	E	(En lugar de cordero
gah del día 14)	R	pascual)
	B	
	A	
	S	
Charoseth		*Lechuga*
	A	
(Para representar el	M	
mortero de Egipto)	A	
	R	
	G	
	A	
Agua salada	S	*Cerafolio y perejil*

El ritual actual no es el mismo que en tiempos del Nuevo Testamento

Pero, desafortunadamente, la analogía no puede sustentarse. Así como la actual liturgia de la Pascua contiene relativamente pocas reliquias de los

---

524. Salmos 69:25; 70:5; Lamentaciones 3:66.

tiempos del Nuevo Testamento, igualmente la actual disposición de la mesa de la Pascua data de un tiempo en que los sacrificios ya habían cesado. Por otra parte, en cambio, la mayor parte de las costumbres observadas en nuestros días son precisamente las mismas que las de hace mil ochocientos años. Nos sobreviene un sentimiento no de curiosidad satisfecha, sino de santa maravilla, al poder retroceder todos estos siglos para entrar en el aposento alto donde el Señor Jesús participó de la pascua que, con el amante deseo de su corazón de Salvador, había deseado comer con sus discípulos. Los principales incidentes de la fiesta están todos vívidamente ante nosotros: la entrega del «bocado mojado en el plato», «el partimiento del pan», «la acción de gracias», «el reparto de la copa» y «el himno final». Incluso conocemos la postura exacta empleada en la Cena. Pero las palabras asociadas con estas memorias sagradas nos vienen con un sonido extraño cuando encontramos que en los escritos rabínicos se designa al «Cordero de la Pascua»[525] como «Su cuerpo», o cuando nuestra atención es dirigida de manera especial a la copa conocida como «la copa de bendición que bendecimos»; cuando, además, el mismo término para la liturgia misma de la Pascua, la «Haggadah»,[526] que significa «muestra, exhibición, exposición», es precisamente ¡el mismo que el usado por san Pablo al describir el servicio de la Cena del Señor![527]

El asado del cordero

Antes de seguir adelante podemos decir que, según la ordenanza judía, el cordero pascual era asado con un asador hecho de madera de granado, pasando el asador desde la boca al ano. Se tenía un cuidado especial en que al asar el cordero no tocara el horno. En tal caso, la parte tocada tenía que ser cortada. Esto no puede ser considerado realmente como un ejemplo del puntillo rabínico.[528] Tenía el propósito de comunicar la idea de que el cordero tenía que estar exento de toda contaminación con materias extrañas que pudieran habérsele adherido. Porque aquí todo era significativo, y la más ligera desviación dañaría la armonía del todo. Si se había ordenado que no debía romperse ningún hueso del cordero pascual, que «ninguna cosa comeréis... cocida en agua, sino asada al fuego; su cabeza con sus pies y sus entrañas», y que nada de él debía quedar «hasta la mañana», y que lo que hubiera quedado debía ser quemado con fuego,[529] todas estas ordenanzas tenían cada una un objeto

---

525. Las palabras de la *Misná* (Pes. X, 3) son: «Mientras el santuario estaba en pie, traían ante él su cuerpo de/o para la Pascua». El término «cuerpo» significa también a veces «sustancia».

526. La misma raíz que se emplea en Éxodo 13:8: «Y lo contarás (lit., "se lo mostrarás") en aquel día a tu hijo», y es indudable que ha sido de este término que se ha derivado «Haggadah».

527. 1 Corintios 11:23-29.

528. Esto, desde luego, no podría haber tenido referencia al apresuramiento del éxodo.

529. Éxodo 12:8-10.

típico. De todos los sacrificios, incluso los más santos,[530] era el único que no debía ser hervido, porque la carne debía permanecer pura, sin mezcla siquiera de agua. Luego, no debía romperse ningún hueso; debía ser servido entero, y no debía quedar nada; y todos los que se reunían en torno de él debían formar una familia. Todo esto quería expresar que debía ser un sacrificio completo y no roto, sobre la base del cual había una completa y no rota comunión con el Dios que había pasado por alto las puertas rociadas de sangre, y con aquellos que constituían juntos una familia y un cuerpo. «La copa de bendición que bendecimos, ¿no es comunión en la sangre de Cristo? El pan que partimos, ¿no es comunión en el cuerpo de Cristo? Puesto que es uno solo el pan, nosotros, con ser muchos, somos un solo cuerpo; pues todos participamos de ese pan, que es uno solo».[531]

Distinta de todos los sacrificios levíticos

Estas posturas y estos sentimientos, que indudablemente compartían todos los israelitas verdaderamente espirituales, daban su sentido a la fiesta pascual a la que se sentó Jesús con sus discípulos, y que Él transformó en la Cena del Señor al unirla a su Persona y Obra. Cierto es que cada sacrificio había prefigurado su obra; pero ninguno había que pudiera conmemorar su muerte de manera tan apropiada, o la gran liberación que conllevaba, y la gran unión y comunión que brotaban de ella. También por otras razones era especialmente idónea como tipo de Cristo. Se trataba de un sacrificio, y sin embargo estaba totalmente fuera del orden de todos los sacrificios levíticos. Porque había sido instituido y observado antes que existieran los sacrificios levíticos; antes que fuera promulgada la ley; antes aún que el pacto fuera ratificado con sangre.[532] En cierto sentido, se puede decir que fue la causa de todos los posteriores sacrificios de la ley, y del pacto mismo. Por último, no pertenecía ni a una ni a otra clase de sacrificios; no se trataba exactamente de una ofrenda por el pecado ni de una ofrenda de paces, pero las combinaba a ambas. Y, sin embargo, en muchos respectos difería mucho de ellas. En resumen, así como el sacerdocio de Cristo era un verdadero sacerdocio del Antiguo Testamento, pero no según el orden de Aarón, sino según el anterior orden profético y regio de Melquisedec, asimismo, el sacrificio de Cristo fue también un verdadero sacrificio del Antiguo Testamento, pero no según el orden de los sacrificios levíticos, sino según el del anterior y profético sacrificio de la Pascua, mediante la que Israel había venido a ser una nación regia.

---

530. Levítico 6:21.
531. 1 Corintios 10:16, 17.
532. Éxodo 24.

Los comensales de la mesa pascual

Al reunirse los comensales[533] alrededor de la mesa de la Pascua, ya no acudían, como en la primera celebración, con sus «lomos ceñidos», con calzado en sus pies y con el bordón en la mano, esto es, como viajeros esperando para salir de camino. Al contrario, llegaban vestidos con sus mejores ropas de fiesta, gozosos y en reposo, como convenía a hijos del rey. Para expresar esta idea, los rabinos insistían también en que la cena pascual —o al menos parte de la misma— debía de tomarse en postura reclinada, con la que estamos familiarizados gracias al Nuevo Testamento. «Porque», dicen ellos, «emplean esta postura reclinada, como la usan los hombres libres, en memoria de su libertad». Y se añade: «Por cuanto son los esclavos los que comen de pie, ellos comen ahora sentados y reclinados, a fin de mostrar que han sido liberados de la esclavitud a la libertad». Y, finalmente: «No, ni siquiera los más pobres en Israel pueden comer hasta que se reclinen para ello». Pero aunque se consideraba deseable «reclinarse» durante toda la cena pascual, solo estaba absolutamente ordenado mientras se participara del pan y del vino. Esta postura reclinada se parecía a la aún común en Oriente en la que el cuerpo reposaba sobre los pies. Por ello, se dice de la mujer arrepentida en el convite dado por Simón que se colocó «detrás, junto a sus pies», donde «se echó a llorar».[534] Al mismo tiempo, se colocaba el codo izquierdo sobre la mesa, y la cabeza reposaba sobre la mano, dejándose, naturalmente, lugar suficiente entre los comensales para dejar libertad de movimientos a la mano derecha. Esto explica en qué sentido estaba Juan «recostado al lado de Jesús», y después se recostó «cerca del pecho de Jesús» cuando se volvió para hablar con Él.[535]

El uso del vino en la cena pascual,[536] aunque no se menciona en la Ley, estaba estrictamente ordenado por la tradición. Según el Talmud de Jerusalén, tenía el designio de expresar el gozo de Israel en la noche de la Pascua, e incluso los más pobres debían tener «al menos cuatro copas, aunque debiera recibir dinero para ellas del cepillo de los pobres».[537] Si no podía conseguirlo de otra manera, dice el Talmud, «debe vender o empeñar su manto, o empeñarse a sí mismo por estas cuatro copas de vino». La misma autoridad da varias explicaciones del número *cuatro* como bien correspondiéndose con las cuatro palabras empleadas acerca de la redención de Israel (sacar, liberar, redimir, tomar), o con la cuádruple mención de la copa en relación con el sueño del principal de los coperos,[538] o con las cuatro copas de la venganza que Dios hará beber en el futuro a las naciones,[539] mientras que a Israel le serán dadas

---

533. Los caraítas están solos en su no admisión de las mujeres a la cena pascual.
534. Lucas 7:38.
535. Juan 13:23, 25.
536. Todo lector de la Biblia sabe cuán simbólicamente significativos son en toda la Escritura tanto la vid como su fruto. Sobre la entrada del santuario estaba colgada una enorme vid de inmensas proporciones.
537. *Pes.* X. 1.
538. Génesis 40:9-15.
539. Jeremías 25:15; 51:7; Salmos 11:6; 75:8.

cuatro copas de consolación, como está escrito: «Jehová es la porción de mi herencia y de mi copa»;[540] «Mi copa está rebosando»;[541] «Levantaré la copa de la salvación»,[542] «la cual», se añade, «eran dos», quizá por una segunda alusión a la misma en el v. 17. En relación con lo dicho puede ser de interés la siguiente historia parabólica del Talmud: «El santo y bendito Dios hará una fiesta para los justos en el día que su misericordia se manifestará a la simiente de Israel. Después que hayan comido y bebido, dan la copa de bendición a nuestro padre Abraham. Pero él dice: "No puedo bendecirla, porque Ismael vino de mí". Luego la da a Isaac. Pero él dice: "No puedo bendecirla, porque Esaú vino de mí". Luego la da a Jacob. Pero él dice: "No puedo tomarla, porque me casé con dos hermanas, lo cual está prohibido en la ley". Le dice a Moisés: "Tómala y bendícela". Pero él contesta: "No puedo, por cuanto no se me consideró digno de entrar en la tierra de Israel, ni vivo ni muerto". Le dice a Josué: "Tómala y bendícela". Pero él responde: "No puedo, porque no tengo hijo". Le dice a David: "Tómala y bendícela". Y él contesta: "Yo la bendeciré, y es apropiado que yo lo haga, por cuanto está escrito: 'Levantaré la copa de la salvación, e invocaré el nombre de Jehová'"».

El relato de la *Misná*

Tal como lo detalla el más antiguo registro judío de las ordenanzas —la *Misná*—, el servicio de la cena pascual era sumamente sencillo. Y, en verdad, la impresión que le queda a uno es que mientras que todas las observancias estaban fijas, las oraciones, con algunas excepciones que nos han sido preservadas, eran libres. El rabí Gamaliel, el maestro de san Pablo, dijo:[543] «Todo el que no explica tres cosas en la Pascua no ha cumplido el deber que le toca. Estas tres cosas son: el cordero de la Pascua, el pan sin levadura y las hierbas amargas. *El cordero de la Pascua* significa que Dios pasó por alto el lugar rociado con sangre en las casas de nuestros padres en Egipto; *el pan sin levadura* significa que nuestros padres fueron liberados de Egipto (con apresuramiento); y *las hierbas amargas* significan que los egipcios amargaron las vidas de nuestros padres en Egipto». Son necesarios unos cuantos puntos adicionales para que el lector comprenda todas las disposiciones de la cena pascual. No se debía comer nada desde el momento del sacrificio de la tarde hasta la cena pascual, para que todos acudieran a él anhelantes.[544] Hay discusión acerca de si en tiempos de nuestro Señor se empleaban en el servicio dos, si, o como ahora, tres grandes tortas de panes sin levadura. La *Misná* menciona[545] estos cinco tipos de hierbas como si quedasen dentro de la clasificación de «amar-

---

540. Salmo 16:5.
541. Salmo 23:5.
542. Salmo 116:13.
543. *Pes. X.* 15.
544. *Pes. X.* 1.
545. *Pes. II.* 6.

gas»; esto es, lechuga, endivia, achicoria, la llamada «Charchavina» (¿ortiga, remolacha?) y marrubio (¿coriandro amargo?). Parece que se participaba dos veces de las «hierbas amargas» durante el servicio, una vez mojadas en agua salada o en vinagre y la segunda vez con Charoseth, un compuesto de dátiles, pasas, etc., y vinagre, aunque la *Misná* declara de modo expreso[546] que el Charoseth no era obligatorio. El único vino a emplear en la cena pascual era el tinto, y siempre mezclado con agua.[547] Cada una de las cuatro copas debía contener al menos un cuarto de un hin (un hin = 6,2 litros). Finalmente, era un principio que después de la cena pascual no tomaban *Aphikomen* (plato último), una expresión que quizá pueda ser mejor traducida con el término «postre».

Dando gracias

La cena pascual propia comenzaba cuando el principal de «la compañía» tomaba la primera copa de vino en su mano y «daba gracias» por ella con estas palabras: «¡Bendito Tú, Jehová nuestro Dios, que has creado el fruto de la vid! ¡Bendito Tú, Jehová nuestro Dios, Rey del Universo, que nos has escogido de entre todo pueblo, y nos has exaltado de entre todas las lenguas, y nos has santificado con tus mandamientos! Y Tú nos has dado, oh Jehová nuestro Dios, en amor, los solemnes días de gozo, y las fiestas y sazones señaladas para alegría; y este el día de la Fiesta del Pan sin Levadura, la estación de nuestra libertad, una santa convocación, el memorial de nuestra partida de Egipto. Porque a nosotros nos has escogido; y nos has santificado de entre todas las naciones, y nos has hecho heredar tus santas fiestas con gozo y alegría. ¡Bendito Tú, oh Jehová, que santificas a Israel y las sazones designadas! Bendito Tú, Jehová, Rey del Universo, que nos has preservado con vida y sustentado, y traído a este tiempo!».[548]

La primera copa

Entonces se bebía la primera copa de vino, y cada uno se lavaba las manos.[549] Fue evidentemente en este momento que, en su humillación de

---

546. *Pes.* X. 3.

547. No puede haber ni la más mínima duda acerca de esto. Además, la cita que se da a continuación de la *Misná (Pes.* VII. 13) podría incluso llevar a creer que era agua *caliente* la que se mezclaba con el vino: «Si dos compañeros comen (la pascua) en la misma casa, el uno vuelve su rostro a un lado, el otro al otro, y la marmita (para hacer hervir el agua) se encuentra entre ellos».

548. Estas eran, según la crítica más esmerada, las palabras de esta oración en tiempos de Cristo. Pero tengo que repetir que con respecto a muchas de estas oraciones no puedo dejar de sospechar que más bien indican el espíritu y dirección de una oración que las mismas palabras literales.

549. La práctica moderna de los judíos difiere aquí ligeramente de la antigua, y en algunos otros detalles pequeños.

sí mismo, el Señor pasó también a lavar los pies de los discípulos.[550] Es errónea la traducción que la RV da de Juan 13:2: «Y la cena acabada», corregida en la RVR y RVR77 como «y cuando cenaban». De manera similar, es, casi seguramente, con referencia a la primera copa que Lucas da el siguiente relato: «Y habiendo tomado una copa, dio gracias, y dijo: "Tomad esto, y repartidlo entre vosotros"»,[551] mencionándose más adelante, en el v. 20, la «copa de bendición», que era la tercera, y que vino a formar parte de la nueva institución de la Cena del Señor. Al lavarse las manos, se repetía esta oración ritual: «Bendito Tú, Jehová nuestro Dios, que nos has santificado mediante tus mandamientos, y nos has dado orden acerca del lavamiento de nuestras manos». La tradición prescribía dos clases diferentes de «lavamientos», por inmersión de las manos en el agua o por derramamiento de agua en las manos. En la cena pascual, las manos debían ser «sumergidas» en agua.[552]

Las hierbas

Finalizados estos preparativos, se ponía la mesa de la Pascua. El presidente de la mesa tomaba primero algunas de las hierbas, las mojaba en agua salada, comía de ellas y daba a los otros. De inmediato después de esto, se quitaban los platos de la mesa (al ser considerado como algo tan extraño tendería por ello mismo a excitar la curiosidad), y entonces se llenaba la segunda copa. Tenía lugar ahora una ceremonia muy interesante. En la ley se ordenaba que en cada cena pascual el padre debía mostrarle a su hijo el sentido de esta fiesta. Para cumplir con este deber, se indicaba al hijo (o bien el más joven de la compañía), en este momento del servicio, que preguntara; y si el niño era demasiado pequeño o incapaz de hacerlo, el padre lo hacía por él.

La pregunta del hijo

El hijo pregunta: «¿Por qué es esta noche distinta de todas las otras noches? ¿Por qué todas las otras noches comemos pan con o sin levadura, pero esta noche solo pan sin levadura? ¿Y todas las otras noches comemos cualquier clase de hierbas, pero esta noche solo hierbas amargas? ¿Y todas las

---

550. Juan 13:5.
551. Lucas 22:17.
552. La distinción es también interesante como explicativa de Marcos 7:3. Porque cuando se echaba el agua sobre las manos, tenían estas que levantarse, pero de manera que el agua no cayera sobre la muñeca ni volviera a caer a la mano; así, lo mejor era doblando los dedos en forma de puño. De ahí (como lo observa correctamente Lightfoot) Marcos 7:3, que debería traducirse: «Porque los fariseos..., excepto si se lava ancianos». La traducción de la Reina-Valera, «si muchas veces no se lavan las manos» (RV, RVR), o «a menos que se laven las manos cuidadosamente», carece evidentemente de significado.
552. *Misná. Pes.* X. 4.

otras noches comemos carne asada, estofada o hervida, pero esta noche solo asada? ¿Y todas las otras noches mojamos (las hierbas) solo una vez, pero esta noche lo hacemos dos veces?». Hasta aquí según la más antigua y fidedigna tradición. Se añade:[553] «Entonces el padre instruye a su hijo conforme a la capacidad de conocimiento que tenga, comenzando con nuestra desgracia y acabando con nuestra gloria, y exponiéndole desde "Un arameo a punto de perecer fue mi padre", hasta que lo haya explicado del todo, llegando al final de toda la sección».[554] En otras palabras, el cabeza de la casa debía relatar toda la historia de la nación, comenzando con Taré, el padre de Abraham, contando acerca de su idolatría, y siguiendo, en su debido orden, con la historia de Israel hasta su liberación de Egipto y la promulgación de la Ley; y cuanto más plenamente lo explicase tanto mejor.

Los platos

Esto hecho, se volvían a poner en la mesa los platos de la Pascua. El que presidía tomaba sucesivamente el plato con el cordero de la Pascua, el de las hierbas amargas y el del pan sin levadura, y explicaba brevemente el sentido de cada uno de ellos; porque según el rabí Gamaliel: «De generación en generación cada uno debe considerarse a sí mismo como si él mismo hubiera salido de Egipto. Porque así está escrito:[555] "Y lo contarás aquel día a tu hijo, diciendo: 'Se hace esto con motivo de lo que Jehová hizo conmigo cuando me sacó de Egipto'". Por ello...», prosigue diciendo la *Misná,* reproduciendo las mismas palabras de la oración empleada: «...debemos agradecerle, alabarle, loarle, glorificarle, ensalzarle y reverenciarle a Él, por cuanto Él ha obrado todos estos milagros en favor de nuestros padres y por nosotros. Él nos sacó de la servidumbre a la libertad, del dolor al gozo, del duelo a una fiesta, de las tinieblas a una gran luz, y de la esclavitud a la redención. Por ello, cantemos ante Él: ¡Aleluya!». Luego se cantaba la primera parte del «Hallel», formada por los Salmos 113 y 114, con esta breve acción de gracias al final: «Bendito Tú, Jehová nuestro Dios, Rey del Universo, que nos has redimido y redimido a nuestros padres de Egipto». Con esto, se bebía la segunda copa. Ahora se lavaban las manos por segunda vez, con la misma oración que antes, se partía una de las tortas sin levadura y «se daban gracias».

El partimiento del pan

Las autoridades rabínicas declaran de manera expresa que esta acción de gracias debía seguir, no preceder, al partimiento del pan, porque era el pan de la pobreza, «y los pobres no tienen tortas enteras, sino pedazos rotos». Esta

---

553. *Misná. Pes.* X. 4.
554. Deuteronomio, 26:5-11.
555. Éxodo 13:8.

distinción es importante, puesto que el Señor, al instituir su Cena, según el unánime testimonio de los tres Evangelios y de san Pablo,[556] dio primero las gracias y luego partió el pan («habiendo dado gracias, lo partió»), demostrándose con ello que debe haber sido en un momento posterior del servicio.

A continuación se daban trozos de la torta partida con «hierbas amargas», todo ello «mojado» en el Charoseth. Esto, con toda probabilidad, fue «el bocado» que «dio» el Señor a Judas,[557] como respuesta a la pregunta de Juan acerca de la identidad del traidor. El pan sin levadura con hierbas amargas constituía, en realidad, el comienzo de la cena pascual, siendo la primera parte del servicio solo una especie de introducción. Pero ya que Judas después de que «tomó el bocado, salió en seguida», no pudo participar del cordero de la Pascua, y mucho menos de la Cena del Señor. Así, los solemnes discursos del Señor registrados por san Juan[558] pueden ser considerados como su última «conversación de mesa», y la oración intercesora que siguió a ellos[559] como su «acción de gracias después de comer».

La cena pascual misma consistía en el pan sin levadura con hierbas amargas, en la llamada Chagigah, u ofrenda festiva (cuando se traía), y, finalmente, en el mismo cordero pascual. Después de esto no se debía comer nada más, de modo que la carne del sacrificio pascual fuera la última comida de la que se participara. Pero desde la cesación del sacrificio de la Pascua, los judíos terminan la cena con un pedazo de pan sin levadura, que llaman el *Aphikomen,* o último plato. Luego, tras lavarse otra vez las manos, se llena la tercera copa, y se dan las gracias después de la comida. Ahora bien, es muy de destacar que nuestro Señor parezca haber anticipado la presente práctica judía al partir el pan «después de dar gracias»,[560] en lugar de adherirse a la vieja instrucción de no comer nada después del cordero de la Pascua. Y, sin embargo, al actuar así solo cumplía el espíritu de la fiesta de la Pascua. Porque, como ya hemos explicado, era conmemorativa y tipológica. Conmemoraba un acontecimiento que señalaba a/y se fundía en otro acontecimiento: el de la ofrenda del mejor Cordero, y la mejor libertad conectada con aquel sacrificio. Por ello, después de la noche en que fue entregado, el cordero pascual no podía tener más sentido, y era justo que el *Aphikomen* conmemorativo tomara su lugar. La cuerda simbólica, si se puede usar esta expresión, se había estirado hasta alcanzar su objetivo: la ofrenda del Cordero de Dios; y aunque continuara de nuevo desde este punto hacia adelante hasta su segunda venida, se trataba, sin embargo, como si fuera un nuevo comienzo.

---

556. Mateo 26:26; Marcos 14:22; Lucas 22:19; 1 Corintios 11:24.
557. Juan 13:25, etc.; comparar Mateo 26:21, etc.; Marcos 14:18, etc.
558. Juan 13:31; 16.
559. Juan 17.
560. Véase 1 Corintios 11:24 y los Evangelios.

La tercera copa

Inmediatamente después se tomaba la tercera copa, habiéndose pronunciado sobre ella una bendición especial. No puede haber ninguna duda razonable de que esta era la copa que nuestro Señor conectó con su propia Cena. En los escritos judíos recibe, lo mismo que en los de san Pablo, el nombre de «la copa de bendición»,[561] en parte debido a que tanto esta como la primera copa demandaban una «bendición» especial, en parte porque seguía a la «acción de gracias después de comer». Lo cierto es que se le atribuía una importancia tan grande que el Talmud[562] señala diez peculiaridades, desde luego demasiado minuciosas para nuestra consideración presente, pero suficientes para mostrar el especial valor que se le daba.[563] El servicio concluía con la cuarta copa, sobre la que se cantaba la segunda parte del «Hallel», que consistía en los Salmos 115, 116, 117 y 118, terminando todo con la llamada «bendición del cántico», que comprendía estas dos breves oraciones: «Todas tus obras te alabarán, Jehová nuestro Dios. Y tus santos, los justos, que hacen tu beneplácito, y que todo tu pueblo, la casa de Israel, con cántico gozoso, te alabe, te bendiga, te magnifique, te glorifique, te ensalce, te reverencie y santifique, y adscriba el reino a tu nombre, ¡oh Rey nuestro! Porque es bueno alabarte, y un placer cantar alabanzas a tu nombre, porque de eternidad a eternidad Tú eres Dios».

«El aliento de todo lo que vive alabará tu nombre, Jehová nuestro Dios. Y el espíritu de toda carne te glorificará continuamente y exaltará tu memoria, ¡oh Rey nuestro! Porque de eternidad a eternidad Tú eres Dios, y aparte de Ti no tenemos Rey, ni Redentor, ni Salvador», etc.[564]

La cena en tiempos de nuestro Señor

De esta manera celebraban los judíos la cena pascual en la época en que nuestro Señor se sentó a ella con sus discípulos. Tan importante es tener un entendimiento claro de todo lo que sucedió en aquella ocasión que, a riesgo de incurrir en alguna repetición, intentaremos ahora recoger las menciones en los Evangelios, añadiéndoles de nuevo aquellas explicaciones que acabamos de dar detalladamente. Ya de entrada podemos echar a un lado, como indigna de seria consideración, la teoría de que nuestro Señor observara la cena pascual en otro tiempo que el normativo para la misma, o que san Juan indique que

---

561. 1 Corintios 10:16.

562. *Berac.* 51, 1.

563. Es curiosa la circunstancia de que la *Misná* parece contemplar el mismo penoso caso de embriaguez en la cena pascual, que, como sabemos, realmente sucedió en la iglesia en Corinto, que imitaba tan de cerca la práctica judía. La *Misná* no hace referencia expresa a la embriaguez, desde luego, pero establece esta norma: «Si alguien se duerme en la comida de la Pascua y vuelve a despertar, no puede volver a comer de ella después de despertar».

564. En casos excepcionales se bebía una quinta copa, y sobre ella se cantaba «el Gran Hallel», que comprende los Salmos 120-137.

el Señor la tomó el 13 en lugar del 14 de Nisán.[565] A hipótesis tan violentas, totalmente innecesarias, hay una respuesta categórica, y es que excepto por la tarde del 14 de Nisán no se hubiera podido ofrecer en el Templo ningún cordero pascual, y por ello no se habría podido celebrar ninguna cena pascual en Jerusalén. Pero siguiendo el sencillo texto de la Escritura hallamos la siguiente narración de los hechos: Habiendo enviado a Pedro y a Juan temprano por la mañana del 14 de Nisán para que «prepararan la pascua», «al atardecer, llega con los doce»[566] al «aposento de huéspedes», el «gran aposento alto ya dispuesto»[567] para la Cena, aunque parece haber tenido la intención de pasar la noche fuera de la ciudad «después de cenar». Por ello, Judas y la compañía de gente de los principales sacerdotes no lo buscan donde había comido la pascua, sino que se dirigen directamente al «huerto, en el cual [había entrado] él y sus discípulos»; porque Judas «conocía aquel lugar»,[568] que era uno en el que «Jesús se había reunido muchas veces con sus discípulos». «Cuando llegó la hora» para el comienzo de la cena pascual, Jesús «se sentó a la mesa, y con él los apóstoles», todos ellos, como era usual en la fiesta, «recostados»,[569] Juan en el «seno de Jesús», a continuación de Él, y Judas aparentemente al otro lado, mientras que Simón Pedro se encontraba enfrente de Juan, y pudo así «hacerle señas» cuando quiso que le hiciera una pregunta al Señor. Así colocados los discípulos, el Señor Jesús, «habiendo tomado una copa, dio gracias, y dijo: "Tomad esto, y repartidlo entre vosotros"».[570] Esta era la primera copa, sobre la que se pronunciaba la primera oración del servicio. A continuación, como tenían el deber de hacerlo, todos se lavaban las manos; pero el Señor dio aquí también sentido a la observancia cuando, al ampliar el servicio en comunión en su cuerpo entregado, «se levantó de la cena», y «comenzó a lavar los pies de los discípulos».[571] Es así que explicamos cómo este servicio, aunque dando pie a la resistencia de Pedro a la posición asumida por el Maestro, no evocó ninguna objeción en cuanto a su singularidad. Al ir progresando el servicio, el Señor mezcló enseñanzas para el presente con las acostumbradas lecciones del pasado;[572] porque, como ya hemos visto, se permitía una gran libertad, siempre que se diera la instrucción propia de la fiesta. Ya habían cantado la primera parte del «Hallel», y en su debido orden había tomado el «pan de pobreza» y las «hierbas amargas», conmemorativas del dolor y de la amargura de Egipto, cuando «se conturbó en Espíritu» por la «raíz de amargura» que estaba a punto de surgir entre ellos, y a «turbarlos», y con la que muchos serían «contaminados». La general preocupación de los discípulos en cuanto a quién de ellos lo iba a entregar encontró expresión en el gesto de Pedro. Su

---

565. Para la evidencia de que la «Cena del Señor» tuvo lugar en la noche pascual, véase el Apéndice al final de esta obra.
566. Marcos 14:17.
567. Lucas 22:11, 12.
568. Juan 18:1, 2.
569. Juan 13:23.
570. Lucas 22:17.
571. Juan 13:4, 5.
572. Juan 13:12-20.

amigo Juan comprendió lo que quería decirle, y «recostándose en el seno de Jesús», le hizo la pregunta en un susurro, a la que el Señor contestó dando «el bocado» del pan sin levadura con hierbas amargas, «mojando el pan», a Judas Iscariote.

Judas Iscariote

«Y después del bocado, entró Satanás en él», y «salió en seguida». Era un momento inusual para dejar la mesa de la Pascua, porque con «el bocado mojado» en el «Charoseth» la cena pascual misma solo había comenzado. Pero entonces «algunos pensaron» —quizá sin considerarlo del todo, en su excitación— que Judas, que «tenía la bolsa», y a quien por tanto le correspondía el cuidado de tales cosas, había salido solo a cuidarse de lo que necesitaban «para la fiesta», o a dar «algo a los pobres» —aplicando algo del fondo común de dinero a ayudar a pagar «ofrendas de paces» para los pobres—. Esto hubiera estado muy dentro del espíritu de la ordenanza, y ninguna de las dos suposiciones involucraba necesariamente un quebrantamiento de la ley, por cuanto estaba permitido preparar todas las provisiones necesarias para la fiesta, y naturalmente también para el sábado, que en este caso seguía a la misma. Porque, como hemos visto, la observancia festiva del 15 de Nisán difería en esto de la ley del sábado ordinario, aunque hay evidencias de que incluso esta última no era entonces tan estricta como la ha hecho posteriormente la tradición judía. Y entonces fue, después de la cena pascual regular, que el Señor instituyó su propia Cena, empleando por vez primera el *Aphikomen* «después de haber dado gracias» (después de la comida), para simbolizar su cuerpo, y la tercera copa, o «copa de bendición que bendecimos»,[573] que era «la copa de después de la cena»,[574] para simbolizar su sangre. «Y después de cantar un himno»,[575] «salieron hacia el monte de los Olivos».[576]

La agonía de nuestro Señor

Fue entonces que le sobrevino al Señor su gran angustia y soledad, cuando todo a su alrededor parecía derrumbarse, como si fuese aplastado bajo la terrible carga que estaba a punto de ver sobre sí; cuando sus discípulos no pudieron velar con Él ni siquiera una hora; cuando en la agonía de su alma «era su sudor como grandes gotas de agua engrumecidas que caían sobre la tierra», y cuando «oraba, diciendo: "Padre, si quieres, aparta de mí esta copa, pero no se haga mi voluntad, sino la tuya"». Pero «la copa que el Padre» le había dado

---

573. 1 Corintios 10:16.
574. Lucas 22:20.
575. Salmos 115-118.
576. Mateo 26:30.

la bebió hasta sus amargas heces; y «habiendo ofrecido ruegos y súplicas con gran clamor y lágrimas al que le podía librar de la muerte, fue oído a causa de su piedad. Y aunque era Hijo, aprendió la obediencia por lo que padeció; y habiendo sido perfeccionado, vino a ser fuente de eterna salvación para todos los que le obedecen».[577]

Así, el «Cordero sin mancha y sin contaminación, ya provisto desde antes de la fundación del mundo»,[578] y, ciertamente, «inmolado desde la fundación del mundo»,[579] fue seleccionado, y estaba listo, dispuesto y esperando. Solo quedaba que fuera finalmente ofrendado como «propiciación por nuestros pecados; y no solamente por los nuestros, sino también por los de todo el mundo».[580]

---

577. Hebreos 5:7-9.
578. 1 Pedro 1:20.
579. Apocalipsis 13:8.
580. 1 Juan 2:2.

XIII
LA FIESTA DE LOS PANES SIN LEVADURA
Y EL DÍA DE PENTECOSTÉS

«Cuando llegó el día de Pentecostés, estaban todos unánimes juntos»
(Hechos 2:1).

Fiesta de los Panes sin Levadura

La «Fiesta de los Panes sin Levadura», que comenzaba en la noche misma de la Pascua y que duraba siete días, derivaba su nombre del *Mazzoth,* o tortas ázimas, que eran el único pan permitido durante aquella semana. Este recibe en la Escritura el nombre de «pan de aflicción»,[581] y se supone comúnmente que ello se debe a que su sabor insípido y desagradable simbolizaba las dificultades y la aflicción de Egipto. Pero esta explicación tiene que ser errónea. Convertiría una de las fiestas más gozosas en un período de duelo anual. La idea que quiere comunicar el término escritural es totalmente diferente. Porque así como deberíamos siempre recordar la muerte de nuestro Salvador en conexión con su resurrección, así Israel debía siempre recordar su esclavitud en conexión con su liberación. Además, el pan de la noche de la Pascua no era de aflicción por cuanto fuera ázimo; estaba sin leudar debido a que había sido de aflicción. Porque había sido la «aflicción» de Israel, y una marca de su esclavitud y sometimiento a los egipcios, ser echados con tal «apresuramiento»[582] que no tuvieron tiempo para leudar su pan. Por ello también el profeta, cuando predice otra liberación mucho más gloriosa, presenta a Israel, en contraste con el pasado, como demasiado santo para buscar el enriquecimiento mediante las posesiones, y como demasiado seguro para ser expulsado apresuradamente por el temor de aquellos que los habían retenido cautivos:

---

581. Deuteronomio 16:3.
582. Deuteronomio 16:3; Éxodo 12:33, 39.

> *«Apartaos, apartaos, salid de ahí, no toquéis cosa inmunda; salid de en medio de ella; purificaos los que lleváis los utensilios de Jehová. Porque no saldréis a la desbandada, ni iréis huyendo; porque Jehová irá delante de vosotros, y el Dios de Israel será vuestra retaguardia».*[583]

Por tanto, la Pascua era no tanto el recuerdo de la esclavitud de Israel como el de la liberación de Israel de aquella esclavitud, y el pan que originalmente había sido el de aflicción, debido al apremio, se convertía ahora, por así decirlo, en el pan de un nuevo estado de existencia. Nada de la levadura de Egipto debía actuar en él; no, sino que toda la vieja levadura, que servía como símbolo de corrupción y muerte, debía ser totalmente expulsada de sus hogares.

Debían ser «masa nueva», por cuanto eran «sin levadura».[584] Así que lo que había sido al principio la necesidad de un día vino a convertirse en la ordenanza de una fiesta, llevando el número sagrado de siete días. Así como la cruz se ha transformado para nosotros en árbol de vida; así como la muerte ha sido abolida mediante la muerte, y la cautividad llevada cautiva por la servidumbre voluntaria[585] del Señor de la gloria, de la misma manera a Israel la prenda de la antigua aflicción le vino a ser símbolo de una vida nueva y gozosa, en la que debían dedicarse a sí mismos al Señor con todo lo que tenían.

El primer día de la fiesta

La misma verdad queda plenamente simbolizada en los sacrificios de esta fiesta, y ello especialmente en la presentación de la primera gavilla madura en el segundo día de la Pascua. El primer día de «los panes sin levadura», o 15 de Nisán, era «santa convocación», en el que no se debía hacer ninguna obra servil o innecesaria, permitiéndose solo aquello que fuera necesario para la gozosa observancia de la fiesta. Tras el sacrificio matutino regular se traían las ofrendas públicas. Estas consistían, para cada uno de los siete días de la semana festiva, de dos becerros jóvenes, un carnero y siete corderos para holocausto, con las oblaciones que les eran propias; y de «un macho cabrío por expiación, para reconciliaros».[586] Tras estos sacrificios públicos (para toda la congregación), se traían las ofrendas privadas de carácter individual, comúnmente en el primer día de la fiesta (el 15 de Nisán), pero si se había descuidado, en cualquiera de los otros días.[587] Estos sacrificios eran un holocausto, con un valor de al menos un meah de plata (= 1/3 de denario); luego, la Chagigah[588]

---

583. Isaías 52:11, 12.
584. 1 Corintios 5:7.
585. Salmo 40:6, 7.
586. Números 28:19-24.
587. En esto, como en otros muchos puntos, la enseñanza de Shammai difería de la de Hillel. Hemos seguido a Hillel, cuya autoridad es generalmente reconocida.
588. Es extraño que las diferencias entre la Chagigah del 14 y la del 15 de Nisán hayan sido tan totalmente pasadas por alto en la *Cyclopaedia* de Kitto, III, 428. Están bien señaladas en Relandus, *Antiq.*, págs. 404, 405. Véanse también las declaraciones en pleno de Saalschütz, *Mos. Recht.*, págs. 414, 415.

(lit., festividad) del día 15, por un valor de al menos dos meahs de plata (= 2/3 de denario); y, finalmente, los llamados «sacrificios de gozo»,[589] en los que todos quedaban libres para ofrecer, «conforme a la bendición que Jehová» hubiera otorgado a cada uno.[590] Tanto la Chagigah como las «ofrendas de gozo» eran «ofrendas de paces». Demandaban la imposición de manos,[591] el rociamiento de la sangre, la combustión de la grosura interior y de los riñones en el altar, y el apartamiento de lo que iba al sacerdote, o sea, el pecho como ofrenda mecida y la espaldilla derecha como ofrenda elevada;[592] la diferencia, que ya hemos visto antes, era que la ofrenda mecida pertenecía originalmente a Jehová, que daba su porción a los sacerdotes, mientras que la ofrenda elevada les venía directamente del pueblo. El resto era empleado por los oferentes en sus comidas festivas (pero solo durante dos días y una noche desde el momento del sacrificio). La tradición permitía a los pobres, que pudieran tener a muchos compartiendo su alojamiento, gastar aún menos que un meah en sus holocaustos, si añadían lo que habían así ahorrado a sus ofrendas de paces. Las cosas dedicadas a Dios, como diezmos, primicias, etc., podían ser empleadas para ello, e incluso les era lícito a los sacerdotes ofrecer lo que les hubiera recaído como su parte como sacerdotes.[593] En resumen, no debía tratarse de un pesado yugo de servidumbre, sino de una gozosa fiesta. Pero en un punto la Ley era totalmente explícita: la Chagigah no podía ser ofrecida por ninguna persona que hubiera contraído contaminación levítica.[594] Fue por esta razón que cuando los judíos «llevaron a Jesús de casa de Caifás al pretorio» ellos mismos «no entraron en el pretorio para no contaminarse, y así poder comer la pascua».[595] Y esto vuelve a llevarnos otra vez a la historia de la última verdadera Pascua.

El día de la entrega de nuestro Señor

«Era de madrugada» en el día 15 de Nisán cuando el Señor fue entregado en manos de los gentiles. La noche anterior, Él y sus discípulos habían participado de la Cena pascual. Solo el traidor estaba demasiado ocupado con sus planes para acabar la comida. Se separó de la compañía de Israel, por así decirlo, antes de cortarse de la de Cristo. Mientras se prolongaban los servicios de la Pascua en el «aposento para huéspedes» con las enseñanzas y la intercesión del Maestro, y cuando los ritos finales de aquella noche se fundían con la institución de la Cena del Señor, Judas estaba finalizando, con los principales sacerdotes y ancianos, la entrega de Jesús, y recibiendo por ello

---

589. Deuteronomio 27:7. .
590. Deuteronomio 16:17
591. Acerca de este tema también diferían Hillel y Shammai. Véase sobre todo ello en la *Misná, Chag.* I y II.
592. Levítico 3:1-5; 7:29-34.
593. *Misná, Chag.* I, 3, 4.
594. *Pes.* VI. 3.
595. Juan 18:28.

«el salario de iniquidad».[596] Ya fuera por la impetuosidad del traidor, ya fuera, más probablemente, por el pensamiento de que tal oportunidad no volvería a presentarse, los ancianos se decidieron a actuar entonces, aunque hasta entonces tenían el propósito de aguardar para arrestar a Jesús hasta después de la fiesta, por «miedo de la muchedumbre». Fue necesario no solo echar a un lado las consideraciones de la verdad y de la conciencia, sino además violar casi cada uno de los principios fundamentales de su propia administración de justicia. Pero para tal causa el fin justificaría todos los medios.

Algunos de ellos convocaron apresuradamente a la guardia del Templo bajo sus capitanes. De la fortaleza cercana, Antonia, les sería concedido fácilmente un destacamento de soldados romanos dirigidos por un oficial,[597] ya que el propósito confesado era arrestar a un peligroso líder de una rebelión e impedir la posibilidad de un tumulto popular en favor suyo. Varios fanáticos de confianza de entre el populacho acompañaban al grupo. Todos iban armados con palos y con espadas, «como contra un bandido»; y aunque resplandecía la brillante luz de la luna llena sobre aquella escena, llevaban antorchas y lámparas, por si acaso Él o sus seguidores fueran a esconderse por los rincones del huerto o escaparan a su mirada. Pero lo que les esperaba en el huerto era muy diferente de lo que se imaginaban. Aquel a quien ellos habían venido a apresar con medios violentos los venció primero, y luego se rindió voluntariamente a ellos, solo exigiendo la libertad de sus seguidores. Lo condujeron de vuelta a la ciudad, al palacio del sumo sacerdote, en la ladera del monte Sión, casi enfrente del Templo. Lo que allí sucedió es innecesario repetirlo aquí, excepto que se debe decir que en su tratamiento de Jesús el sanedrín violó no solo la ley de Dios, sino que insultó de la manera más crasa cada ordenanza de sus propias tradiciones.[598] Es posible que la conciencia de ello, casi tanto como sus motivos políticos, los llevara a pasar la cuestión a Pilato. El mero hecho de que no poseyeran la potestad de la pena capital difícilmente los hubiera frenado de dar muerte a Jesús, como después dieron muerte a Esteban, y hubieran dado muerte a Pablo si no hubiera sido por la intervención de la guarnición romana de la fortaleza Antonia. Por otra parte, si su objeto era simultáneamente conseguir una condena y ejecución pública y despertar las susceptibilidades del poder civil contra el movimiento que Cristo había iniciado, era necesario llevar el caso a Pilato. Y así, en aquella gris luz matutina del primer día de los panes sin levadura, tuvo lugar la más triste y extraña escena en la historia judía. Los principales judíos y ancianos, y los más fanáticos del pueblo, se reunieron en la fortaleza Antonia. Desde donde se encontraban fuera del pretorio tendrían probablemente una plena panorámica de los edificios del Templo, justo por de-

---

596. Hechos 1:18.

597. Derivamos nuestro relato de los cuatro Evangelios. El lenguaje de san Juan (18:3, 12) no nos deja duda alguna de que una columna de soldados romanos acompañó a los ancianos y sacerdotes que salieron con la guardia del Templo para detener a Jesús. No había necesidad de pedir autorización a Pilato (como lo supone Lange) antes de disponer de la ayuda de los soldados.

598. No podemos pasar aquí a examinar la evidencia; este hecho es generalmente admitido incluso por escritores judíos.

bajo del peñascoso castillo. Podrían ver el ofrecimiento del sacrificio matutino y cómo se levantaba la columna de humo del sacrificio y de incienso desde el gran altar hacia el cielo. En todo caso, incluso si no veían la multitud que se apiñaba en los edificios sagrados, podrían oír el cántico de los levitas y los toques de las trompetas de los sacerdotes. Y ahora se terminaba el sacrificio matutino ordinario, y se ofrecían los sacrificios festivos. Solo quedaban por traer los holocaustos privados y sacrificar la Chagigah,[599] que debían ofrecer sin contaminación si querían traerla o compartir en la comida festiva que seguiría después. Y así se llevó a cabo la más extraña contradicción. Aquellos que no habían dudado en quebrantar todas las leyes de Dios y las suyas propias ¡no querían entrar en el pretorio, para no contaminarse y verse impedidos de comer la Chagigah! Desde luego, la lógica de su inconsecuencia no podía ir más lejos en su puntillosa observancia de la letra y violación del espíritu de la Ley.

Las tinieblas

Aquella misma tarde del primer día de la Pascua, «desde la hora sexta hubo tinieblas sobre toda la tierra hasta la hora novena. Cerca de la hora novena, Jesús clamó a gran voz, diciendo: "Elí, Elí, ¿lama sabactani?". Esto es: "Dios mío, Dios mío, ¿por qué me has desamparado?...". Mas Jesús, habiendo otra vez clamado a gran voz, entregó el espíritu. Y he aquí, el velo del Templo se rasgó en dos, de arriba abajo». Y esto tuvo lugar justo alrededor del tiempo en que había sido ofrecido el sacrificio vespertino, por lo que el sacerdote, ofreciendo el incienso en el lugar santo, debe haber sido testigo del terrible espectáculo.[600]

La gavilla de la primicia

Poco después en el anochecer de aquel mismo día, cuando estaba oscureciendo, una ruidosa multitud seguía a unos delegados del sanedrín afuera de la ciudad y atravesaba el torrente del Cedrón. Era una procesión muy diferente y con un propósito muy diferente de la del pequeño grupo de dolientes que, alrededor del mismo tiempo, llevaba el cuerpo del muerto Salvador de la cruz al sepulcro cavado en la roca donde todavía nadie había sido depositado. Mientras este grupo se reunía en «el huerto»,[601] quizá a un lado, el otro grupo entraba, en medio de gran algarabía, en un campo al otro lado del Cedrón, especialmente designado para este propósito. Iban a dedicarse a un servicio

---

599. La evidencia de que la expresión en Juan 18:28 —«no entraron en el pretorio para no contaminarse, y así poder comer la pascua»— *no* se refiere al cordero de la Pascua, sino a la Chagigah, es sumamente poderosa, tanto como para haber convencido a un eminente escritor judío, imparcial no obstante (Saalschütz, *Mos. Recht,* pág. 414). Lo que sí parece extraño es que sea desconocida, o pasada por alto, por escritores «cristianos».

600. Con esto no se habría abierto a la vista el lugar santísimo si es cierto lo que afirman los rabinos, de que había *dos* velos entre el lugar santo y el santísimo. .

601. Juan 20:15.

de suma importancia para ellos. Es probablemente debido a esta circunstancia que José de Arimatea decía que no se le estorbara en su petición del cuerpo de Jesús, y Nicodemo y las mujeres que pudieran dedicarse sin molestias a los últimos tristes oficios de los afectuosos dolientes. La Ley decía: «Traeréis al sacerdote un omer por primicia de los primeros frutos de vuestra siega. Y el sacerdote mecerá el omer delante de Jehová, para que seáis aceptos; el día siguiente del día de sábado la mecerá».[602] Esta gavilla, o más bien omer, de la Pascua, debía ir acompañada de un holocausto «de un cordero de un año, sin defecto», con sus apropiadas oblación y libación, y después de haber sido esto ofrecido, pero no antes, podría usarse y venderse la cebada nueva en la tierra. Ahora bien, esta gavilla de la Pascua era segada en público la noche antes de ser ofrecida, y era para ser testigo de esta ceremonia que la multitud se reunía alrededor de «los ancianos», que se cuidaban de que todo fuera hecho según la ordenanza de la tradición.

«El día siguiente del día de Sábado»

La expresión «el día siguiente del día de Sábado»[603] ha sido a veces mal interpretada como si implicase que la presentación de la llamada «primera gavilla» debía ser hecha siempre en el día siguiente al Sabbath semanal de la semana de la Pascua. Esta postura, asumida por los «Boëthusians» y los saduceos en tiempos de Cristo, y por los judíos caraítas y ciertos intérpretes modernos, descansa sobre una interpretación errónea de la palabra «Sabbath».[604] Como en alusiones análogas a otras fiestas en el mismo capítulo, no se refiere al Sabbath semanal, sino al día de la fiesta. El testimonio de Josefo,[605] de Filón[606] y de la tradición judía no deja lugar a dudas de que en este caso debemos comprender por el «Sabbath» el 15 de Nisán, fuera cual fuera el día de la semana en que cayera. Ya en el 14 de Nisán había sido marcado por delegados del sanedrín el lugar que debía segarse, atando en manojos, aún de pie, la cebada que debía ser segada. Aunque, por evidentes razones, era costumbre escoger para este propósito el abrigado valle de Ashes al otro lado del Cedrón, no había restricciones acerca del lugar, siempre que la cebada hubiera crecido en un campo ordinario —naturalmente, en la misma Palestina— y no en tierra de huerto o arboleda, y que el suelo no hubiera sido estercolado ni regado artificialmente.[607] Al llegar el tiempo para cortar la gavilla, esto es, la sobretarde del 15 de Nisán (aunque fuera sábado[608]), al declinar el sol, tres hombres, cada uno de ellos con una hoz

---

602. Levítico 23:10, 11.
603. Levítico 23:11
604. Levítico 23:24, 32, 39.
605. *Antigüedades*, III, 10:5, 6.
606. *Obras*, II, 294.
607. *Misná, Menach*, VIII, 1, 2. El campo tenía que ser arado en otoño, y sembrado setenta días antes de la Pascua.
608. Acerca de esto había una controversia entre los fariseos y los saduceos. El artículo en la *Cyclopaedia* de Kitto designa erróneamente la tarde del 16 de Nisán como aquella en que era cortada la gavilla. Tenía lugar, en realidad, después de la puesta del sol del 15, el comienzo del 16 de Nisán.

y una cesta, se ponían a trabajar. Pero a fin de exponer todo lo que era distintivo en aquella ceremonia, hacían primero a los mirones tres veces cada una de estas preguntas: «¿Se ha puesto el sol?»; «¿Con esta hoz?»; «¿En esta cesta?»; «¿En este sábado» (o primer día de la Pascua)? Y, finalmente: «¿Siego?». Habiéndosele contestado cada vez afirmativamente, cortaban la cebada hasta una cantidad de un efa, o diez omers, o tres seahs, que es igual a unos 37 litros de nuestra medida. Las espigas eran llevadas al atrio del Templo, y batidas con cañas o varas de manera que no se dañara el grano; luego lo «tostaban» en una sartén con agujeros, para que cada grano pudiera ser tocado por el fuego, y finalmente se exponía al viento. El grano así preparado era molido en un molino de cebada, que dejaba enteras las cortezas. Según algunos, la harina era siempre pasada con éxito a través de trece cedazos, cada uno más fino que el anterior. Pero la declaración de una autoridad rival parece más racional: que ello se hacía solo cuando la harina era suficientemente fina,[609] lo que determinaba uno de los «Gizbarim» (tesoreros) hundiendo las manos en ella, y continuándose el proceso de tamizado en tanto que algo de la harina se le adhiriera a las manos.[610] Aunque se cortaba un efa (o diez omers) de cebada, solo se empleaba en el Templo un omer de harina, alrededor de 3,7 litros, en el segundo día de la Pascua, o 16 de Nisán. El resto de la harina podía ser redimido y empleado con cualquier propósito. El omer de harina era mezclado con un «log» (casi medio litro) de aceite, y se ponía encima un puñado[611] de incienso, meciéndose luego delante del Señor, y se tomaba un puñado que se quemaba en el altar. El resto pertenecía al sacerdote. Esto era lo que se llama popularmente, aunque no con demasiada corrección, «la presentación de la primera gavilla o gavilla mecida» en el segundo día de la fiesta de la Pascua, o el 16 de Nisán.

El último día de la Pascua

Hasta ahí los dos primeros días. El último día de la Pascua, como el primero, era una «santa convocación», y era observado como un Sabbath. Los días entremedio eran «fiestas menores», o Moed Katon. La Misná (Trat. *Moed Katon*) establece normas precisas en cuanto a la clase de trabajo que se permitía aquellos días. Como principio general, se permitía todo lo necesario para el interés público o para impedir pérdidas particulares; pero no podía emprenderse ningún nuevo trabajo de ningún tipo con propósitos privados o públicos. Así, se podía irrigar una tierra seca, o reparar obras para la irrigación, pero no se podían hacer nuevos, ni cavar canales, etc.[612] Solo queda por añadir que

---

609. *Men*. VI. 6, 7

610. *Men*. VIII. 2.

611. Este término es de difícil definición. La *Misná* (*Men*. II. 2) dice: «Él extendió los dedos sobre la palma de la mano». Supongo, doblándolos hacia dentro.

612. La declaración (Kitto, *Cyclopaedia* III, pág. 429) de que en estos días se recitaba el «Hallel» menor, y no el mayor, es incorrecta. Y es inconsistente además con el relato del «Hallel» dado por el mismo escritor en otra parte de la *Cyclopaedia*. El «Hallel» mayor nunca se recitaba en el Templo en ocasiones ordinarias, y el «Hallel menor» (?) no, desde luego, durante el «Moed Katon» de la semana de la Pascua.

cualquiera que estuviera impedido por contaminación levítica, incapacidad o distancia de guardar la Pascua regular podía observar lo que se llamaba «la segunda» o «pequeña Pascua», exactamente un mes más tarde.[613] La *Misná* dice[614] que la segunda difería de la primera en que se podía tener en la casa levadura junto con el pan sin levadura, que no se cantaba el Hallel en la cena pascual y que no se ofrecía Chagigah.

Pentecostés

Se puede decir que la «Fiesta de los Panes sin Levadura» no había terminado del todo hasta cincuenta días después de su comienzo, cuando se fundía con la de Pentecostés, o «de las Semanas». Según la unánime tradición judía, que era universalmente recibida en tiempos de Cristo, el día de Pentecostés era el aniversario de la promulgación de la Ley en el monte Sinaí, que la fiesta de las Semanas celebraba. Así, de la manera en que la dedicación de la cosecha, que comenzaba con la presentación del primer omer en la Pascua, quedaba completada en la ofrenda de acción de gracias de las dos hogazas mecidas en Pentecostés, así el memorial de la liberación de Israel terminaba apropiadamente con el de la promulgación de la Ley, de la misma manera que, haciendo la más alta aplicación de ello, puede decirse que el sacrificio pascual del Señor Jesús quedó completado en el derramamiento del Espíritu Santo en el día de Pentecostés.[615] La tradición judía dice que en el día segundo del tercer mes, o Siván, Moisés subió al monte,[616] que se comunicó con el pueblo al tercero,[617] que volvió a subir al monte en el cuarto[618] y que el pueblo se santificó en el cuarto, quinto y sexto de Siván, siendo en este último día que les fueron dados los Diez Mandamientos.[619] Por ello, los días antes de Pentecostés se contaban siempre como el primero, segundo, tercero, etc., desde la presentación del omer. Así, Maimónides observa bellamente: «Así como uno que espera al más fiel de sus amigos suele contar los días y las horas que faltan para su llegada, de esta manera contamos también nosotros desde el omer del día de nuestro éxodo de Egipto hasta el de la promulgación de la Ley, que fue el objeto de nuestro éxodo, como se dice: "Os llevé en alas de águila, y os traje a mí mismo". Y debido a que esta gran manifestación no duró más que un día, por ello la conmemoramos anualmente solo un día».[620]

Siete semanas enteras después del día de la Pascua, contando desde la presentación del omer en el 16 de Nisán, o exactamente al quincuagésimo

---

613. Números 9:9-12.
614. *Pes.* IX. 3.
615. Hechos 2.
616. Éxodo 19:1-3.
617. Éxodo 19:7.
618. Éxodo 19:8.
619. Éxodo 19:10-16. Debido a la peculiaridad del calendario judío, Pentecostés no siempre tenía lugar exactamente en el 6 de Siván. Se tenía cuidado en que no cayera en martes, jueves o sábado (Reland, pág. 430).
620. *More Neb,* citado en Kitto, *Cyclopaedia* III, pág. 468.

día,[621] tenía lugar la fiesta de las Semanas, o Pentecostés, una «santa convocación» en la que no debía hacerse ninguna «obra servil»,[622] cuando «todos los
varones» debían «comparecer ante Jehová» en su santuario,[623] y traerse los
sacrificios y las ofrendas que se habían ordenado. Los nombres «Fiesta de las
Semanas»[624] y «Fiesta del Día Quincuagésimo», o «Día de Pentecostés»,[625]
tienen referencia a este intervalo desde la Pascua. Su carácter se expresa con
los términos «fiesta de la cosecha»[626] y «día de las primicias»,[627] mientras que
la tradición judía lo designa como «Chag ha Azereth», o simplemente «Azereth» (la «fiesta de la conclusión», o simplemente «conclusión»), y la «Sazón de
la promulgación de nuestra Ley».

Los sacrificios festivos para el día de Pentecostés eran, según Nm 28:26-31,
«dos becerros jóvenes, un carnero y siete corderos de un año» para holocausto,
junto con sus apropiadas oblaciones; y «un macho cabrío» para expiación. Todo
esto aparte, naturalmente, del sacrificio matutino usual. Pero lo que le daba
a la fiesta su distintiva peculiaridad era la presentación de las dos hogazas, y
los sacrificios que las acompañaban. Aunque la asistencia de los adoradores
al Templo puede que no fuera tan grande como en la Pascua, sin embargo se
agolpaban allí decenas de miles de personas.[628] Por la narración de Hechos 2
se puede inferir que quizá acudían a Jerusalén para esta fiesta más judíos de
países distantes que en cualquiera de las otras fiestas, quizá debido a las mayores facilidades para viajar que ofrecía esta estación del año. El día antes de
Pentecostés entraban los grupos de peregrinos en la Santa Ciudad, que justo
entonces resplandecía en toda la gloria de principios de verano. Ya se había
hecho casi toda la siega por todo el país,[629] y parecía como si tuvieran ante
sí un período de reposo y de goce. Mientras brillaban las estrellas en el azul
intenso con el brillo peculiar de un clima oriental, sonaban las trompetas de los
sacerdotes desde el monte del Templo, en medio de la deliciosa quietud de la
noche de verano, anunciando el comienzo de la fiesta. Ya en la primera vigilia
de la noche se limpiaba el gran altar, e inmediatamente después de medianoche
se abrían los portones del Templo. Porque antes del sacrificio de la mañana los
sacerdotes tenían que examinar todas las ofrendas para holocausto y de paces
que el pueblo quisiera traer a la fiesta. Por muchos que fueran, tiene que haber
sido un tiempo de trabajo enorme, hasta que el anuncio de que el resplandor de
la mañana se extendía a Hebrón ponía fin a todos estos preparativos, dando la
señal para el sacrificio matutino normativo. Después de esto se traían las ofrendas festivas prescritas en Números 28:26-30: primero, la ofrenda por el pecado,

---

621. Levítico 23:15, 16.
622. Levítico 23:21; Números 28:26.
623. Éxodo 23:14-17.
624. Éxodo 34:22; Deuteronomio 16:10, 16; 2 Crónicas 8:13.
625. Josefo, *Guerras* II, 3:1; Hechos 2:1; 20:16; 1 Corintios 16:8.
626. Éxodo 23:16.
627. Números 28:26.
628. Josefo, *Antigüedades.* XIV, 13:4; XVII, 10:2.
629. La *finalización* de la cosecha de trigo en todo el país era contada por los rabinos como
un mes después. Véase Relandus, *Antiq.*, pág. 428.

con la imposición de manos, confesión de pecado y rociamiento de sangre: y similarmente los holocaustos, con sus oblaciones. Los levitas cantaban ahora el «Hallel» con el acompañamiento de la música de una sola flauta, que comenzaba y terminaba el canto, para darle una especie de suave dulzura. El agudo vigoroso de voces seleccionadas de los hijos de los levitas, que estaban debajo de sus padres, enriquecía la melodía del himno, mientras que el pueblo o bien repetía, o bien respondía, como en la tarde del sacrificio de la Pascua.

Las dos hogazas mecidas

Luego venía la peculiar ofrenda de aquel día: la de dos hogazas mecidas, con los sacrificios que la acompañaban. Estos consistían de siete corderos de un año, sin tacha, un becerro joven, y dos carneros para holocausto, con las oblaciones que iban con ellos; y luego «un macho cabrío por expiación, y dos corderos de un año en sacrificio de ofrenda de paz».[630] Así como el omer del 16 de Nisán era de cebada, siendo el primer cereal maduro en el país, así las «dos hogazas mecidas» se preparaban con trigo cultivado en condiciones similares a las ya mencionadas acerca de la gavilla de la Pascua. De modo similar, se cortaban tres *seahs* —o alrededor de 37 litros— de trigo, se traía al Templo, se batía como las otras oblaciones, se molía y se pasaba por doce cedazos.[631] De la harina así obtenida se empleaban dos omers (el doble de la cantidad empleada en la Pascua) para «las dos hogazas»; el resto podía ser redimido y empleado para cualquier propósito. Se tenía cuidado para que la harina de cada hogaza fuera tomada por separado de un seah y medio, que fuera amasada por separado con agua tibia (como todas las ofrendas de acción de gracias) y cocida por separado, esto último en el Templo mismo. Las hogazas se hacían en la sobretarde anterior a la fiesta, o, si era sábado, dos sobretardes antes. La forma de las mismas era larga y aplanada, y vuelta para arriba, bien en los bordes o en las esquinas. Según la *Misná*, cada hogaza tenía una anchura de cuatro palmos menores, siete de longitud, y cuatro dedos de altura, y, como contenía un omer de harina (3,7 litros, con un peso de algo menos de 1,8 kilogramos), la masa pesaría unos 2,6 kilogramos, lo que daría unos 2,4 kilogramos de pan, o casi 5 kilogramos para las dos «hogazas mecidas».[632]

---

630. Levítico 23:19. Esta ofrenda, que acompañaba a las hogazas mecidas, ha sido confundida por algunos con los sacrificios festivos del día, tal como son enumerados en Números 28:27. Pero ambas cosas son manifiestamente distintas.

631. En el caso del primer omer eran trece cedazos; pero ambas especificaciones pueden ser consideradas como fantasía rabínica.

632. Estos números son suficientemente precisos para un cálculo general. Mediante experimentos prácticos he constatado que 1 litro de harina pesa alrededor de 700 gramos, y que 1 kilogramo de harina, con un tercio de taza de levadura y 15 gramos de sal, da 1,53 kilogramos de masa y 1,4 kilogramos de pan.

Las hogazas mecidas estaban leudadas

En contra de la norma común del santuario, estas hogazas estaban leudadas, lo que, según nos informa la *Misná*,[633] era el caso de todas las ofrendas de acción de gracias. La explicación común de que las hogazas mecidas estaban leudadas porque representaban el alimento ordinario del pueblo solo aclara esto en parte. Es indudable que estas hogazas de mecer expresaban el reconocimiento en el Antiguo Testamento de la verdad que nuestro Señor incorporó en la oración: «El pan nuestro de cada día, dánoslo hoy». Pero esto no es todo. Que se recuerde que estas dos hogazas, con los dos corderos que formaban parte de la misma ofrenda mecida, eran la única ofrenda pública de paz y de acción de gracias de Israel; que iban acompañadas de ofrendas encendidas (holocaustos) y de expiación; y que, a diferencia de las ofrendas normales de paces, eran consideradas como «santísimas». Por ello, se leudaban, porque las ofrendas de acción de gracias de Israel, incluso las más santas, estaban leudadas por imperfección y pecado, y precisaban de una ofrenda por el pecado. Esta idea de una ofrenda pública de acción de gracias quedaba adicionalmente patente con los servicios del día. Primero, los dos corderos eran «mecidos» mientras estaban todavía vivos; esto es, antes de ser preparados para su uso. Luego, después de su sacrificio, se ponían el pecho y la espalda, o las principales partes de cada, junto a las dos hogazas, y «mecidos» (generalmente hacia el este) adelante y atrás, y arriba y abajo.[634] Después de quemar la grosura, la carne no pertenecía a los oferentes, sino a los sacerdotes. Como sucede en el caso de los sacrificios santísimos, la comida sacrificial debía tener lugar dentro del Templo mismo, y no se podía guardar parte alguna de ella más allá de medianoche. Una de las hogazas mecidas y de los corderos iba para el sumo sacerdote; el otro pertenecía a los sacerdotes oferentes. Finalmente, después de la ceremonia de las hogazas mecidas, el pueblo traía sus propias ofrendas voluntarias, cada uno de ellos como el Señor lo hubiera prosperado, pasándose la tarde y el anochecer en la comida festiva, a la que se daba la bienvenida al forastero, al pobre y al levita como los invitados del Señor. Debido a la cantidad de tales sacrificios, la fiesta de las Semanas se alargaba generalmente ocupando la mayor parte de una semana, y esto tanto más cuanto que la ofrenda de las primicias también comenzaba en este tiempo. Finalmente, así como la presentación del omer en la Pascua señalaba el período en el que se podía emplear el nuevo cereal en el país, así la presentación de las hogazas mecidas indicaba el tiempo en el que la nueva harina podía ser presentada para oblaciones en el santuario.

Si la tradición judía relacionaba la «Fiesta de las Primicias» con el «monte que podía ser tocado», y «la voz de palabras que ellos que oyeron rogaron que no se les hablara más», nosotros también hemos llegado a este respecto «al

---

633. *Men.* V. 1.

634. La declaración rabínica es que toda la ofrenda tenía que ser mecida junta por un sacerdote; pero que si cada hogaza, con un pecho y espalda de cordero, se mecía separadamente, era válido. Debido al peso del conjunto, esta debe haber sido la práctica común.

monte de Sión» y a las cosas mejores del Nuevo Pacto. Para nosotros, el día de Pentecostés es en verdad la «Fiesta de las Primicias», y la de la promulgación de una ley mejor, «escrita no en tablas de piedra, sino en las tablas de carne del corazón», «con el Espíritu del Dios vivo». Porque cuando los adoradores estaban en el Templo, probablemente en el momento preciso cuando estaban ofrendando los corderos mecidos y el pan mecido, la multitud oyó «del cielo un estruendo como de un viento recio que soplaba», que los llevó a la casa donde estaban reunidos los apóstoles, para oír allí, «cada uno en su propia lengua», «las maravillas de Dios». Y en aquel día de Pentecostés, desde la cosecha de las primicias, no menos de tres mil almas fueron añadidas a la Iglesia, presentadas como ofrenda mecida al Señor. Las lenguas como de fuego y los dones apostólicos de aquel día de primicias han desaparecido mucho ha, cierto. Pero el poderoso estruendo como de un viento recio de la Presencia y del Poder del Espíritu Santo ha salido a todo el mundo.

XIV
LA FIESTA DE LOS TABERNÁCULOS

«En el último y gran día de la fiesta, Jesús se puso en pie y alzó la voz, diciendo: "Si alguno tiene sed, venga a mí y beba"» (Juan 7:37).

Fiesta de los Tabernáculos

La más gozosa de todas las épocas festivas en Israel era la de la «Fiesta de los Tabernáculos». Caía en una temporada del año en la que los corazones de la gente estarían, naturalmente, llenos de agradecimiento, alegría y expectación. Todas las cosechas hacía tiempo que estaban guardadas; y ahora también todas las frutas habían sido recogidas, terminada la vendimia, y la tierra solo esperaba el ablandamiento y refrescamiento de las «lluvias tardías» para prepararla para una nueva cosecha. Era apropiado que habiendo sido consagrado el comienzo de la cosecha mediante la ofrenda de la primera gavilla de cebada, y la recolección de la totalidad del cereal con las dos hogazas mecidas, hubiera ahora una fiesta de la cosecha y de alegría al Señor. Pero esto no era todo. Al mirar a su alrededor a la buena tierra, cuyos frutos los acababan de enriquecer, debían recordar que había sido por una interposición milagrosa que el Señor su Dios los había traído a esta tierra y se la había dado, y que Él siempre la reivindicaba como peculiarmente suya. Porque la tierra estaba estrictamente relacionada con la historia del pueblo; y tanto la tierra como la historia estaban relacionándose con la misión de Israel. Si el comienzo de la cosecha había señalado atrás al nacimiento de Israel en su éxodo de Egipto, y hacia adelante al verdadero sacrificio de la Pascua en el futuro; si la cosecha del trigo estaba relacionada con la promulgación de la Ley en el monte Sinaí en el pasado, y con el derramamiento del Espíritu Santo en el día de Pentecostés, la acción de gracias por la cosecha en la Fiesta de los Tabernáculos recordaba a Israel, por una parte, su morada en tiendas en el desierto, mientras que, por otra parte, señalaba a la final cosecha cuando la misión de Israel quedaría completa, y todas las naciones congregadas alrededor del Señor. Así, la primera de las tres grandes fiestas anuales hablaba, en la presentación de la primera gavilla, de la fundación de la Iglesia; la segunda, de su cosecha, cuando la Iglesia en su actual estado sería presentada como dos hogazas mecidas leudadas; mientras que la tercera señalaba al futuro a la plena cosecha al final, cuando «Jehová de los ejércitos hará en este monte a todos los pueblos banquete de manjares suculentos... Y destruirá en este monte la cubierta con que están cubiertos todos los pueblos, y el velo que cubre a todas las naciones. Destruirá la muerte para siempre; y enjugará Jehová el Señor las lágrimas de todos los rostros; y quitará la afrenta de su pueblo (Israel) de sobre toda la tierra».[635]

Los nombres de la fiesta

El hecho de que estas no son comparaciones ideales, sino el mismo designio de la Fiesta de los Tabernáculos, aparece no solo en el lenguaje de los profetas y en los peculiares servicios de la fiesta, sino que también se desprende de su posición en el calendario, e incluso de los nombres por los que se la designa en las Escrituras. Así, con referencia a la cosecha recibe el nombre de «Fiesta de la Cosecha»;[636] con referencia a la historia de Israel en el pasado, «la Fiesta de los Tabernáculos»,[637] mientras que su relación simbólica con el futuro se expresa en su designación como enfáticamente «la fiesta»,[638] y «la Fiesta de Jehová».[639] También en este sentido la destacan Josefo, Filón y los rabinos (en muchos pasajes de la *Misná)* de entre todas las otras fiestas. Y muy decisiva en este respecto es la descripción de la gloria del «día postrero» al final de la profecía de Zacarías, donde la conversión de todas las naciones queda relacionada expresamente con la «Fiesta de los Tabernáculos».[640] Que esta referencia no es en absoluto única se verá más adelante.

El tiempo de la fiesta

La Fiesta de los Tabernáculos era la tercera de las grandes fiestas anuales, en las que cada varón en Israel debía comparecer delante del Señor en el lugar que Él escogería. Caía en el 15 del mes séptimo, o Tisrí (correspondiéndose con septiembre, o el comienzo de octubre), así como la Pascua había caído en el 15 del primer mes. La significación de estos números en sí mismos y en mutua relación no puede pasar inadvertida, y ello tanto más cuanto que esta fiesta cerraba el original calendario festivo, porque Purim y «la Fiesta de la Dedicación del Templo», que tenían lugar posteriormente en el año, eran de origen postmosaico. La Fiesta de los Tabernáculos, o, más bien (como debería llamarse), de las «cabañas», duraba siete días, del 15 al 21 de Tisrí, e iba se-

635. Isaías 25:6-8; comp. Apocalipsis 21:4, etc.
636. Éxodo 23:16; 34:22.
637. Levítico 23:34; y especialmente versículo 43; Deuteronomio 16:13, 16; 31:10; 2 Crónicas 8:13; Esdras 3:4.
638. 1 Reyes 8:2; 2 Crónicas 5:3; 7:8, 9.
639. Así, literalmente, en Levítico 23:39.
640. Zacarías 14:16-21.

guida por un octavo en el 22 de Tisrí. Pero este octavo día, aunque estrechamente relacionado con la Fiesta de los Tabernáculos, no era parte de la fiesta, como queda claramente evidenciado por la diferencia en los sacrificios y en el ritual, y por la circunstancia de que el pueblo ya no vivía en «cabañas». El primer día de la fiesta, y también su octavo, o Azereth *(clausura, conclusio)*, debían ser días de «santa convocación»,[641] y ambos «Sabbath»,[642] no en el sentido del sábado semanal, sino de reposo festivo en el Señor,[643] día en el que no se podía efectuar ninguna obra servil de ningún tipo.

Seguía de cerca al Día de la Expiación

Hay todavía un punto importante que debe ser señalado. La «Fiesta de los Tabernáculos» seguía de cerca al Día de la Expiación. Se celebraban en el mes séptimo. El Día de la Expiación en el día 10 de Tisrí, y la fiesta comenzaba el 15. Lo que el día séptimo, o Sabbath, era con referencia a la semana, el mes séptimo parece haberlo sido en relación con el año. No solo servía de conclusión al ciclo sagrado, sino también al año agrícola o laboral. Indicaba también el cambio de las estaciones, la aproximación de la lluvia y del equinoccio de invierno, y determinaba tanto el comienzo como el fin de un año sabático.[644] Viniendo en el 15 de este mes séptimo, esto es, en la luna llena, cuando el mes «sagrado» había alcanzado, por así decirlo, su plenitud, la Fiesta de los Tabernáculos venía apropiadamente cinco días después del Día de la Expiación, en el que el pecado de Israel había sido quitado, y restaurada su relación de pacto con Dios. Así, una nación santificada podía guardar una fiesta santa de gozo de la cosecha al Señor, así como en el sentido más verdadero tendrá lugar «en aquel día»[645] cuando el significado de la Fiesta de los Tabernáculos quedará verdaderamente cumplido.[646]

Las tres principales características de la fiesta

Tres cosas señalaban especialmente a la Fiesta de los Tabernáculos: sus gozosas festividades, y los ritos de la semana. El primero de estos era sencillamente característico de una «fiesta de la cosecha»: «Porque te habrá bendecido Jehová tu Dios en todos tus frutos, y en toda la obra de tus manos, y estarás verdaderamente alegre —tú, tu hijo, tu hija, tu siervo, tu sierva, y el levita, el ex-

---

641. Levítico 23:35, 36.
642. Levítico 23:39.
643. Levítico 23:25, 31.
644. Deuteronomio 31:10.
645. Zacarías 14:20.
646. Se dibuja una imagen muy diferente en Oseas 9, que parece también referirse a la Fiesta de los Tabernáculos (véase especialmente v. 5). En verdad, es notable la cantidad de alusiones que se hacen a esta fiesta en los escritos de los profetas, como si sus tipos fueran la meta de todos sus deseos.

tranjero, el huérfano y la viuda que viven en tus poblaciones». Y nadie en Israel debía presentarse «delante de Jehová con las manos vacías: sino que cada uno ofrecerá con su propia mano, conforme a la bendición que Jehová tu Dios te haya otorgado».[647] Las ofrendas votivas, voluntarias y de paces indicarían la gratitud que sentían hacia Dios, y en la comida que seguía serían invitados bien acogidos el pobre, el forastero, el levita y el desamparado, por causa del Señor. Además, cuando el pueblo viera la apertura de los cofres de la tesorería y cómo eran vaciados en esta fiesta por última vez en el año, recordarían a sus hermanos lejanos, en cuyo nombre, así como en el de ellos, se ofrecían los sacrificios diarios y festivos. Así no solo se estimularía la generosidad de ellos, sino que todo Israel, por muy dispersado que se encontrara, se sentiría de nuevo como uno delante del Señor su Dios y en los atrios de su casa. Había además algo acerca de esta fiesta que les recordaría de manera peculiar que, si no eran de su dispersión, eran, sin embargo, «extraños y peregrinos en la tierra». Porque su *segunda característica* era que durante los siete días de su celebración «todo nativo de Israel habitará en cabañas; para que sepan vuestros descendientes que en cabañas hice yo habitar a los hijos de Israel cuando los saqué de la tierra de Egipto».[648]

Como es usual, nos encontramos de entrada con una controversia entre los fariseos y los saduceos. La Ley decía:[649] «Y tomaréis el primer día el fruto[650] de árbol hermoso, ramas de palmeras, ramas de árboles frondosos, y sauces de los arroyos», con lo que los saduceos entendían (como los modernos judíos caraítas) una referencia a los materiales de los que debían construirse las cabañas. La otra interpretación parece ser la correcta; parece apoyada por el relato de la fiesta de tiempos de Nehemías,[651] en la que las cabañas se construyeron con ramas de otros árboles que los mencionados en Levítico 23; y en tiempos de Cristo era la práctica universalmente adoptada. La *Misná* da minuciosos detalles acerca de la altura y construcción de estas «cabañas», con el objeto principal de impedir cualquier invasión de la Ley. Así, debe tratarse de una verdadera cabaña, y ser construida con ramas de árboles vivos, y solo para los fines de esta fiesta. Por ello, tiene que ser lo suficientemente alta, pero no demasiado; al menos de diez palmos menores, pero no más de treinta pies; tres de sus paredes tienen que ser de ramas; tiene que estar adecuadamente cubierta con ramas, pero no tan cubierta que no pueda pasar la luz del sol, y tampoco tan poco cubierta que no tenga suficiente sombra, no siendo el objeto en ambos casos ni la luz del sol ni la sombra, sino que sea una verdadera cabaña de ramas de árboles. Es innecesario entrar en detalles adicionales, excepto decir que estas cabañas, y no sus casas, debían ser la morada normal de todos en Israel durante la semana, y que excepto en caso de lluvias intensas, debían comer, dormir, orar, estudiar,

---

647. Deuteronomio 16:13-17.
648. Levítico 23:42, 43.
649. Levítico 23:40.
650. Así, correctamente, en el margen.
651. Nehemías 8:15, 18.

en resumen, vivir del todo en ellas. Las únicas excepciones se hacían en favor de los que estaban ausentes por algún deber piadoso, de los enfermos y sus cuidadores,[652] mujeres, esclavos y niños que dependieran aún de sus madres.[653] Finalmente, la norma era que «todo lo que pudiera contraer contaminación levítica (como tablas, ropa, etc.) o todo lo que no creciera de la tierra, no podía emplearse» en la construcción de las «cabañas».[654]

El fruto y las ramas de palmera

Ya se ha observado que, según la postura universalmente admitida en tiempos de Cristo, la instrucción para el primer día de la fiesta de tomar «fruto de árboles hermosos, ramas de palmera, y ramas de árboles frondosos, y sauces de los arroyos» se aplicaba a lo que los adoradores debían llevar en sus manos. Los rabinos decidieron que «el fruto de árboles hermosos» significaba el *aethrog*, o limón, y «las ramas de árboles frondosos» el mirto, siempre que no tuviera «más bayas que hojas». Los *aethrogs* debían ser sin tacha ni deficiencia de ningún tipo; las ramas de palmera debían tener al menos tres palmos menores de altura, y que pudieran agitarse; y cada rama fresca, entera, limpia, y no tomada de ningún bosquecillo idolátrico. Cada adorador llevaba el *aethrog* en la mano izquierda, y en la derecha el *lulav*, o palma, con ramas de mirto y sauce a cada lado, atadas juntas por fuera con su propia clase, aunque por dentro podía atarse hasta con hilo de oro.[655] No puede haber dudas de que el designio del *lulav* era el de recordar a Israel sus diferentes etapas en su peregrinaje por el desierto, representado por la diferente vegetación, recordándoles las ramas de palmeras los valles y llanuras, las «ramas de árboles frondosos» los matorrales de las alturas montañosas, y los sauces los arroyos de los que Dios había dado de beber a su pueblo,[656] mientras que el *aethrog* debía recordarles los frutos de la buena tierra que el Señor les había dado. El *lulav* se empleaba en el Templo en cada uno de los siete días festivos, estando hasta los niños obligados a llevar uno, si podían agitarlo. Si el primer día de la semana caía en Sabbath, el pueblo traía sus *lulavs* el día antes a la sinagoga en el monte del Templo, y los iban a buscar por la mañana, para no quebrantar innecesariamente el reposo del sábado.

Las ofrendas

La tercera característica de la Fiesta de los Tabernáculos era sus ofrendas. Estas eran bien peculiares. La ofrenda por el pecado para cada uno de los

---

652. *Succ.* II. 4.
653. *Succ.* II. 8.
654. *Succ.* I. 4.
655. *Succ.* /II. 8.
656. Véase el artículo de Pressel en Herzog, ed., *Real-Encycl.,* vol. VIII.

siete días era «un macho cabrío». Los holocaustos consistían en becerros, carneros y corderos, con sus oblaciones y libaciones apropiadas. Pero en tanto que la cantidad de carneros y de corderos era constante cada día de la fiesta, la de becerros iba descendiendo cada día en uno, desde trece en el primero hasta siete becerros en el último día, «el gran día de la fiesta». Como no se dan instrucciones especiales acerca de la libación, inferimos que era, como usualmente,[657] 1/4 de hin de vino para cada cordero, 1/3 por cada carnero y 1/2 por cada becerro (el hin = 6,2 litros). La «oblación» queda expresamente fijada[658] en 1/10 de efa de harina, mezclada con 1/4 de hin de aceite, para cada cordero; 2/10 de efa, con 1/3 de hin de aceite, para cada carnero; y 3/10 de efa, con 1/2 hin de aceite, para cada becerro. Hay tres cosas destacables en cada uno de estos holocaustos. Primero, son evidentemente el sacrificio característico de la Fiesta de los Tabernáculos. En comparación con la Fiesta de los Panes sin Levadura, la cantidad de carneros y de corderos es el doble, mientras que la de becerros es quíntuple (14 durante la semana de la Pascua, y 5 x 14 durante la de los tabernáculos). En segundo lugar, el número de los holocaustos, tanto si se toma cada clase por sí sola o todas ellas juntas, es siempre divisible por el sagrado número siete. Para la semana tenemos 70 becerros, 14 carneros y 98 corderos, en total 182 sacrificios (26 x 7), a lo que se deben añadir 336 (48 x 7) décimos de efa de harina para la oblación. No seguiremos el tentador tema de este simbolismo de los números más allá de señalar que en tanto que el número sagrado de 7 aparecía en la Fiesta de los Panes sin Levadura solo en el número de sus días, y en Pentecostés en el período de su observancia (7 x 7 días después de la Pascua), la Fiesta de los Tabernáculos duraba siete días, tenía lugar cuando el séptimo mes había llegado a su plenitud, y tenía el número 7 saturando sus sacrificios característicos. No es tan fácil dar explicaciones a la tercera peculiaridad de estos sacrificios: el de la disminución diaria en la cantidad de becerros ofrecidos. La explicación común, que tenía la intención de mostrar la disminución en santidad de cada sucesivo día de la fiesta, mientras que el sagrado número de 7 debía quedar aún reservado para el último día, no es más satisfactoria que la opinión propuesta en el Talmud de que estos sacrificios se ofrecían no por Israel, sino por las naciones del mundo: «Hay setenta becerros, para corresponderse con el número de las setenta naciones del mundo». Pero ¿comprendían los rabinos el carácter profético de esta fiesta? Una atenta consideración de su peculiar ceremonial nos convencerá de que tiene que haber sido sumamente difícil ignorarlo por entero.

El día antes de la Fiesta de los Tabernáculos —el 14 de Tisrí—, los peregrinos festivos habían llegado todos a Jerusalén. Las «cabañas» en los tejados, en los atrios, en las calles y en las plazas, así como en los caminos y en los huertos, dentro de un radio de camino de un sábado, deben haberle dado a la ciudad y a sus alrededores una apariencia pintoresca. La preparación de todo lo que era necesario para la fiesta, o sea, la purificación, el cuidado de las ofrendas que cada uno de ellos traería, y comunicaciones amistosas entre los que iban a ser

657. Números 15:1-10.
658. Números 29:12, etc.

invitados a la comida sacrificial, les ocuparía suficientemente el tiempo. Cuando caía la temprana sobretarde del otoño, los toques de las trompetas de los sacerdotes en el monte del Templo anunciaban a Israel la llegada de la fiesta.

El servicio especial en el Templo

Como en la Pascua y en Pentecostés, el altar del holocausto era limpiado durante la primera vigilia de la noche, y los portones del Templo se abrían inmediatamente después de la medianoche. El tiempo hasta el comienzo del sacrificio matutino ordinario se dedicaba al examen de los varios sacrificios y ofrendas que debían traerse durante el día. Mientras se preparaba el sacrificio de la mañana, un sacerdote, acompañado de una alegre procesión con música, descendía al estanque de Siloé, de donde sacaba agua con un cántaro de oro que podía contener tres log (algo más de un litro). Pero si caía en sábado, recogían el agua de un recipiente de oro en el mismo Templo, a donde había sido llevado desde Siloé el día anterior. Al mismo tiempo que la procesión salía de Siloé, otra se dirigía a un lugar en el valle del Cedrón, cerca, llamado Motza, de donde traían ramas de sauces, que, en medio de toques de las trompetas de los sacerdotes, fijaban a cada lado del altar del holocausto, doblándolas hacia él, para formar una especie de palio de hojas. Luego tenía lugar el sacrificio ordinario, midiendo de tal manera el tiempo el sacerdote que había ido a Siloé que volvía justo mientras sus hermanos llevaban las piezas del sacrificio para ponerlas en el altar. Al entrar por la «puerta de las Aguas», que recibió este nombre por esta ceremonia, era recibido por un triple toque de las trompetas de los sacerdotes. El sacerdote acudía entonces a la rampa que subía al altar, y se volvía a la izquierda, donde había dos cuencos de plata con estrechos agujeros —el oriental algo más ancho para el vino, y el occidental algo más estrecho para el agua—. En estos se vertía el vino de la libación, y al mismo tiempo el agua de Siloé, gritando el pueblo al sacerdote: «Levanta la mano», para mostrar que realmente derramaba el agua en el cuenco que llevaba a la base del altar. Porque, compartiendo las objeciones de los saduceos, Alejandro Janneo, el rey-sacerdote macabeo (alrededor del 95 a. C.), había mostrado su menosprecio hacia los fariseos al derramar el agua en esta fiesta sobre el suelo, a lo que el pueblo reaccionó lanzándole los aethrogs, y lo habrían asesinado si no se hubiera interpuesto su guardia de corps constituida por extranjeros, muriendo en aquella ocasión no menos de seis mil judíos en el Templo.

La música de la fiesta

Tan pronto como se habían derramado el vino y el agua, comenzaba la música del Templo, y se cantaba el «Hallel»[659] de la manera anteriormente descrita, con acompañamiento de flautas, excepto en sábado y en el primer día de la

---

659. Salmos 113-118.

fiesta, en el que no se permitía tocar la flauta, debido a la santidad de los días. Cuando el coro llegaba a estas palabras:[660] «Alabad a Jehová»; y de nuevo cuando cantaban:[661] «Oh Jehová, sálvanos ahora»; y de nuevo al terminar:[662] «Alabad a Jehová», todos los adoradores agitaban sus *lulavs* hacia el altar. Así, cuando las multitudes de Jerusalén, al encontrarse con Jesús, «cortaban ramas de los árboles, y las extendían en el camino, y la gente... gritaba, diciendo: "¡Oh, salva ahora al Hijo de David!"»,[663] aplicaban, en referencia a Cristo, lo que se consideraba una de las principales ceremonias de la Fiesta de los Tabernáculos, rogando que Dios se manifestara ahora desde lo más alto de los cielos, y enviara aquella salvación en relación con el Hijo de David que se simbolizaba con el derramamiento del agua. Porque aunque la ceremonia era considerada por los rabinos como si tuviera una referencia subordinada a la dispensación de la lluvia, cuya caída anual ellos imaginaban que Dios la decidía en esta fiesta, su aplicación principal y real era al futuro derramamiento del Espíritu Santo, como había sido predicho, probablemente en alusión a este mismo rito, por el profeta Isaías.[664] Así, el Talmud dice abiertamente: «¿Por qué se llama su nombre la extracción de agua? Por el derramamiento del Espíritu Santo, conforme a lo que está dicho: "Con gozo sacaréis agua de los pozos de salvación"». Por ello también tanto la fiesta como el peculiar gozo de la misma se designan como las de «la extracción del agua»; porque, según las mismas autoridades rabínicas, el Espíritu Santo mora en el hombre solo por medio del gozo.

La vuelta diaria al altar

Un simbolismo especial se expresaba mediante otra ceremonia que tenía lugar al término no de los sacrificios diarios sino de los festivos. En cada uno de los siete días los sacerdotes formaban una procesión, y daban la vuelta al altar, cantando: «Oh, ¡obra ahora salvación, Jehová! ¡Oh Jehová, da prosperidad!».[665] Pero en el día séptimo, «el gran día de la fiesta», daban la vuelta al altar siete veces, recordando cómo habían caído las murallas de Jericó en circunstancias similares, y anticipando cómo, por la interposición directa de Dios, las murallas del paganismo caerían ante Jehová, y la tierra quedaría abierta para que su pueblo entrara y la poseyera.

---

660. Salmo 118:1.
661. Salmo 118:25.
662. Salmo 118:29.
663. Mateo 21:8, 9; Juan 12:12, 13.
664. Isaías 12:3. Naturalmente, está abierta una u otra de estas posturas: bien que las palabras de Isaías estaban basadas en la ceremonia del derramamiento del agua, o bien que la ceremonia del derramamiento del agua se derivó de las palabras de Isaías. Pero en todo caso nuestra inferencia de la misma se mantiene. Será justo añadir que algunos aplican la expresión «agua» en Isaías 12:3 a la «ley». Pero esto no perjudica en absoluto nuestra conclusión, por cuanto los judíos esperaban que la conversión general de los gentiles sería una conversión al judaísmo.
665. Salmo 118:25.

Podemos ahora en alguna medida comprender el acontecimiento relatado en Juan 7:37. Los festejos de la semana de los tabernáculos se acercaban a su fin. «Era el último día, el gran día de la fiesta». Recibía este nombre, aunque no era uno de «santa convocación», en parte debido a que clausuraba la fiesta, y en parte debido a las circunstancias que en los escritos rabínicos condujeron a llamarlo el «Día del Gran Hosanná», por las siete vueltas alrededor del altar con «Hosanná», y «Día de Sauces» y «Día de Batir las Ramas», debido a que todas las hojas eran sacudidas de las ramas de los sauces, y las ramas de palmera eran batidas en pedazos contra el lado del altar. Fue aquel día, después que el sacerdote hubiera vuelto de Siloé con su cántaro de oro, y por última vez derramado su contenido en la base del altar, después que se hubiera cantado el «Hallel» con el acompañamiento de la flauta, respondiendo el pueblo y adorando mientras que los sacerdotes tocaban tres veces sus trompetas de plata, justo cuando el interés del pueblo estaba más excitado, que, de entre la masa de los adoradores, que agitaban en dirección del altar un verdadero bosque de ramas llenas de hojas al cantarse las últimas palabras del Salmo 118, se levantó una voz que resonó a través del Templo, sobresaltó a la multitud y llevó temor y odio a los corazones de sus líderes. Era Jesús, que «se puso en pie y alzó la voz, diciendo: "Si alguno tiene sed, venga a mí y beba"». Entonces, por la fe en Él, cada uno se transformaría verdaderamente como el estanque de Siloé, y de su ser más interior «correrán ríos de agua viva».[666] «Esto dijo del Espíritu que iban a recibir los que creyesen en él». Así, no solo quedó totalmente explicada la significación del rito en el que acababan de tomar parte, sino que quedó señalado el modo de su cumplimiento. El efecto fue instantáneo. No podía ser de otra manera en aquella inmensa asamblea, tan repentinamente excitada al verse cara a cara con Aquel en quien quedan cumplidos todos los tipos y las profecías, sino que muchos dijeran: «Verdaderamente este es el Profeta». Otros decían: «Este es el Cristo». Incluso la guardia del Templo, cuyo deber era en tales circunstancias arrestar al que de esta manera había interrumpido los servicios del día presentándose ante el pueblo bajo tal luz, reconoció la fascinación de sus palabras, y no osó ponerle las manos encima. «¡Jamás hombre alguno ha hablado como este hombre!», fue la única razón que pudieron dar de su insólita debilidad, como respuesta a los reproches de los principales sacerdotes y fariseos. El reproche de las autoridades judías, que vino a continuación, es demasiado característico para merecer comentario alguno. Solo uno entre ellos se había sentido profundamente conmovido por la escena acabada de ver en el Templo. Pero, tímido como siempre, Nicodemo solo se aferró a este punto: que los fariseos habían atribuido la confesión popular de Jesús a la ignorancia de la Ley por parte del pueblo, a lo que él replicó, en la manera genuinamente rabínica de discutir, sin enfrentarse cara a cara con el oponente: «¿Juzga acaso nuestra ley a un hombre si primero no le oye y conoce lo que está haciendo?».

---

666. Juan 7:38.

El ciego de nacimiento

Pero la cuestión no iba a terminar con las disputas de los sacerdotes y fariseos. La prueba que Nicodemo les había invitado a buscar de la enseñanza y de los milagros de Cristo estaba a punto de ser manifestada tanto delante del pueblo como de sus gobernantes con la curación del ciego de nacimiento. También fue en alusión al ceremonial de la Fiesta de los Tabernáculos que Jesús, cuando vio «a un hombre ciego de nacimiento», dijo:[667] «Entretanto que estoy en el mundo, soy luz del mundo»; y habiendo untado con lodo los ojos del ciego, le dijo: «Ve a lavarte en el estanque de Siloé (que significa Enviado)». Porque las palabras «soy luz del mundo» eran las mismas que acababa de pronunciar en el Templo,[668] y con toda probabilidad habían tenido la intención de señalar otra ceremonia muy peculiar que tenía lugar en la Fiesta de los Tabernáculos. En palabras de la *Misná*,[669] el orden de los servicios para la fiesta era como sigue: «Iban primero a ofrecer el sacrificio diario por la mañana, y luego los sacrificios adicionales; después de ello, las ofrendas votivas y voluntarias; de ello se pasaba a la comida festiva; de ello al estudio de la Ley, y después de esto a ofrecer el sacrificio vespertino; y de ello pasaban al gozo del derramamiento del agua». Es este «gozo del derramamiento del agua» el que vamos a describir a continuación.

Las ceremonias en el atrio de las Mujeres

Al final del primer día de la fiesta, los adoradores descendían al atrio de las Mujeres, donde se habían hecho grandes preparativos. Había allí cuatro candelabros de oro, cada uno de ellos con cuatro cuencos de oro, y contra ellos descansaban cuatro escaleras; y cuatro jóvenes del linaje sacerdotal sostenían cada uno un cántaro de aceite, que podía contener ciento veinte log, con los que llenaban cada cuenco. Los viejos y usados calzones y cintos de los sacerdotes se empleaban como mechas para estas lámparas. No había un solo patio en Jerusalén que no quedara iluminado con la luz de «la casa del derramamiento de agua». Los «Chassidim» y «los hombres de Acto» danzaban delante del pueblo con antorchas encendidas en las manos, y cantaban ante ellos himnos y cánticos de alabanza; y los levitas, con arpas y laúdes, y címbalos, y trompetas, e instrumentos de música innumerables, estaban de pie en los quince escalones que llevaban del atrio de Israel al de las Mujeres, según el número de los quince cánticos graduales en el libro de los Salmos. Permanecían en pie con sus instrumentos musicales y cantaban himnos. Dos sacerdotes, con trompetas en las manos, se encontraban en la puerta superior (la de Nicanor), que llevaba del atrio de Israel al de las Mujeres. Al cantar el gallo, daban tres toques de trompeta. Al llegar al décimo escalón, volvían a dar un triple toque

---

667. Juan 9:5.
668. Juan 8:12.
669. *Succah* V. 2, 3, 4.

de trompeta; al entrar en el atrio mismo, volvían a dar todavía un triple toque de trompeta; y así iban dando toques de trompeta mientras iban avanzando, hasta que llegaban a la puerta que se abre hacia oriente (la puerta Hermosa). Al llegar a la puerta oriental, se volvían hacia el oeste (para mirar hacia el lugar santo), y decían: «Nuestros padres que estuvieron en este lugar, le volvieron la espalda al santuario de Jehová, y sus rostros hacia el este, y adoraban hacia el sol naciente; pero en cuanto a nosotros, nuestros ojos se dirigen al Señor».

Se ha preservado un fragmento de uno de los himnos que se cantaban aquella noche. Lo cantaban los «Chassidim» y los «hombres de Acto», y los que hacían penitencia en su ancianidad por los pecados de su juventud:

Los Chassidim y los hombres de Acto

«¡Oh gozo, que nuestra juventud, devota y sabia,
Vergüenza no trae sobre nuestra ancianidad!».

Los Penitentes

«¡Oh gozo, que en nuestra ancianidad podemos
Reparar los pecados de una juventud no sabia!».

Ambos al unísono

«Sí, feliz aquel sobre quien culpa temprana no reposa,
Y aquel que, si pecó, la bendición ha obtenido del perdón».

Significación de la iluminación

Parece evidente que esta iluminación del Templo era considerada como si formase parte del «derramamiento del agua», y como si tuviera su mismo significado simbólico. La luz que resplandecía desde el Templo en la tiniebla alrededor, e iluminaba cada patio de Jerusalén, debe haber tenido la intención de ser símbolo no solo de la Shekiná que en el pasado llenara el Templo, sino también de aquella «gran luz» que «el pueblo que andaba en tinieblas» habría de ver, y que iba a resplandecer «sobre los que moran en la tierra de sombra de muerte».[670] ¿No podría ser que profecías como las de Isaías 9 y 60 estuvieran relacionadas con este simbolismo? En todo caso, parece que lo más probable es que Jesús se refiriera a esta ceremonia en las palabras dichas por Él en el Templo en aquella misma Fiesta de los Tabernáculos: «Yo soy la luz del mundo;

---

670. Isaías 9:2.

195

el que me sigue, de ningún modo andará en tinieblas, sino que tendrá la luz de la vida».[671]

Los seis días menores

Solo el primero de los siete días de esta fiesta era «santa convocación»; los otros seis eran «fiestas menores». Cada día se traían las ofrendas festivas prescritas en Números 29:12-38, además de los sacrificios ordinarios de la mañana y de la tarde. Los salmos cantados en la libación después de los sacrificios festivos (o *Musaf,* como eran llamados), eran: para el primer día de la fiesta, Salmo 105; para el segundo, Salmo 29; para el tercero, Salmo 50, desde el versículo 16; para el cuarto, Salmo 94, desde el versículo 16; para el quinto, Salmo 94, desde el versículo 8; para el sexto, Salmo 81, desde el versículo 6; para el último día de la fiesta, Salmo 82, desde el versículo 5. Al retirarse el pueblo del altar al terminar el servicio de cada día, exclamaban: «¡Cuán hermoso eres tú, oh altar!» —o, según una versión posterior: «¡Damos gracias a Jehová y a ti, oh altar!»—. La totalidad de los veinticuatro turnos sacerdotales tomaba parte en las ofrendas festivas, que se repartían entre ellos según unas normas fijas, que determinaban también cómo se debían dividir entre ellos lo que tocaba a los sacerdotes. Finalmente, cada año sabático debía leerse públicamente la Ley en el primer día de la fiesta.[672]

Por la tarde del día séptimo de la fiesta, el pueblo comenzaba a salir de las «cabañas». Porque en el octavo, en el 22 de Tisrí, ya no vivían más en cabañas, ni usaban el *lulav.* Pero se observaba como «santa convocación»; y se ofrecían los sacrificios festivos prescritos en Números 29:36-38, aunque ya no participaban todos los veinticuatro turnos de sacerdotes, y finalmente se cantaba el «Hallel» durante la libación.

El derramamiento y la iluminación, postmosaicos

Se habrá observado que las dos ceremonias más importantes de la Fiesta de los Tabernáculos, esto es, el derramamiento de agua y la iluminación del Templo, eran de origen postmosaico. Según la tradición judía, la columna de nube de día y de fuego por la noche se apareció por primera vez a Israel en el 15 de Tisrí, el primer día de la fiesta. También se dice que en aquel día Moisés descendió del monte, y anunció al pueblo que el Tabernáculo de Dios iba a ser levantado en medio de ellos. Sabemos que la dedicación del Templo de Salomón y el descenso de la Shekiná tuvieron lugar en esta fiesta.[673] Y no podemos

---

671. Juan 8:12.

672. Deuteronomio 31:10-13. En tiempos posteriores se leían solo ciertas porciones, ya que la Ley como un todo era ya suficientemente conocida con las lecciones semanales en las sinagogas.

673. 1 Reyes 8; 2 Crónicas 7.

equivocarnos mucho encontrando una alusión a la misma en esta descripción de cosas celestiales: «Después de esto miré, y vi una gran multitud, la cual nadie podía contar, de todas naciones, tribus, pueblos y lenguas, que estaban de pie delante del trono y en la presencia del Cordero, cubiertos de ropas blancas, y con palmas en las manos; y claman a gran voz, diciendo: "La salvación pertenece a nuestro Dios que está sentado en el trono, y al Cordero"».[674]

Se adopten o no nuestras sugerencias acerca del significado típico de las dos grandes ceremonias del «derramamiento del agua» y de la iluminación del Templo, queda el hecho de que la Fiesta de los Tabernáculos es el único tipo del Antiguo Testamento que espera aún su cumplimiento.

---

674. Apocalipsis 7:9, 10.

XV
LAS NUEVAS LUNAS:
LA FIESTA DE LA SÉPTIMA NUEVA LUNA,
O DE LAS TROMPETAS,
O DEL DÍA DE AÑO NUEVO

«Por tanto, nadie os juzgue en comida o en bebida, o en cuanto a días de fiesta, luna nueva o sábado, todo lo cual es sombra de lo que ha de venir; pero el cuerpo es de Cristo» (Colosenses 2:16, 17).

Las fiestas de luna nueva

Difícilmente ninguna otra fiesta hubiera podido dejar una impronta tan permanente sobre la vida religiosa de Israel como la de la «Luna Nueva». Recurriendo al inicio de cada mes, y marcándolo, la solemne proclamación del día, con las palabras «es santificado», tenía la intención de dar un carácter santo a cada mes, mientras que los toques de las trompetas de los sacerdotes y los especiales sacrificios que se ofrecían convocaban a las huestes del Señor a ofrecer su tributo a su exaltado Rey, llevando así el «recuerdo» de ellos delante de Él. Además, se trataba asimismo de una fiesta popular, en la que las familias, como la de David, podían celebrar su especial sacrificio anual;[675] en la que el rey daba un banquete de estado,[676] y en la que los que querían instrucción y edificación recurrían a las reuniones religiosas, como las que parece que celebraba Eliseo.[677] Y así seguimos su observancia a través de la historia de Israel, advirtiendo en la Escritura un salmo especial para la nueva luna (en Tisrí);[678] vemos también cómo este día fue guardado, de mes en mes, como una ordenanza extrema, incluso durante la decadencia de la vida religiosa,[679] y aparentemente

---

675. 1 Samuel 20:6, 29.
676. 1 Samuel 20:5, 24.
677. 2 Reyes 4:23.
678. Salmo 81:3.
679. Isaías 1:13; Oseas 2:11.

con tanta mayor rigidez, con abstinencia de trabajar, lo que no estaba ordenado en la Ley, con lo que se perdió de vista su espíritu;[680] al final vemos por las profecías de Isaías y Ezequiel que este día tenía también un sentido más elevado, y que estaba destinado a encontrar un mejor cumplimiento en otra dispensación, cuando la trompeta de la luna nueva convocará «a toda carne a adorar delante de Jehová»,[681] y volverá a abrirse la cerrada puerta de oriente al atrio interior del nuevo Templo para el Israel creyente.[682] Y en los tiempos del Nuevo Testamento volvemos a encontrar la «Luna Nueva» guardada como observancia externa por los judíos y por los cristianos judaizantes, pero expresamente caracterizada como «sombra de lo que ha de venir, pero el cuerpo es de Cristo».[683]

La determinación de la luna nueva

Ya hemos mostrado la importancia que tenía la correcta determinación de la luna nueva para fijar las varias fiestas del año, y con qué cuidado y ansiedad se determinaba su aparición mediante testigos que la hubieran realmente visto; y también cómo se comunicaban las nuevas a los que vivían lejos. Porque la nueva luna era contada por observación personal, no por cálculos astronómicos, con los que, sin embargo, sabemos que muchos de los rabinos estaban familiarizados, porque leemos de imágenes astronómicas mediante las que solían comprobar la veracidad de los testigos. Tanta importancia se le daba a tener testigos fieles, que incluso se les permitía viajar en sábado para llegar a Jerusalén a tiempo, y, si era necesario, emplear un caballo o un mulo.[684] En tanto que unas estrictas normas determinaban quiénes no podían ser admitidos como testigos,[685] se alentaba de todas las formas posibles a las personas fiables, y el sanedrín les ofrecía un banquete en un gran edificio especialmente destinado para esto, conocido como en *Beth Yaazek*.[686]

El toque de las trompetas

En la Ley de Dios solo se ordenan estas dos cosas para la observancia de la «Luna Nueva»: el «toque de trompetas»[687] y sacrificios festivos especiales.[688] De antiguo, el «toque de trompetas» había sido la señal para la hueste de Israel en su marcha a través del desierto, así como después los convocaba a la guerra, y proclamaba o señalaba días de regocijo público y fiestas, así como los «comienzos de sus meses».[689] El objeto de ello, según se expresa abiertamente, era que fuera

---

680. Amós 8:5.
681. Isaías 66:23.
682. Ezequiel 46:1.
683. Colosenses 2:16, 17.
684. *Mish. Rosh ha Sh.* I. 9; III. 2.
685. *Op. cit.* I. 8.
686. *Op. cit.* II. 5.
687. Números 10:10.
688. Números 28:11-15.
689. Números 10:1-10.

«para memoria», para que ellos fueran «recordados delante de Jehová», añadiéndose de manera especial: «Yo Jehová vuestro Dios». Era, por así decirlo, la hueste de Dios reunida, esperando a su General; el pueblo de Dios unido para proclamar a su Rey. Al toque de las trompetas de los sacerdotes se ponían, por así decirlo, en formación bajo su bandera y delante de su trono, y esta simbólica confesión y proclamación de Él como «Jehová su Dios» los hacía comparecer delante de Él para ser «recordados» y «salvados». Y así cada sazón de «toque de las trompetas», tanto si era en las lunas nuevas como en la Fiesta de las Trompetas o en el Día de Año Nuevo, en otras fiestas, en el año sabático y en el año del jubileo, o en tiempo de guerra, constituía un reconocimiento público de Jehová como Rey. Por ello, vemos los mismos símbolos adoptados en el lenguaje figurado del Nuevo Testamento. Así como en la antigüedad el toque de trompeta convocaba a la congregación delante del Señor a la puerta del tabernáculo, de la misma manera «sus elegidos» serán convocados por el toque de trompeta en el día de la venida de Cristo,[690] y no solo los vivos, sino también los que hayan «dormido»:[691] «los muertos en Cristo».[692] De manera similar, las huestes celestiales son dirigidas a la guerra de los sucesivos juicios,[693] hasta que, al «tocar la trompeta» el séptimo ángel, Cristo es proclamado Rey Universal: «Los reinos del mundo han venido a ser de nuestro Señor y de su Cristo; y Él reinará por los siglos de los siglos».[694]

Los sacrificios de la luna nueva

Además del «toque de las trompetas», se ordenaba el ofrecimiento de ciertos sacrificios festivos en la luna nueva.[695] Estos sacrificios marcaban muy apropiadamente «el comienzo de los meses».[696] Porque es un principio universal del Antiguo Testamento que «el primero» siempre representa al todo: las primicias toda la cosecha, el primogénito y el primero de los animales a todo el resto; y «si las primicias son santas, la masa es también santa». Y así los holocaustos y las ofrendas por el pecado «al comienzo» de cada mes consagraban el todo. Estos sacrificios festivos consistían de dos becerros jóvenes, un carnero y siete corderos de un año para holocausto, con sus oblaciones y libaciones apropiadas, y también se ofrecía a Jehová «un macho cabrío en expiación».[697]

---

690. Mateo 24:31.
691. 1 Corintios 15:52.
692. 1 Tesalonicenses 4:16.
693. Apocalipsis 8:2; 10:7.
694. Apocalipsis 11:15.
695. Números 28:11-15.
696. Números 28:11.
697. Hay en el Talmud una curiosa *Haggadah* o historia, algo blasfema, acerca de esta cuestión. Parece que al principio el sol y la luna habían sido creados con el mismo tamaño, pero que cuando la luna quiso ser la única «señoreadora», con exclusión del sol, sus celos fueron castigados con una disminución. Como contestación a sus argumentos e importunidad, Dios entonces intentó consolar a la luna diciéndole que tres hombres justos —Jacob, Samuel y David— iban a ser también pequeños, y que cuando así la luna dio los mejores argumentos, Dios ordenó que se ofreciera una «ofrenda por el pecado» en la luna nueva, ¡porque Él había hecho a la luna más pequeña y menos importante que el sol!

Cuando pasamos de estas sencillas instrucciones escriturales a lo que registra la tradición acerca de la observancia real de las «Lunas Nuevas» en el Templo, aumentan nuestras dificultades. Porque esta y la del Día de Año Nuevo son precisamente aquellas fiestas en conexión con las que se acumularía el mayor número de supersticiones, por los conceptos que tenían los rabinos de que en los cambios de estaciones se iniciaban, modificaban o fijaban definitivamente los juicios divinos.

Necesidad de distinguir entre los usos del Templo y los de la sinagoga

Los críticos modernos no han sido lo suficientemente cuidadosos en distinguir lo que se llevaba a cabo en el Templo de lo que fue introducido en la sinagoga, gradualmente, en períodos muy posteriores. Así, se han descrito oraciones que son de fecha muy posterior a la destrucción del Templo como ofrecidas en el Templo, y la costumbre de cantar el «Hallel»[698] en las lunas nuevas en la sinagoga ha sido remontada erróneamente a los tiempos bíblicos.[699] Hasta donde podamos saber, lo que sigue era el orden del servicio en el Día de la Luna Nueva. El concilio tenía sesión desde temprano por la mañana hasta justo antes del sacrificio de la tarde, para determinar la aparición de la luna nueva. La proclamación del consejo: «¡Está santificado!», y no la aparición real de la luna nueva, determinaba el comienzo de la fiesta. Inmediatamente después, los sacerdotes tocaban las trompetas que señalaban la fiesta. Después del sacrificio matutino ordinario, se ofrecían las ofrendas festivas prescritas, echándose la sangre de los holocaustos alrededor de la base del altar por debajo de la línea roja, y derramándose el resto en el canal en el lado sur del altar, mientras que la sangre de la ofrenda por el pecado era rociada o echada desde el dedo sobre los cuernos del altar del holocausto, comenzando desde el este, y derramándose el resto, como la de los holocaustos. Los dos becerros de los holocaustos eran colgados de la superior de las tres hileras de ganchos en el atrio, y eran despellejados allí; los carneros eran colgados de la hilera media, y los corderos de la inferior. En total oficiaban para este holocausto no menos de 107 sacerdotes; 20 para cada becerro, 11 para cada carnero, y 8 para cada cordero, incluyendo, naturalmente, a los que se cuidaban de las oblaciones y libaciones correspondientes. Al ofrecer cada uno de estos sacrificios volvían a tocarse las trompetas. Todos ellos eran inmolados en el lado norte del altar, mientras que las ofrendas de paces y voluntarias, que los israelitas individuales solían ofrecer en aquellas ocasiones, eran sacrificadas en el lado sur. La carne de las ofrendas por el pecado, y lo que les tocara de las oblaciones, era consu-

---

698. Salmos 113-118.

699. Esto incluso por Buxtorf en su *Lex. Rabb.*, y también por el doctor Ginsburg en la *Cyclopaedia* de Kitto, vol. III. Por lo general, los artículos sobre «New Moon» (Luna Nueva) y «New Year» (Año Nuevo), a pesar de su capacidad, no exhiben una suficiente discriminación crítica por parte de su autor. Que el «Hallel» no se cantaba en el Templo en las lunas nuevas lo muestra Jost, en *Gesch. d. Judenth.*, I., 184.

mida por los sacerdotes en el Templo mismo; su parte de las ofrendas privadas de acción de gracias podían llevársela a sus casas en Jerusalén, para comerla allí con sus familias.

Una oración del siglo tercero d. C.

Si se decían oraciones especiales en el Templo durante los días de la luna nueva, la tradición no las ha preservado, y la única fórmula preservada de aquel período es la que se empleaba al ver la luna por primera vez: «Bendito sea Aquel que renueva los meses». A esto, la sinagoga, a finales del siglo tercero, añadió lo siguiente: «¡Bendito sea Aquel por cuya palabra fueron creados los cielos, y por el aliento de cuya boca fueron formadas todas sus huestes! Él les dio una ley y un tiempo, para que no sobrepasaran su curso. Se regocijan y alegran de obedecer la voluntad de su Creador, el Autor de la verdad; ¡sus operaciones son verdad! Él habló a la luna: "Sé tú renovada, y sé la hermosa diadema (esto es, la esperanza) del hombre (esto es, Israel), que será un día vivificado otra vez como la luna (esto es, a la venida del Mesías), y alabará a su Creador por su reino glorioso. Bendito sea el que renueva los meses"».[700] En un período aún mucho más tardío, se insertó a continuación una oración muy supersticiosa, ¡acompañándose su repetición con saltos hacia la luna! El Día de la Luna Nueva, aunque era aparentemente observado en tiempos de Amós como un día de reposo,[701] no es observado así por los judíos en nuestros tiempos, ni tampoco estaba ordenada en la Ley de Dios la abstinencia del trabajo en conexión con él.[702]

La luna del mes séptimo

Muy diferente de las otras lunas nuevas, y más sagrada que ellas, era la del mes *séptimo,* o *Tisrí,* en parte debido al significado simbólico del mes siete o mes sabático, en el que tenían lugar las grandes fiestas del Día de la Expiación y de los Tabernáculos, y en parte, quizá, porque marcaba también el comienzo del año civil, suponiendo siempre, tal como lo mantienen Josefo y la mayor parte de escritores judíos, que la distinción entre el año civil y el sagrado data de los tiempos de Moisés.[703] En la Escritura esta fiesta es designada como «una

---

700. El artículo «New Moon» (Luna Nueva) en la *Cyclopaedia* de Kitto afirma erróneamente que no solo esta oración, sino incluso la adición supersticiosa muy posterior «era ofrecida por cada israelita en el período del segundo Templo». Pero compárese Jost, *Gesch. d. Judenth.* II., 265, 266, donde se investiga el tiempo de su origen.

701. Amós 8:5.

702. El Talmud tiene esta curiosa historia como explicación de la costumbre de que las mujeres se abstienen de trabajar en las lunas nuevas: que las mujeres habían rehusado dar sus pendientes para el becerro de oro, en tanto que los hombres sí dieron los suyos, mientras que, en cambio, las mujeres judías dieron sus adornos para el tabernáculo.

703. En otro lugar hemos adoptado la postura común, moderna, de que esta distinción solo data del regreso de Babilonia. Pero se debe admitir que el peso de la autoridad apoya del todo la otra postura. Los judíos mantienen que el mundo fue creado en el mes de Tisrí.

conmemoración al son de trompetas»,[704] o «día de sonar las trompetas»,[705] porque en aquel día se tocaban las trompetas, o más bien, como veremos, los cuernos, durante todo el día en Jerusalén. Debía ser observado como «un sábado» y «santa convocación», en el que no podía hacerse ninguna obra servil. Las ofrendas prescritas para el día consistían, además de los sacrificios ordinarios de la mañana y de la tarde, primero, en los holocaustos, *pero no la ofrenda por el pecado,* de las lunas nuevas ordinarias, con sus oblaciones y libaciones, y después de esto, en otro holocausto festivo de un becerro joven, un carnero, y siete corderos con sus apropiadas oblaciones y libaciones, junto con «un macho cabrío por expiación, para reconciliaros». Mientras se derramaba la libación del sacrificio festivo, los sacerdotes y levitas cantaban el Salmo 81, y si la fiesta caía en jueves, día para el que estaba prescrito este salmo de todas formas, se cantaba dos veces, comenzando la segunda vez en el versículo 7 en el texto hebreo, o en el versículo 6 en nuestra versión castellana. En el sacrificio de la tarde se cantaba el Salmo 29. Por razones ya explicadas,[706] se hizo cosa común celebrar el Día de Año Nuevo en dos días sucesivos, y la práctica puede haber sido introducida en época del Templo.

La *Misná* sobre el Día de Año Nuevo

La *Misná,* que le dedica un tratado especial a esta fiesta, señala que se puede disponer el año según cuatro períodos diferentes: el primero, comenzando con el 1 de Nisán, que era para los «reyes» (para calcular los impuestos), y en el 1 de Elul (el mes sexto) para diezmar los rebaños y las manadas, no contándose ningún animal nacido después de esta fecha como perteneciente al año anterior, el tercero, en el 1 de Tisrí (el mes séptimo), para el año civil, sabático y jubilar, y también para los árboles y las verduras; y, finalmente, el del 1 de Shebat (el mes undécimo), para todos los frutos de los árboles. De manera similar, prosigue la *Misná,* hay cuatro sazones en las que se pronuncia juicio sobre el mundo: en la Pascua, con respecto a la siega; en Pentecostés, con respecto a los frutos de los árboles; en la Fiesta de los Tabernáculos, con respecto a la dispensación de la lluvia, mientras que en el «Día de Año Nuevo todos los hijos de los hombres pasan delante de él como corderos (cuando son contados para el diezmo), como está escrito:[707] "Él modeló el corazón de cada uno, y conoce a fondo todas sus acciones"».

El *Talmud* acerca del Año Nuevo

A esto podemos añadir, como comentario que hace el Talmud, que en el Día de Año Nuevo se abrían *tres* libros: el de la vida, para aquellos cuyas

---

704. Levítico 23:24.
705. Números 29:1.
706. Principalmente para evitar posibles equivocaciones.
707. Salmo 33:15.

obras hubieran sido buenas; otro de muerte, para los que hubieran sido totalmente malvados; y un tercero, de carácter intermedio, para aquellos cuyos casos debían ser decididos en el Día de la Expiación (diez días después de Año Nuevo), concediéndose este plazo para el arrepentimiento, después de cual período sus nombres serían inscritos bien en el libro de la vida, bien en el de muerte. Pero por estos términos no se denota necesariamente vida o muerte eterna; más bien se trata de bienestar, y quizá, vida temporal, o lo contrario. No es necesario explicar extensamente sobre qué pasajes escriturales se suponía que reposaba esta curiosa opinión acerca de los *tres* libros.[708] Pero tan profundos y serios son los sentimientos de los rabinos acerca de esta cuestión que, por unanimidad, los diez días entre Año Nuevo y el Día de la Expiación son considerados como «días de arrepentimiento». Y la verdad es que por una mala interpretación de un pasaje en la *Misná*[709] una superstición similar acompaña a cada luna nueva, observando los judíos estrictos el día anterior a la misma como día de ayuno y arrepentimiento, y llamándolo «el Día Menor de la Expiación». Siguiendo esto, los rabinos mantienen que el toque de trompetas se dirige primero para traer a Israel, o más bien los méritos de los patriarcas y el pacto de Dios con ellos, en memoria delante del Señor, en segundo lugar, como medio para confundir a Satanás, que aparece en este día de manera especial para acusar a Israel; y, por último, como llamamiento al arrepentimiento, como un toque para despertar a los hombres de su sueño de pecado.[710]

El Día de Año Nuevo en Jerusalén

Durante todo el Día de Año Nuevo se soplaban los cuernos en Jerusalén de mañana a tarde. En el Templo se hacía incluso en sábado, pero no fuera de sus muros. Desde la destrucción de Jerusalén se ha eliminado esta restricción, y se toca el cuerno en cada sinagoga aunque la fiesta caiga en sábado. Ya se ha indicado que los instrumentos empleados no eran las normales trompetas de los sacerdotes, sino *cuernos*. La *Misná* mantiene que se puede tocar todo tipo de cuernos excepto los de bueyes o becerros, ¡a fin de no recordarle a Dios el pecado del becerro de oro! Sin embargo, la

---

708. Los dos principales pasajes son Salmo 69:28 y Éxodo 32:32; el primero se explica así: «Sean borrados del libro», ¡lo que significa el libro de los malvados, mientras que la expresión «de la vida» se refiere a los justos, por lo que la siguiente cláusula, «y no sean inscritos con los justos», se supone que indica la existencia de un libro tercero o intermedio!

709. *Sheb.* I. 4, 5.

710. Maimónides, *Moreh Nev.* III. 43. En oposición a esto, Lutero anota lo siguiente: «Tenían que sonar el cuerno a fin de recordar a Dios y sus maravillosas obras; cómo Él los había redimido; por así decirlo, predicar acerca de ello y darle las gracias por ello, de la misma manera en que entre nosotros se recuerda y predica a Cristo y su redención mediante el Evangelio»; a lo cual el *Glosario de Weimar* añade: «En lugar del cuerno y de las trompetas tenemos campanas». Véase Lundius, *Jüd. Heiligth.,* pág. 1024, col. II. Buxtorf aplica Amós 3:16 al sonar del cuerno.

Misná menciona de manera especial el cuerno recto del antílope y el cuerno retorcido del carnero; este último como especial alusión al sacrificio en sustitución de Isaac, siendo una tradición que fue en Día de Año Nuevo que Abraham, a pesar del empeño de Satanás para impedírselo, ofreció a su hijo Isaac en el monte Moria. La boquilla de los cuernos para el Día de Año Nuevo estaba recubierta de oro, y los empleados para días de ayuno, de plata. Otra distinción era esta: en el Día de Año Nuevo, los que tocaban los cuernos eran puestos entre otros que tocaban las trompetas, y el toque del cuerno se prolongaba más que el de las trompetas; pero en días de ayuno los que tocaban las trompetas estaban en medio, y su toque se prolongaba más que el de los cuernos. Para la observancia apropiada de estas solemnes sazones, se consideraba necesario no solo oír, sino escuchar atentamente el son del cuerno, porque, como añade la *Misná,* todo depende de la intención del corazón, no de la mera acción exterior, así como no fue porque Moisés levantara las manos que Israel consiguió la victoria, ni tampoco el levantamiento de la serpiente de bronce lo que sanó, sino el retorno del corazón de Israel a «su Padre que está en el cielo» —o la fe—.[711] Citamos esta observación, no solo porque es uno de los relativamente poco frecuentes pasajes de la *Misná* que revuelven en torno de la esencia de la religión, sino como ofreciendo un atisbo de las posturas más antiguas de los rabinos acerca de estos tipos, y como reminiscencia de la memorable enseñanza de nuestro Señor a uno de estos mismos rabinos.[712]

La *Misná*[713] menciona varios «Berachoth» o «bendiciones» que se repetían en Día de Año Nuevo. Estas, junto con otras de fecha posterior, siguen formando parte de la liturgia de la sinagoga para aquel día. Pero hay evidencias internas de que las oraciones, en todo caso en su forma actual, no pudieron haber sido empleadas, al menos en el Templo.[714] Además, los rabinos mismos difieren acerca de su cantidad exacta y de su contenido, y finalmente se quedan satisfechos indicando que los títulos de estas bendiciones tienen más bien el designio de ser *encabezamientos*, para mostrar su contenido y la especial dirección que sus oraciones habían tomado. Un grupo de ellas se refería al «reino» de Dios, y por ello recibe el nombre de *Malchiyoth;* otro, el *Sichronoth,* se refería a los varios tipos de «recuerdo» por parte de Dios, mientras que un tercero, llamado *Shopharoth,* consistía en bendiciones, relacionadas con el «sonar del cuerno». Se dice que cualquiera que simplemente repitiera diez pasajes de la Escritura —o, según otra autoridad, tres— que tuviera que ver con «el reino de Dios», «el recuerdo de Dios» y «el sonar de los cuernos», había cumplido con su deber con respecto a estas «bendiciones».

---

711. *Rosh ha Sh.* III. *8.*
712. Juan 3:14, 15.
713. *Rosh ha Sh.* IV. 5, etc.
714. En base al texto de *Rosh ha Sh.* IV. 7, se ve distintivamente que estaban designadas para su uso en las sinagogas. Naturalmente, esto deja abierta la cuestión de si también no se decía algo parecido a ellas en el Templo. La Misná menciona en total nueve de estas «bendiciones».

El primer día del Séptimo mes

Sabemos por las Escrituras con cuánta solemnidad se observaba el primer día del mes séptimo en tiempos de Esdras, y cuán profundamente conmovido estaba el pueblo por la lectura y exposición pública de la Ley, que para muchos de ellos les era como un son extraño, y tanto más solemne cuanto que la oían otra vez después de un período tan largo sobre un suelo que, por así decirlo, daba testimonio de su veracidad.[715] En el Nuevo Testamento no hay referencias a que el Señor Jesús hubiera asistido a esta fiesta en Jerusalén. Y tampoco era necesario, por cuanto se celebraba por un igual en todas las sinagogas en Israel.[716] Pero sí parece haber alguna alusión al sonar del cuerno en los escritos de san Pablo. Hemos ya afirmado que, según Maimónides,[717] uno de sus principales propósitos era despertar a los hombres al arrepentimiento. De hecho, el comentador de Maimónides emplea las siguientes palabras para denotar el significado del sonar de las trompetas: «Levantaos, levantaos de vuestro sopor, despertad, despertad de vuestro sueño, vosotros que vais tras la vanidad, porque ha caído sobre vosotros un muy pesado sopor. Traed a vuestro corazón el hecho de ante Quién debéis dar cuenta en el juicio». Puede que también una fórmula así haya sido empleada antiguamente en la sinagoga,[718] y que su memoria estuviera presente en la mente del apóstol cuando escribió:[719] «Por lo cual dice: "Despiértate, tú que duermes, y levántate de los muertos, y te alumbrará Cristo"». Si es así, podemos quizá encontrar una alusión a la aparición de la luna nueva, especialmente la del mes séptimo, en estas palabras de uno de los versículos anteriores:[720] «Porque en otro tiempo erais tinieblas, mas ahora sois luz en el Señor, andad como hijos de luz».

---

715. Nehemías 8:1-12.
716. Pero en las sinagogas fuera de Jerusalén se tocaba el *cuerno*, no las trompetas, en el Día de Año Nuevo.
717. *Moreh Nev.* III, c. 43.
718. Comp. Goodwin, *Moses et Aaron* (ed. Hottinger), pág. 601.
719. Efesios 5:14.
720. Efesios 5:8.

XVI
EL DÍA DE LA EXPIACIÓN

«Pero en la segunda parte [del Tabernáculo], solo [entraba] el sumo sacerdote una vez al año, no sin sangre, la cual ofrece por sí mismo y por los pecados de ignorancia del pueblo... Pero estando ya presente Cristo, como sumo sacerdote de los bienes venideros..., por medio de su propia sangre, entró una vez para siempre en el santuario, habiendo obtenido eterna redención»
(Hebreos 9:7, 11, 12).

La debilidad de la Ley

Puede que suene extraño, pero es, sin embargo, cierto que el más claro testimonio de «la debilidad e ineficacia del mandamiento» es el dado por «el mandamiento» mismo. Las disposiciones levíticas para quitar el pecado llevan en su misma frente, por así decirlo, esta inscripción: «Nada perfeccionó la ley» —no teniendo ni una mediación perfecta en el sacerdocio, ni tampoco una «expiación» perfecta en los sacrificios, ni tampoco un perfecto perdón como resultado de ambas cosas—. «Porque la ley, teniendo la sombra de los bienes venideros, no la representación misma de las cosas, nunca puede, por los mismos sacrificios que se ofrecen continuamente cada año, hacer perfectos a los que se acercan».[721] Y esto se ve, *primero,* por la continua recurrencia y multiplicidad de estos sacrificios, que tienen la intención los unos de suplementar a los otros, y que sin embargo dejan siempre algo que debe ser aún suplementado; y *segundo,* por el amplio hecho de que, en general, «la sangre de los toros y de los machos cabríos no puede quitar los pecados».[722] Por ello, es evidente que la dispensación levítica, estando marcada por la imperfección tanto en los medios empleados para «quitar» el pecado, como en los resultados obtenidos por estos medios, se declaraba, a semejanza de Juan el Bautista, solo un «heraldo», para abrir el camino y prepararlo; no la

---

721. Hebreos 10:1.
722. Hebreos 10:4.

satisfacción, sino al contrario, el llamamiento e «introducción de una mejor esperanza».[723]

El Día de la Expiación

Como hubiera sido de esperar, esta «debilidad e ineficacia del mandamiento» se hacían más evidentes en los servicios del día en que la provisión del Antiguo Testamento para el perdón y aceptación alcanzaba, por así decirlo, su *punto culminante.* En el Día de la Expiación no oficiaban los sacerdotes ordinarios, sino el sumo sacerdote *solo,* y no con su vestido ordinario, sino con uno peculiar de aquel día, y peculiarmente significativo de pureza. Los adoradores aparecían también en circunstancias diferentes de las de las otras ocasiones, por cuanto debían ayunar y «afligir sus almas»; el día mismo debía ser «un Sabbath de Sabatismo»,[724] mientras que sus servicios centrales consistían en una serie de grandes sacrificios expiatorios, singulares en su carácter, propósito y resultados, como se describe en estas palabras: «Y hará la expiación por el santuario santo, y el tabernáculo de reunión; también hará expiación por el altar, por los sacerdotes y por todo el pueblo de la congregación».[725] Pero incluso la necesidad de tal Día de la Expiación, después de que todo el año se habían ofrecido los sacrificios diarios, los varios sacrificios festivos y las ofrendas públicas de expiación, daba evidencia de la insuficiencia de todos aquellos sacrificios, en tanto que las mismas ofrendas del Día de la Expiación se denunciaban a sí mismas como solo temporales y provisionales, «impuestas hasta el tiempo de reformar las cosas». Aludimos aquí especialmente a la misteriosa aparición del llamado «macho cabrío de escape», de lo cual tendremos que dar, más adelante, una explicación diferente de la ofrecida por escritores anteriores.

Sus nombres

Los nombres «Día de la Expiación», o, en el Talmud, que le dedica un tratado especial, simplemente «el día» (quizá también en Hebreos 7:27[726]), y en el libro de Hechos «el ayuno»,[727] designan de manera suficiente su objeto general. Tenía lugar en el día décimo del mes séptimo *(Tisrí),* esto es, simbólicamente, cuando el mes sagrado, o sábado de los meses, había acabado de alcanzar su plenitud. Y no debemos pasar por alto la posición de aquel día en relación con las otras fiestas. El mes séptimo o sabático cerraba el ciclo festivo, siendo la Fiesta de los Tabernáculos, que comenzaba el 15 de aquel

---

723. Hebreos 7:19. Véanse traducciones alternativas.
724. Traducido «Sábado de reposo» en la RV.
725. Levítico 16:33.
726. En tal caso deberíamos traducir Hebreos 7:27: «Que no necesita en cada día [esto es, de la Expiación], como estos sumos sacerdotes, ofrecer sus sacrificios», etc.
727. Hechos 27:9.

mismo mes, la última del año. Pero, como ya se ha dicho, antes de aquella gran fiesta de cosecha y de acción de gracia, Israel debía, como nación, reconciliarse con Dios, porque solo un pueblo en paz con Dios *podía* regocijarse delante de Él en la bendición con la que Él había coronado el año.[728] Y el sentido del Día de la Expiación como precediendo a la Fiesta de los Tabernáculos es tanto más notable cuando recordamos cómo la fiesta de la cosecha prefiguraba el final recogimiento de todas las naciones. En conexión con este particular haremos también bien en recordar que el año del jubileo era siempre proclamado en el Día de la Expiación.[729]

La enseñanza de la Escritura acerca del Día

Al repasar rápidamente las ordenanzas divinas acerca de este día,[730] encontramos que solo aquel día en todo el año se permitía al sumo sacerdote entrar en el lugar santísimo, y ello revestido de un vestido blanco peculiar, que difería del de los sacerdotes ordinarios en que su cinto era también blanco, y no con los colores del Templo, mientras que la mitra de lino que llevaba aquel día era de la misma forma, pero no de los mismos materiales que la mitra que llevaba generalmente.[731] El simple blanco de su vestido, en distinción a los «vestidos dorados» que generalmente llevaba, señalaba el hecho de que aquel día el sumo sacerdote aparecía no «como el novio de Jehová», sino portando en su función oficial el emblema de aquella perfecta pureza que se buscaba en las expiaciones de aquel día.[732] Así, en las profecías de Zacarías, la remoción de las «vestiduras sucias» y su revestimiento con «ropa de gala» denotan simbólicamente que «hago pasar de ti tu pecado».[733] De manera similar, los que están de pie más cerca de Dios son siempre descritos como vestidos «de blanco».[734] Y, debido a que estos eran enfáticamente «los vestidos santos», «por ello» el sumo sacerdote tenía que «lavar su cuerpo con agua, y entonces vestirse con ellos»,[735] esto es, no debía simplemente lavarse las manos y los pies, como antes de los servicios normales, sino bañar todo su cuerpo.

---

728. Véase cap. 14. Así también Keil, Oehler, Kurtz, Hupfeld y casi todos los escritores sobre el tema.

729. Levítico 25:9. Según la concepción judía, era también el día en que Adán pecó y se arrepintió, el día en que Abraham fue circuncidado, y el día en que Moisés volvió del monte e hizo expiación por el pecado del becerro de oro.

730. Levítico 16; 23:26-32; Números 29:11.

731. Esto aparece por los términos hebreos.

732. Según *Yoma*, III. 7, el sumo sacerdote llevaba por la mañana vestiduras blancas de *Pelusian,* y «entre las tardes» los llevaba de tejido de *India,* con un valor respectivo (sin duda extravagantemente) de alrededor de 3.450 y 2.370 denarios.

733. Zacarías 3:3, 4.

734. Véase Ezequiel 9:2, etc.; Daniel 10:5; 12:6.

735. Levítico 16:4.

Números 29:7-11

Por Números 29:7-11 vemos que las ofrendas del Día de la Expiación eran realmente triples: «el holocausto continuo», esto es, los sacrificios diarios de la mañana y de la tarde, con sus oblaciones y libaciones; los sacrificios festivos del día, que consistían, para el sumo sacerdote y el sacerdocio, en «un carnero para holocausto»,[736] y para el pueblo en un becerro joven, un carnero y siete corderos del primer año (con sus oblaciones) para holocausto, y en un macho cabrío como sacrificios por el pecado; y, en tercer lugar, y principalmente, los peculiares sacrificios expiatorios del día, que eran un becerro joven como *ofrenda para expiación* por el sumo sacerdote, su casa, y los hijos de Aarón, y otra *ofrenda para expiación* por el pueblo, que consistía en dos machos cabríos, uno de los cuales debía ser inmolado, y su sangre rociada, según lo prescrito, mientras que el otro debía ser enviado lejos al desierto, llevando «todas las iniquidades de los hijos de Israel, todas sus rebeliones y todos sus pecados» que habían sido confesados «sobre él», y puestas sobre él por el sumo sacerdote. Antes de seguir adelante, señalamos lo siguiente en cuanto al *orden* de estos sacrificios: primero, el sacrificio matutino ordinario; luego, los sacrificios expiatorios (un becerro y uno de los dos machos cabríos, siendo el otro el llamado macho cabrío de escape); luego los holocaustos festivos de los sacerdotes y del pueblo;[737] y con ellos otra ofrenda por el pecado; y, finalmente, el ordinario sacrificio vespertino, totalizando, como lo observa Maimónides, quince animales sacrificiales. Según la tradición judía,[738] todos los sacrificios de aquel día eran llevados a cabo por el mismo sumo sacerdote, naturalmente con la ayuda de otros, para cuyo propósito se decía que se empleaban más de 500 sacerdotes.[739] Naturalmente, si el Día de la Expiación caía en sábado, además de todos estos se tenían que ofrecer también los sacrificios ordinarios del sábado. Sobre un principio previamente explicado, el sumo sacerdote compraba con sus propios fondos el sacrificio ofrecido por él mismo y por su casa, pero el cuerpo sacerdotal contribuía, a fin de tener ellos parte en la ofrenda, mientras que los sacrificios públicos por todo el pueblo eran pagados por la tesorería del Templo. Solo mientras oficiaba en los servicios claramente expiatorios del día llevaba el sumo sacerdote sus «vestidos de lino»; en todos los otros se vestía con sus «vestiduras doradas». Esto le hacía necesario cambiar frecuentemente de vestido, y antes de cada sacrificio se bañaba todo el cuerpo. Todo esto se entenderá mejor con un relato más detallado del orden del servicio, tal como se da en las Escrituras y por la tradición.[740]

---

736. Levítico 16:3.

737. Números 28:7-11.

738. Las referencias especiales serían aquí demasiado numerosas, y tenemos que referirnos en general a la *Misná*, trat. *Yoma*, y a los tratados de Maimónides acerca del orden de este servicio, que seguimos muy de cerca.

739. Comp. Jost, *Gesch. d. Judenth.*, vol. I, pág. 164.

740. El lector distinguirá claramente lo que se desprende de las Escrituras y lo que proviene meramente de la tradición.

Los deberes del sumo sacerdote

Siete días antes del Día de la Expiación el sumo sacerdote salía de su propia casa en Jerusalén, y pasaba a residir en sus cámaras en el Templo. Se designaba un sustituto para él, en caso de que muriera y que quedara levíticamente incapacitado para sus deberes. La puntillosidad rabínica iba tan lejos como para hacerlo rociar dos veces con las cenizas de la vaca alazana, en el tercer día y en el séptimo de su semana de separación, en caso de que, sin saberlo, se hubiera contaminado con un cuerpo muerto.[741] También durante toda aquella semana tenía que practicar los varios ritos sacerdotales, como el rociamiento con la sangre, la combustión del incienso, encender la lámpara, el ofrecimiento del sacrificio diario, etc. Porque, como ya hemos dicho antes, todos los servicios de aquel día le tocaban al sumo sacerdote, y no debía cometer error alguno. Algunos de los ancianos del sanedrín eran designados para cuidarse de que el sumo sacerdote comprendiera totalmente y conociera el significado del servicio, y, en caso negativo, debían instruirle acerca de él. En la víspera del Día de la Expiación se ponían ante él los varios sacrificios, y no podía haber nada que le fuera extraño acerca de los servicios del día siguiente. Finalmente, lo vinculaban con un solemne juramento a no cambiar nada en los ritos del día. Esto se debía al temor del concepto saduceo de que el incienso debía ser encendido *antes* de que el sumo sacerdote entrara realmente en el lugar santísimo, mientras que los fariseos mantenían que esto solo debía ser hecho dentro del lugar santísimo mismo.[742] La comida vespertina del sumo sacerdote antes del gran día debía ser parca. Durante toda la noche debía estar oyendo y exponiendo las Sagradas Escrituras, u ocuparse en otras cosas, para no dormirse.[743] A medianoche se echaban las suertes para quitar las cenizas y preparar el altar, y para distinguir el Día de la Expiación de todos los demás, se preparaban *cuatro* fuegos, en lugar de los acostumbrados tres, en el gran altar del holocausto.

El servicio matutino

Los servicios del día comenzaban con el primer resplandor de luz del alba. Ya se había dado entrada al pueblo en el santuario. Tanto celo tenían en contra de cualquier innovación o alteración que solo un paño de lino excluía al sumo sacerdote de la vista del público cuando, cada vez antes de cambiarse los vestidos, se bañaba —no en el lugar ordinario de los sacerdotes, sino en uno especialmente apartado para su uso—. En total, aquel día se cambiaba

---

741. Números 19:13. ¿No pudiera ser que «el rociamiento de las cenizas de la becerra» en Hebreos 9:13 se refiera a esto? Toda la sección tiene que ver con el Día de la Expiación.

742. El único punto interesante aquí es el argumento escritural sobre el que los saduceos basaban su postura. Apelaban ellos a Levítico 16:2, y explicaban la expresión «Yo apareceré en la nube sobre el propiciatorio» en un sentido racionalista, como aplicándose a la nube de incienso, no a la de la Presencia divina, mientras que los fariseos apelaban al versículo 13.

743. Por especiales razones levíticas.

los vestidos y se lavaba todo el cuerpo *cinco* veces,[744] y *diez* veces las manos y los pies.[745] Cuando se anunciaba la primera luz del alba de la manera usual, el sumo sacerdote se quitaba su vestido ordinario (de paisano), se bañaba, se ponía las vestiduras doradas, se lavaba las manos y los pies, y pasaba a ejecutar todas las partes principales del servicio matutino ordinario. La tradición dice que inmediatamente después de esto ofrecía ciertas partes de los holocaustos para el día, o sea, el becerro y los siete corderos, reservando su propio carnero y el del pueblo, así como la ofrenda por el pecado de un macho cabrío,[746] hasta después de que hubieran sido traídos los especiales sacrificios expiatorios del día. Pero el texto de Levítico 16:24 milita totalmente en contra de este punto de vista, y muestra que la *totalidad* de los holocaustos y de las ofrendas festivas por el pecado era traída *después* de los sacrificios expiatorios. Al considerar la relación entre estos servicios y sacrificios, esto era, en todo caso, de esperar, por cuanto un holocausto solo podía ser aceptable *después,* no antes, de la expiación.

La ofrenda por el pecado

Acabado el servicio de la mañana, el sumo sacerdote se lavaba las manos y los pies, se quitaba sus vestiduras doradas, se bañaba, se ponía los «vestidos de lino», volvía a lavarse las manos y los pies y pasaba a la parte peculiar de los servicios del día. El becerro para su ofrenda por el pecado había sido puesto entre el porche del Templo y el altar. Estaba situado hacia el sur, pero el sumo sacerdote, que se encontraba mirando al este (esto es, a los adoradores), volvía la cabeza del sacrificio hacia el oeste (esto es, para que mirara hacia el santuario). Luego ponía ambas manos sobre la cabeza del becerro, y confesaba como sigue: «¡Ah, JEHOVÁ! He cometido iniquidad; he transgredido; he pecado —yo y mi casa—. Oh, entonces, JEHOVÁ, te ruego, cubre (expía, haya expiación por) las iniquidades, las transgresiones y los pecados que he cometido, transgredido y pecado delante de Ti, yo y mi casa, tal como está escrito en la Ley de Moisés tu siervo: "Porque en este día se hará expiación por vosotros, y seréis limpios de todos vuestros pecados delante de JEHOVÁ"». Se observará que en esta solemne confesión aparece tres veces el nombre JEHOVÁ. Se pronunciaba otras tres veces en la confesión que el sumo sacerdote hacía sobre el mismo becerro en representación del cuerpo sacerdotal; era pronunciado por séptima vez cuando echaba la suerte en cuanto a cuál de los dos machos cabríos debía ser «para JEHOVÁ», y de nuevo lo pronunciaba tres veces en la confesión sobre el llamado «macho cabrío de escape» que llevaba los pecados del pueblo. Estas *diez* veces el sumo sacerdote pronunciaba

---

744. En caso de edad o enfermedad se permitía calentar el baño, bien añadiendo agua caliente, bien poniendo dentro hierros calientes.

745. El sumo sacerdote no se lavaba en este día en la pila ordinaria, sino en un recipiente de oro especialmente designado para ello.

746. Números 29:8-11.

el nombre inefable de JEHOVÁ, y, al pronunciarlo él, los que estaban cerca se postraban con sus rostros al suelo, mientras que la multitud respondía: «Bendito sea el nombre; la gloria de su reino es para siempre jamás».[747] Anteriormente se daba la práctica de pronunciar claramente el llamado «Nombre Inefable», pero después, cuando algunos intentaron emplearlo con propósitos mágicos, comenzó a ser pronunciado de manera entrecortada, y, tal como lo relata uno[748] que había estado entre los sacerdotes en el Templo escuchando con intensa atención para captar el misterioso nombre, este quedaba ahogado entre el son de los instrumentos de los sacerdotes, acompañando a la bendición del pueblo.

Elección del macho cabrío de escape

La primera parte del servicio de expiación, la que tenía que ver con el cuerpo sacerdotal, había tenido lugar cerca del lugar santo, entre el porche y el altar. La siguiente se llevaba a cabo cerca del pueblo adorante. En la parte oriental del atrio de los Sacerdotes, esto es, cerca de los adoradores, y al lado norte del mismo, había una urna, llamada *Calpi,* en la que había dos suertes de la misma forma, tamaño y material —en el segundo Templo eran de oro—; una llevaba la inscripción «la—JEHOVÁ», para Jehová, y la otra «la-Azazel», para Azazel, dejando la expresión[749] (traducida «macho cabrío expiatorio» en la BAS) sin traducir por ahora. Estos dos machos cabríos eran puestos de espalda al pueblo y con sus rostros hacia el santuario (hacia el oeste). El sumo sacerdote estaba ahora de cara al pueblo, mientras que, de pie entre su sustituto (a su derecha) y el cabeza del turno de servicio (a su izquierda), agitaba la urna, ponía las dos manos dentro de ella y sacaba a la vez las dos suertes, poniéndolas sobre las cabezas de cada macho cabrío. Popularmente se consideraba un buen augurio si era la suerte de la derecha la que había recaído «para Jehová». Sin embargo, los dos machos cabríos debían ser idénticos en cuanto a apariencia, tamaño y costo; y hasta tal punto se trataba de llevar a cabo la idea de que estos dos animales constituían partes de uno y un mismo sacrificio, que se disponía que se compraran al mismo tiempo si ello era posible. La importancia de esta idea será explicada después.

El macho cabrío mostrado al pueblo

Habiendo designado la suerte a cada uno de los dos machos cabríos, el sumo sacerdote ataba una pieza de paño escarlata en forma de lengua a un

---

747. En apoyo de esta bendición, se hace referencia a Deuteronomio 32:3.

748. El rabí Trifón en el *Talmud de Jerusalén.* Es posible que algunos lectores no sepan que los judíos jamás pronuncian la palabra *Jehová,* sino que siempre la sustituyen por «Señor». Lo cierto es que la pronunciación correcta se ha perdido y es cuestión objeto de disputa, puesto que todo lo que tenemos en hebreo son las letras *I H W H,* que constituyen el llamado *tetragramatón,* o «palabra de cuatro letras».

749. Levítico 16:8, 10, 26.

cuerno del macho cabrío para Azazel, el llamado «macho cabrío de escape», y otra alrededor de la garganta del macho cabrío para Jehová, que debía ser inmolado. El macho cabrío que debía ser enviado fuera era ahora vuelto hacia el pueblo, y se quedaba de cara a ellos, esperando, por así decirlo, hasta que sus pecados fueran puestos sobre él, para llevarlos él «a una tierra no habitada». Desde luego, no se podía concebir un tipo más marcado de Cristo, al ser sacado por Pilato y quedar ante el pueblo, justo antes de ser conducido, llevando la iniquidad del pueblo. Y, como para añadir a la significación del rito, dice la tradición que cuando el sacrificio era plenamente aceptado, la marca escarlata que había llevado el macho cabrío de escape se volvía blanca, para simbolizar la promesa llena de gracia en Isaías 1:18; pero ¡añade que este milagro no tuvo lugar durante cuarenta años antes de la destrucción del Templo!

La confesión de pecado y el sacrificio

Con esta presentación del macho cabrío de escape ante el pueblo comenzaba la tercera parte, y la más solemne, de los servicios expiatorios del día. El sumo sacerdote volvía de nuevo hacia el santuario, y por segunda vez ponía las manos sobre el becerro, que seguía encontrándose entre el porche y el altar, para confesar sobre él no solo sus pecados y los de su casa, como antes, sino también los del cuerpo sacerdotal. La fórmula empleada era exactamente la misma que antes, con la adición de las palabras «la simiente de Aarón, tu santo pueblo», tanto en la confesión como en la petición de expiación. Luego, el sumo sacerdote inmolaba el becerro, recogía su sangre en un recipiente y lo daba a un asistente para que lo agitara de continuo para impedir la coagulación. Dirigiéndose al altar del holocausto, llenaba a continuación el incensario con carbones encendidos, y luego ponía un puñado de incienso en el plato destinado para ello. Por lo general, todo lo que era traído en el servicio de Dios tenía que ser llevado en la mano derecha; por ello el incienso era llevado en la mano derecha, y el incensario en la izquierda. Pero en esta ocasión, porque el incensario para el Día de la Expiación era más grande y pesado que el usual, se le permitía al sumo sacerdote invertir el orden común. Todos los ojos se fijaban intensamente en el santuario, mientras que, portando con lentitud el incensario y el incienso, se veía desaparecer la figura del sumo sacerdote en sus blancos ropajes dentro del lugar santo. Después de esto ya no se podían ver más sus movimientos.

El propiciatorio

El velo del lugar santísimo estaba abierto hacia dentro, y el sumo sacerdote se quedaba solo y separado de todo el pueblo en la terrible oscuridad del lugar santísimo, solo iluminado por el rojo resplandor de las ascuas en el incensario del sacerdote. En el primer Templo, el arca de Dios se encontraba allí con el «propiciatorio» cubriéndola; encima de ella, la presencia visible de Jehová en la nube de la *Shekiná,* y a cada lado las extendidas alas de los querubines; y el sumo sacerdote colocaba el incensario entre las varas del arca. Pero en el Templo de Herodes no había ni *Shekiná* ni arca. Estaba vacío. Y el sumo sacerdote descansaba su incensario sobre una gran piedra llamada «piedra de fundamento».[750] Con todo cuidado vaciaba ahora el incienso en su mano y lo echaba sobre los carbones del incensario, tan lejos de él como le fuera posible, y esperaba a que el incienso llenara el lugar santísimo. Luego, retirándose hacia atrás, oraba fuera del velo de esta manera:[751] «Que te plazca, oh Señor nuestro Dios, y Dios de nuestros padres, que ni este día ni durante este año nos sobrevenga cautividad. Pero, si nos sobreviene cautividad este día o este año, que sea a un lugar en el que la Ley es cultivada. Que te plazca, oh Señor nuestro Dios, y Dios de nuestros padres, que no venga escasez a nosotros, ni este día ni este año. Pero si nos visita la escasez este día o este año, que se deba a la generosidad de nuestros actos de caridad. Que te plazca, oh Señor nuestro Dios, y Dios de nuestros padres, que sea este año un año de baratura, de plenitud, de relación y comercio; un año con abundancia de lluvias, de sol y de rocío; año en el que tu pueblo Israel no necesite de la ayuda mutua. Y nos des oído a las oraciones de los que están para partir de viaje.[752] Y en cuanto a tu pueblo Israel, que ningún enemigo se exalte contra ellos. Que te plazca, oh Señor nuestro Dios, y Dios de nuestros padres, que las casas de los hombres de Sarón no se conviertan en sus sepulcros».[753] El sumo sacerdote no debía prolongar esta oración, no fuera que su prolongada ausencia llenara al pueblo de temores por su seguridad.

El rociamiento de la sangre

Mientras se efectuaba la ofrenda de incienso en el lugar santísimo, el pueblo se apartaba de sus cercanías y adoraba en silencio. Al final, el pueblo veía al sumo sacerdote saliendo del santuario, y sabía que el servicio había sido aceptado. Rápidamente, tomaba del asistente, que la había estado agitando de continuo, la sangre del becerro. Volvía entonces a entrar en el lugar santísimo, y rociaba con su dedo una vez hacia arriba, hacia donde había estado el propiciatorio, y siete veces hacia abajo, contando mientras lo hacía: «Una vez» (hacia arriba), «una y una vez» (hacia abajo), «una vez y dos veces», y así hasta «una vez y siete veces», repitiendo siempre la palabra «una vez», que se

---

750. No hay necesidad aquí de tratar de las leyendas relacionadas con la llamada «piedra fundamental».

751. Damos la oración en su forma más simple en el Talmud. Pero no podemos dejar de sentir que su *forma* indica tiempos posteriores a los del Templo. Es posible que solo su sustancia provenga de aquellos tiempos, y que cada sumo sacerdote pueda haber tenido libertad para formularla conforme a su propia perspectiva.

752. Que podrían orar para que no lloviese. Se tiene que recordar que las lluvias de otoño, de las que dependía la feracidad de la tierra, estaban al caer.

753. Esto se debe a la situación de este valle, que estaba amenazado bien por repentinas inundaciones, bien por peligrosos corrimientos de tierra.

refería al rociamiento hacia arriba, a fin de impedir cualquier error. Saliendo del lugar santísimo, el sumo sacerdote depositaba ahora el cuenco con la sangre delante del velo. Luego inmolaba el macho cabrío separado para Jehová, y, entrando en el lugar santísimo por tercera vez, rociaba como antes, una vez hacia arriba y siete veces hacia abajo, y volvía a depositar el cuenco con la sangre del macho cabrío sobre un segundo pie de oro delante del velo. Tomando el cuenco con la sangre del becerro, rociaba a continuación una vez hacia arriba y siete hacia abajo en dirección al velo, fuera del lugar santísimo, y luego hacía lo mismo con la sangre del macho cabrío. Finalmente, derramando la sangre del becerro en el cuenco que contenía la del macho cabrío, y de nuevo la mezcla de las dos en el que había contenido la sangre del becerro, a fin de mezclar ambas del todo, rociaba cada uno de los cuernos del altar del incienso, y luego, haciendo sitio sobre el altar, siete veces la cubierta del altar del incienso. Así, rociaba cuarenta y tres veces con la sangre expiatoria, teniendo cuidado de que su propio vestido no se manchara con la sangre cargada de pecado. La sangre que quedaba la derramaba el sumo sacerdote en el lado occidental de la base del altar del holocausto.

La conclusión de la purificación

Mediante estas ofrendas expiatorias, el sumo sacerdote había purificado el santuario en todas sus partes de la contaminación del sacerdocio y de los adoradores. El lugar santísimo, el velo, el lugar santo, el altar del incienso y el altar del holocausto estaban ahora purificados por un igual, por lo que respectaba al cuerpo sacerdotal y al pueblo; y en su relación con el santuario quedaban expiados tanto los sacerdotes como los adoradores. Hasta allí donde la Ley podía darlo, había ahora otra vez libre acceso para todos; o, para expresarlo de otra manera, quedaba otra vez restaurada y asegurada la continuación de la comunión sacrificial tipológica con Dios. Si no hubiera sido por estos servicios, les hubiera llegado a ser imposible a los sacerdotes y al pueblo ofrecer sacrificios, y obtener así el perdón de los pecados, o tener comunión con Dios. Pero las *conciencias* no estaban aún libres del sentimiento de culpa y pecado personales. Esto quedaba por hacer por medio del «macho cabrío de escape». Todo esto parece claramente implicado en las distinciones que se hacen en Levítico 16:33: «Y hará la expiación por el santuario santo, y el tabernáculo de reunión; también hará expiación por el altar, por los sacerdotes y por todo el pueblo de la congregación».

El macho cabrío de escape

Por solemnes que hubieran sido los servicios hasta ahora, los adoradores pensarían principalmente, llenos de maravilla, en el hecho de que el sumo sacerdote hubiera entrado en la inmediata presencia de Dios, saliendo vivo de allí, y asegurándoles mediante la sangre la continuación de los privilegios del

Antiguo Testamento de los sacrificios y del acceso a Dios por medio de ellos. Lo que tenía lugar ahora les atañía aún más de cerca, si tal cosa fuera posible. Ahora iban a serles quitados sus propias culpas personales y pecados, y ello en un rito simbólico, uno que era al mismo tiempo el más misterioso y el más significativo de todos. Todo esto mientras que el «macho cabrío de escape», con la «lengua de escarlata» que hablaba de la culpa que iba a llevar, había estado mirando hacia el este, frente al pueblo, esperando la terrible carga que iba a llevar «a tierra no habitada». Poniendo ambas manos en la cabeza de este macho cabrío, el sumo sacerdote confesaba ahora y rogaba: «¡Ah, JEHOVÁ!, ellos han cometido iniquidad; han transgredido; han pecado —tu pueblo, la casa de Israel—. ¡Oh, entonces, JEHOVÁ!, cubre (expía), te ruego, sus iniquidades, sus transgresiones y sus pecados, que malvadamente han cometido, transgredido y pecado delante de Ti —tu pueblo, la casa de Israel—. Como está escrito en la Ley de Moisés, tu siervo, diciendo: "Porque en este día se hará expiación por vosotros, y seréis limpios de todos vuestros pecados delante de JEHOVÁ"». Y mientras que la postrada multitud adoraba al oír el nombre de Jehová, el sumo sacerdote volvía su rostro hacia ellos al proclamar las últimas palabras: *«¡Seréis limpios!»,* como declarándoles la absolución y remisión de sus pecados.

El macho cabrío enviado al desierto

Luego seguía una extraña escena. Los sacerdotes conducían al macho cabrío cargando con sus pecados a través del «Porche de Salomón», y, según dice la tradición, a través de la puerta oriental, que se abría hacia el monte de los Olivos.[754] Aquí un puente sobre arcadas salvaba el valle que se interponía, y sobre él llevaban al macho cabrío al monte de los Olivos, donde uno, especialmente designado para ello, se encargaba de él. La tradición ordena que sea un extraño, un no israelita, ¡como para hacer más notable aún el tipo de Aquel que fue entregado por Israel a los gentiles! La Escritura no nos dice nada más acerca del destino del macho cabrío que llevaba sobre sí todas las iniquidades de los hijos de Israel, excepto que «lo enviará al desierto por mano de un hombre destinado para esto», y que «dejará ir al macho cabrío por el desierto».[755] Pero la tradición suplementa esta información. La distancia entre Jerusalén y el comienzo del «desierto» se calcula en noventa *estadios,* haciendo precisamente diez intervalos, cada uno de ellos de media jornada de sábado del otro. Al final de cada uno de estos intervalos había una estación, ocupada por una o más personas designadas para esto, que ofrecían refrigerio al hombre que llevaba el macho cabrío, y que luego acompañaban a la siguiente estación. Con esto se conseguían dos cosas: algunas personas de confianza acompañaban al macho cabrío durante todo este viaje, y sin embargo ninguno de ellos

---

754. El Talmud dice que los judíos extranjeros presentes solían prorrumpir en palabras y actos de impaciencia, para que «el portador de pecado» se fuera.

755. Levítico 16:22.

caminaba más de un camino de sábado —esto es, medio camino de ida, y el otro medio de vuelta—. Al final llegaban al borde del desierto. Aquí se detenían, contemplando desde lejos, mientras que el hombre conducía el macho cabrío, desgarraba la mitad de la «lengua de escarlata» y la fijaba en un acantilado; luego, conduciendo el animal hacia atrás, lo despeñaba sobre el acantilado. Había un momento de pausa, y el hombre, ahora contaminado por su contacto con el portador del pecado, se volvía hacia la última de las diez estaciones, donde pasaba el resto del día y la noche. Pero la llegada del macho cabrío al desierto era inmediatamente telegrafiada, mediante banderas, de estación en estación, hasta que, pocos minutos después de haberse llevado esto a cabo, era conocido en el Templo, y musitado de oído en oído, que «el macho cabrío había llevado sobre sí todas sus iniquidades a tierra no habitada».

El significado del rito

¿Cuál era, pues, el significado de un rito del que dependían cuestiones de tanta importancia? Todo acerca de él parece extraño y misterioso: la suerte que lo designaba, y ello «para Azazel»; el hecho de que aunque era la más grande de todas las ofrendas por el pecado, ni era sacrificado ni su sangre rociada en el Templo: y la circunstancia de que era realmente solo *parte* de un sacrificio, ya que los dos machos cabríos constituían un solo sacrificio, —siendo uno de ellos inmolado y el otro «soltado», no habiendo ningún otro caso análogo de este tipo excepto en la purificación del leproso, en la que una avecilla era muerta, y la otra mojada con su sangre y soltada—. Así, estos dos sacrificios —el primero en la remoción de lo que simbólicamente representaba el pecado inhabitante, el otro de culpa contraída—concordaban en demandar dos animales, de los que uno era muerto y el otro «soltado». Este no es el lugar para discutir las varias posturas que se mantienen acerca del sentido del macho cabrío de escape.[756] Pero es demoledor de cada una y todas las interpretaciones recibidas que los pecados del pueblo fueran confesados no sobre el macho cabrío que era muerto, sino en el que era «soltado en el desierto», y que era este macho cabrío, no el otro, el que «llevaba sobre sí todas las iniquidades» del pueblo. Por lo que respectaba a la conciencia, este macho cabrío era la verdadera y única ofrenda por el pecado «por todas las iniquidades de los hijos de Israel, y todas sus transgresiones en todos sus pecados», porque sobre él había cargado el sumo sacerdote los pecados del pueblo, después de haber «acabado de expiar el santuario y el tabernáculo de reunión y el altar»[757] mediante la sangre del becerro y del otro macho cabrío. La sangre derramada había logrado esto; pero no había hecho ni podía hacer más, porque «no pueden hacer perfecto, en cuanto a la conciencia, al que practica este culto».[758] La representación

---

756. Para una plena discusión de ello, debemos remitir al lector a obras sobre Antigüedades bíblicas y sobre los Tipos del Antiguo Testamento.

757. Levítico 16:20.

758. Hebreos 9:9.

simbólica de *este* perfeccionamiento tenía lugar por medio del macho cabrío vivo, el cual, cargado con los pecados confesados del pueblo, se los llevaba «al desierto», a «una tierra no habitada». El único significado de lo que esto parece realmente capaz es que aunque la culpa confesada era quitada del pueblo y puesta sobre la cabeza del macho cabrío, como sustituto simbólico, sin embargo como el macho cabrío no era muerto, sino solo enviado lejos, a «tierra no habitada», del mismo modo, bajo el Antiguo Pacto, el pecado no quedaba realmente borrado, sino solo quitado del pueblo, y echado a un lado hasta que Cristo viniera, no solo a tomar sobre sí la carga de la transgresión, sino a *borrarla y purificarla*.[759]

La enseñanza de la Escritura

Así contemplado, no solo el texto de Levítico 16, sino también el lenguaje de Hebreos 9 y 10, que se refieren principalmente al Día de la Expiación, se vuelve llano. La «sangre», tanto del becerro como del macho cabrío que el sumo sacerdote llevaba «una vez al año» dentro «del velo sagrado», era «ofrecida por sí mismo (incluyendo al cuerpo sacerdotal) y por los yerros (o más bien, ignorancias) del pueblo». En el lenguaje de Levítico 16:20, reconciliaba «el lugar santo, y el tabernáculo de la congregación, y el altar», esto es, tal como ya se ha explicado, posibilitaba la continuación del culto sacrificial por parte de los sacerdotes y del pueblo. Pero este macho cabrío vivo «soltado» en el desierto, sobre el que, en el lenguaje exhaustivo de Levítico 16:21, el sumo sacerdote había confesado y puesto *«todas* las iniquidades de los hijos de Israel, y *todas* sus transgresiones en *todos* sus pecados»*, significaba algo totalmente diferente. Significaba la inherente «debilidad e ineficacia del mandamiento», significaba que «la ley no llevó nada a la perfección, y, por otro lado, se introduce una mejor esperanza»; que en la misericordia del pacto de Dios la culpa y el pecado eran verdaderamente quitados del pueblo, que quedaban «cubiertos» y en este sentido expiados, o más bien que quedaban a la vez «cubiertos» y quitados, pero que no fueron realmente *llevados y destruidos* hasta que Cristo llegó; que solo eran llevados a una tierra no habitada, hasta que Él los borrara mediante su propia sangre; que la provisión que el Antiguo Testamento hizo era solo preparatoria y temporal, hasta el «tiempo de la reforma», y que por ello el verdadero y real perdón de los pecados, y con él el espíritu de adopción, solo podrían ser finalmente obtenidos después de la muerte y resurrección de «el Cordero de Dios que quita el pecado del mundo». Así, en el sentido más pleno, era cierto de los «padres» que «no *recibieron* la promesa, habiendo Dios provisto para nosotros alguna cosa mejor, para que ellos no fuesen perfeccionados aparte de nosotros» (V. M.). Porque «la ley, teniendo la sombra de los bienes venideros», no podía «hacer perfectos a los que se acercan», ni tampoco era posible que «la sangre de los toros y de los machos cabríos no puede quitar los pecados». El macho cabrío «suelto» era cada año un quitador de pe-

---

759. ¿Podría haber aquí también una referencia a la doctrina del descenso de Cristo al *Hades*?

cados que sin embargo nunca los quitaba en el sentido de borrarlos; solo eran depositados, por así decirlo, y reservados, hasta que viniera Aquel «a quien Dios puso como propiciación por medio de la fe en su sangre, para mostrar su justicia, a causa de haber pasado por alto, en su paciencia, los pecados cometidos anteriormente».[760] «Y por eso es mediador de un nuevo pacto, para que interviniendo muerte para redención de las transgresiones que había durante el primer pacto, los llamados reciban la promesa de la herencia eterna».[761]

No es este el lugar para seguir el argumento más allá. Una vez comprendido, vendrán a la mente muchos pasajes que manifiestan cómo la remoción del pecado, en el Antiguo Testamento, es expuesta en la misma Ley como si hubiera sido completa, ciertamente, por lo que al individuo concernía, pero no de manera real y con referencia a Dios, hasta que vino Aquel que fue la realidad a la que señalaban estos tipos, y que «ahora, en la consumación de los siglos, ha sido manifestado una vez para siempre por el sacrificio de sí mismo para quitar de en medio el pecado».[762] Y así los mismos tipos demostraron su propia inadecuación e insuficiencia, mostrando que eran solo «sombra de los bienes venideros, no la representación misma de las cosas».[763] Con esto concuerdan también los términos mediante los cuales la expiación es designada en el Antiguo Testamento como un «cubrimiento» por un sustituto, y el propiciatorio como «el lugar del cubrimiento».

El término «la-Azazel»

Después de esto es de relativamente poca importancia discutir, hasta allí donde podamos en estas páginas, la cuestión del significado del término «la-Azazel».[764] Siendo que son insostenibles tanto la interpretación que hace de ello una designación del macho cabrío mismo (como «macho cabrío de expiación» en la BAS) como la que lo referiría a una cierta localidad en el desierto,[765] quedan otros dos puntos de vista, uno de los cuales considera a Azazel como una persona, denotando Satán, mientras que la otra traduciría el término como «total remoción». Las insuperables dificultades relacionadas con el primero de estos conceptos se ven ya de entrada. Con referencia al segundo, se puede decir que no solo se hace violencia a la gramática hebrea, sino que implica que el macho cabrío que debía ser para «total remoción» no debía siquiera ser sacrificado, sino realmente «¡soltado!». Además, ¿cuál podía ser en tal caso el objeto del primer macho cabrío que sí era muerto, y cuya sangre era rociada en el lugar santísimo? Aquí podemos decir en el acto que la práctica judía posterior de empujar el macho cabrío para despeñarlo

---

760. Romanos 3:25. Generalmente hemos adoptado la traducción del deán Alford allí donde el lector perciba alguna divergencia de la traducción comúnmente adoptada.

761. Hebreos 9:15.

762. Hebreos 9:26.

763. Hebreos 10:1.

764. Levítico 16:8, 10, 26.

765. El libro Sifra lo parafrasea así: «Un lugar escabroso en los montes».

por un precipicio era indudablemente una innovación, en absoluto sancionada por la Ley de Moisés, y ni siquiera introducida en la época en la que se hizo la traducción de la Septuaginta, como lo demuestra su traducción de Levítico 16:26. La Ley ordenaba simplemente que el macho cabrío, una vez llegado a «una tierra no habitada», debía ser «dejado ir» en libertad, y la ordenanza judía de hacerlo empujar para despeñarlo sobre las rocas es señaladamente característica de la perversión rabínica de su tipo espiritual. La palabra Azazel, que aparece solo en Levítico 16, se deriva —y en ello hay consentimiento universal— de una raíz que significa «poner a un lado del todo» o «para irse fuera del todo». Por ello, tanto si traducimos «la-Azazel» como «para el que es totalmente echado a un lado», esto es, el Cristo que llevó el pecado, o «para ser totalmente separado» o «puesto totalmente a un lado, o fuera», la verdad sigue siendo la misma, como si señalara a través de la remoción temporal y provisional del pecado por parte del macho cabrío, «dejado ir» en «la tierra no habitada», hacia la remoción final, real y completa del pecado por parte del Señor Jesucristo, como leemos de ello en Isaías 53:6: «Jehová cargó sobre él la iniquidad de todos nosotros».

Los cadáveres quemados «fuera de la ciudad»

Mientras que el macho cabrío de escape era conducido al desierto, el sumo sacerdote pasaba a cortar el becerro y el macho cabrío con la sangre de los cuales había «hecho expiación», poniendo las «entrañas» en un recipiente que entregaba a un asistente,[766] y enviaba los cuerpos muertos para ser quemados «fuera de la ciudad», en el lugar en el que se depositaban generalmente las cenizas del Templo. Luego, según la tradición, el sumo sacerdote, vestido aún con sus vestidos de lino,[767] subía al «atrio de las Mujeres», y leía los pasajes de las Escrituras que tenían que ver con el Día de la Expiación, esto es, Levítico 16; 23:27-32; también repetía de memoria[768] Números 29:7-11. Una serie de oraciones acompañaba a esta lectura de las Escrituras. Las más interesantes de estas súplicas se pueden recapitular de la siguiente manera: Confesión de pecado con oración en petición de perdón, terminando con las palabras: *«Alabanza sea dada a Ti, oh Señor, que en tu misericordia perdonas los pecados de tu pueblo Israel»*; oración por la permanencia del Templo, y que la majestad divina resplandeciera en él, terminando con: *«Alabanza sea dada a Ti, oh Señor, que moras en Sión»;* oración por el establecimiento y la seguridad de Israel, y la continuación de un rey entre ellos, terminando con *«Gracias sean dadas a Ti, oh Señor, que has escogido a Israel»*; oración por el sacerdocio, para que todas sus acciones, pero especialmente sus sagrados servicios, sean aceptas a Dios, y

---

766. Lightfoot *(De Minist. Templi)* afirma erróneamente que el sumo sacerdote las quemaba inmediatamente.

767. Pero esto no era estrictamente necesario. En esta parte del servicio hubiera podido haber oficiado incluso con su vestido normal de calle.

768. Maimónides da una curiosa razón rabínica para esto.

que Él muestre gracia para con ellos, terminando con: «*Gracias sean dadas a Ti, oh Señor, que has santificado el sacerdocio*»; y, finalmente (en el lenguaje de Maimónides), oraciones, ruegos, himnos y peticiones propias del sumo sacerdote, concluyendo con las palabras: «*Da ayuda, oh Señor, a tu pueblo Israel, porque tu pueblo necesita ayuda; gracias sean a Ti, oh Señor, que oyes la oración*».[769]

El sumo sacerdote con vestiduras doradas

Concluidas estas oraciones, el sumo sacerdote se lavaba las manos y los pies, se quitaba su «lino» y se ponía sus «vestiduras doradas», y una vez más se lavaba las manos y los pies antes de pasar a su siguiente servicio. Aparecía otra vez ante el pueblo como el ungido del Señor con las vestiduras doradas de la cámara nupcial. Antes de ofrecer los holocaustos festivos del día, sacrificaba «un macho cabrío para expiación»,[770] probablemente con referencia especial a estos servicios festivos que, como todo lo demás, demandaban sangre expiatoria para ser aceptos. La carne de esta ofrenda por el pecado era comida de noche por los sacerdotes dentro del santuario. A continuación, sacrificaba los holocaustos por el pueblo y el holocausto por sí mismo,[771] y finalmente quemaba las «entrañas» de las ofrendas expiatorias cuya sangre había sido antes rociada en el lugar santísimo. Esto, propiamente hablando, daba fin a los servicios del día. Pero el sumo sacerdote tenía que ofrecer todavía el sacrificio vespertino ordinario, después del cual se lavaba las manos y los pies, se quitaba una vez más sus «vestiduras doradas» y se volvía a poner las de «lino», y de nuevo se lavaba las manos y los pies. Esto antes de entrar en el lugar santísimo por cuarta vez aquel día,[772] para recoger el incensario y el plato del incienso que había dejado allí. Al tornar, a lavarse las manos y los pies, se quitaba los vestidos de lino, que nunca debían volver a ser usados, se ponía sus vestiduras doradas, se lavaba las manos y los pies, quemaba el incienso de la tarde en el altar de oro, encendía las lámparas en el candelero para la noche, se lavaba las manos y los pies, se ponía sus ropas ordinarias de calle y era escoltado por el pueblo en procesión a su propia casa en Jerusalén. La sobretarde acababa con una fiesta.

Si este final del Día de la Expiación parece incongruente, la *Misná* registra[773] algo aún más extraño en relación con el día mismo. Se dice que por la tarde del 15 de Ab, cuando se terminaba la recolección de la leña para el santuario, y en el Día de la Expiación, las doncellas de Jerusalén iban con vestidos blancos, especialmente prestados para ello a fin de que las ricas y las

---

769. Con respecto a estas oraciones, remitimos al lector a nuestras observaciones en el capítulo anterior. La postura allí expresada acerca de la fraseología de las oraciones vale también con respecto a las del Día de la Expiación.

770. Números 29:16.

771. Un carnero, Levítico 16:3.

772. Hebreos 9:7 dice que el sumo sacerdote entraba «una vez al año», esto es, un día cada año, *no* en una sola ocasión durante aquel día.

773. *Taan.* IV. 8.

pobres estuvieran en pie de igualdad, a las viñas cercanas a la ciudad, donde danzaban y cantaban.

Se ha preservado el siguiente fragmento de uno de sus cánticos:[774]

«En alegre redondel a las doncellas hebreas contempla;
De ellas dichosos nuestros mozos sus compañeras escogen.
¡Recuerda! Pronto la belleza su encanto perderá
—Y trata de ganar una moza de buena clase.

Cuando la gracia y belleza se marchitan y abaten,
Alabanza entonces tendrá la que al Señor reverencie;
Dios la obra de sus manos bendecirá, y, en la puerta,
"Sus obras la siguen", se dirá».

El Día de la Expiación en la moderna sinagoga

No nos detendremos aquí a emprender la melancólica tarea de describir lo que la moderna sinagoga ha hecho del Día de la Expiación, ni de cómo observa la ocasión —especialmente a la vista de sus sombríos pensamientos de que en este día se decide definitivamente la suerte del hombre para el año entrante, si no su vida o muerte—. Pero incluso la Misná contiene ya similares conceptos pervertidos acerca de cómo se debería observar el día, y lo que se podía esperar basándose en su correcta observancia.[775] Se ordena un riguroso reposo y un riguroso ayuno desde la puesta del sol del día anterior hasta la aparición de las primeras estrellas en el siguiente. No se puede probar alimento ni bebida de ninguna clase; uno no puede siquiera lavarse, ni ungirse, ni ponerse las sandalias.[776] Las únicas excepciones son las hechas en favor de los enfermos y de los niños, que solo están obligados al pleno ayuno: las niñas a partir de la edad de doce años y un día, y los niños a partir de los trece años y un día, aunque se recomienda entrenarlos antes de ello.[777] ¡A cambio de toda esta «aflicción», Israel puede esperar que la muerte junto con el Día de la Expiación borrará finalmente todos los pecados! ¡Esto es todo: el Día de la Expiación más nuestra propia muerte! ¡Tales son las más elevadas esperanzas de expiación para Israel! Es inenarrablemente doloroso seguir más allá este tema a través de las minucias del ingenio rabínico: cuánto hará exactamente el Día de la Expiación para alguien; qué proporción de sus pecados remitirá, y qué proporción quedará meramente suspendida; cuánto queda para los castigos futuros,

---

774. El Talmud declara repetidas veces este hecho, y da el cántico. Sin embargo, abrigamos algunas dudas al respecto, aunque se dice que el que da esta información en la *Misná* no es otro que el mismo rabí Simeón, el hijo de Gamaliel, el maestro de Pablo.

775. *Mish. Yoma*, VIII.

776. Solo se deben emplear calcetines de algodón, con la única excepción de si hay temor a las serpientes o a los escorpiones.

777. A los reyes y a las novias dentro de los treinta días de su boda se les permite lavarse la cara; también se concede el empleo de una toalla que haya sido mojada en agua el *día antes*.

y cuánto para su cancelación final a la muerte. La Ley no sabe nada de estas mezquinas y erróneas distorsiones del libre perdón de Dios. En los sacrificios expiatorios del Día de la Expiación todo tipo[778] de transgresión, iniquidad y pecado debía quedar quitado del pueblo de Dios. Sin embargo, se debía renovar cada año, y cada año manifiestamente solo de modo provisional, no de una manera real y plena, hasta que se cumpliera la promesa[779] llena de gracia: «Perdonaré la maldad de ellos, y no me acordaré más de su pecado». Por ello, es muy de destacar cómo en la descripción profética, o quizá simbólica, del Templo de Ezequiel[780] se omite toda mención al Día de la Expiación; porque ha venido Cristo, «como sumo sacerdote de los bienes venideros», y «entró una vez para siempre en el santuario» «por el sacrificio de sí mismo para quitar de en medio el pecado».[781]

---

778. Para pecados presuntuosos, voluntariosos, la Ley no proveía sacrificio alguno (Hb 10:26), y es dudoso que estén incluidos en esta declaración de Levítico 16:21, a pesar de lo amplia que es. Gracias a Dios, sabemos que «la sangre de Jesucristo su Hijo nos limpia de *todo* pecado», sin excepción.

779. Jeremías 31:34.

780. Ezequiel 40-46.

781. Hebreos 9:11, 12, 26.

XVII
FIESTAS POSTMOSAICAS

«Se celebró por entonces la fiesta de la Dedicación en Jerusalén.
Era invierno, y Jesús andaba paseando en el Templo por el pórtico de
Salomón» (Juan 10:22, 23).

Fiestas postmosaicas

Además de las fiestas mencionadas en la Ley de Moisés, también se observaban otros períodos festivos en tiempos de nuestro Señor, para perpetuar la memoria de o bien grandes liberaciones o bien de grandes calamidades nacionales. Las primeras eran fiestas populares, y las últimas, ayunos públicos. Aunque se hace alusión a la mayor parte de ellas, si no a todas, en las Escrituras canónicas, es muy difícil formarse una idea clara de cómo se observaban en el Templo. Muchas de las prácticas relacionadas con ellas, tal como se describen en los escritos judíos, o como se observan hoy, son de fecha muy posterior a los tiempos del Templo, o bien se aplican más bien a las observancias festivas en las varias sinagogas de la tierra más que a las del santuario central. Y es evidente la razón de ello. Aunque los que gozaban de tiempo libre pudieran gustar de ir a Jerusalén para cada fiesta, sin embargo la mayor parte de la gente se reuniría en las sinagogas de sus propias ciudades y pueblos, excepto para las grandes fiestas. Además, estas fiestas y ayunos eran más bien *nacionales* que típicas, conmemorando un acontecimiento del pasado en lugar de señalar al futuro a un hecho grande y de carácter universal que debiera ser aún cumplido. Finalmente, al ser de institución posterior, y desde luego humana, y no divina, las autoridades de Jerusalén no osaron prescribir para ellas ritos y sacrificios especiales, que, como ya hemos visto, constituían la esencia del culto del Templo.

Al clasificar estas varias fiestas y ayunos en orden a su institución e importancia, tenemos:

1. La fiesta de Purim, esto es, «de las suertes», o la fiesta de Ester, que también se llama en 2 Macabeos 15:36 «el día de Mardoqueo», que se observaba en memoria de la preservación de la nación judía en tiempos de Ester. El nombre «Purim» se deriva de «la suerte» que Amán echó en relación con su

malvado deseo.[782] Mardoqueo propuso perpetuar el aniversario de esta gran liberación en los días 14 y 15 de Adar (alrededor de comienzos de marzo), y a ello asintieron universalmente los judíos de su tiempo.[783] Sin embargo, según el Talmud de Jerusalén, su introducción general después del regreso de Babilonia constituyó una cuestión de graves dudas y deliberaciones entre los «ochenta y cinco» ancianos —cantidad esta que, según la tradición, incluía a más de treinta profetas—.[784] Incluso esto muestra que Purim nunca fue nada más que una fiesta popular. Como tal, era guardada con gran regocijo, siendo una ocasión en la que amigos y parientes se intercambiaban regalos. Parece haber pocas dudas de que esta era la «fiesta de los judíos» en cuya ocasión «subió Jesús a Jerusalén»,[785] cuando sanó al «paralítico» en el estanque de Betesda. Porque ninguna otra fiesta hubiera podido tener lugar entre diciembre[786] y la Pascua,[787] excepto la de la «Dedicación del Templo», y esta es expresamente designada por su nombre,[788] y no meramente como «una fiesta de los judíos».

Ceremonias de la fiesta

Hasta allí donde podemos saber, las observancias religiosas de *Purim* comenzaban con un *ayuno* —«El ayuno de Ester»— el 13 de Adar. Pero si *Purim* caía en sábado o viernes, el ayuno se adelantaba al jueves anterior, por cuanto no era lícito ayunar ni en sábado ni en el día anterior. Pero aun así hubo disputas después acerca de este ayuno[789] entre los judíos en Palestina y la comunidad mucho más grande e influyente que seguía residiendo en Babilonia, y que parece que arrojan dudas acerca de su primitiva observancia. Por la sobretarde del 13 de Adar, o más bien al comienzo del 14, se leía públicamente el libro de Ester, o el *Megillah* («el rollo», como era llamado *par excellence),* lo que también se hacía antes del mediodía del 14, excepto en las antiguas ciudades amuralladas, en las que se leía en el 15. En Jerusalén, así, sería leído en la sobretarde del 13 y en el 15, siempre que el día no cayera en sábado, en el que no se permitía leer el *Megillah.*[790] En los posteriores arreglos del calendario judío se tomó cuidado para que el primer día de *Purim* cayera en el primero, tercero, quinto o sexto día de la

---

782. Ester 3:7; 9:24.

783. Ester 9:17-24.

784. Jer. Megillah, 70 b. El erudito Jost (Gesch. d. Judenth., I. 42, nota 1) sugiere que estos 85 «ancianos» fueron realmente el comienzo de «la gran sinagoga», a la que se remontaban tantas ordenanzas judías en tiempos posteriores. El número fue posteriormente, según piensa Jost, aumentado arbitrariamente hasta 120, que es el número asignado por la tradición para «la gran sinagoga». «La gran sinagoga» puede ser considerada como la autoridad judía «constituyente» en todas las cuestiones de ritual después del regreso de Babilonia. Finalmente, Jost sugiere que los 85 originales fueron los signatarios del «pacto» mencionado en Nehemías 10:1-27.

785. Juan 5:1.

786. Juan 4:35.

787. Juan 6:4.

788. Juan 10:22.

789. Véase Jost, vol. I, pág. 265.

790. Hemos citado principalmente del tratado místico Megillah, que, sin embargo, es más discursivo aún que el resto, y alude a muchas otras cuestiones además de la fiesta de Purim.

semana. Los campesinos, que iban a los mercados de las ciudades cada semana en lunes y jueves, no tenían obligación de volver especialmente para el *Purim,* y en las sinagogas de estas ciudades se leía el *Megillah,* o al menos porciones del mismo, el jueves anterior. También se permitía leer el libro de Ester en cualquier lengua que no fuera el hebreo, si era hablada por los judíos residentes en el distrito, y cualquier persona, excepto los sordos, idiotas o menores, podía hacer este servicio. Las oraciones para la ocasión que se emplean actualmente en la sinagoga, así como también la práctica de agitar sonajeros y otras demostraciones ruidosas de cólera, menosprecio y escarnio con las que siempre saludan jóvenes y viejos la mención del nombre de Amán siempre que aparece en la lectura del *Megillah,* son cosas, naturalmente, de fecha mucho más tardía. Lo cierto es que la *Misná,* bien lejos de prescribir ninguna forma de oración,[791] deja deliberadamente abierta la cuestión —a ser determinada conforme al uso de cada lugar— de si se debe acompañar o no con la oración la lectura del *Megillah.* Según el testimonio de Josefo,[792] en sus tiempos «todos los judíos que moran en la tierra habitable» guardaban «estos días de fiesta» y se enviaban «porciones unos a otros». En nuestros propios días, aunque la sinagoga ha prescrito para ellos oraciones especiales y porciones de la Escritura, están especialmente señalados por un jolgorio estridente y escandaloso, incluso más allá de los límites del decoro.

La Fiesta de la Dedicación del Templo

2. La Fiesta de la Dedicación del Templo, o *Chanuchah* («la dedicación»), llamada en 1 Macabeos 4:52-59 «la dedicación del altar», y por Josefo[793] «la Fiesta de las Luces», era otra fiesta popular gozosa. Fue instituida por Judas Macabeo en el 164 a. C., cuando, después de ser recobrada la independencia judía del dominio grecosirio, el Templo de Jerusalén fue solemnemente purificado, el viejo altar contaminado quitado, sus piedras puestas en un lugar separado del monte del Templo y restaurado el culto del Señor. La fiesta comenzaba el 25 de Quisleu (diciembre), y duraba *ocho días.* En cada uno de ellos se cantaba el «Hallel», el pueblo aparecía llevando ramas de palmera y de otros árboles, y se hacía una gran iluminación en el Templo y en todas las casas particulares. Estas tres observancias tienen una semejanza tan notable con lo que conocemos de la Fiesta de los Tabernáculos que es difícil resistirse a la impresión de que hay alguna relación intencionada entre las dos, en consecuencia de lo que se adoptó el canto diario del «Hallel» y el acto de llevar ramas de palmera durante la Fiesta de la Dedicación, mientras que se introdujo la práctica de la iluminación del Templo en la Fiesta de los Tabernáculos.[794] Todo esto se hace tanto más interesante cuando recordamos, por una parte, el sentido tipológico

791. *Megill.* IV. 1.
792. *Antigüedades,* XI, 6:13.
793. *Antigüedades,* XII, 7:7.
794. De hecho, estas tres observancias son así comparadas en 2 Macabeos e incluso se les aplica el mismo nombre, 1:9, 18. Geiger (*Urschr. u. Uebers,* pág. 227) ha intentado dar una explicación ingeniosa pero insatisfactoria de esta última circunstancia.

de la Fiesta de los Tabernáculos, y, por otra, que la fecha de la Fiesta de la Dedicación —el 25 de Quisleu— parece haber sido adoptada por la antigua Iglesia como la del nacimiento de nuestro bendito Señor —la Navidad—, la dedicación del verdadero Templo, que era el cuerpo de Jesús.[795]

Por el vacilante lenguaje de Josefo[796] inferimos que incluso en este tiempo se desconocía el verdadero origen de la práctica de iluminar el Templo. Desde luego, la tradición cuenta que cuando en el Templo restaurado iba a encenderse el sagrado candelero,[797] solo se encontró una redoma de aceite, sellada con el sello del sumo sacerdote, para alimentar las lámparas. Así, este era aceite *puro,* pero la cantidad apenas si era suficiente para un día, cuando, he aquí, por un milagro, el aceite aumentó y el frasco quedó lleno por ocho días, en memoria de lo cual se ordenó que el Templo y las casas particulares fueran iluminadas por el mismo período de tiempo. Un erudito escritor judío, el doctor Herzfeld,[798] sugiere que «la Fiesta de las Luces» fue instituida para conmemorar el descenso de fuego del cielo sobre el altar en el Templo de Salomón[799] cuando el fuego sagrado volvió a ser encendido en el altar purificado del segundo Templo. Pero aun así, la práctica variaba en sus detalles. Bien el cabeza de familia iluminaba una vela para todos los miembros de su familia, o bien una vela para cada miembro, o si eran muy religiosos, aumentaba la cantidad de velas para cada miembro cada anochecer, de modo que si una familia de diez había comenzado la primera tarde con diez velas, al siguiente anochecer aumentaba a veinte velas, y así, hasta que en la última noche se encendían ochenta velas. Pero aquí había también una diferencia entre las escuelas de Hillel y Shammai —observando el primero la práctica tal como se acaba de describir, el último quemando la mayor cantidad de velas en el primer anochecer, y disminuyendo hasta el último día de la fiesta—. En la Fiesta de la Dedicación, lo mismo que en Purim y en las lunas nuevas, no se debía observar ningún ayuno público,[800] aunque se permitían los duelos privados.[801]

Las formas de oración actualmente en uso por los judíos son de fecha relativamente tardía, y desde luego los caraítas, que en muchos aspectos son representantes de las más antiguas tradiciones de Israel, no observan esta fiesta en absoluto. Pero no puede haber duda alguna de que nuestro mismo bendito Señor asistió a esta fiesta en Jerusalén,[802] siendo en esta ocasión que les dijo llanamente: «Yo y el Padre somos uno» (V. M.). Esto le da un sentido mucho

---

795. Juan 2:19. Véase «Christmas a Festival of Jewish Origin» («Navidad, una festividad de origen judío»), en la revista *Leisure Hour* de dic. 1873.

796. *Antigüedades,* XII, 17:17.

797. Según la tradición, el primer candelero en aquel Templo fue de hierro estañado; el segundo, de plata, y el de oro solo fue conseguido después.

798. *Gesch. d. Volkes Isr.,* vol. II, pág. 271.

799. 2 Crónicas 7:1.

800. *Taan.* II. 10.

801. *Moed Katon,* III. 9. Por ello, la declaración en la *Encyclop.* de Kitto, I pág. 653, de que no estaba permitido el «duelo» por ninguna «muerte» debe ser corregida, o al menos modificada.

802. Juan 10:22.

más profundo que la reiniciación del fuego en el altar, o incluso la conexión de esta fiesta con la de los tabernáculos.

La Fiesta de la ofrenda de la leña

3. *La Fiesta de la ofrenda de la leña*[803] tenía lugar el 15 de Ab[804] (agosto), siendo esta la última de las *nueve* ocasiones en las que se traían ofrendas de leña para uso del Templo. Para las otras ocho ocasiones, el Talmud nombra a ciertas familias como especiales poseedoras de este privilegio, que probablemente habían recibido «por suerte» en tiempos de Nehemías.[805] En todo caso, los nombres mencionados en la *Misná* son precisamente los mismos que los del libro de Esdras.[806] Pero en el 15 de Ab, junto con ciertas familias, *todo* el pueblo, hasta los mismos prosélitos, esclavos, netineos y los bastardos, pero especialmente los sacerdotes y levitas, tenían permitido traer la leña, por lo que también el día recibe el nombre de «tiempo de la leña para los sacerdotes». Las otras ocho sazones eran el 20 de Elul (septiembre), el 1 de Tebet (enero), el 1 de Nisán (fines de marzo o abril), el 20 de Tamuz (excepto «para la familia de David»), el 5, el 7, el 10 y el 20 de Ab. Se observará que cinco de estos períodos caían en el mes de Ab, seguramente porque se consideraba que entonces era cuando la leña estaba en su mejor punto. Las explicaciones rabínicas de esto son confusas y contradictorias, y no dan cuenta de por qué el 15 de Ab es llamado, como lo era, «el día en que se rompe el hacha», a no ser que fuera que después de esta fecha, y hasta la primavera, no se podía *cortar* madera para el altar, aunque lo que se había cortado previamente sí que podría ser traído. Se fijaba el 15 del mes para la fiesta, probablemente porque era en luna llena que se consideraba que el mes había llegado a su plenitud. La tradición, naturalmente, tenía su propia historia para dar cuenta de ello. Según una versión, fue Jeroboam, el malvado rey de Israel, al que siempre se atribuye tanto mal; según otra, un monarca grecosirio, Antíoco Epifanes; y según otra aún, algún monarca innominado, que prohibió llevar leña y primicias a Jerusalén, cuando algunas devotas familias afrontaron el peligro y aquel día introdujeron secretamente leña en el Templo, en reconocimiento de lo cual este privilegio fue concedido para siempre a sus descendientes.

La leña empleada en las fiestas

La leña se depositaba primero en una cámara exterior, donde la que estaba agusanada o que por otras causas no pudiera ser usada para el altar era entresacada por sacerdotes no aptos para otros ministerios. El resto era entregado

---

803. *Mish. Taan.* IV.; Josefo, *Guerras de los judíos*, II, 17:6.
804. Por un error, nuestras copias de Josefo le hacen fijar el 14 como la fecha de esta fiesta.
805. Nehemías 10:34; 13:31.
806. Esdras 2; véase Herzfeld, vol. I. 469; II. 144.

a los sacerdotes que estaban calificados levíticamente para su servicio, y ellos lo guardaban en «la cámara de la leña». El 15 de Ab era observado como una festividad popular y gozosa. En esta ocasión (como en el Día de la Expiación) las mozas iban vestidas de blanco, para danzar y cantar en los viñedos alrededor de Jerusalén, ofreciéndose entonces una oportunidad a los mozos para seleccionar a sus compañeras de por vida. Podemos aventurar una sugerencia como explicación de esta curiosa práctica. Según el Talmud, el 15 de Ab era el día en que no regía la prohibición de que las herederas se casaran fuera de sus propias tribus.[807] Si hay para esto algún fundamento histórico, sería muy significativo que cuando todo Israel, sin distinción de tribus o familias, comparecía para hacer sus ofrendas en Jerusalén, tuviera además la libertad de seleccionar sus cónyuges de por vida sin las usuales restricciones.

Ayunos

4. Estos pueden clasificarse entre *públicos* y *privados*, estos últimos en ocasiones de calamidad personal o de una necesidad sentida. Solo podemos prestar nuestra atención aquí a los primeros. Propiamente hablando, había solo un ayuno público ordenado por Dios, el del Día de la Expiación. Pero estaba muy en consonancia con la voluntad de Dios y con el espíritu de la dispensación del Antiguo Testamento que cuando sobrevenían grandes calamidades nacionales a Israel, o surgían grandes necesidades nacionales, o se debían confesar grandes pecados nacionales, se proclamara un día de humillación y ayuno público.[808] A estos, los judíos añadieron, durante el cautiverio en Babilonia, lo que puede denominarse como *ayunos memoriales,* en los aniversarios de grandes calamidades nacionales. Evidentemente, esto era un movimiento religioso poco sano. Las que eran ociosamente lamentadas como calamidades nacionales habían sido en realidad juicios divinos, causados por pecados nacionales, y debieran haber sido reconocidos como justos juicios, apartándose el pueblo de sus pecados en verdadero arrepentimiento para con Dios. Esto, si lo entendemos correctamente, fue lo que quiso comunicar la respuesta de Zacarías[809] a los que le indagaron acerca de si los ayunos de los meses cuarto, quinto, séptimo y décimo debían ser continuados después del regreso de los exiliados de Babilonia.

Los cuatro grandes ayunos

Al mismo tiempo, la indagación muestra que los *cuatro* grandes ayunos, que se siguen guardando en la actualidad además del Día de la Expiación

---

807. Comp. Herzfeld, vol. II, pág. 144, nota 33.
808. Véase, por ejemplo, Jueces 20:26; 1 Samuel 7:6; 1 Reyes 21:27; 2 Crónicas 20:3.
809. Zacarías 7; 8.

y del ayuno de Ester, se observaban ya en tiempo tan remoto como el del cautiverio en Babilonia.[810] «El ayuno del cuarto mes» tenía lugar en el 17 de Tamuz (alrededor de junio o julio), en memoria de la toma de Jerusalén por Nabucodonosor y la interrupción del sacrificio diario. A esto añade la tradición que esta fecha era también el aniversario de la fabricación del becerro de oro y de la rotura de las tablas de la Ley por parte de Moisés. «El ayuno del quinto mes», en el 9 de Ab, se guardaba en memoria de la destrucción del primer (y después del segundo) Templo. Es significativo que el segundo Templo (el de Herodes) fuera destruido en el primer día de la semana. Dice la tradición que en aquel día Dios había pronunciado el juicio de que los cadáveres de todos los que habían salido de Egipto caerían en el desierto, y también que fue señalado que en él se cumpliera la profecía de Jeremías 26:18-23, cuando un centurión romano hizo pasar el arado por el emplazamiento de Sión y del Templo. «El ayuno del séptimo mes», en el 2 de Tisrí, es asignado por la tradición a la memoria del asesinato de Gedalías y sus compañeros en Mizpá.[811] «El ayuno del décimo mes» tenía lugar en el 10 de Tebet, cuando comenzó el sitio de Jerusalén por Nabucodonosor.

Otros ayunos

Además de estos cuatro ayunos, del Día de la Expiación y del ayuno de Ester, el calendario judío contiene en la actualidad otros veintidós días de ayuno. Pero esto no es todo. Era usual ayunar *dos veces a la semana*,[812] entre la semana de la Pascua y Pentecostés, y entre la Fiesta de los Tabernáculos y la de la Dedicación del Templo. Los días designados para ello eran el lunes y el jueves de cada semana, porque, según la tradición, Moisés subió al monte Sinaí por segunda vez para recibir las tablas de la Ley en jueves, y volvió a descender en lunes. En los ayunos públicos, la práctica era[813] sacar de la sinagoga a la calle el arca que contenía los rollos de la Ley y echar cenizas sobre ella. Todo el pueblo comparecía cubierto de saco y cenizas. Se echaban cenizas públicamente sobre las cabezas de los ancianos y de los jueces. Luego uno más venerable que el resto se dirigía al pueblo, basándose su sermón en una amonestación de este tipo: «Hermanos, no se dice de los hombres de Nínive que Dios tuvo consideración hacia su saco o ayuno, sino que "vio Dios lo que hicieron, que se convirtieron de su mal camino".[814] De manera similar está escrito en las "tradiciones" [de los profetas]: "Rasgad vuestro corazón, y no vuestros vestidos, y convertíos a Jehová

810. Zacarías 8:19.
811. Jeremías 41:1.
812. Lucas 18:12.
813. Véase *Taanith*, II. 1-6.
814. Jonás 3:10.

vuestro Dios"».[815] Un anciano cuyo corazón y hogar «Dios hubiera vaciado» para que pudiera darse por entero a la oración era escogido para conducir las devociones. La confesión de pecado y la oración se mezclaban con los salmos penitenciales.[816] En Jerusalén se reunían en la puerta de oriente, y siete veces,[817] al cesar la voz de la oración, indicaban a los sacerdotes: «¡Tocad!», y ellos tocaban los cuernos y las trompetas. En otras poblaciones solo se tocaban los cuernos. Después de la oración, el pueblo se retiraba a los cementerios para lamentarse y llorar. A fin de que fuera un ayuno apropiado, debía ser continuo desde un ocaso hasta el siguiente, cuando aparecían las estrellas, y durante unas veintiséis horas se obligaba a la más rígida abstinencia de todo alimento y bebida. Por solemnes que parezcan todas estas ordenanzas, el lector del Nuevo Testamento sabe cuán tristemente todo esto degeneró en un mero formalismo;[818] con cuánta frecuencia el ayuno devino en mera justicia por obras y pretensión falsa, en lugar de ser la expresión de la verdadera humillación;[819] y cómo la apariencia misma del penitente, sin lavar y con cenizas en la cabeza, venía a ser incluso motivo para la jactancia y la exhibición religiosa.[820] Tan cierto es esto que todos los intentos de

---

815. Joel 2:13.

816. Salmos 102, 120, 121 y 130. Nuestro relato se basa en la Misná (Taan. II). Pero no hemos dado los salmos en el orden allí mencionado, ni reproducido las oraciones y «bendiciones», porque parecen ser mayormente, si no enteramente, de una fecha posterior. En general, cada una de estas basa la esperanza de ser oída en algún ejemplo escritural de liberación en respuesta a la oración, como la de Abraham en el monte Moria, la de Israel al pasar por el mar Rojo, la de Josué en Gilgal, la de Samuel en Mizpá, la de Elías en el monte Carmelo, la de Jonás en el vientre del gran pez y la de David y Salomón en Jerusalén. Se permitían ciertos relajamientos del ayuno a los sacerdotes que ejercían el ministerio.

817. Véase la muy interesante descripción de los detalles en *Taan.* II. 5.

818. Mateo 9:14; Marcos 2:18; Lucas 5:33.

819. Lucas 18:12.

820. Mateo 6:16.

penitencia, enmienda y religión aparte del Espíritu Santo de Dios y cambio de corazón solo tienden a enredar al hombre en el lazo del autoengaño, a llenarlo de orgullo espiritual y a aumentar aún más su verdadera enajenación de Dios.[821]

---

821. De las tres sectas o escuelas, los fariseos eran la más estricta, siendo en esto también el polo opuesto a los saduceos. Los ayunos de los esenios eran, desde luego, aún más rígidos, y casi constantes, pero no tenían la intención de procurar *méritos*, sino de liberar al alma de la servidumbre del cuerpo, que era considerado como el asiento de todo pecado. Además del ayuno ya mencionado, y uno de todos los primogénitos en la víspera de la Pascua, los «hombres de estación» que no subían a Jerusalén con su turno ayunaban el lunes, el martes, el miércoles y el jueves en sus respectivas sinagogas, y oraban pidiendo una bendición sobre sus hermanos y sobre el pueblo. Conectaban sus ayunos y oraciones con la sección en Génesis 1, que leían en aquellos días: orando en lunes (Gn 1:9) por los que estaban en el mar; en martes (vv. 11, 12) por todos los que estaban de viaje; en miércoles (v. 14) acerca de las supuestas influencias perniciosas del sol y de la luna contra las enfermedades de los niños; y en jueves (v. 20) por las mujeres embarazadas y por los recién nacidos.

El examen de puntos adicionales nos llevaría de una descripción de los servicios del Templo a los de la sinagoga, pero es de interés señalar cuán de cerca la Iglesia de Roma ha adoptado las prácticas de la sinagoga. En imitación de los cuatro ayunos mencionados en Zacarías 8:19, el año fue dividido en cuatro estaciones —Quatember—, marcada cada una de ellas por un ayuno, remontándose por la tradición tres de ellas al obispo Callista (223) y la cuarta al papa León (440). En el 1095, Urbano II fijó estos cuatro ayunos en los miércoles después del miércoles de ceniza, del domingo de Pentecostés, de la exaltación de la cruz y de la fiesta de *Santa Lucía* (el 13 de diciembre), según este dístico monjil:

«Post Luciam, cineres, post sanctum pneuma, crucemque Tempora dat quatuor feria quarta sequens».

La Iglesia primitiva puso en lugar de los dos días judíos de ayuno, el lunes y el jueves, los llamados «dies stationum», días de guardia o de vigilia» del soldado cristiano, o días de ayuno cristianos, el miércoles y el viernes, en los que el Salvador había sido respectivamente traicionado y crucificado. Véase el artículo «Fasten» («Ayuno») en Herzog, Encycl. vol. III, págs. 334-339.

XVIII
SOBRE LAS PURIFICACIONES - LA COMBUS-
TIÓN DE LA VACA ALAZANA - LA PURIFICACIÓN
DEL LEPROSO SANADO - LA PRUEBA DE LA
MUJER SOSPECHOSA DE ADULTERIO

> *«Entonces Jesús le dijo: "Mira, no se lo digas a nadie; sino ve, muéstrate al sacerdote, y presenta la ofrenda que ordenó Moisés, para que le sirva de testimonio"»* (Mateo 8:4).

Los tiempos festivos no eran las únicas ocasiones que llevaban adoradores a Jerusalén. Cada infracción y pecado, cada voto y ofrenda especiales, y cada impureza, los llamaban al Templo. Todos los ritos que estaban mandados para cada una de estas cosas están llenos de significado. Seleccionando de estos aquellos sobre los que las prácticas de los judíos en tiempos de Cristo arrojan una luz especial, nuestra atención se ve atraída primero a un servicio que se distingue de los restantes por su singular carácter.

La vaca alazana

1. La purificación de la contaminación de la muerte por medio de las cenizas de la vaca alazana (Nm 19). En el culto del Antiguo Testamento, donde todo era *simbólico,* esto es, donde se comunicaban realidades espirituales por medio de señales externas, cada contaminación física señalaría a —y, por así decirlo, conllevaría consigo— una contrapartida espiritual. Pero este era especialmente el caso con referencia al nacimiento y a la muerte, que estaban tan estrechamente relacionados con el pecado y con la muerte segunda, con la redención y con el segundo nacimiento. Por ello, todo lo relacionado con la vida y con la muerte implicaba contaminación, y demandaba de purificación levítica. Pero había aquí una considerable diferencia. Pasando por alto las contaminaciones menores que tenían que ver con lo que está relacionado con el origen de la vida, la mujer que hubiera dado a luz era levíticamente impura por cuarenta u ochenta días, según si hubiera sido madre de un niño o de una niña.[822] Después de esto debía ofrecer por su purificación un cordero como holocausto, y una tórtola o un pichón como ofrenda por el pecado; en caso de pobreza, bastaba con solo dos tórtolas o dos pichones. Recordamos que la madre de Jesús se acogió a esta provisión para los pobres cuando al mismo tiempo presentó en el Templo al Regio Infante, su primogénito.[823]

La ofrenda por el primogénito

Al traer ella su ofrenda, entraría en el Templo por «la puerta del primogénito», y se quedaría de pie esperando a la puerta de Nicanor, desde el momento en que se quemara el incienso en el altar de oro. Detrás de ella, en el atrio de las Mujeres, se encontraba la multitud de adoradores, mientras que ella misma, en la parte superior de los peldaños de los levitas, que conducían hacia el gran atrio, podría observar todo lo que tenía lugar en el santuario. Finalmente, uno de los sacerdotes oficiantes acudiría a ella a la puerta de Nicanor y tomaría de su mano la «ofrenda de los pobres»[824] que traía. El sacrificio de la mañana había concluido, y pocos se quedarían mientras se hacía la ofrenda por su purificación. Ella, que la había traído, mezclaba oración y acción de gracias con el servicio. Y ahora el sacerdote volvía a acercarse a ella, y, rociándola con la sangre sacrificial, la declaraba purificada. Su «primogénito» era ahora redimido en manos del sacerdote mediante cinco siclos de plata;[825] se pronunciaban al mismo tiempo dos bendiciones, una por el feliz acontecimiento que había enriquecido a la familia con un primogénito, la otra por la ley de la redención.[826] Y cuando, con un corazón lleno de gratitud, y con el espíritu solemne, descendía aquellos quince escalones donde los levitas solían cantar el «Hallel», una repentina luz de gozo celestial llenó el corazón de uno que durante mucho tiempo había estado esperando «la consolación de Israel». Si el Espíritu Santo le había revelado al justo y devoto *Simeón* que «no vería la muerte antes de haber visto al Cristo del Señor», que habría de vencer a la muerte, fue el mismo Espíritu que lo había llevado al Templo «cuando los padres introducían al niño Jesús para hacer lo que la costumbre de la ley prescribía sobre Él». Luego, el anciano creyente tomó al divino Infante de los brazos de su madre a los suyos. Sintió que el fiel Señor había verdaderamente cumplido su palabra. Feliz ahora de partir en paz, bendijo a Dios desde la plenitud de un corazón agradecido, porque sus ojos habían visto su salvación: «Luz para revelación a los gentiles», y «para gloria de tu pueblo Israel». Pero José y María escuchaban, maravillados, las palabras que salían de boca de Simeón.

---

822. Levítico 12.
823. Lucas 2:22.
824. Así se llama literalmente en el Talmud.
825. Según la *Misná* (*Beehor.* VII. 7), «de peso tirio» = 15 a 18 denarios. Los rabinos dicen que el dinero de redención se pagaba solo por un hijo primogénito de su madre, y que fuera «idóneo para el sacerdocio», esto es, que no tuviera tachas corporales que lo descalificaran.
826. Véase Jost, vol. II, pág. 264.

Purificación por los muertos

Así era el servicio de la purificación conectado con el origen de la vida. Sin embargo, no era ni de cerca tan solemne o importante como el que estaba prescrito para la remoción de la contaminación por el contacto con la muerte. Había ciertamente una mancha conectada con el origen de la vida; pero la muerte, que echaba su sombra gélida desde las puertas del paraíso a las del Hades, señalaba a una segunda muerte, bajo cuya condenación todos estaban, y que, si no era quitada, ejercería una acción eterna. Por ello, la contaminación por los muertos era tratada como la más profunda de todas. Duraba siete días, demandaba una clase especial de purificación, y se extendía no solo a los que habían tocado a los muertos, sino incluso a la casa o tienda donde el cuerpo hubiera yacido, y todos los vasos abiertos en ella. Más que esto, entrar en esta casa, entrar en contacto con el más pequeño hueso, o con un sepulcro,[827] incluso la participación en un festejo por el muerto,[828] contaminaba ceremonialmente por siete días.[829] Y el que así estuviera contaminado contaminaba a su vez todo aquello que tocaba.[830] Para los sacerdotes y nazareos, la Ley era aún más estricta.[831] Los primeros no debían contaminarse tocando ningún cuerpo muerto, excepto los de sus familiares cercanos; el sumo sacerdote no debía acercarse incluso ni a los de sus propios padres.

Los seis grados de contaminación

Por lo general, los escritores judíos distinguen *seis* grados, a los que denominan, respectivamente, según su intensidad, los «padres de padres», los «padres», y el «primer», «segundo», «tercer» y «cuarto hijo de contaminación». Enumeran en total a veintinueve «padres de contaminación», surgiendo de varias causas, y, de estas, no menos de once se originan por algún contacto con un cuerpo muerto. Por ello también la Ley hacía aquí una excepcional provisión para la purificación. Se debía sacrificar «una vaca alazana, perfecta» (RVR), esto es, sin un solo pelo blanco o negro en su piel, «en la cual no haya falta, sobre la cual no se haya puesto yugo», como *expiación*,[832] y ello fuera del campamento, no en el santuario, y por parte del hijo o heredero presunto del sumo sacerdote. La sangre de este sacrificio debía ser rociada siete veces con el dedo, no sobre el altar, sino hacia el santuario; luego todo el animal —su piel, su carne, su sangre y su estiércol— debía ser quemado, y el sacerdote debía echar en medio de la hoguera «madera

---

827. Según la tradición judía, un cuerpo muerto, por muy profundamente que esté sepultado, comunicaba contaminación hacia arriba, hacia la superficie, a no ser que estuviera bajo una bóveda, o con una bóveda encima, para interrumpir el contacto con la tierra arriba.

828. Oseas 9:4.

829. Números 19:11-16, 18; 31:19.

830. Números 19:22; comp. Hageo 2:13.

831. Levítico 21, etc.; comp. Ezequiel 44:25, etc.; Números 6:7, etc.

832. Números 19:9, 17.

de cedro, e hisopo, y escarlata». Las cenizas de este sacrificio debían ser recogidas por «un hombre limpio», y amontonadas «fuera del campamento en lugar limpio». Pero el sacerdote, el que había quemado la vaca alazana y el que había recogido sus cenizas debían ser «inmundos hasta la noche», y debían lavar sus vestidos, debiendo además los dos primeros lavar «en agua su cuerpo».[833] Cuando eran necesarias para una purificación, una persona limpia debía tomar de estas cenizas, ponerlas en una vasija, derramar sobre ellas «agua viva», y mojar hisopo en ella, y rociar con ella en los días tercero y séptimo al que debía ser purificado; después de lo cual, este debía lavar sus vestidos y bañar su cuerpo cuando quedaba «limpio» en la tarde del día séptimo. La tienda o casa, y todos los vasos en ella, debían ser purificados de manera análoga. Por último, el que tocaba «el agua de separación», «de evitación» o «de impureza»,[834] debía ser inmundo hasta la noche, y el que la había rociado debía lavar sus vestidos.[835]

La muerte, la mayor contaminación

Es evidente, por todas estas provisiones, que así como la muerte conllevaba la más grande contaminación, así la ofrenda por el pecado para su purificación era en sí misma y en sus consecuencias la más señalada. Y su aplicación debe haber sido necesaria con tanta frecuencia en cada familia y círculo de conocidos que las grandes verdades relacionadas con ella estaban constantemente a la vista del pueblo. Por lo general, se puede afirmar aquí que las leyes con respecto a la contaminación estaban primariamente designadas como símbolos de verdades espirituales, y no con propósitos sociales, y ni siquiera sanitarios, aunque también surgirían de ellas estos resultados. El pecado ha hecho imposible la comunión con Dios; el pecado era muerte, y ha traído la muerte, y el cuerpo muerto, así como el alma espiritualmente muerta, era la evidencia de su dominio.

La contaminación levítica, alcanzable a la muerte

Se ha señalado con acierto[836] que todas las clases de contaminación levítica pueden ser seguidas en último término a la muerte, con sus dos grandes síntomas externos: la corrupción que aparece en la piel o en la superficie del cuerpo, y con la que puede considerarse relacionada la lepra y los flujos del cuerpo muerto, que tienen su contrapartida en los mórbidos flujos del cuerpo vivo. Como manifestación directa del pecado que separa al hombre de Dios, la contaminación por los muertos exigía una *expiación*, y las cenizas de la vaca alaza-

---

833. Números 19:7, 8.
834. La expresión es plenamente considerada por Saalschütz, *Mos. Recht.*, págs. 341, 342.
835. Números 19:21.
836. Por Sommers en su *Bibl. Abh.*, vol. I., pág. 201, etc.

na son expresamente designadas así con las palabras: «Es *una expiación*».[837] Pero difiere de todas las otras ofrendas por el pecado. El sacrificio tenía que ser de un color rojo puro; una vaca «sobre la cual no se haya puesto yugo»;[838] y una hembra, ya que todas las otras ofrendas por el pecado por la congregación eran machos.[839] Estos detalles apuntan simbólicamente a la vida en su lozanía, plenitud y fertilidad, esto es, la vida más plena y la primavera de la vida. Pero lo que lo distinguía más de todos los demás era que se trataba de un sacrificio ofrecido una vez para siempre (al menos mientras duraran las cenizas); que su sangre era rociada no sobre el altar, sino fuera del campamento hacia el santuario; y que era quemada *del todo,* junto con madera de cedro, como símbolo de existencia imperecedera, hisopo, como el de la purificación de la corrupción, y «escarlata», que por su color era el emblema de la vida. Así, el sacrificio de la vida más alta, traído como ofrenda por el pecado, y, en lo que era posible, una vez por todas, iba a su vez acompañado de los símbolos de una vida imperecedera, libertad de la corrupción y plenitud de vida, para intensificar aún más su significación. Pero incluso esto no es todo. Las cenizas reunidas con agua corriente eran rociadas en los días tercero y séptimo sobre aquello que debía ser purificado. Desde luego, si la muerte significaba «la paga del pecado», esta purificación señalaba, en todos sus detalles, al «don de Dios», que es «vida eterna», por medio del sacrificio de Aquel en quien hay plenitud de vida.

El macho cabrío de escape, la vaca alazana y la avecilla viva mojada en sangre

Y aquí tenemos una destacable analogía entre tres sacrificios que, en verdad, constituyen un grupo separado. El macho cabrío de escape, que debía quitar la culpa personal de los israelitas, no su enajenación teocrática del santuario; la vaca alazana, que debía quitar la contaminación de la muerte, como aquello que se interponía entre Dios y el hombre; y la «avecilla viva», mojada en «el agua y la sangre», y luego «soltada en el campo» cuando la purificación de la lepra, que simbolizaba la muerte en vida del pecado personal, se ofrecían, bien en todo o en sus partes esenciales, completamente fuera del santuario. En otras palabras, la dispensación del Antiguo Testamento, de manera expresa, no tenía dentro de su santuario ninguna verdadera provisión para las necesidades espirituales a las que señalaban simbólicamente; su eliminación quedaba fuera de su santuario y más allá de sus símbolos. La muerte espiritual, como la consecuencia de la caída, el pecado personal y la culpa personal quedaban fuera del alcance de la provisión del Templo, y señalaban directamente a Aquel que

---

837. Números 19:9. La versión autorizada inglesa traduce, sin razón alguna: «Es una purificación por el pecado». Parece cosa bien extraña que el profesor Fairbairn haya reproducido esta traducción sin nota o comentario alguno en su obra *Typology,* vol. II, pág. 376.

838. El único otro ejemplo en el que esto se ordena es Deuteronomio 21:3, aunque volvemos a leer de esto en 1 Samuel 6:7.

839. Levítico 4:14.

debía venir. Cada muerte, cada caso de lepra, cada Día de la Expiación, era un llamamiento por su venida, al seguir la mirada iluminada por la fe al macho cabrío hacia el desierto, o al contemplar la avecilla viva que, llevando la mezcla de sangre y agua, volaba hacia la libertad, o leyendo en las cenizas surgidas de la vaca alazana el emblema de la purificación de la muerte espiritual. De ahí también la manifiesta conexión interna entre estos ritos. En los sacrificios del Día de la Expiación y de la purificación del leproso la ofrenda era doble, siendo una inmolada y la otra soltada viva, mientras que la purificación de la lepra y de la muerte tenía también muchos rasgos comunes.

Estos sacrificios contaminaban a los que tomaban parte en ellos

Finalmente, todos estos sacrificios contaminaban por un igual a los que tomaban parte en su ofrecimiento,[840] excepto el caso de la lepra, donde la aplicación sería necesariamente solo *personal.* Así, también, entendemos por qué la vaca alazana, por así decirlo la más intensa de las ofrendas por el pecado, era *totalmente* quemada fuera del campamento, y otras ofrendas por el pecado solo así en parte.[841] Porque esta total combustión significaba que «en la teocracia no había nadie que por su propia santidad pudiera llevar o quitar el pecado imputado a estas ofrendas por el pecado, por lo que era necesario, como paga del pecado, quemar el sacrificio que había sido hecho pecado».[842] Las cenizas de esta ofrenda por el pecado, mezcladas con agua viva y rociadas con hisopo, simbolizaban la purificación de aquella muerte que establece separación entre Dios y el hombre. Este paralelismo entre la sangre de Cristo y las cenizas de una vaca, por una parte, y por la otra entre la purificación de la carne por estos medios y la de la conciencia de obras muertas, queda así expresado en Hebreos 9:13, 14: «Porque si la sangre de los toros y de los machos cabríos, y las cenizas de la becerra rociadas a los contaminados, santifican para la purificación de la carne, ¿cuánto más la sangre de Cristo, el cual mediante el Espíritu eterno se ofreció a sí mismo sin mancha a Dios, purificará vuestras conciencias de obras muertas para que sirváis al Dios vivo?». Y queda claro que este significado espiritual de los tipos era bien comprendido bajo el Antiguo Testamento, como sucede, por ejemplo, en esta oración de David:[843] «Purifícame de pecado[844] con hisopo, y seré limpio; lávame, y quedaré más blanco que la nieve»; lo cual es otra vez aplicado en lo que dice el profeta Isaías acerca del perdón del pecado.[845]

---

840. Por ello le estaba prohibido al sumo sacerdote ofrecer la vaca alazana.
841. Levítico 4:11, 12, 20, etc.
842. Keil, *Bibl. Archaeol.,* vol. I, pág. 283.
843. Salmo 51:7.
844. Isaías 1:18.
845. La forma hebrea *(Piel)* para «purificar de pecado» no tiene equivalente en castellano, a no ser que acuñemos un neologismo como «despecarme» o «*des*culparle», quitar mi pecado.

Significación de la vaca alazana

No es este el lugar para vindicar más plenamente las posturas aquí propuestas. Sin un cierto grado de significado simbólico más profundo, las peculiaridades de la ofrenda por el pecado de la vaca alazana serían, desde luego, casi ininteligibles.[846] Este debe ser esencialmente el sentido de una tradición judía acerca de que el rey Salomón, que conocía el sentido de todas las ordenanzas divinas, no podía entender la de la vaca alazana. Una «Haggadah» mantiene que el más sabio de los hombres describió en Eclesiastés 7:23 su experiencia a este respecto: «Todas estas cosas intenté con sabiduría» —esto es, todas las otras cosas— «diciendo: "Seré sabio"» —esto es, con referencia a la vaca alazana—; «pero la sabiduría estaba lejos de mí». Pero si el tradicionalismo judío era así consciente de su ignorancia espiritual con respecto a este tipo, no era por ello menos celoso en prescribir, con una precisión incluso superior a la ordinaria, su ceremonial. El primer objeto era obtener una «vaca alazana» apropiada para el sacrificio. La *Misná*[847] especifica la edad adecuada para esta *vaca alazana,* entre dos y cuatro, y hasta cinco, años; el color de su piel, quedando descalificada por dos cabellos blancos o negros que salieran del *mismo folículo;* y si había sido empleada para algo, aunque solo hubiera sido un trozo de paño puesto sobre ella, ya no respondería a la demanda de que sobre ella «nunca fue puesto yugo».

El sacrificio de la vaca alazana

Aún más particulares son los rabinos para asegurar que el sacrificio sea ofrecido de manera propia.[848] Siete días antes, el sacerdote destinado para el servicio era separado y guardado en el Templo —en «la Casa de las Cocinas»—, donde se le rociaba a diario con las cenizas, según fabulan los rabinos, de todas las vacas alazanas que se habían ofrecido. Al traer el sacrificio, tenía que ir vestido con sus ropajes sacerdotales blancos. Según su tradición, había una carretera sobre arcadas que llevaba desde la puerta oriental del Templo hasta el monte de los Olivos —sobre dobles arcadas, esto es, con una arcada también sobre el pilar sustentante, por temor a cualquier posible contaminación a través del suelo y hacia arriba—. Sobre este puente discurría la procesión. Sobre el monte de los Olivos estaban esperando ya los ancianos de Israel. Primero, el sacerdote se bañaba todo el cuerpo, luego se acercaba al montón de leña de cedro, pino e higuera amontonada como una pirámide, pero con una abertura en medio que miraba hacia el oeste. Dentro de esta abertura era metida la vaca alazana, y atada, con la cabeza hacia el sur y su rostro mirando

---

846. No es factible aquí explicar plenamente nuestra concepción. Y tanto más demandamos para ella un examen sereno y justo. Los escritores cristianos en este país, sean teológicos o populares, han o bien pasado el tema por alto, o bien (como Fairbairn, *Typology,* vol. II, pág. 376) han dado una presentación demasiado superficial para demandar una mención especial.

847. *Parah,* I, II.

848. *Parah,* III, IV.

hacia el oeste, y el sacerdote de pie al este del sacrificio, con su rostro, naturalmente, también vuelto hacia el oeste. Inmolando el sacrificio con su mano derecha, recogía la sangre en la izquierda. Siete veces mojaba el dedo en ella, rociándola hacia el lugar santísimo, que se supone estaba claramente ante su vista sobre el porche de Salomón o a través de la puerta de oriente. Luego, descendiendo inmediatamente, encendía el fuego. Tan pronto como subían las llamas, el sacerdote, fuera del hoyo en el que estaba erigida la pira, tomaba madera de cedro, hisopo y lana «escarlata», preguntando tres veces mientras sostenía cada uno en alto: «¿Es esto madera de cedro? ¿Es esto hisopo? ¿Es esto escarlata?», a fin de llamar a la memoria de todos la ordenanza divina. Luego, atándolos con la lana escarlata, arrojaba el manojo sobre la vaca que se estaba quemando. Los restos quemados eran batidos a cenizas con palos o mazas de piedra, y pasados a través de burdas cribas; luego se dividían en tres partes: una que se guardaba en la terraza del Templo (el *Chel)*, la otra en el monte de los Olivos, y una tercera parte que se distribuía entre el cuerpo sacerdotal por todo el país.

Niños como asistentes en la ofrenda

Lo siguiente era encontrar alguien de quien no pudiera tenerse sospecha de una posible contaminación, que pudiera administrar la purificación a los que la necesitaran. Para este propósito no se precisaba de un sacerdote, ya que todos, hasta los niños, eran aptos para el servicio. De hecho, según la tradición judía, se empleaba exclusivamente a los niños en este ministerio. Si tenemos que dar crédito a la *Misná*,[849] había en Jerusalén ciertas moradas edificadas sobre rocas vaciadas por debajo, para imposibilitar la polución por sepulcros desconocidos debajo. Aquí debían nacer los niños destinados al ministerio, y aquí debían ser criados y guardados hasta que fueran aptos para su servicio. Se tomaban precauciones peculiares al llevarlos a su trabajo. El niño debía montar sobre un becerro, y montar y desmontar de él sobre tablas. Tenía que ir primero al estanque de *Siloé*[850] y llenar una copa de piedra con su agua, y de allí cabalgar al monte del Templo, que, con todos sus atrios, se suponía que estaba también libre de posibles contaminaciones al estar construido sobre cámaras de aire. Desmontando, se acercaba a la «Puerta Hermosa», donde se guardaba el vaso con las cenizas de la vaca alazana. Luego se traía una cabra, y una cuerda, con un palo unida a ella, atada entre sus cuernos. Se ponía el palo dentro del vaso con las cenizas, se hacía ir la cabra hacia atrás, y de las cenizas así derramadas por el niño se tomaban para su uso en el servicio sagrado las necesarias para ser visibles sobre el agua. Es justo decir que uno de los sabios de la *Misná*, lamentando una declaración que pudiera ser ridiculizada por los saduceos, declara que cualquier persona limpia podía tomar con la mano del vaso las cenizas que fueran precisas para el servicio.

---

849. *Parah*, III, 2-5.

850. O *Gihón*. Según la tradición judía, los reyes eran siempre ungidos en Siloé (1 Re 1:33, 38).

La purificación se llevaba a cabo rociando con hisopo. Según los rabinos,[851] se ataban juntos tres troncos distintos, todos con flor en ellos, y las puntas de estas flores se mojaban con el agua de la separación, empuñándose el hisopo mismo mientras se rociaba al inmundo. Las mismas autoridades hacen la increíble afirmación de que en total, desde los tiempos de Moisés hasta la final destrucción del Templo, solo se habían ofrecido siete, o nueve, de estas vacas alazanas; la primera por Moisés, la segunda por Esdras, y las otras cinco, o siete, entre los tiempos de Esdras y la toma de Jerusalén por los romanos. Solo añadiremos que el costo de este sacrificio, que era muy elevado, por cuanto una vaca alazana pura era muy rara,[852] lo sufragaba la tesorería del Templo, ya que era ofrecido por todo el pueblo.[853] Los que vivían en el campo subían a Jerusalén siete días antes de las grandes fiestas para la purificación por la contaminación por los muertos, y como parte de las cenizas se distribuían entre el sacerdocio, nunca habría dificultades para la purificación de las casas o de los vasos.

La purificación del leproso

2. Después de lo que ya se ha explicado, no es necesario entrar en detalles acerca de *la purificación del leproso,* porque este no es, desde luego, el lugar para ello. La lepra era no meramente el emblema del pecado, sino de la muerte, con la que estaba relacionada, como lo están nuestra pecaminosidad real con nuestro estado de pecado y muerte ante Dios. Incluso un dicho rabínico clasifica a los leprosos con los que pueden ser considerados como muertos.[854] Quedaban excluidos «del campamento de Israel», por lo que en tiempos posteriores los talmudistas entendieron todas las ciudades amuralladas desde los tiempos de Josué, que se suponía que las había santificado. A los leprosos no se les permitía ir más allá de sus límites apropiados, bajo pena de cuarenta azotes. Porque cada lugar en que entrara un leproso quedaba por ello contaminado. Sin embargo, se les admitía en las sinagogas, donde había un lugar vallado para ellos, de diez palmos menores de altura y cuatro codos de anchura, con la condición de que entraran en la casa de culto antes que el resto de la congregación, y la dejaran después de ellos.[855] Era natural que buscaran la mutua compañía. Esto queda patente

---

851. *Parah,* 11:9.

852. Podía ser comprada incluso a no israelitas, y el Talmud relata una curiosa historia, mostrando al mismo tiempo la recompensa de la piedad filial, y la *fabulosa* cantidad que se *suponía* que podía costar una vaca alazana así.

853. Filón afirma erróneamente que el sumo sacerdote era rociado con estas cenizas cada vez antes de ministrar en el altar. Lo cierto es que solo era rociado así en preparación para el Día de la Expiación, *en caso* de que sin saberlo hubiera quedado así contaminado. ¿Provendrá el uso de la Iglesia Romana del «agua bendita» de las purificaciones judías, o de la práctica pagana griega de rociar al entrar en un templo?

854. Las otras tres clases son los ciegos, los pobres y los que no tienen hijos.

855. *Negaim,* XIII, 12.

en pasajes como Lucas 17:12, que muestra al mismo tiempo cómo incluso esta muerte en vida se desvanecía ante la palabra o el toque del Salvador.

El examen del leproso

El tratado místico *Negaim* entra en los más minuciosos detalles acerca de la cuestión de la lepra en lo que afectaba a las personas o a las cosas. Termina describiendo el ceremonial a su purificación. El *juicio* mismo acerca de la existencia de la lepra competía siempre al *sacerdote,* aunque pudiera consultar con alguno que tuviera conocimiento de ello. Se debía tener cuidado en que ninguna parte del examen cayera en sábado, y tampoco se debía perturbar a nadie en quien apareciera la mancha durante su semana nupcial, ni en días festivos.[856] Se tomaban grandes precauciones para que el examen fuera exhaustivo. No debía tener lugar temprano en la mañana ni «entre las dos tardes», ni dentro de la casa, ni en día nublado, ni tampoco durante el resplandor del mediodía, sino entre las 9 y las 12 de la mañana, y entre la 1 y las 3 de la tarde; según el rabí Jehudah, solo de 10 a 11 de la mañana y de 2 a 3 de la tarde. El sacerdote examinador no debía ser ni tuerto ni de vista deficiente, ni podía pronunciarse en cuanto a la lepra de sus propios parientes.[857] Para una mayor precaución, no se debía emitir juicio al mismo tiempo acerca de dos manchas sospechosas, fueran de la misma o de diferentes personas.[858]

Un error muy curioso de los escritores acerca de tipología merece aquí una observación de pasada. Se supone comúnmente[859] que Levítico 13:12, 13 se refiere a casos de lepra verdadera, de manera que si una persona se presentara cubierto de lepra sobre «toda su carne», «desde la cabeza hasta sus pies, hasta donde pueda ver el sacerdote», el sacerdote debía pronunciar: «es limpio». Si esta interpretación fuera correcta, ¡el sacerdote habría declarado algo llanamente falso! Y observemos que no se trata de una cuestión acerca de limpiar a alguien que hubiera sido un leproso, sino de declarar limpio a uno que es ahora leproso, esto es, ¡declararlo no leproso en tanto que la enfermedad cubría todo su cuerpo de cabeza a pies! Y tampoco se sostiene la analogía doctrinal por causa de la que este extraño punto de vista debe haber sido adoptado. Porque confesarse o siquiera presentarse como totalmente cubierto por la lepra de pecado no es aún ser limpiado: esto exige la purificación mediante la sangre de Cristo. Además, el tipo del Antiguo Testamento habla de ser limpio, no de purificación; de ser no leproso, ¡no de quedar purificado de la lepra! La

---

856. *Negaim,* I. 4; III. 2.

857. *Negaim,* II. 2, 3, 5.

858. *Negaim,* III. 1.

859. Todos los escritores populares de tipología han caído en este error. Incluso el erudito Lightfoot lo ha cometido. Es también adoptado por Poole en el *Dictionary of the Bible* de Smith (II, pág. 94), y curiosamente explicado ¡mediante la hipótesis totalmente carente de fundamento de que la Ley «imponía la segregación» solo «mientras la enfermedad manifestaba actividad»!

correcta interpretación de Levítico 13:12, 13 es evidentemente que una erupción que tenga los síntomas allí descritos no es en absoluto la de la verdadera lepra.[860] Pero donde, en la misericordia divina, uno verdaderamente leproso hubiera sido restaurado, la Ley[861] definía qué era lo que debía hacerse para su «purificación». Los ritos, de hecho, son dobles: el primero[862] para restaurarlo a la comunión con la congregación; el segundo para reintroducirlo a la comunión con Dios.[863] Había estado muerto en ambos respectos y volvía a estar vivo; y la nueva vida, así consagrada, era más elevada que lo que hubiera podido serlo la vieja.

La *Misná*

Esto último se hace evidente en un estudio atento del ceremonial de la purificación tal como se describe en la *Misná*.[864] Habiendo el sacerdote pronunciado limpio al que había sido leproso, se vertía un cuarto de log de «agua viva» (el log era alrededor de medio litro) en un cuenco de barro. Luego se tomaban dos «avecillas limpias» —los rabinos mencionan dos gorriones—[865] de las que una era muerta sobre «el agua viva», de manera que la sangre cayera en ella, después de lo cual el cuerpo muerto era enterrado. Luego, se tomaban madera de cedro, hisopo y lana escarlata y se ataban juntos (como al quemar la vaca alazana), y se mojaban, junto con el ave viva, que era tomada por los extremos de las alas y de su cola, en el agua ensangrentada, cuando la persona que debía ser purificada era rociada siete veces en el dorso de la mano, o, según otros, en la frente. Con esto, la avecilla viva era liberada, no hacia el mar, ni hacia la ciudad, ni hacia el desierto, sino hacia los campos. Finalmente, se le afeitaba al que había sido leproso todo el cabello de su cuerpo con una navaja, y era bañado, con lo que quedaba limpio, aunque aún impedido de su casa[866] durante siete días.

---

860. Incluso la postura modificada de Keil, que es sustancialmente adoptada en la *Encycl.* de Kitto (3a. ed.), pág. 812, de que el estado descrito en Levítico 13:12, 13 «era considerado como indicador de la crisis, al salir toda la materia mala a la superficie y transformarse toda ella en una escama, que se secaba y se pelaba», no cumple las exigencias del texto.
861. Levítico 14.
862. Levítico 14:1-9.
863. Levítico 14:10-20.
864. *Negaim* XIII.
865. ¿No podría referirse nuestro Salvador a esto cuando habla de «gorriones» como si poseyeran valor en el mercado: «¿No se venden dos gorriones por un cuarto?» (Mt 10:29)?
866. La *Misná* y todos los comentaristas aplican esto a la relación conyugal.

La segunda etapa

La primera etapa de la purificación había quedado ahora finalizada, y la soledad de siete días servía como preparación para la segunda etapa. Lo anterior podía tener lugar en cualquier lugar, pero esto último demandaba la asistencia del leproso purificado en el santuario. Comenzaba el mismo día séptimo, cuando de nuevo se afeitaba al leproso purificado todo su cabello, como al principio, y se lavaba todos los vestidos y se bañaba. La *Misná* observa[867] que había tres clases que precisaban de esta tonsura legal de todo el cabello: los leprosos, los nazareos y los levitas al ser consagrados, lo que constituye un paralelismo entre los leprosos purificados y los levitas, que se ve más claro por el hecho de que a ambas clases se les ungía la cabeza con aceite,[868] lo que claramente tenía la intención de señalar que su nueva vida era más elevada que la antigua, y que, como Leví, debían estar especialmente dedicados a Dios.[869] Aunque no tenga ninguna importancia especial, podemos añadir que, según la *Misná,* como en el caso análogo de los dos machos cabríos del Día de la Expiación, las dos avecillas para el leproso tenían que ser precisamente del mismo color, tamaño y valor, y, si era posible, compradas ambas el mismo día —para marcar que ambas formaban partes integrales del uno y mismo servicio—; la madera de cedro debía tener un codo de longitud, y el grosor de «el cuarto de un poste de cama»; el hisopo del tipo normal, esto es, no uno que tuviera otra designación, como griego, romano, ornamental o silvestre; la lana de escarlata debía tener un siclo de peso. El resto del ceremonial lo damos transcribiendo de la misma *Misná:*[870] «Al octavo día el leproso trae tres sacrificios: una ofrenda por el pecado, otra por la culpa y un holocausto, y el pobre trae una ofrenda por el pecado y un holocausto de un ave. Se pone en pie ante la ofrenda por la culpa, pone sus manos sobre ella y la inmola. Dos sacerdotes recogen la sangre, uno en una vasija, el otro en su mano. El que la recoge en la vasija va y la echa al lado del altar, y el que la recoge en la mano va y se pone junto al leproso. Y el leproso, que antes se había bañado en el atrio de los leprosos, va y se pone de pie en la puerta de Nicanor. El rabí Jehudah dice: "No es necesario que se bañe". Asoma la cabeza [esto es, en el gran atrio en el que aún no puede entrar], y el sacerdote pone de la sangre sobre el lóbulo de su oído; estira la mano, y se la pone sobre el pulgar de la mano; estira el pie, y se la pone sobre el pulgar del pie. Dice el rabí Jehudah: "Estira las tres cosas hacia dentro al mismo tiempo". Si ha perdido su pulgar de la mano o del pie o la oreja derecha, no puede nunca ser limpiado. El rabí Eliezer dice: "El sacerdote la pone en el lugar donde había estado". El rabí Simeón dice: "Si se aplica al lugar correspondiente del lado izquierdo del cuerpo, es suficiente". El sacerdote toma ahora del log de aceite y lo derrama en la palma de la mano de su colega, aunque si lo hiciera en la suya misma sería válido. Pone el dedo en él, y rocía siete veces hacia el lugar santísimo, mojando cada vez que rocía. Va delante del

---

867. *Negaim,* XIV. 4.
868. Levítico 14:29.
869. La significación de la unción de la cabeza con aceite es suficientemente conocida.
870. *Negaim,* XIV. 7, etc.

leproso; y en el lugar donde había puesto la sangre pone el aceite, como está escrito: "Sobre la sangre de la ofrenda por la culpa". Y el resto del aceite que está en la mano del sacerdote lo derrama sobre la cabeza del que debe ser purificado, como expiación; si así lo pone, queda expiado, pero si no, no está expiado. Así el rabí Akiva. El rabí Jochanan, el hijo de Nuri, dice: "Esto es solo el resto de la ordenanza; sea que se haga o no, la expiación está hecha"; pero se lo imputan a él [¿al sacerdote?] como si no hubiera hecho la expiación».

Purificación de sospecha de adulterio

3. Queda por describir el peculiar ceremonial relacionado con *la purificación de una casada de la sospecha de adulterio.* Hablando con rigor, no había una *verdadera* ofrenda relacionada con esto. Los ritos[871] consistían de dos partes, en la primera de las cuales la mujer encomendaba solemnemente, en su ofrenda mecida, sus caminos al Santo Señor Dios de Israel, profesando así su inocencia, mientras que en la segunda exponía su disposición a admitir las consecuencias de su profesión de inocencia y apelación a Dios. Ambos actos eran simbólicos, y en absoluto implicaban nada como una *prueba.* La oblación que traía en su mano simbolizaba sus obras, el fruto de su vida. Pero, debido al hecho de que su vida estaba bajo sospecha, se traía no de trigo, como en otras ocasiones, sino de harina de cebada, que era el alimento más pobre, mientras que, por la misma razón, se omitía la acostumbrada adición de aceite e incienso. Antes de que esta ofrenda fuera mecida y parte de ella quemada en el altar, el sacerdote tenía que advertir a la mujer de las terribles consecuencias de una falsa profesión delante del Señor, y debía exhibir lo que decía mediante un acto simbólico. Escribía las palabras de la maldición sobre un rollo; luego, tomando agua de la pila de lavar, en la que, por así decirlo, se lavaban las impurezas diarias de los sacerdotes, y poniendo en ella polvo del santuario, lavaba en esta mezcla el escrito de las maldiciones que se pronunciaban contra el pecado especial que se sospechaba de ella. Y la mujer, habiendo testificado mediante un doble *Amén* que había comprendido bien el sentido de todo ello, y que hacía su solemne apelación a Dios, debía entonces en un acto simbólico hacer dos cosas. Primero, presentaba su oblación, que el sacerdote mecía, su vida ante el Dios escudriñador de los corazones, y luego, preparada para las consecuencias de su apelación, bebía la amarga mezcla de las maldiciones amenazadas, segura de que no podía aquello hacer daño a la que era inocente, mientras que si había apelado a Dios siendo culpable, el juicio la alcanzaría algún día, y ello de una manera idónea al pecado que había cometido.

Normas dadas en la *Misná*

Según la *Misná,* que dedica a este tema un tratado especial *(Sotah),* una casada no podía ser objeto de este solemne juicio a no ser que su marido

---

871. Números 5:11-31.

la hubiera advertido antes solemnemente, en presencia de dos testigos, en contra de relacionarse con aquel de quien sospechaba, y también que dos testigos hubieran informado que había contravenido esta orden. Los rabinos insistían además en que la orden tenía que ser expresa, que solo se aplicaba a la relación fuera de la vista del público, y que la orden del marido a su mujer ante testigos fuera precedida de amonestaciones privadas y amantes.[872] Pero si después de todo esto había hecho caso omiso a tales advertencias, su marido debía traerla primero ante el *sanedrín* de su propia población, que enviaría a dos de sus académicos con la pareja a Jerusalén, donde debían comparecer ante el gran sanedrín. El primer esfuerzo de aquel tribunal era hacer que la acusada confesara de una u otra forma. Si lo hacía así, ella solo perdía lo que su marido le había dado, pero retenía su propia porción.[873] Si persistía en sus protestas de inocencia, era llevada a través de la puerta oriental del Templo, y puesta en la puerta de Nicanor, donde el sacerdote le desgarraba el vestido hasta su seno, y mesaba su cabello. Si llevaba un vestido blanco, era cubierta de negro; si llevaba adornos, le eran quitados, y se ponía una cuerda alrededor de su cuello. Así se quedaba, expuesta a la mirada de todos, excepto de sus propios padres. Todo esto para simbolizar la advertencia de la Escritura:[874] «Yo les mediré el pago de sus obras pasadas y se lo pondré en su seno»; porque en lo que había sido su orgullo y su tentación quedaba ahora expuesta a la vergüenza. El sacerdote debía escribir, *con tinta,* Números 5:19-22, dejando, naturalmente, a un lado las cláusulas introductorias en los versículos 19 y 21, y el final «Amén». El doble *Amén* de la mujer en respuesta a ello tenía referencia, primero, a su inocencia, y, segundo, a la maldición amenazada.

El mecimiento de la ofrenda de la mujer se hacía de la manera usual, pero difieren las opiniones acerca de si debía beber «las aguas amargas» antes o después de que parte de su ofrenda hubiera ardido en el altar. Si antes que el escrito fuera lavado en el agua rehusaba tomar la prueba, su ofrenda era esparcida entre las cenizas; lo mismo si se confesaba culpable. Pero si insistía en su inocencia después de que el escrito había sido lavado, era obligada a beber el agua. Se suponía que el juicio divino alcanzaba a la culpable más tarde o más temprano, como algunos pensaban, dependiendo de sus otras obras. La ofrenda mecida pertenecía al sacerdote, excepto si la mujer de quien se abrigaban sospechas estaba casada con un sacerdote, en cuyo caso la ofrenda era quemada.[875] Si un marido era sordo o perturbado mental, o encarcelado, los magistrados del lugar actuarían en su nombre en insistir que una mujer se liberara de sospechas fundadas. A una adúltera se le prohibía vivir con su

---

872. El tratado *Sotah* entra en todos los posibles detalles, con una salaz casuística, siendo la tendencia, como siempre en la ley criminal judía, en favor de la persona acusada.

873. Según la ley rabínica, las adúlteras solo sufrían la muerte si persistían en su crimen *después* de haber sido advertidas de las consecuencias por dos testigos. Es evidente que esta norma debe haber hecho que la aplicación de la pena de muerte fuera la más rara excepción —en verdad, casi inconcebible.

874. Isaías 65:7.

875. La *Misná* define particularmente los casos en los que era inaplicable la prueba mediante las aguas amargas.

seductor. Va más allá de nuestro propósito entrar más detalladamente en las varias determinaciones legales de la *Misná.* Pero se dice que con el declinar de la moralidad en Palestina, fue cesando gradualmente la prueba mediante «el agua de los celos» (según lo que leemos en Oseas 4:14), hasta que quedó finalmente abolida por el rabí Jochanan, el hijo de Zacchai, poco tiempo después de la muerte de nuestro Señor.[876] Al registrar este hecho, la *Misná*[877] resigue, con amargo lenguaje, la decadencia y pérdida de todo lo que había sido bueno y precioso para Israel en su culto, Templo, sabiduría y virtudes, señalando adelante a un dolor aún mayor de «el último día», «poco antes de la venida del Mesías», cuando toda autoridad, obediencia y temor de Dios declinarían en la tierra, y «nuestra única esperanza y confianza» podría residir en mirar arriba a nuestro Padre Celestial. ¡Pero más allá de esto destaca, en las palabras últimas de este tratado de la *Misná,* la esperanza final de un avivamiento, del don del Espíritu Santo, y de la bendita resurrección, todo ello conectado con el largamente esperado ministerio de Elías!

---

876. No, como dice el doctor Farrar (*The Life of Christ,* II. 65), mucho tiempo antes. Considera él que el declive de la moralidad en los tiempos de Cristo era tan universal y enorme que entre los acusadores de la mujer sorprendida en adulterio no había ni siquiera uno «libre de la mancha de esta clase de Pecados». Me siento agradecido por poder decir que esta acusación tan general no está en modo alguno sustentada por la evidencia histórica.

877. *Sotah,* IX. 9-15.

XIX
SOBRE LOS VOTOS:
EL VOTO DE LOS NAZAREOS
LA OFRENDA DE LAS PRIMICIAS EN EL TEMPLO

«Ahora bien, Cristo ha resucitado de los muertos; primicias de los que durmieron es hecho». «...Estos fueron rescatados de entre los hombres como primicias para Dios y para el Cordero»
(1 Corintios 15:20; Apocalipsis 14:4).

Votos

«Cuando alguno haga voto a Jehová, o haga juramento ligando su alma con obligación, no quebrantará su palabra; hará conforme a todo lo que salió de su boca».[878] Estas palabras establecen la licitud de los votos, definen su carácter y declaran su inviolabilidad. De entrada se hace aquí una distinción entre un voto positivo y uno negativo, una empresa y una renuncia, un *Neder* y un *Issar*. En el primer caso, «alguno hizo voto a Jehová», esto es, consagró a Él a una o más personas o cosas, que designó de modo expreso; en el segundo, «hizo juramento ligando su alma con obligación», esto es, renunció al empleo de varias cosas, obligándose a abstenerse de ellas. La renuncia al fruto de la vid parecería poner el voto del nazareo en la clase llamada *Issar*. Pero, por otra parte, también había, como en el caso de Sansón y Samuel, una dedicación positiva al Señor, y otras provisiones, con lo que parece que ello hace del nazareo el voto de los votos, tanto en sus aspectos positivos como negativos, siendo que de hecho se trataba de una entrega total a Jehová, como la que había querido expresar el sacerdocio aarónico de una manera más general.

---

878. Números 30:2.

Solo se podían hacer votos de cosas propias

Es patente que todos los votos quedaban limitados por obligaciones prioritarias. Nadie podía hacer un voto sobre algo que no fuera justamente cosa suya; por ello, según la Misná, no podía hacer voto sobre lo que de su fortuna debía a otros, ni de la porción de su viuda, ni de lo que ya de derecho pertenecía al Señor,[879] tampoco podía profanar el Templo llevando al altar la recompensa de un pecado o de un crimen contra natura.[880] De manera similar, la ley rabínica declaraba ipso facto nulo todo voto que interfiriera con la preservación de la vida o con similares obligaciones, y permitía el divorcio de la mujer si el voto de su marido recortaba la libertad o los derechos de ella. Fue sobre esta base que Cristo mostró la profanidad de la ley tradicional, que virtualmente daba su sanción a la transgresión del mandamiento de honrar a padre y a madre, mediante la pronunciación de la palabra mágica de Corbán sobre aquello de lo que ellos pudieran haberse beneficiado, dedicándolo así al Templo.[881] Por lo general, las ordenanzas rabínicas dan la impresión, por una parte, de un deseo de limitar las obligaciones de los votos, y por la otra, de una rigidez extrema allí donde se había pronunciado un voto. Así, un voto tenía que haber sido pronunciado expresamente; pero si las palabras empleadas habían sido elegidas intencionadamente de forma que después existiera una vía de escape, o eran tales que se conectaban con la forma común de un voto, comunicaban sus obligaciones. En todos estos casos se podían embargar los bienes para asegurar la ejecución del voto, aunque la Ley proveía que al recusante se le debía permitir retener alimentos para un mes, vestidos para un año, sus camas y ropa de cama, y, si se trataba de un artesano, de sus herramientas necesarias. En el caso de las mujeres, un padre o un marido tenían derecho a anularlo, siempre que lo hicieran inmediatamente que lo oyeran.[882] Todas las personas consagradas en voto al Señor tenían que ser redimidas conforme a un cierto baremo, que, en el caso de los pobres, debía disminuirse hasta el punto de estar al alcance de sus medios.[883] Los «animales» «de los que los hombres dan en ofrenda» iban al altar, todos los otros, así como cualquier cosa dedicada, debían ser valorados por el sacerdote, y podían ser redimidos mediante el pago de una suma, junto con un quinto adicional, o bien se vendían para lucro de la tesorería del Templo.[884] Es patente por Deuteronomio 23:22-24; Levítico 27:9,10 y declaraciones como las de Proverbios 20:25 cuán cuidadosamente la Ley guardaba en contra de cualquier profanidad, o del intento de hacer un mérito de lo que debía ser una acción surgida de la libre disposición de corazones creyentes.

---

879. Números 30:26-28.
880. Este es indudablemente el sentido de la expresión «precio de un perro» en Deuteronomio 23:18.
881. Marcos 7:11-13.
882. Números 30:3-8.
883. Levítico 27:2-8. La *Misná* declara que esta escala era solo aplicable si se había hecho referencia expresa a la misma en el voto. Si no era así, el precio de la redención era lo que la persona habría costado en el mercado de esclavos.
884. Levítico 27:11-27.

Como ejemplos escriturales de votos podemos mencionar el de Jacob,[885] el voto temerario de Jefté,[886] el voto de Ana,[887] el pretendido voto de Absalón,[888] y los votos de los marineros que echaron a Jonás por encima de la borda.[889] Por otra parte, se comprenderá cuán prestamente, en tiempos de decadencia religiosa, podían volverse los votos de su objeto propio a propósitos contrarios a la mente divina.[890]

Descuido en tiempos posteriores

En los tiempos posteriores del Templo, estos votos, bien hechos irreflexivamente, o bien por motivos farisaicos, se hicieron penosamente frecuentes, y atrajeron las protestas por parte de los que los contemplaban con un espíritu más reverente y serio. Así, se dice[891] que el sumo sacerdote *Simeón el Justo* —a quien la tradición le adscribe tanto de bueno como de noble— dijo que él siempre se había negado, con una sola excepción, a participar de las ofrendas por la culpa de los nazareos, porque estos votos se hacían frecuentemente sin reflexión, y el sacrificio era después ofrecido de mala gana, no con intención piadosa. Un apuesto joven, con un cabello muy hermoso, se presentó para tal voto, y el sumo sacerdote lo riñó: «Hijo mío, ¿qué puede haberte inducido a destruir un cabello tan espléndido?». A lo que el joven replicó: «Apaciento los rebaños de mi padre, y cuando iba a sacar agua de un arroyo, vi mi espectro, y el mal espíritu me atrapó y estuvo a punto de destruirme [probablemente por su vanidad]. Entonces exclamé: "Miserable necio, ¿por qué te jactas tú de una posesión que no te pertenece, tú que debes pronto ser porción de gusanos? ¡Por el Templo! Me corto el cabello, para dedicárselo a Dios"». «Con esto», dijo *Simeón,* «me levanté y lo besé en la frente, diciendo: "¡Ah, que muchos en Israel fueran como tú! Tú en verdad, y en el espíritu de la Ley, has hecho este voto conforme a la voluntad de Dios"».

El hecho de que se cometían grandes abusos aparece incluso debido al gran número de los que los hacían. Así, el Talmud registra que en los días del rey Jannai no menos de 300 nazareos se presentaron ante Simeón, el hijo de Shetach. Además, se llevaba a cabo una especie de tráfico de buenas obras,

---

885. Génesis 28:20.
886. Jueces 11:30, 31.
887. 1 Samuel 1:11.
888. 2 Samuel 15:7, 8.
889. Jonás 1:16.
890. Por lo general, la posterior legislación de los rabinos estaba dirigida a desalentar los votos, debido al frecuente abuso de los mismos (*Nedar,* I. III. IX). Se decía que solo los malos se comprometían de esta manera, mientras que los piadosos daban de su libre voluntad. Cuando un voto afectaba a los intereses de otros, se debía hacer todo el esfuerzo posible para conseguir que el que lo había pronunciado buscara la absolución de sus obligaciones, lo que se podía obtener de un «sabio», o de tres personas, en presencia de aquel que hubiera quedado afectado por el voto. Un tratamiento más detallado de esta cuestión está fuera del propósito de este libro.
891. Véase la historia talmúdica en Jost, vol. I., págs. 171, 172.

como el de la Iglesia de Roma antes de la Reforma. Se consideraba meritorio «costear» los gastos de los nazareos pobres, pagando los gastos de sus sacrificios. El rey Agripa, al llegar a Jerusalén, parece haber hecho esto mismo para ganarse el favor popular.[892] Un motivo mucho más santo que este fue el que influenció a san Pablo[893] cuando, para eliminar los prejuicios de los cristianos judíos, «asumió los gastos» de cuatro nazareos cristianos pobres, y se unió con ellos, por así decirlo, en su voto al asumir algunas de sus obligaciones, como ciertamente se lo permitía la ley tradicional.

El voto del nazareato

1. La ley concerniente al voto nazareo[894] parece implicar que había sido una institución ya existente en tiempos de Moisés, y que solo fue adicionalmente definida y regulada por él mismo. El nombre, así como sus especiales obligaciones, indica su sentido más elevado. Porque el término *Nazir* se deriva evidentemente de *Nazar,* «separar», y «el voto de un nazareo» era el de separarse para Jehová.[895] Por ello, el nazareo era «santo para Jehová».[896] En el sentido de separación, el término *Nazir* fue aplicado a José,[897] y así se emplea frecuentemente la raíz. Pero además de separación y santidad, tenemos aquí también la idea de *sacerdocio santo,* por cuanto la palabra *Nezer* se aplica a «la *corona* santa sobre la mitra» del sumo sacerdote,[898] y a «la *corona* del aceite de la unción»,[899] como también, en un sentido secundario, a la corona regia.[900] Tenemos así estrechamente conectadas en el nazareo las tres ideas de separación, de santidad y la corona del sacerdocio santo. Con esto concuerda la triple obligación que gravitaba sobre el nazareo. No debía ser solo un sacerdote, sino además debía serlo en un sentido más elevado y más intenso, por cuanto devenía uno por consagración personal en lugar de por mero linaje carnal. Si el sacerdote debía abstenerse de vino durante el tiempo de su ministerio en el santuario, el nazareo debía privarse durante todo el tiempo de su voto de

---

892. Josefo, *Antigüedades,* XIX, 6:1.
. 893. Hechos 21:23, etc.
894. Números 6.
895. Números 6:2.
896. Números 6:8.
897. Génesis 49:26, comp. Deuteronomio 32:16.
898. Ezequiel 29:6; 39:30; Levítico 8:9.
899. Levítico 21:12.
900. 2 Samuel 1:10; 2 Reyes 11:12; Zacarías 11:16. El erudito escritor del artículo «Nazarite» (Nazareo) en la *Encylopaedia* de Kitto considera que el significado fundamental es el de «diadema», siguiendo a este respecto la conducción crítica algo insegura de Saalschütz, *Mos Recht,* pág. 158. Como prueba, apela él a la circunstancia de que la «vid no cuidada» del año sabático y del jubileo es designada con el término «Nazir» en Levítico 25:5, 11. Pero es evidente que la vid no podada y no recortada de estos años derivaba su designación del nazareo con su cabello sin cortar, y no a la inversa. Algunos de los rabinos han imaginado que la vid crecía en el paraíso, y que de alguna manera la abstinencia nazarea de su fruto estaba relacionada con el estado paradisíaco y con nuestra caída.

todo aquello que perteneciera al fruto de la vid, «desde los granillos hasta el hollejo».[901] El sacerdote debía evitar toda contaminación por los muertos, excepto en caso de sus parientes más próximos, pero el nazareo, como el sumo sacerdote,[902] debía ignorar a este respecto incluso a padre y madre, a hermano y hermana.[903] Más aún. Si inopinadamente se contaminaba en este sentido, el tiempo que ya hubiera transcurrido de su voto no contaba para nada; después de los usuales siete días de purificación[904] tenía que cortarse el cabello, que en este caso era enterrado, no quemado; al octavo día traer dos tórtolas, o dos pichones, la primera ave como expiación, la segunda como holocausto, junto con un cordero del primer año como ofrenda por la culpa; después de ello debía comenzar otra vez su voto de nazareo. Finalmente, si el sumo sacerdote llevaba «el santo *Nezer* sobre la mitra», el nazareo no debía cortarse el cabello, que era «el *Nezer* de Dios sobre su cabeza».[905] Y este uso de la palabra *Nezer,* aplicado a la corona del sumo sacerdote, así como a la separación a santidad del nazareo, arroja una mayor luz sobre el objeto del sacerdocio y sobre el carácter del voto del nazareato.

Las normas de la *Misná*

Según la *Misná,*[906] todos los epítetos —o alusiones— del/al voto del nazareato conllevaban obligación. Así, si alguien decía: «¡Lo seré!», o «¡Seré un hermoso!» (esto último con referencia al cabello largo), o hacía cualquier alusión similar, había asumido legalmente el voto. Si se tomaba por un período indefinido de tiempo, o sin declaración expresa del tiempo, el voto duraba treinta días, lo cual era el tiempo más breve posible para un nazareo. Pero había «nazareos perpetuos», distinguiendo la *Misná* entre un «nazareo perpetuo» ordinario y un «nazareo sansónico». Ambos eran «de por vida», pero al primero se le permitía ocasionalmente que se acortara su cabello, tras lo cual traía los tres sacrificios. También podía quedar contaminado por los muertos, en cuyo caso traía la purificación prescrita. Pero como a Sansón no se le había permitido bajo ninguna circunstancia que se cortara o acortara el cabello, y como evidentemente había entrado en contacto con muertos sin después pasar por ningún ceremonial,[907] así el nazareo sansonita no podía acortarse el cabello, ni podía quedar contaminado por los muertos. Sin embargo, esta cuestión prácticamente nunca surgiría, y la distinción fue indudablemente hecha para afrontar una necesidad exegética de los judíos: ¡la de vindicar la conducta de Sansón!

---

901. Números 6:3, 4.
902. Levítico 21:11.
903. Números 6:7.
904. Números 19:11, 12.
905. Números 6:7.
906. Tratado *Nazir.* Volvemos a omitir tales detalles, que, aunque son importantes como determinaciones legales, no mejorarían nuestro conocimiento acerca del modo en que el nazareo consumaba su voto en el Templo.
907. Jueces 14:8; 15:15.

Como ya se ha dicho, otro podía asumir todos o parte de los gastos de un nazareo y compartir así su voto.[908] Un padre, pero no una madre, podía hacer un voto de nazareato por un hijo mientras que estuviera bajo la edad legal de trece. La *Misná*[909] trata extensamente de las tres cosas prohibidas al nazareo: «la contaminación, acortarse el cabello, y todo lo que proceda de la vid». Toda transgresión voluntariosa de estas prohibiciones, siempre y cuando el nazareo hubiera sido expresamente advertido, conllevaba el castigo de azotes, y ello por cada acto individual por el que hubiera sido advertido en este sentido.

Normas rabínicas

Para impedir la remoción incluso accidental de cabello, los rabinos prohibían a los nazareos el uso del peine.[910] Según la Ley, la contaminación por los muertos anulaba el tiempo del voto anteriormente cumplido y demandaba ciertas ofrendas. A esto añade la *Misná* que si de todas maneras se cortaba el cabello, ello anulaba el tiempo previo de un voto hasta treinta días (el período de un voto indefinido), mientras que determinaba curiosamente que el empleo de cualquier producto de la vid *no* interrumpía el voto. Otra contravención rabínica del espíritu de la Ley era la permisión a los nazareos de todos los otros licores embriagadores que no provinieran de la vid (como vino de palba, etc.). Finalmente, la *Misná* determina[911] que un amo no podía anular el voto de nazareato de su esclavo, y que si le impedía observarlo, el esclavo estaba obligado a renovarlo al conseguir su libertad. Las ofrendas de un nazareo al terminar su voto se describen explícitamente en Números 6:13-21. Junto con el «carnero sin defecto en ofrenda de paz», tenía que traer «un canastillo de tortas sin levadura, de flor de harina amasadas con aceite, y hojaldres sin levadura untados con aceite», además de «la ofrenda [oblación] y sus libaciones».[912] Los rabinos explican que las «tortas sin levadura» para acompañar a «la ofrenda de paz» se debían hacer de seis décimas partes y dos tercios de una parte de harina, que debían cocerse en diez tortas sin levadura y diez hojaldres, todos untados con un cuarto de log de aceite; y que todo este «pan» debía ser ofrecido en *un solo* «canastillo».[913] Se traía primero la ofrenda por el pecado, luego el holocausto y por último su ofrenda de paz. En el atrio de las Mujeres había una cámara especial para los nazareos. Después de que el sacerdote hubiera ofrecido los varios sacrificios, el nazareo se retiraba a esta cámara, donde hervía la carne de sus ofrendas de paz, se cortaba el cabello y lo echaba al fuego bajo el caldero. Si ya se había cortado el cabello antes de llegar a Jerusalén, tenía, con todo, que traerlo

---

908. *Naz.* II. 5, 6.
909. *Naz.* VI.
910. *Naz.* VI. 3.
911. *Naz.* IX. 1.
912. Números 6:14, 15.
913. Comparar las citas de Maimónides en el artículo «Nazarite» (Nazareo) en la *Cyclopaedia* de Kitto.

consigo y echarlo en el fuego bajo el caldero; así que tanto si entendemos o no el pasaje de Hechos 18:18 como si dijera que el mismo Pablo había hecho un voto, *hubiera podido* cortarse el cabello en Cencrea[914] y traérselo consigo a Jerusalén. Después de esto el sacerdote mecía la ofrenda, como se detalla en Números 6:19, 20,[915] y se salaba la grosura, que se quemaba en el altar. El pecho, la pierna delantera, la espaldilla hervida y la torta y hojaldre que habían sido mecidos pertenecían todos a los sacerdotes —mientras que el pan y la carne restante se lo comía el nazareo—. Finalmente, la expresión «aparte de lo que sus recursos le permitan» (RV: «a más de lo que su mano alcanzare») después de la mención de las otras ofrendas[916] parece implicar que los nazareos solían dar también ofrendas voluntarias.

La Escritura menciona a tres nazareos de por vida: Sansón, Samuel y Juan Bautista, a los que la tradición cristiana añade el nombre de Jacobo el Justo, «el hermano del Señor», que presidía sobre la Iglesia en Jerusalén cuando Pablo se unió en la ofrenda de los nazareos.[917] A este respecto vale la pena mencionar que, entre los que apremiaron a Pablo a costear «los gastos» de los cuatro nazareos cristianos, el mismo Jacobo no es mencionado de manera expresa.[918]

La ofrenda de las primicias

2. Propiamente hablando, *la ofrenda de las primicias* pertenecía a la clase de las contribuciones religiosas y caritativas, y cae dentro de nuestro presente propósito solo hasta ahí donde ciertas de ellas tuvieran que ser presentadas en el Templo en Jerusalén. Dos de estas ofrendas de primicias eran *públicas* y *nacionales;* eran el primer omer, en el segundo día de la Pascua, y los panes mecidos en Pentecostés. Las otras dos clases de «primicias» —o *Reshith*, «el primero» o «el comienzo»— eran ofrendadas de parte de cada familia y de cada individuo que tuviera posesión en Israel, según las instrucciones divinas en Éxodo 22:29; 23:19; 34:26; Números 15:20, 21; 18:12, 13; Deuteronomio 18:4; 26:2-11, pasaje este último en el que también se describe el ceremonial a observar en el santuario. Las autoridades distinguen entre los *Biccurim (primitiva)* o primicias ofrecidas en su estado natural, y los *Terumoth (primitiæ),* que no eran traídos como productos sin elaborar, sino elaborados, como la harina, el aceite y el vino, etc.[919] La distinción es conveniente, pero no estrictamente correcta, por cuanto los *Terumoth* incluían asimismo verduras y productos de la

---

914. Hechos 18:18.
915. Esta parte del servicio era la misma que en la consagración de los sacerdotes (Levítico 8:26).
916. Números 6:21.
917. Eusebio, *Historia Eclesiástica,* II, 23:3.
918. Hechos 21:20-25.
919. En nuestra versión Reina-Valera, el término *Terumah* es generalmente traducido como «ofrenda elevada», como en Éxodo 29:27; Levítico 7:14, 32, 34; Números 18:8, 11; 31:41; y a veces simplemente como «ofrenda», como en Éxodo 25:2; 30:13; 35:5; 36:3, 6; Levítico 22:12; Números 5:9; 15:19.

huerta (*Ter.* II. 5: III. 1; X. 5). Menos precisa es aún la declaración de escritores modernos de que el término griego *Protegennemata* se corresponde con *Biccurim*, y *Aparchai* con *Terumoth*, declaración esta que no está ni siquiera apoyada por el empleo de estas palabras en la versión de la Septuaginta, que está tan profundamente teñida de tradicionalismo.

Los *Biccurim* y *Terumoth*

Adoptando, sin embargo, la distinción de los términos, por mor de la conveniencia, nos encontramos con que los *Biccurim (primitiva)* solo debían de traerse mientras hubiere un santuario nacional.[920] De manera similar, debían ser producto de la misma Tierra Santa, en la que, según la tradición, se incluían los antiguos territorios de Og y Sihón, así como aquella zona de Siria que David había subyugado. Por otra parte, tanto los diezmos[921] como los *Terumoth* eran también obligatorios para los judíos de Egipto, Babilonia, Amón y Moab. Los *Biccurim* eran presentados solo en el Templo, y pertenecían al sacerdocio que estuviera entonces oficiando, mientras que los *Terumoth* podían ser dados a cualquier sacerdote en cualquier lugar del país. La *Misná* mantiene que como según Deuteronomio 8:8 solo los siguientes siete artículos debían ser considerados como productos de la Tierra Santa, solo de ellos se debían presentar los *Biccurim:* trigo, cebada, uvas, higos, granadas, aceitunas y dátiles.[922] Si la distancia del oferente desde Jerusalén era demasiado grande, los higos y las uvas podían ser traídos como pasas.

La cantidad de Biccurim no estaba determinada en la Ley de Dios, como tampoco la de trigo que debía ser dejada en las esquinas de los campos para que fuera espigada por los pobres.[923] Pero, según los rabinos, en ambos casos el mínimo a considerar era la sexagésima parte. Por Éxodo 23:16 y Levítico 23:16, 17, se argüía que los Biccurim no debían traerse a Jerusalén antes de Pentecostés; y tampoco debían ofrecerse después de la Fiesta de la Dedicación del Templo. Si se entregaban en cualquier otra época excepto entre Pentecostés y el 25 de Quisleu, no se efectuaba el servicio regular para su presentación. Antes de describir esto, añadimos unos cuantos particulares acerca

---

920. Éxodo 23:19; Deuteronomio 26:2; Nehemías 10:35.

921. La *Misná* (*Bicc.* 1:10) menciona de modo expreso «los olivos más allá del Jordán», aunque el rabí Josés declara que los *Biccurim* no se traían del este del Jordán, ¡por cuanto no era tierra fluyendo leche y miel! (Deuteronomio 26:15).

922. La expresión «miel» en Deuteronomio 8:8 tiene que referirse al producto de la palmera datilera.

923. La *Misná* enumera cinco cosas cuya cantidad no está determinada en la Ley (*Peah*, I. 1): las esquinas de los campos para los pobres; los *Biccurim;* los sacrificios al acudir a las fiestas; las obras piadosas, en las cuales, sin embargo, no se debía gastar más de un quinto de las propiedades; y el estudio de la Ley (Jos 1:8). De manera similar, «estas son las cosas de las que un hombre come su fruto en este mundo, pero su posesión pasa al venidero (literalmente, "el capital continúa para el siguiente", por cuanto en este mundo solo gozamos de los réditos): honrar a padre y a madre, obras piadosas, hacer la paz entre un hombre y su prójimo, y el estudio de la Ley, que equivale a todo lo dicho». En *Shab.* 127 *a* se mencionan seis cosas así.

del Terumoth. Con respecto a ellos se decía que «un ojo bueno» (un hombre liberal) «da una cuadragésima», «un ojo malo» (una persona codiciosa) «da una sexagésima», mientras que la tasa media de contribución, «un ojo medio», daba una quincuagésima, o un dos por ciento. Probablemente se pueda establecer la misma proporción que la del Biccurim. Y en verdad los rabinos han derivado de esto la palabra Terumah, como si fuera Terei Mimeah, «dos de un ciento».

En la clase de *Terumoth* podemos también incluir el *Reshith*, o «primero del vellón»,[924] que, según la *Misná*,[925] tenía que ser dado por todos los que poseyeran al menos cinco ovejas, y que ascendía, sin polvo ni suciedad, como *mínimo*, a cinco siclos de Judea, o a tres de Galilea, de peso de lana pura (un siclo de Judea, o sagrado = por debajo de doscientos setenta y cuatro granos parisinos; un grano parisino equivalía a alrededor de 0.05 gramos *[N. del T.]*); y además el *Reshith Challah,* o «primero de la masa»,[926] que, si la masa era empleada para consumo privado, era fijado por los rabinos en una vigesimocuarta parte, y si era para la venta, en una cuadragesimoctava parte, mientras que si era hecha para no israelitas, no era gravada en absoluto. Los rabinos dicen que «lo primero de la masa» solo era gravable sobre trigo, cebada, casmín, avena y centeno, pero no si la masa había sido hecha con otros comestibles, como el arroz, etc.

Naturalmente, ni los diezmos, ni los *Biccurim,* ni los *Terumoth* debían ser dados de lo que ya pertenecía al Señor, ni de lo que fuera en justicia propiedad de otra persona. Así, si solo pertenecían a un hombre los árboles, pero no la tierra en que crecían, no daría las primicias. Si prosélitos, mayordomos, mujeres o esclavos traían primicias, no se llevaba a cabo el servicio regular, por cuanto los tales no podrían haber dicho con verdad uno u otro de estos versículos:[927] «He entrado en la tierra que juró Jehová a nuestros padres que nos daría»; o «He aquí he traído las primicias del fruto de la tierra que me diste, oh Jehová». Según Levítico 19:23-25, los frutos de un árbol recién plantado debían ser dejados sin usar, mientras que, según los rabinos, al cuarto año debían comerse en Jerusalén.

Los *Biccurim, Terumoth* y lo que era dejado en las «esquinas» de los campos para los pobres eran siempre puestos aparte *antes* de diezmar. Si se había descuidado la ofrenda de las «primicias», se debía añadir un quinto cuando finalmente se presentaban. Así, las contribuciones *prescritas* de cada laico judío en el tiempo del segundo Templo eran las siguientes: *Biccurim* y *Terumoth,* digamos un *dos* por ciento; de lo «primero del vellón», un peso mínimo de cinco siclos; de lo «primero de la masa», digamos un *cuatro* por ciento; las «esquinas de los campos» para los pobres, digamos que un *dos* por ciento; el diezmo primero, o levítico, *diez* por ciento; el *segundo* diezmo o de los festejos, para

---

924. Deuteronomio 18:11.
925. *Chol.* XI. 1, 2.
926. Números 15:18-21. La *Misná* establece varias normas en cuanto a la cantidad de la *Challah* en diferentes lugares fuera de Palestina (*Chal.* IV. 8).
927. Deuteronomio 26:3, 10.

emplear en las fiestas en Jerusalén, y que en los años tercero y sexto debía ser el «diezmo de los pobres», *diez* por ciento; las primicias de todos los animales, bien en especie, bien en dinero; cinco siclos por cada primogénito, siempre que fuera el primogénito de la madre y sin defecto; y el medio siclo del tributo del Templo. En conjunto, todas estas contribuciones ascendían, desde luego, a más de una cuarta parte de los ingresos que tendría una población agrícola. Y es de destacar que la Ley parece considerar a Israel como designado para ser solo un pueblo agrícola, no habiendo ninguna contribución designada procedente del comercio o de mercancías. Además de las prescritas, había, naturalmente, todo tipo de ofrendas *voluntarias,* obras piadosas y, por encima de todo, los varios sacrificios que cada uno, conforme a sus circunstancias o piedad, traería al Templo en Jerusalén.

Biccurim en el Templo

Habiendo así explicado la naturaleza de las varias contribuciones religiosas, solo queda por describir el modo en que los *Biccurim* o «primicias» eran ordinariamente separados, y el ceremonial con el que se traían a Jerusalén y se ofrecían en el Templo.[928] Hablando en sentido estricto, la presentación de las primicias era un acto de religión familiar. Así como con el primer *omer* en la Pascua, y por medio de las hogazas de Pentecostés, Israel como nación reconocía a su Dios y Rey, de la misma manera cada familia y cada individuo por separado reconocían, por medio de la presentación anual de las primicias, una relación viviente entre ellos y Dios, en virtud de la que recibían de sus manos, llenos de gratitud, todo lo que tenían o disfrutaban, y dedicaban solemnemente tanto aquello a sí mismos como al Señor. Lo reconocían a Él como el Dador y verdadero Señor de todo, y a sí mismos como los receptores de su abundancia, dependientes de su bendición, y mayordomos de su propiedad. Su pan diario lo buscaban y recibían solo de su mano, y lo empleaban en su servicio; y esto, su dependencia de Dios, era su libertad gozosa, en la que Israel se declaraba el pueblo redimido del Señor.

Como fiesta familiar, la presentación de las primicias entraría más que ningún otro rito en la religión y vida familiares. Ningún hijo en Israel, al menos de aquellos que moraban en la Tierra Santa, hubiera podido ignorar todo lo relacionado con este servicio, y ello aunque nunca hubiera sido llevado a la hermosa «ciudad del Gran Rey», no contemplado con maravilla y reverencia el Templo de Jehová. Porque apenas si la breve primavera oriental se fundía con el temprano verano, cuando con la primera aparición del fruto maduro, fuera en la tierra o en los árboles, cada familia se aprestaba para este servicio. El cabeza de familia, si seguimos el bosquejo en la imagen que tenemos de la siega de la familia de la sunamita, se dirigía a su campo, acompañado de su hijo, y marcaba ciertas

---

928. Véase la *Misná,* tratado *Biccurim* y las *Gemaras,* y también Maimónides. Los ritos han sido asimismo descritos por Jost (vol. I, págs. 172, 173), Saalschütz *(Mos. Recht)* y en otras obras similares.

porciones de entre las más prometedoras de la cosecha. Porque solo *lo mejor* podía ser presentado al Señor, y era puesto aparte antes de que madurara, renovándose, no obstante, la solemne dedicación después cuando se cortaba. Así, cada vez que uno fuera al campo, se acordaría de que todo era posesión de Jehová, hasta que los segadores cortaran la dorada cosecha. De la misma manera, el padre de familia iría a sus viñas y plantaciones de higueras de ancha hoja, de espléndidos granados, ricos olivos y majestuosas palmeras, y, deteniéndose ante cada uno de los mejores árboles, seleccionaba cuidadosamente los que parecían los frutos más prometedores, atando una ramita de mimbre en su tallo, y decía: «He aquí, estas son las primicias». Así, renovaba su relación del pacto con Dios cada año, cuando «había pasado el invierno, había cesado la lluvia y se había ido, habían brotado las flores en la tierra, y había llegado el tiempo de la canción, y se oía ya en el país la voz de la tórtola y la higuera daba sus higos y las vides en flor difundían su perfume». Y al ir madurando gradualmente estos frutos, las ceremonias relacionadas con la separación de sus primicias y con su final ofrenda de las mismas, deben haber continuado en cada casa de Israel durante la mayor parte del año, desde principios de la primavera hasta el invierno, siendo que la última presentación podía hacerse en el Templo el 25 de Quisleu (correspondiéndose con nuestro diciembre).

Cánticos del ascenso

Naturalmente, no cada familia podía siempre enviar a sus representantes a Jerusalén. Pero esta dificultad estaba prevista. Se recordará que lo mismo que los sacerdotes y levitas, también todo Israel estaba dividido en 24 órdenes o turnos, que eran representados en el santuario por los llamados «hombres de pie» u «hombres de la estación». Esto implicaba una correspondiente división de la tierra en veinticuatro distritos o circuitos. En la capital de cada distrito se reunían los que debían subir con sus primicias al Templo. Aunque todo Israel eran hermanos, y especialmente en estas ocasiones habrían sido acogidos con la más cálida hospitalidad que cada hogar pudiera ofrecer, nadie podía, sin embargo, valerse de ella en estos tiempos. Porque tenían que acampar de noche al aire libre, y no pasarla en ninguna casa, no fuera que alguna contaminación accidental de los muertos, u otra razón, pudiera hacerlos inaptos para el servicio, o su oblación impura. El viaje se tenía que hacer lentamente, porque esta peregrinación tenía que ser de gozo, no de fatiga o afán. Por la mañana, al tocar la dorada luz del sol los montes de Moab, el hombre estacionario del distrito, que era el líder, convocaba las filas de la procesión con las palabras de Jeremías 31:6: «Levantaos, y subamos a Sión, a Jehová nuestro Dios», a lo que el pueblo respondía con el apropiado lenguaje del Salmo 122, mientras se disponía en formación y se ponía en marcha: «Yo me alegré cuando me dijeron: "A la casa de Jehová iremos"». Abrían la marcha los que tocaban las flautas; luego seguía un becerro sacrificial, destinado para una ofrenda de paz, con sus cuernos dorados y con guirnaldas de ramas de olivo; seguía luego la multitud, algunos de ellos con cestos de las primicias, otros cantando los salmos, que muchos escritores suponen escritos especialmente para este servicio, y que por ello reciben el nombre de «Cánticos del Ascenso» —en nuestra versión de Reina-Valera «Cánticos Graduales»—. Los más pobres portaban sus dones en cestas de mimbre, que después quedaban como propiedad de los sacerdotes oficiantes; los ricos, en cestos de plata u oro, que eran donados a la tesorería del Templo. En cada cesto estaba puesto, con hojas de vid entre cada especie, primero la cebada, luego el trigo, luego las aceitunas, a continuación los dátiles, luego las granadas, después los higos, mientras que por encima de todo ello mostraban su lujuriosa belleza las ricas y gordas uvas.

Y así pasaban por todo lo largo y ancho de la tierra, despertando por todas partes los ecos de la alabanza. Al entrar en la ciudad, cantaban el Salmo 122:2: «Y ahora se posan nuestros pies dentro de tus puertas, oh Jerusalén». Un mensajero los había precedido para anunciar su llegada, y salía una comisión del Templo, constituida por sacerdotes, levitas y tesoreros, variando de número según la importancia del lugar del que provenía la procesión, para recibirlos. En las calles de Jerusalén todos salían a darles la bienvenida, con gritos de «Hermanos de» [nombrando el lugar], «venís en paz; ¡bienvenidos! ¡En paz venís, traéis paz, y paz sea con vosotros!».

Al llegar al monte del Templo, cada uno de ellos, fuera cual fuera su clase o condición, tomaba uno de los cestos sobre su hombro, y ascendían, cantando aquel apropiado himno:[929] «Alabad a Dios en su santuario; alabadle en el firmamento de su poder. Alabadle por sus proezas; alabadle conforme a la inmensidad de su grandeza. Alabadle al son de trompeta; alabadle con salterio y arpa. Alabadle con pandero y danza; alabadle con instrumentos de cuerda y con flautas. Alabadle con címbalos retumbantes; alabadle con címbalos de júbilo. Todo lo que respira alabe a Jah. Aleluya». Al entrar en los atrios del mismo Templo, los levitas entonaban el Salmo 30: «Te ensalzaré, oh Jehová, porque me has puesto a salvo, y no permitiste que mis enemigos se alegraran a costa mía», etc. Luego se presentaban los pichones y tórtolas que colgaban de los cestos como holocausto. Después de esto, cada uno, al presentar sus dones, repetía esta solemne confesión:[930] «Declaro hoy a Jehová tu Dios, que he entrado en la tierra que juró Jehová a nuestros padres que nos daría». Con estas palabras, tomaba el cesto de su hombro, y el sacerdote ponía sus manos bajo él, y lo mecía, prosiguiendo el oferente: «Un arameo a punto de perecer fue mi padre, el cual descendió a Egipto y habitó allí con pocos hombres, y allí creció y llegó a ser una nación grande, fuerte y numerosa». Luego, recitando con las palabras inspiradas la narración de los maravillosos tratos de Dios, terminaba con el lenguaje dedicatorio del versículo 10: «Y ahora, he aquí he traído las primicias del fruto de la tierra que me diste, oh Jehová». Diciendo estas palabras, ponía el cesto al lado del altar, se postraba sobre su rostro para adorar, y salía. El contenido del cesto pertenecía a los sacerdotes oficiantes, y los oferentes mismos debían pasar la noche en Jerusalén.

---

929. Salmo 150.
930. Deuteronomio 26:3.

La palabra «primicias» en el Nuevo Testamento

Pasando de esto a lo que pudiera ser llamado su aplicación más elevada, bajo la dispensación cristiana, encontramos que la palabra traducida «primicias» aparece justo siete veces en el Nuevo Testamento. Estos siete pasajes son: Romanos 8:13; 11:16; 16:5; 1 Corintios 15:20-23; 16:15; Santiago 1:18, y Apocalipsis 14:4. Si agrupamos estos textos de manera apropiada, será suficiente con una breve explicación en cada caso. Primero tenemos,[931] como comienzo de la nueva cosecha, al Señor Jesús mismo, resucitado de los muertos, las «primicias» —la primera gavilla mecida delante del Señor en el segundo día de la Pascua, así como Cristo quebrantó las ataduras de la muerte en aquel mismo tiempo—. Luego, en cumplimiento del tipo pentecostal de las primeras hogazas, leemos del primer derramamiento del Espíritu Santo, dado el primer día de Pentecostés. La presentación de las primicias es explicada mediante su aplicación a casos como los de Romanos 16:5 y 1 Corintios 16:15 (siendo que la lectura en el primero de estos pasajes debería ser *Asia,* no *Acaya),* en tanto que el carácter de estas primicias aparece en Santiago 1:18. La alusión en Romanos 11:16 es sin duda al «primero de la masa», y así explica un pasaje que sin esta relación es de difícil comprensión. El apóstol argumenta que si Dios eligió y puso aparte a los padres —si tomó lo primero de la masa—, entonces toda la masa (todo el pueblo) está en realidad santificado a Él. Y por ello mismo Dios no puede desechar ni «en ninguna manera... ha desechado a su pueblo, al cual conoció de antemano». Finalmente, en Apocalipsis 14:4 la escena pasa al cielo, donde vemos la plena aplicación de este símbolo a la Iglesia de los primogénitos. Pero para nosotros todos, en nuestra actividad, quedan estas palabras, que señalan más allá del tiempo y de la actual dispensación: «También nosotros mismos, que tenemos las primicias del Espíritu, nosotros también gemimos dentro de nosotros mismos, esperando la adopción, la redención de nuestro cuerpo».[932]

«Gloria a Dios por todas las cosas». —San Crisóstomo

---

931. 1 Corintios 15:20, 23.
932. Romanos 8:23.

APÉNDICE

¿INSTITUYÓ EL SEÑOR SU «CENA» EN LA NOCHE DE LA PASCUA?

La cuestión de si el Salvador instituyó o no su Cena durante la comida de la noche de la Pascua, aunque no pertenece estrictamente al tema tratado en este volumen, es demasiado importante, y demasiado estrechamente relacionado con él, para pasar de largo sin examinarlo. El saldo de la opinión académica, especialmente en Inglaterra, se ha inclinado en estos últimos tiempos *en contra* de ello. Esta cuestión ha sido discutida con tanta frecuencia y erudición que no me propongo más que explicar mis razones para creer que el Señor instituyó su «Cena» en la misma noche de la fiesta pascual, y que consiguientemente su crucifixión tuvo lugar el primer día de los panes sin levadura, el 15 de Nisán.

De los escritores al otro lado será conveniente seleccionar aquí al doctor Farrar como a la vez el último y uno de los más capaces exponentes de la posición contraria. Sus argumentos están expuestos en un *Excursus* especial[933] como apéndice a su *Life of Christ*[934] *(Vida de Cristo)*. De entrada, ambos lados admiten «que nuestro Señor fue crucificado en viernes y resucitó en domingo», y además que nuestro Señor *no hubiera podido* haber celebrado una especie de cena pascual *anticipatoria* antes que los otros judíos, siendo que la cena pascual era solo posible al anochecer del 14 de Nisán, momento en el cual comenzaba, según el cómputo judío, el 15 de Nisán. De ahí sigue que la última cena que Cristo celebró con sus discípulos tiene que haber sido bien la fiesta pascual, bien una cena ordinaria, en la que Él después instituyera su propia ordenanza especial.[935] Ahora bien, la conclusión a la que llega el doctor Farrar es así recapitulada por él mismo:[936] «Que Jesús comió su última cena con los

---

933. *Excursus* X.
934. Vol. II, págs. 474-483.
935. El doctor Farrar retrocede con razón ante las conclusiones de Caspari (*Chron. Geogr. Einl. in d. Leben Jesu*, pág. 164, etc.), que la considera como lo que él llama «una comida de *Mazzoth*» sin cordero pascual. Tal sugerencia carece totalmente de fundamento.
936. *Vida de Cristo*, II, pág. 482.

discípulos en el anochecer del jueves, 13 de Nisán, esto es, en el momento en que comenzaba, según el cómputo judío, el 14 de Nisán; que esta cena ni era ni tenía la intención de ser la verdadera comida de la Pascua, que ni era ni podía ser comida hasta el siguiente anochecer, sino que, por una identificación perfectamente natural, y que habría sido considerada como de poca importancia, la última cena, *que era una casi Pascua, una Pascua nueva y cristiana,* y que, como en su Antitipo, se mezclaban extrañamente reminiscencias de gozo y de dolor, llegó a ser identificada, incluso en la memoria de los sinoptistas, con la Pascua judía, y que san Juan corrigió, silenciosa pero deliberadamente, esta errónea impresión, que, incluso en su época, había llegado a ser la generalmente dominante».

Antes de entrar en la discusión, tengo que confesar que no puedo estar de acuerdo con el razonamiento *apriorístico* con el que el doctor Farrar da cuenta de la supuesta equivocación de los sinoptistas. Dejando a un lado la expresión de que «la última cena fue una *casi Pascua*», que para mí no comunica un significado suficientemente definido, yo más bien habría esperado que, a fin de aplicar el evidente «antitipo», la tendencia de los sinoptistas habría sido más bien situar la muerte de Cristo en el anochecer del 14 de Nisán, cuando el cordero de la Pascua era *inmolado,* que en el 15 de Nisán, veinticuatro horas después de que el sacrificio hubiera tenido lugar. En otras palabras, las predilecciones tipológicas de los sinoptistas, me parece a mí, los habrían llevado más bien a identificar la muerte de Cristo con la inmolación del cordero; y me parece, a priori, difícil creer que, si Cristo murió realmente en aquel tiempo y su última cena tuvo lugar en el anterior anochecer, el del 13 de Nisán, hubieran podido cometer el error de identificar aquella cena no con su muerte, sino con la comida de la Pascua. Insisto: *a priori,* si hubo error, habría sido de esperar más bien que sucediera en dirección opuesta. En realidad, la principal fuerza dogmática del argumento del otro lado reside en la consideración de que el antitipo (Cristo) debió morir al mismo tiempo que el tipo (el cordero de la Pascua). El mismo doctor Farrar advierte la fuerza de ello, y uno de sus más fuertes argumentos en contra de la postura de que la última cena tuvo lugar en la comida de la Pascua es como sigue: «El sentido de idoneidad inherente y simbólica en la dispensación que ordenó que Cristo fuera inmolado en el día y en la hora designados para el sacrificio del cordero de la Pascua». De todas las personas existentes, ¿no habrían sido los sinoptistas los más conscientes de esta consideración? Y, si es así, ¿es probable que hubieran caído en el error del que se les acusa? ¿No se habrían dirigido todas sus tendencias en dirección opuesta?

Pero pasemos a tratar la cuestión en sí. Por mor de la claridad será conveniente aquí tratarla bajo tres aspectos: ¿cómo concuerda la suposición de que la última cena no tuvo lugar en la noche pascual con el temor general de todo el relato? ¿Cuál es, hablando con justicia, la inferencia a sacar de los Evangelios Sinópticos? Por último, ¿contradice el relato de san Juan, en esta cuestión, el de los Sinópticos, o es armónico en realidad con ellos, aunque sea incompleto?

¿Cómo concuerda la suposición de que la última cena no tuvo lugar en la noche pascual con el tenor general de todo el relato?

1. El lenguaje de los tres primeros evangelistas, tomado en su sentido natural, parece claramente irreconciliable con tal postura. Hasta el doctor Farrar admite lo siguiente: «Si tomamos el lenguaje de los evangelistas en su sentido simple, llano y sin referencia a teorías preconcebidas, o supuestas necesidades de armonizar las diferentes narraciones, deberíamos ser llevados a la conclusión, en base a los Sinópticos, de que la última cena fue la normal comida de la Pascua». Sobre este extremo se harán posteriormente adicionales observaciones.

2. El relato de la comida dado no solo por los sinoptistas, sino también por san Juan hasta allí donde la describe, me parece totalmente incongruente con la idea de una cena ordinaria. No se trata aquí meramente de un rasgo u otro que nos influencie, sino de la impresión general producida por el todo. Los preparativos para la comida; las alusiones a la misma; en resumen, por así decirlo, la completa *puesta en escena no es la* de una cena común. Solo las necesidades de una teoría preconcebida llevarían a uno a tal conclusión. Por otra parte, todo es como habría sido de esperar si los evangelistas hubieran querido describir la cena pascual.

3. Aunque no contemplo estas consideraciones como decisivas, sí que para mí son dificultades difíciles en el camino de la adopción de la postura de que Jesús murió mientras se estaba inmolando el cordero pascual, mucho mayores que las que puedan verse en ninguna otra teoría. En la suposición del doctor Farrar, la crucifixión tuvo lugar el 14 de Nisán, «entre las dos tardes» de cuyo día se debía inmolar el cordero de la Pascua. Siendo un *viernes,* el servicio ordinario de la tarde habría comenzado a las 12.30 de la tarde,[937] y el sacrificio ordinario de la tarde habría sido ofrecido digamos que a la 1.30, después de lo cual comenzarían de inmediato los servicios relacionados con el cordero de la Pascua. Ahora bien, me parece casi inconcebible que en tales circunstancias, y en una tarde tan llena de trabajo,[938] *en un momento en que debieran haber estado tan sumamente ocupados,* se encontrara junto a la cruz toda aquella multitud de judíos injuriantes, y «los principales sacerdotes, escarneciéndole con los escribas y los fariseos, y los ancianos», extremo registrado por los cuatro evangelistas.[939] Aún más difícil encuentro aceptar que después de haber sido inmolado el cordero de la Pascua, y mientras que estaban en marcha los preparativos para la cena de la Pascua, *como informa san Juan,*[940] un «consejero honorable» como José de Arimatea, y un sanedrista como Nicodemo, hubieran ido a pedirle a Pilato el cuerpo de Jesús, o podido dedicarse a sepultarlo.

Paso ahora a la siguiente cuestión: *¿Cuál es, hablando con justicia, la inferencia a sacar de los Evangelios Sinópticos?*

1. Para esto, diría yo, hay una sola contestación: Los Evangelios Sinópticos, sin lugar a dudas, sitúan la última cena en la noche de la Pascua. Una sola cita de sus declaraciones lo demostrará: «Sabéis que dentro de dos días *se* celebra la Pas-

---

937. Véase pág. 241.
938. Véase el capítulo sobre los «Ritos de la Pascua».
939. Mateo 27:39, 41; Marcos 15:29, 31; Lucas 23:35; Juan 21:20.
940. Juan 20:38, 39.

cua…»;[941] *«El primer día de la fiesta de los panes sin levadura,* se acercaron los discípulos a Jesús y le dijeron: *"¿Dónde quieres que te hagamos los preparativos para comer la pascua?"»;*[942] *«En tu casa voy a celebrar la Pascua»;*[943] *«Y prepararon la pascua».*[944] Similarmente, en el Evangelio según san Marcos:[945] *«El primer día de la fiesta de los panes sin levadura, cuando estaban sacrificando el cordero pascual, le dicen sus discípulos: "¿Dónde quieres que vayamos a preparar para que comas la pascua?"».* «El Maestro dice: "¿Dónde está mi aposento, *en el cual pueda comer la pascua con mis discípulos?"».* «Hacednos allí los preparativos». *«Y prepararon la pascua. Al atardecer, llega con los doce. Y cuando estaban sentados a la mesa comiendo…».* Y en el Evangelio según san Lucas:[946] *«Llegó el día de los panes sin levadura, en el cual se debía sacrificar el cordero de la pascua»;* *«Id, preparadnos la Pascua para que la comamos»;* *«¿Dónde está el aposento en el que pueda comer la pascua con mis discípulos?»;* «Preparad allí»; *«Y prepararon la pascua»;* *«¡Cuánto he deseado comer con vosotros esta pascua* ANTES DE PADECER!». No es fácil comprender cómo siquiera una «teoría preconcebida» podría debilitar el tenor evidente de tales expresiones, especialmente cuando se toman en conexión con la descripción de la comida que sigue después.

2. Dando entonces por supuesto que el testimonio de los Evangelios Sinópticos está inequívocamente a nuestro favor, me parece extremadamente improbable que, en tal cuestión, hubieran podido equivocarse, ni que tal «errónea impresión» hubiera podido «llegar a dominar en general», y ello, además, «en tiempos de san Juan». Al contrario, he mostrado que si había error, sería más probable que tuviera lugar en la otra dirección.

3. Tenemos que pasar ahora a considerar lo que el doctor Farrar llama «las menciones *incidentales* preservadas en los Sinópticos», que parecen militar en contra de la misma declaración general de ellos. Seleccionando las que tienen la mayor fuerza, tenemos:

(a) El hecho de que «los *discípulos*[947] sugieren que Judas abandonó la estancia a fin de comprar lo que necesitaran para la fiesta». Pero los discípulos esto solo lo *suponen,* y, en la confusión y excitación de la escena, este error no era ininteligible. Además, aunque estaba prohibido todo trabajo servil en el primer día de la Pascua, se permitía la preparación de todas las provisiones necesarias para la fiesta, y tiene que haber sido tanto más necesario si, en nuestra suposición, venía después un sábado. La ley talmúdica permitía de manera expresa la continuación de estas preparaciones de provisiones que se hubieran iniciado en «el día de la preparación» (Arnheim, *Gebetb. d. Isr.,* pág. 500, nota 69, a). Por lo general, nos referimos aquí a nuestras observaciones en la pág. 171, añadiendo solo que incluso ahora el ingenio rabínico puede encontrar muchas formas de evadir el rigor de la ley sabática.

---

941. Mateo 26:2.
942. Mateo 26:17.
943. Mateo 26:18.
944. Mateo 26:19.
945. Marcos 14:12-17.
946. Lucas 22:7-15.
947. Juan 13:22.

(b) En cuanto a la reunión del sanedrín y el violento arresto de Cristo en una noche de una solemnidad tan peculiar, el fanático odio de los principales sacerdotes y las supuestas necesidades del caso explicarían suficientemente ambas cosas. En toda suposición tenemos que admitir la existencia de estas causas, por cuanto se reconoce que el sanedrín violó, en el juicio de Jesús, todos los principios y todas las formas de su propia jurisprudencia criminal.

Finalmente, tenemos que inquirir: *¿Contradice el relato de san Juan, en esta cuestión, el de los Sinópticos, o es armónico en realidad con ellos, aunque sea incompleto?*

1. Probablemente, pocos aventurarían la suposición de que el relato de san Juan necesariamente *contradice* el de los sinoptistas. Pero siguen a continuación las principales razones que aduce el doctor Farrar para la inferencia de que, según san Juan, la última cena tuvo lugar el atardecer antes de la noche de la Pascua.

(a) Judas sale, según se supone, a comprar cosas necesarias para la fiesta. Esto ya ha recibido explicación.

(b) Los fariseos «no entraron en el pretorio para no contaminarse, y así poder comer la pascua». Y en respuesta a la común explicación de que «la pascua aquí significa la *Chagigah* del día 15,[948] él añade, en una nota de pie de página, que «no había nada específicamente pascual» acerca de esta *Chagigah*. El doctor Farrar debiera haberse refrenado antes de hacer una declaración así. Uno de los más eruditos escritores judíos, el doctor Saalschütz, no es de la misma opinión. Escribe él de la siguiente manera:[949] «Toda la fiesta y *todas sus comidas festivas* se designaban como la Pascua. Véase Deuteronomio 16:2, comparar 2 Crónicas 30:24 y 35:8, 9; *Sebach.* 99, *b. Rosh ha Sh.* 5, *a,* donde se pregunta expresamente: "¿Cuál es el significado del término 'Pascua'?". (Respuesta) "Las ofrendas de paces de la Pascua"». También Lightfoot[950] y Schöttgen[951] citan pasajes rabínicos ilustrativos. Como norma, la *Chagigah* era siempre traída el 15 de Nisán, y demandaba pureza levítica. Finalmente, el mismo doctor Farrar admite que la declaración de san Juan[952] no debe ser apremiada con demasiado vigor, «porque está claro que *algunos* judíos deben incluso haber entrado en el pretorio sin fijarse en "la contaminación"».

(c) Según san Juan,[953] el siguiente sábado era «de gran solemnidad», acerca de lo cual el doctor Farrar comenta: «Es evidente que se debe a que se trataba a la vez de un sábado y del primer día de la fiesta de la Pascua». ¿Y por qué no el segundo día de la fiesta, cuando se presentaba el primer *omer* en el Templo? A estos se pueden añadir, entre los otros argumentos aducidos por el doctor Farrar:

---

948. Pág. 232, etc., y pág. 272, etc., de este volumen.

949. *Mos Recht,* pág. 414. El argumento y las citas del Talmud se dan también en Relandus, *Antiq.,* pág. 426. Para un tratamiento pleno de la cuestión, véase Lightfoot, *Horæ Hebraica,* pág. 1121.

950. *Horæ Hebraica,* pág. 1121, etc.

951. *Horæ Hebraica,* pág. 400.

952. Juan 18:28.

953. Juan 19:31.

(d) Las varias actividades mencionadas en los Evangelios en el día de la crucifixión de Cristo son incompatibles con un día festivo de reposo como el 15 de Nisán. Difícilmente me parece digna de mención la referencia a «Simón de Cirene, *que venía del campo»*. Pero José de Arimatea *compró* aquel día «una pieza nueva de lino»[954] para sepultar a Cristo, y las mujeres «prepararon especias aromáticas y ungüentos».[955] Pero aquí se debería recordar que el rigor del reposo festivo no era como el del reposo sabático; que había medios para realmente comprar aquella *pieza de lino* sin realmente hacerlo de manera expresa (una evasión conocida en la ley rabínica). Finalmente, el Talmud de Jerusalén *(Ber.* 5, *b)* declara *de manera expresa* en sábados y días festivos llevar un ataúd, lienzos funerarios e incluso flautas plañideras, en resumen, atender a los oficios por los muertos, lo mismo que en días ordinarios. Este pasaje, aunque hasta allí donde yo sepa nunca ha sido citado en esta controversia, es de la máxima importancia.

(e) El doctor Farrar asigna mucha importancia al hecho de que la tradición judía fija la muerte de Cristo en el 14 de Nisán.[956] Pero estas tradiciones judías, a las que se hace apelación, son no solo de una fecha tardía, sino que son totalmente ahistóricas y carentes de valor. Además, como lo expone el mismo doctor Farrar,[957] están repletas de los más grandes absurdos. No puedo aquí hacer nada mejor que citar las palabras del gran historiador judío, el doctor Jost:[958] «Sean cuales sean los intentos que se puedan hacer en defensa de estas historias talmúdicas, y en tratar de descubrir alguna base histórica para las mismas, los rabinos de los siglos tercero y cuarto están totalmente desorientados acerca de los cristianos primitivos, y tratan con leyendas para las que no hay ningún tipo de fundamento».

(f) La objeción del doctor Farrar de que «después de la cena» Jesús y sus discípulos salieron fuera, lo que a él le parece incongruente con la instrucción de Éxodo 12:22, y que en el relato de la comida no se encuentra aquella *urgencia* que según la Ley hubiera debido caracterizar a la cena, surge de no distinguir las ordenanzas de la llamada «Pascua Egipcia» de las de la «Pascua Permanente». Acerca de esta cuestión y otras relacionadas con ello, se remite al lector a los capítulos XI y XII.

(g) El único otro argumento que merece mención es que en sus relatos los tres sinoptistas «no dan la más remota insinuación que pudiera mostrar que la parte de más notable de la fiesta la constituyera un *cordero»*. Pero esta es una objeción que se responde por sí misma. Porque, según el doctor Farrar, estos

---

954. Marcos 15:46.

955. Lucas 23:56. No se debería pasar por alto que estas supuestas inconsecuencias aparecen en los relatos de los Sinópticos que, según el doctor Farrar, querían comunicar que Cristo fue crucificado en 15 de Nisán. Si se trata realmente de inconsecuencias, eran de mucho calibre, y difícilmente pudieron escapárseles a los autores.

956. No he podido verificar las referencias del doctor Farrar a *la Misná,* Sanh. VI. 2 y X. 4. Pero estoy de acuerdo con Grätz *(Gesch. d. Juden,* III, pág. 242, nota) en que mucho de Sanh. VII tiene, aunque sin expresarlo, referencias al procedimiento del sanedrín contra Cristo.

957. *Excursus,* II., pág. 452.

958. *Gesch. d. Judenth.* I., pág. 405.

sinoptistas estaban, al escribir sus relatos, bajo la errónea impresión de que estaban describiendo *la cena pascual*. En cuanto a su silencio acerca de esta cuestión, me parece a mí que sustenta una interpretación opuesta a la que el doctor Farrar le ha impuesto. Al considerar el propósito de todo lo que tenían a la vista —el cumplimiento del tipo de la cena pascual, y su sustitución por la Cena del Señor—, su silencio parece no solamente natural, sino lo que hubiera sido de esperar. Porque el objeto de ellos era describir la cena pascual solo hasta allí donde tuviera que ver con la institución de la Cena del Señor. Por último, es curiosa la coincidencia de que en todo el relato que da la Misná de la cena pascual, *hay solo una referencia aislada* al cordero —una circunstancia tan notable que, por ejemplo, Caspari ha argumentado en base a ello[959] que ordinariamente esta comida era lo que él llama «una comida de pan sin levadura», y que en la mayor parte de los casos ¡no había en absoluto un cordero pascual!—. Reproduzco la inferencia que saca el doctor Caspari, pero apenas sí es necesario replicar a ella.

Por otra parte, tengo que añadir ahora dos argumentos tomados de la magistral disquisición de Wieseler[960] acerca de toda esta cuestión, mostrando que san Juan, lo mismo que los sinoptistas, sitúa la fecha de la crucifixión en el 15 de Nisán, y por ello la de la última cena en el atardecer del 14.

(a) No son solo los sinoptistas, *sino que también san Juan*[961] hace referencia a la costumbre de liberar a un preso en «la fiesta», o, como san Juan la llama de manera expresa, «en la Pascua». Por ello, la liberación de Barrabás, y con ello la crucifixión de Jesús, *no* pudo haber tenido lugar (como supone el doctor Farrar) en el 14 de Nisán, cuya mañana no hubiera podido ser designada como «la fiesta», y menos todavía como «la Pascua».

(b) Cuando san Juan menciona[962] que los acusadores de Jesús no entraron en el pretorio de Pilato «para no contaminarse, y así poder comer la pascua», *no hubiera podido* haberse referido a la comida de la cena pascual. Porque la contaminación en que hubieran incurrido por ello habría durado solo hasta el atardecer de aquel día, en tanto que la cena pascual era comida *después* de que hubiera comenzado el atardecer, por ello *la contaminación en el pretorio de Pilato en la mañana no les hubiera impedido en absoluto participar del cordero pascual*. Pero sí que habría impedido ofrecer o participar de la *Chagigah* en el 15 de Nisán.[963]

2. Hasta aquí he tratado principalmente de mostrar que el relato de san Juan es armónico con el de los Sinópticos con referencia al tiempo de la última cena. Pero, por otra parte, confieso abiertamente que si el de san Juan estuviera solo, no podría haber conseguido de él la misma clara inferencia que de las narraciones de los primeros tres Evangelios. Mi dificultad aquí surge no de lo que san Juan dice, sino de lo que no dice. Sus palabras, desde luego,

---

959. *Chronol. Georg. Einl. in d. Leben Jesu Christi*, pág. 164.
960. *Chronolog. Synopse der 4 Evang.*, pág. 333, etc.
961. Juan 18:39.
962. Juan 18:28.
963. Este argumento es ya mencionado por Lightfoot, *op. cit.*

son plenamente congruentes con las de los Sinópticos, pero *tomadas solas* no habrían sido suficientes para comunicar, al menos para mi modo de pensar, la misma clara impresión. Y aquí tengo que observar que el relato de san Juan tiene que parecer a este respecto igualmente incompleto, sea cual sea la teoría que se adopte acerca del tiempo de la última cena. Si el Evangelio de san Juan se encontrara solo, sería igualmente difícil para el doctor Farrar, me parece, demostrar su punto de vista basándose en él como para mí establecer mi postura. Él podría *razonar* en función de ciertas expresiones, y lo mismo podría hacer yo. Pero no aparecen declaraciones inequívocas y claras como las que en los Sinópticos describen la noche de la Pascua. ¡Y, sin embargo, habría sido de esperar una mayor plenitud y claridad del relato de san Juan!

¿No se sugiere con ello la inferencia de que el relato en el Evangelio de san Juan, en la forma en que lo tenemos actualmente, pueda ser incompleto? No me aventuro aquí a hacer una hipótesis, y mucho menos a ofrecer una explicación madura, sino más bien a ofrecer una sugerencia de lo que hubiera podido ser, y proponerla como interrogante a los eruditos. Pero, una vez se admita la idea, se verá que hay, si no muchas en número, sí razones de peso para confirmarlo. Porque:

1. Daría cuenta de todas las dificultades sentidas por los que han adoptado el mismo punto de vista que el doctor Farrar, y explicaría no la supuesta diferencia —porque niego que exista—, sino lo incompleto de la narración de san Juan en comparación con la de los Sinópticos.

2. Explica lo que por otra parte parece casi inexplicable. Concuerdo con el doctor Farrar en que «los relatos [de san Juan] acerca de la última cena son incomparablemente más plenos que los de los otros evangelistas», y en que él «estaba más inmediata y completamente identificado con cada acto en aquellas últimas y penosas escenas que cualquiera de los otros apóstoles». Y, sin embargo —cosa extraña—, acerca de esta importante cuestión la información de san Juan no solo es más escasa que la de los Sinópticos, sino tan indefinida que, si estuviera aislada, no se podría hacer ninguna inferencia basándose en la misma. Esta circunstancia es tanto más inexplicable si, siguiendo la teoría del doctor Farrar, «el error» de los Sinópticos era en aquel tiempo «generalmente dominante», y «san Juan, silenciosa pero deliberadamente», se dispuso a corregirlo.

3. Lo más extraño de todo es que el Evangelio de san Juan es el único que no contiene ningún relato de la institución de la Cena del Señor, y sin embargo es donde más hubiéramos podido esperar encontrarlo.

4. El relato en Juan 13 comienza con una circunstancialidad que nos conduce a esperar gran plenitud de detalle. Y, sin embargo, mientras que mantiene del todo esta característica por todo lo que se refiere a la enseñanza de Jesús en aquella noche, se interrumpe de una manera casi repentina y abrupta (alrededor del versículo 31) en el relato de lo que Él y los que con Él se sentaban *hicieron* en la cena.

5. De esta posible discontinuidad parece haber, bajo un examen más cuidadoso, alguna confirmación interna, de la que solo aduciré aquí este ejemplo: que el capítulo 14 concluye con «Levantaos, vámonos de aquí», lo cual,

sin embargo, va seguido de otros tres capítulos de una preciosa enseñanza y oración intercesora, cuando la narración es repentinamente reasumida, con una extraña repetición, en comparación con 14:31, con estas palabras (18:1): «Habiendo dicho estas cosas, salió Jesús con sus discípulos hacia el otro lado del torrente de Cedrón».

Una discusión adicional nos llevaría más allá de los límites de nuestro *Excursus*. Los que saben cuán mordazmente rugió la controversia *Quartodeciman* en la Iglesia primitiva, y las duras cosas que expresaron los llamados «discípulos de Juan» en defensa de su postura de que la última cena no tuvo lugar en la noche de la Pascua, pueden ver una base para dar cuenta de tal *discontinuidad*. Como conclusión, solo puedo decir que, a mi modo de ver, la sugerencia acabada de dar en absoluto es inconsistente con la doctrina de la inspiración plenaria de la Sagrada Escritura.

BIBLIOGRAFÍA

Bosquejos de vida social judía en los días de Cristo

Una vívida descripción de la sociedad civil de Palestina durante la época de Cristo en la tierra. Los lectores conseguirán un mejor entendimiento de muchas expresiones y alusiones del Nuevo Testamento, y una renovada comprensión de las enseñanzas de Jesús.

La vida y los tiempos de Jesús el Mesías

La obra cumbre del doctor Edersheim, presentada en dos gruesos volúmenes con un total de más de 1.650 páginas, sin contar los índices. Da toda la vida de Cristo y la historia de los tiempos en que vivió.

Profecía e historia en relación con el Mesías

Otra excelente obra con la impronta de la esmerada erudición y lealtad a Cristo del doctor Edersheim.

ÍNDICES

ÍNDICE DE TEXTO

APOCALIPSIS

ÍNDICE ANALÍTICO

G

GAVILLA MECIDA: véase FIESTA DE LOS PANES SIN LEVADURA.
GAVILLA: la primicia en la Fiesta de los Panes sin levadura, 177.
GIZBARIN: 71.
GUARDIA DEL TEMPLO: 103; castigo si se dormían, 104; capitán de la g, 104 .

H

HALLEL: cómo se cantaba durante la Pascua, 155; cuántas veces se cantaba al año, 156; Dedicación, 229; en la Fiesta de los Tabernáculos, 191; Pentecostés, 182; qué porción de los Salmos, 155.
HIERBAS AMARGAS: en la Cena Pascual, 164.
HOGAZAS MECIDAS: en Pentecostés, 182.
HOMBRES DE ESTACIÓN: 137.

I

IGNORANCIA: pecados de i, 81.
IMPOSICIÓN: de manos sobre sacrificios, 81.
INCIENSO: altar del i, 112; cómo se preparaba, 114; combustión de i, por Zacarías, 111; ofrenda del i, 118; suerte para ofrecer el i, 116.
INSTRUMENTOS MUSICALES: en el Templo, 56, 57.

J

JEHOVÁ: de nombre de J, cuándo se pronunciaba, 214 JERUSALÉN: calles, 27; dichos rabínicos acerca de J, 31; esplendor de J, 24; memorias de J, 22; montes, 27; murallas de J, 26; población de J, 26; principales edificios de J, 27; ruinas de J, 32; situación de J, 23, 24; torres de J, 26; vista de J, 25, 29.

K

KATHOLIKIN, 70.

L

LAVAMIENTO: antes del ministerio, 166.
LEÑA, OFRENDA DE L: véase OFRENDA DE LEÑA.
LEPROSO: examen por parte de los sacerdotes, 246; exclusión del L, 245; purificación del sanado, 247; sacrificios traídos cuando era sanado, 248.

incienso, 117; del Señor, 109, del Sumo Sacerdote, 214, 223; en el Templo, 107; fórmulas litúrgicas, 109.

ORACIONES: Eulogías y Tephilloth, 110.

ÓRDENES: jefes de los o, 62; veinticuatro o, 60, 62.

P

PAN DE LA PROPOSICIÓN: 125; cómo se ponía, y forma del mismo, 128; mesa del p, 126; servicio en su cambio del mismo cada sábado, 128; significado del p, 129; vasos de la mesa del p, 127.

PANES SIN LEVADURA: Fiesta de los p, 173; condenación del Salvador durante la, 175; cuándo y cómo se presentaba esta gavilla, 179; manera de cortar la primera gavilla de cebada, 178; sacrificio durante la, 174; significado, 173.

PASCUA: cómo se daba a conocer su origen, 153; cómo se prepararon los discípulos para ella, 154; distinción entre la «egipcia» y la «permanente», 147; peregrinos a la, 149; preparación para la, 150, 152; servicio en la ofrenda del cordero, 156; significado de la, 146.

PASCUAL: fiesta, 159; cántico del «Hallel» en la, 167, 169; copa en la, 163, 164, 165; cuándo fue observada por el Señor, 169; cordero, cómo se preparaba, 162; disposición de la cena, 160; oraciones en la, 165; orden de servicio en la, 166; postura en la, 163; significado de la, 162; tradiciones judías en cuanto a la fecha de, 159; véase también FIESTA DE LOS PANES SIN LEVADURA.

PENTECOSTÉS: el «Hallel» cantado en P, 182; presentación de las hogazas mecidas, 182; sacrificios en P, 181; significado de P, 183; tradiciones judías acerca de P, 180.

PILA: cómo se llenaba, 42.

PREDICACIÓN: no el derecho exclusivo de un orden, 62 PRIMICIAS: 259; aplicación cristiana de las p, 265; cantidad de p, 260; cómo se apartaban, 262; cuándo se presentaban, 260; llevadas a Jerusalén, 263; ofrecidas en el Templo, 264.

PROFECÍA: y su unidad orgánica, 87.

PROSBUL: 132.

PURIFICACIONES: de la contaminación por muerto, 237; de la Virgen María, 238; del leproso sanado, véase LEPROSO; por contaminaciones conectadas con el origen de la vida, 238; sacrificios para la purificación por muerto, 239; servicio en la purificación por contaminación con muerto, 244.

PURIM: Fiesta del P, 227; ayuno el día anterior, 228; origen, significado y controversia acerca del P, 228; servicios del P, 229.

R

REVERENCIA: en el Templo, 47.

187; salmos cantados en la, 194; salutación del altar en la, 196; significado de la, 186; tiempo de la, 186; último o «gran día» de la fiesta, 196.

TEMPLO: área y apariencia general del T, 30; altar del holocausto, 41; alusiones de S. Juan a sus servicios, 135; Atrio de las Mujeres, 36; Atrio de los Gentiles, 34; atrios de Israel y de los sacerdotes, 38; atrios y cámaras, 38, 39; cánticos en el T, 54; cambistas de dinero en el T, 51; columnatas, 33; comida por la noche en el T, 103; contribución al T, 50; de noche, el T, 101, 102; deberes en T, y disposición del T, 105, 106; diferencias entre el primero y el segundo, 45; el «Chel», 36; el «Puente Real» de acceso al mismo, 33; el Santuario mismo, 43; extensión del T, 30; ingresos del T, cómo se empleaban, 53; la «Puerta Hermosa» del T, 36; los porches del T, 33; música en el T, 55; pila, 42; puertas del T, 29, 36; su descripción en la Misná, 55; suministro de agua, 42; tesorería, 50; tributo y su cantidad, 51, 52, 53.

TERUMOTH: 260.

TESORERÍA DEL TEMPLO: 50.

TESTIGOS: de la aparición de la Luna Nueva, 139.

TIEMPO: división del t, 140.

TIPOS: véase también SÍMBOLOS.

TONSURA: de clases del nazareato, 248.

TROMPETAS: Fiesta de las t, 199; opiniones rabínicas acerca de su importancia, 200; oraciones durante la, 203; referencia a la misma en el Nuevo Testamento, 207; o cajas de ofrendas, en la Tesorería del Templo, 38, 50; toques de t, 55, 191.

V

VACA ALAZANA: su selección, 243; analogía con el chivo expiatorio, 239; cenizas de la, y cómo se usaban, 240, 243; cuántas ofrecidas desde los tiempos de Moisés, 245; ritual en su ofrecimiento, 243; significado de la, 237.

VESTIMENTA: de los sumos sacerdotes y sacerdotes, 69.

VIGILIAS DE LA NOCHE: 101, 103.

VIRGEN MARÍA: purificación de la V M, 238.

VOTOS: cuándo eran válidos, 255; diferentes clases de v, 254; gran número de v, 257.

Printed in the USA
CPSIA information can be obtained
at www.ICGtesting.com
LVHW020859210724
785408LV00007B/43